JavaScript für Dummies – Schum

Code, der in Bearbeitungsfunktionen von JavaScript-Variablen v...

Element	Beschreibung
`var meineVar = 0;`	Legt eine Variable mit einem angegebenen Startwert an. Ihr Typ wird dynamisch bestimmt.
`stringVar = prompt('Nachricht')`	Sendet einem Benutzer eine Nachricht in Form eines Dialogfeldes; empfängt Texteingaben vom Benutzer, die in `stringVar` gespeichert werden.
`stringVar.length`	Gibt die Länge von `stringVar` (in Zeichen) zurück.
`stringVar.toUpperCase()`, `stringVar.toLowerCase()`	Wandelt `stringVar` in Groß- beziehungsweise Kleinbuchstaben um.
`stringVar.substring()`	Gibt einen bestimmten Teil eines Strings zurück.
`stringVar.indexOf()`	Gibt die Position eines Teilstrings in `stringVar` zu.
`parseInt()`	Wandelt `string` (Zeichenkette) in `int` (Ganzzahl) um.
`parseFloat()`	Wandelt `string` (Zeichenkette) in `float` (Fließkommazahl) um.
`toString()`	Wandelt eine beliebige Variable in `string` um.
`eval()`	Wertet `string` als JavaScript-Code aus.
`Math.ceil()`	Wandelt jede Zahl durch Aufrunden in eine Ganzzahl um.
`Math.floor()`	Wandelt jede Zahl durch Abrunden in eine Ganzzahl um.
`Math.round()`	Wandelt jede Zahl durch Standardrundungsverfahren in eine Ganzzahl um.
`Math.random()`	Gibt zufällige Fließkommazahlen zwischen 0 und 1 zurück.

Erstellen Sie JavaScript-Strukturen und -Objekte

Element	Beschreibung

`function fnName(Parameter) {`
`//Code`
`} //Ende Funktion`
	Legt eine Funktion mit dem Namen `fnName` an und sendet ihr Parameter. Der Code innerhalb der Funktion wird ausgeführt, wenn die Funktion aufgerufen wird.

`var meinArray = new Array('a', 'b', 'c');`	Legt ein Array an. Elemente können beliebiger Art (auch gemischt) sein.

`var meinJSON = {`
`'Name': 'Andy',`
`'Titel': 'Autor'`
`}`
	Legt ein JSON-Objekt an. Jedes Element hat ein Name/Wert-Paar und kann beliebige Daten einschließlich eines Arrays (in eckigen Klammern), eines anderen JSON-Objekts oder einer Funktion enthalten.

`var person = new Object();` `person.name = 'Andy';`	Legt ein Objekt an. Sie können ganz normale Variablen (die dadurch zu Eigenschaften werden) oder Funktionen (die zu Methoden werden) hinzufügen.

Ändern Sie Ihre Webseite mit JavaScript-Methoden des Document Object Model

Element	Beschreibung
`meinElement = document.getElementById('Name');`	Erhält von der Seite ein Element mit der angegebenen ID und kopiert einen Verweis auf dieses Element in die Variable `meinElement`.
`meinElement.innerHTML = 'Wert'`	Ändert den Wert von `meinElement` in `Wert`.
`document.onkeydown = tasteLauscher`	Wenn eine Taste gedrückt wird, wird eine Funktion mit dem Namen `tasteLauscher` aufgerufen.
`document.onmousemove = mausLauscher`	Wenn die Maus bewegt wird, wird automatisch eine Funktion mit dem Namen `mausLauscher` aufgerufen.
`setInterval(Funktion, ms);`	Lässt `Funktion` alle `ms` Millisekunden ablaufen.
`meinArray = document.getElementsByName('Name')`	Gibt ein Array aus Objekten mit dem aktuellen Namen zurück (wird häufig zusammen mit Optionsfeldern verwendet).

JavaScript für Dummies – Schummelseite

Beliebte Methoden auf dem jQuery-Knoten

Methode	Beschreibung
addClass(), removeClass(), toggleClass()	Wendet eine CSS-Klasse auf einen jQuery-Knoten an oder entfernt sie von ihm.
css('Attribut', 'Wert')	Wendet eine einzelne CSS-Regel auf den jQuery-Knoten an.
css(JSONObjekt)	Wendet eine JSON-Objektliste mit CSS-Regeln und -Werten auf den jQuery-Knoten an.
html()	Liest oder ändert die HTML-Inhalte des jQuery-Knotens.
Text()	Liest oder ändert die Textinhalte des jQuery-Knotens.
val()	Liest den Wert (englisch: *value*) eines Formularelements aus.
bind(Ereignis, Funktion)	Löst Funktion aus, wenn Ereignis geschieht.
show(), hide(), toggle()	Lässt Elemente erscheinen oder verschwinden.
animate(Parameter, Dauer)	Parameter (können auch mehrere sein) ist ein JSON-Objekt aus CSS-Regeln und -Werten. Werte werden über Dauer (in Millisekunden) gleitend vom aktuellen auf den Zielwert geändert.

jQuery-Selektoren und -Filter

Selektor/Filter	Sucht nach …
$('Element')	Ein beliebiges HTML-Element.
$('#ElementID')	Jedes Element mit der angegebenen ID.
$('.klassenName')	Jedes Element mit dem angegebenen Klassennamen.
:header	Jedes Überschriftenelement (h1, h2, h3 und so weiter).
:animated	Jedes Element, das aktuell animiert ist.
:contains(Text)	Jedes Element, das den angegebenen Text enthält.
:empty	Jedes Element, das leer (englisch: *empty*) ist.
:parent	Jedes Element, das andere Elemente enthält.
:attribute=Wert	Das Element hat ein Attribut mit dem angegebenen Wert.
:input, :text, :radio, :image, :button, etc.	Gleicht einen der angegebenen Elementtypen ab (besonders nützlich bei Formular-Elementen, die Variationen des input-Tags sind).

jQuery-Methoden für das Senden von AJAX-Anfragen

Methode	Beschreibung
get(URL, Parameter)	Sendet eine HTTP GET-Anfrage an die angegebene URL. Bei Parameter (können auch mehrere sein) handelt es sich um ein JSON-Objekt, das Formulardaten (Name/Wert-Paare) kapselt. Das Ergebnis wird als HTML-, XML- oder reine Textdaten zurückgegeben.
post(URL, Parameter)	Wie get(), verwendet aber die Methode post(), die die Parameter ausblendet.
load(URL, Parameter)	Wie get(), aber es wird ein jQuery-Objekt zurückgegeben. Die Inhalte aufrufender jQuery-Objekte werden durch die zurückgegebenen Daten (normalerweise HTML oder XHTML) ersetzt.
getJSON	Wie get(), aber es wird ein JSON-Objekt zurückgegeben, das für eine weitere Verarbeitung geparst werden kann.

JavaScript für Dummies

Andy Harris

JavaScript für Dummies

*Übersetzung aus dem Amerikanischen
von Jutta Schmidt*

WILEY-VCH Verlag GmbH & Co. KGaA

Bibliografische Information der Deutschen Nationalbibliothek
Die Deutsche Nationalbibliothek verzeichnet diese Publikation
in der Deutschen Nationalbibliografie; detaillierte bibliografische
Daten sind im Internet über http://dnb.d-nb.de abrufbar.

1. Auflage 2012

© 2012 WILEY-VCH Verlag GmbH & Co. KGaA, Weinheim

Original English language edition JavaScript and AJAX for Dummies © 2010 by Wiley Publishing, Inc.
All rights reserved including the right of reproduction in whole or in part in any form. This translation published
by arrangement with John Wiley and Sons, Inc.

Copyright der englischsprachigen Originalausgabe JavaScript and AJAX for Dummies © 2010 by Wiley Publishing,
Inc. Alle Rechte vorbehalten inklusive des Rechtes auf Reproduktion im Ganzen oder in Teilen und in jeglicher
Form. Diese Übersetzung wird mit Genehmigung von John Wiley and Sons, Inc. publiziert.

Wiley, the Wiley logo, Für Dummies, the Dummies Man logo, and related trademarks and trade dress are
trademarks or registered trademarks of John Wiley & Sons, Inc. and/or its affiliates, in the United States and other
countries. Used by permission.

Wiley, die Bezeichnung »Für Dummies«, das Dummies-Mann-Logo und darauf bezogene Gestaltungen sind
Marken oder eingetragene Marken von John Wiley & Sons, Inc., USA, Deutschland und in anderen Ländern.

Das vorliegende Werk wurde sorgfältig erarbeitet. Dennoch übernehmen Autoren und Verlag für die Richtigkeit
von Angaben, Hinweisen und Ratschlägen sowie eventuelle Druckfehler keine Haftung.

Printed in Germany

Gedruckt auf säurefreiem Papier

Coverfoto: © iStockphoto, Henrik Jonsson
Korrektur: Geesche Kieckbusch, Hamburg
Satz: Mitterweger & Partner, Plankstadt
Druck und Bindung: CPI – Ebner & Spiegel, Ulm

ISBN: 978-3-527-70859-8

Über den Autor

Andy Harris begann sein unterweisendes Leben als Sonderschullehrer. Und während er junge erwachsene Behinderte unterrichtete, brachte er sich selbst so viele Programmierkenntnisse bei, dass er sein Lehrerdasein durch freiberufliches Programmieren absichern konnte. Das war zu der aufregenden Zeit, als Computer die ersten Festplatten bekamen und anfingen, über einen obskuren Mechanismus miteinander zu kommunizieren, den einige als das Internet bezeichneten.

Die gesamte Zeit über unterrichtete Andy Harris Computerwissenschaften als Teilzeitlehrer. Er wurde 1995 Fakultätsmitglied der Abteilung Computer Science der Indiana University-Purdue University Indianapolis. Er arbeitete als Dozent und gab sowohl Einführungskurse für Erstsemester als auch zahlreiche Kurse über das Entwickeln von Webprogrammen, über Programmiergrundlagen und über das Programmieren von Spielen. Als Leiter des Streaming Media Laboratory entwickelte er auf Video basierende Online-Kurse und arbeitete an vielen internationalen Fernlehrgängen mit wie dem Aufbau eines Computer-Forschungsprogramms in Tetevo, Mazedonien.

Andy Harris ist der Autor mehrerer Computerbücher, die sich mit dem Programmieren beschäftigen.

Cartoons im Überblick
von Rich Tennant

„Schauen Sie auf meine Website, Frau Müller, schauen Sie tief in die rotierende Spirale. Sie dreht sich, sie dreht sich, sie zieht Sie tiefer und tiefer in ihren Strudel, tiefer … tiefer …"

Seite 27

„Das ist offensichtlich ein natürlicher Tod infolge einer Marathonsitzung, bei der er auf seiner eigenen Website alles, was nur ging, animiert hat. Und nein, Morgenstern, ich kann mit Ironie nichts anfangen."

Seite 149

„Okay, ich glaube, ich habe vergessen zu erwähnen, dass es hier eine Webverwaltungsfunktion gibt, die uns automatisch alarmiert, wenn es auf der Website von ›Das Aquarium‹ einen zerbrochenen Link gibt."

Seite 241

Wo ist bloß diese verdammte Tür?!

Seite 391

Fax: 001-978-546-7747
Internet: www.the5thwave.com
E-Mail: richtennant@the5thwave.com

Inhaltsverzeichnis

Über den Autor	7
Kapitel Einführung	**21**
Was Sie benötigen	22
Wie dieses Buch aufgebaut ist	22
Teil I: Mit JavaScript programmieren	23
Teil II: Seiten mit JavaScript aufwerten	23
Teil III: Zu AJAX aufsteigen	23
Teil IV: Der Top-Ten-Teil	23
Und dann gibt's noch was im Internet!	24
Symbole, die in diesem Buch verwendet werden	24
Wie es weitergeht	25
Zum Abschluss	25
Eine Anmerkung der Übersetzerin	25

Teil I
Mit JavaScript programmieren   27

Kapitel 1
Das Web auf die nächste Ebene bringen   29

Etwas wirklich Cooles zusammenbauen	29
Erste Schritte	34
Ein Überblick über die zentralen Technologien	34
Den Computer wählen	35
Einen Editor auswählen	36
Vermeiden Sie problematische Werkzeuge	36
Einen WYSIWYG-Editor verwenden	37
Die Editoren der Programmierer	38
Sich mit einigen bekannten Editoren vertraut machen	39
Aptana	41
Eine Browser-Sammlung aufbauen	43
Einen Standard einrichten	43
Sich für einen oder zwei Browser entscheiden	44
Aus Firefox eine Entwicklungsmaschine machen	45
Die Symbolleiste »Web-Developer«	46
Der HTML Validator	46
Firebug	47

Kapitel 2
Schreiben Sie Ihr erstes Programm — 49

Ein Programmierer werden	49
Einen JavaScript-Editor auswählen	50
Einen Browser zum Testen wählen	51
Einer Seite ein Skript hinzufügen	51
Den JavaScript-Code einbetten	53
Kommentare schreiben	54
Die Methode »alert()« für die Ausgabe verwenden	54
Das Semikolon hinzufügen	54
Variablen	54
Eine Variable für die Datenablage erstellen	56
Den Benutzer nach Informationen fragen	56
Dem Benutzer antworten	57
Mit einer Verknüpfung eine freundlichere Begrüßung erreichen	57
Literale und Variablen im Vergleich	59
Leerzeichen in verknüpften Phrasen verwenden	59
Das String-Objekt	60
Eine Einführung in objektorientierte Programmierung (und Kühe)	60
Die Länge eines Strings herausfinden	61
Text mit String-Methoden ändern	62
Variablentypen	65
Zahlen addieren	65
Zahlen aus Benutzereingaben addieren	66
Das Problem mit dynamischen Daten	68
Das verflixte Pluszeichen	69
Den Variablentyp ändern	69
Werkzeuge zur Umwandlung von Variablen verwenden	70
Eingaben korrigieren	71

Kapitel 3
Das Verhalten eines Programms über Bedingungen ändern — 73

Mit Zufallszahlen arbeiten	73
Einen Würfel herstellen	74
Der Würfel ist gefallen	74
Den Ablauf mit »if« steuern	76
»If« und sonst nichts	78
Bedingungen verwenden	78
Vergleichsoperatoren	79
Machen Sie, was ich sage, ansonsten …	80
»else if« für komplexere Interaktionen verwenden	82
Das Geheimnis des überflüssigen »else«	83
Es ist Zeit für eine neue Denkweise	84
Einen Ausdruck erstellen	85
»Switch« mit Stil	87

Verschachtelte »if«-Anweisungen	87
Verschachtelte Bedingungen erstellen	88
Verschachtelte »if«-Anweisungen sinnvoll einsetzen	89

Kapitel 4
Schleifen und Fehlersuche — *91*

Eine zählende Schleife mit »for« herstellen	91
Eine Standardschleife mit »for« anlegen	92
Eine rückwärts laufende Schleife erstellen	93
Gleich um fünf weitergehen	94
Eine Zeit lang Schleifen drehen	96
Eine grundlegende »while«-Schleife erstellen	96
Vermeiden Sie Schleifenfehler	98
Eine Einführung in bösartige Schleifen	98
Mit einer zögerlichen Schleife umgehen	99
Mit einer zwanghaften Schleife umgehen	99
Den Code debuggen	100
Hilfe durch Aptana	100
JavaScript in IE debuggen	101
Fehler mit Firefox finden	103
Syntaxfehler mit Firebug einfangen	103
Logische Fehler einfangen	104
Mit Firebug in die Konsole protokollieren	105
Die Konsolenausgabe beobachten	106
Einen interaktiven Debugger verwenden	107
Einen Haltepunkt setzen	109
Den Debugger ablaufen lassen	109
Die Perspektive »Debug« verwenden	110
Ein angehaltenes Programm im Debug-Modus untersuchen	111
Das Programm durchlaufen	113
Die Daten von Ausdrücken betrachten	113
Den Debugger Firebug verwenden	115

Kapitel 5
Funktionen, Arrays und Objekte — *117*

Aus Code Funktionen machen	117
Ameisen zum Picknick einladen	117
Über die Struktur des Liedes (und des Programms) nachdenken	118
Das Programm »antsFunktion.html« anlegen	119
Daten an Funktionen übergeben und von ihnen erhalten	120
Das Hauptprogramm untersuchen	122
Der Refrain	122
Vom Umgang mit den Strophen	123

Gültigkeitsbereiche	125
Eine Einführung in lokale und globale Variablen	125
Den Gültigkeitsbereich von Variablen untersuchen	125
Ein Basisarray anlegen	128
Eine Datenliste in einem Array ablegen	129
Auf Daten im Array zugreifen	129
Arrays mit einer »for«-Schleife verwenden	130
Besuchen Sie noch einmal die Ameisen	132
Mit zweidimensionalen Arrays arbeiten	133
Die Arrays einrichten	135
Eine Stadt erhalten	136
Die zentrale Funktion »zentral()« anlegen	137
Eigene Objekte erstellen	138
Ein Basisobjekt anlegen	138
Einem Objekt Methoden hinzufügen	140
Ein wiederverwendbares Objekt anlegen	141
Das schöne, neue Objekt verwenden	143
Eine Einführung in JSON	144
Daten im JSON-Format ablegen	144
Komplexere JSON-Strukturen anlegen	146

Teil II
Seiten mit JavaScript aufwerten   149

Kapitel 6
Mit der Seite reden   151

Das Document Object Model verstehen	151
Sich im DOM zurechtfinden	151
DOM-Eigenschaften mit Firebug ändern	153
Das Objekt »document« untersuchen	153
Das DOM über JavaScript nutzen	155
Sich den Blues holen – im JavaScript-Stil	155
JavaScript-Code schreiben, um Farben zu ändern	156
Schaltflächenereignisse verwalten	157
Das Spielfeld einrichten	158
Anführungszeichen in Anführungszeichen unterbringen	160
Die Funktion »farbeAendern« schreiben	160
Texteingabe und Textausgabe verarbeiten	161
Eine Einführung in die ereignisgesteuerte Programmierung	162
Das XHTML-Formular erstellen	162
»getElementById()« für den Zugriff auf die Seite verwenden	164
Das Textfeld verarbeiten	164
In das Dokument schreiben	165
Das HTML-Framework vorbereiten	166

Den JavaScript-Anteil schreiben	167
Das interne HTML finden	167
Mit weiteren Textelementen arbeiten	168
Das Formular anlegen	169
Die Funktion schreiben	171
Den Quellcode verstehen	172

Kapitel 7
Für gültige Eingaben sorgen — 175

Eingabe über eine Drop-down-Liste erhalten	175
Das Formular anlegen	176
Das Listenfeld auslesen	177
Die Mehrfachauswahl	178
Ein »select«-Objekt für eine Mehrfachauswahl codieren	178
Den JavaScript-Code schreiben	180
Kontrollkästchen auslesen	183
Die Seite mit den Kontrollkästchen anlegen	184
Auf die Kontrollkästchen antworten	185
Mit Optionsfeldern arbeiten	186
Optionsfelder auswerten	188
Mit regulären Ausdrücken arbeiten	189
Reguläre Ausdrücke vorstellen	193
Zeichen in regulären Ausdrücken	195
Den Anfang und das Ende einer Zeile markieren	196
Mit besonderen Zeichen arbeiten	197
Ein Zeichen mit einem Punkt abgleichen	197
Eine Zeichenklasse verwenden	197
Nur Ziffern	197
Satzzeichen markieren	197
Wörter suchen	198
Wiederholte Operationen	198
Eines oder mehrere Elemente finden	198
Null oder mehr Übereinstimmungen	198
Die Anzahl an Zeichen festlegen	198
Mit dem Musterspeicher arbeiten	199
Die Erinnerungen zurückholen	199
Muster verwenden, die im Arbeitsspeicher liegen	199

Kapitel 8
Verschieben und bewegen — 201

Bewegung hineinbringen	201
Einen Blick auf den HTML-Code werfen	202
Ein Überblick über den JavaScript-Teil	205

Globale Variablen anlegen	205
Initialisierung	206
Das Sprite bewegen	207
Die Begrenzungen überprüfen	209
Tastatureingaben auslesen	211
Die Seite für die Tastatur anlegen	211
Einen Blick auf »tastatur.js« werfen	213
Die Funktion »init()« überschreiben	213
Eine Ereignisbehandlung einrichten	214
Auf das Drücken von Tasten reagieren	215
Das Geheimnis der Tastencodes enthüllen	217
Der Maus folgen	218
Einen Blick auf den HTML-Code werfen	218
HTML einrichten	219
Den Code initialisieren	220
Den »Lauscher« für die Maus anlegen	220
Automatische Bewegung	221
Animation mit Bildüberlagerung: Trickfilme	224
Die Bilder vorbereiten	225
Die Seite anlegen	225
Die globalen Variablen anlegen	227
Das Interval einrichten	228
Die Animation durch Vorladen verbessern	228
Mit zusammengesetzten Bildern arbeiten	231
Das Bild vorbereiten	231
HTML und CSS einrichten	232
Das JavaScript schreiben	233
Globale Variablen einrichten	234
Eine »init()«-Funktion anlegen	234
Das Sprite animieren	235
Verschieben und überlagern	235
Das HTML-Framework anlegen	236
Den Code anlegen	237
Globale Variablen definieren	238
Die Daten initialisieren	239
Das Bild animieren	239
Das Bild aktualisieren	239
Das Sprite verschieben	240

Teil III
Zu AJAX aufsteigen — 241

Kapitel 9
Die Grundlagen von AJAX — 243

    AJAX: Die Rückkehr nach Troja — 243
    AJAX ausgeschrieben — 245
        A steht für asynchron — 245
        J steht für JavaScript — 245
        A steht für das englische … and? — 246
        Und X steht für …? — 246
    Grundlegende AJAX-Verbindungen herstellen — 246
        Das HTML-Formular anlegen — 249
        Ein »XMLHttpRequest«-Objekt erstellen — 250
        Eine Verbindung zum Server öffnen — 251
        Anfrage und Parameter senden — 252
        Den Status überprüfen — 252
    Und nun alle zusammen: Wir wollen die asynchrone Verbindung sehn! — 254
        Das Programm einrichten — 256
        Die Funktion »getAJAX« anlegen — 256
        Die Antwort auslesen — 257

Kapitel 10
JavaScript und AJAX durch jQuery verbessern — 259

    Eine Einführung in JavaScript-Bibliotheken — 259
    jQuery kennenlernen — 261
        jQuery installieren — 262
        jQuery von Google importieren — 262
        jQuery mit Aptana verwenden — 263
    Die erste jQuery-Anwendung schreiben — 267
        Die Seite einrichten — 267
        Das jQuery-Knotenobjekt — 269
    Eine Initialisierungsfunktion anlegen — 270
        »$(document).ready()« verwenden — 270
        Alternativen zu »document.ready« entdecken — 272
    Das jQuery-Objekt erkunden — 273
        Den Stil eines Elements ändern — 273
        jQuery-Objekte auswählen — 275
        Die Stile modifizieren — 275
    Objekte um Ereignisse erweitern — 276
        Ein »hover«-Ereignis hinzufügen — 276
        Klassen auf die Schnelle ändern — 279

AJAX-Anfragen mit jQuery erledigen	281
Eine Textdatei mit AJAX einbinden	281
CMS für Arme mit AJAX	283

Kapitel 11
jQuery animieren — 287

Animationen vorbereiten	287
Den Grundstein mit HTML und CSS legen	292
Die Seite mit Startwerten versehen	292
Mit Rückruffunktionen arbeiten	293
Den Inhalt anzeigen und verbergen	294
Die Sichtbarkeit ein- und ausschalten	294
Ein Element gleiten lassen	294
Ein Element ein- und ausblenden	295
Die Position eines Elements mit jQuery ändern	296
Das HTML-Framework anlegen	299
Die Ereignisse einrichten	299
Verkettungen	300
Die Funktion »move()« durch Verkettung anlegen	301
Mit »animate()« eine zeitabhängige Animation anlegen	301
Nur ein Stückchen verschieben: Relative Bewegung	302
Elemente auf die Schnelle ändern	303
Die Seitengrundlage erstellen	309
Den Code mit Startwerten versehen	310
Text hinzufügen	310
Kopieren geht über Studieren	311
Das ist eine Hülle	312
Stile abwechseln lassen	313
Die Seite zurücksetzen	313
Noch mehr Selektoren und Filter	314

Kapitel 12
Das jQuery User Interface Toolkit — 315

Einen Blick auf den ThemeRoller werfen	316
Den Themenpark besuchen	318
Elemente ziehen und ablegen	319
Die Bibliothek herunterladen	322
Die Größe eines Themas ändern	323
Das HTML und das Standard-CSS untersuchen	326
Dateien importieren	327
Ein in seiner Größe änderbares Element herstellen	327
Elementen Themen hinzufügen	328
Ein Symbol hinzufügen	330

Ziehen, ablegen und zurückrufen	331
Die Seitengrundlage anlegen	334
Die Seite mit Startwerten versehen	335
Das Ablegen	336
Ablegen kann Spaß machen	337
Elemente klonen	337

Kapitel 13
Die Benutzerfreundlichkeit mit jQuery verbessern — 341

Designs mit vielen Elementen	341
Das Widget Accordion	342
Eine Oberfläche mit Registerkarte anlegen	346
Registerkarten und AJAX	350
Die Benutzerfreundlichkeit verbessern	351
Das Datum	353
Zahlen mit einem Schieberegler auswählen	355
Auswählbare Elemente	357
Eine sortierbare Liste anlegen	358
Ein benutzerdefiniertes Dialogfeld anlegen	360

Kapitel 14
Mit AJAX-Daten arbeiten — 363

Ein Überblick über serverseitige Programmierung	363
Eine Einführung in PHP	364
Ein Formular für eine PHP-Verarbeitung schreiben	365
Auf die Anfrage antworten	367
Anfragen im AJAX-Stil senden	369
Die Daten senden	369
Auf die Ergebnisse antworten	371
Ein interaktiveres Formular anlegen	372
Ein AJAX-Formular erstellen	373
Den JavaScript-Code schreiben	375
Das Ergebnis verarbeiten	376
PHP für AJAX vereinfachen	376
Mit XML-Daten arbeiten	376
Eine Bewertung von XML	377
XML mit jQuery abändern	379
HTML anlegen	381
Die Daten erhalten	381
Die Ergebnisse verarbeiten	381
Den Namen des Haustiers ausgeben	382
Mit JSON-Daten arbeiten	383
JSON verstehen	383

JSON-Daten mit jQuery auslesen	385
Das Framework bewältigen	387
Die JSON-Daten empfangen	387
Die Ergebnisse verarbeiten	388

Teil IV
Der Top-Ten-Teil   391

Kapitel 15
(Nicht ganz) Zehn erstaunliche jQuery-Plugins   393

Die Plugins verwenden	393
IPWEditor	394
Einen einfachen Editor mit editable hinzufügen	394
Fortgeschrittenere Bearbeitungsmöglichkeiten mit FCKedit	397
jQuery-Cookies	401
flot	403
Tag-Cloud	405
Tablesorter	407
Droppy	410
galleria	413
jmp3	415

Kapitel 16
(Mehr als) Zehn großartige Quellen   419

jQuery-PHP-Bibliothek	419
JSAN – JavaScript Archive Network	419
W3Schools – Einheiten für ein Selbststudium und Beispiele	419
Google AJAX APIs	420
Aflax	420
MochiKit	420
Dojo	420
Ext JS	421
YUI	421
DZone	421
AJAX-Community	421
Dokuwelt.de	421
AJAX-Quellensammlung von DrWeb.de	422
JavaScript-Bibliothekensammlung von DrWeb.de	422
JavaScript-Forum bei jswelt.de	422

Stichwortverzeichnis   423

Einführung

Das World Wide Web feierte offiziell seinen 20. Geburtstag, als ich mit dem Schreiben dieses Buches begann. Wenn ich zurückblicke, ist es kaum zu glauben, dass es diese Technologie schon so lange gibt. Andererseits ist es erstaunlich, wie viel in dieser kurzen Zeit geschehen ist. Als ich anfing, über das Internet zu lehren und zu schreiben (was lange vor der Zeit begann, als das Web praxistauglich wurde), hatte niemand eine Vorstellung davon, was sich einmal daraus entwickeln würde.

Da Sie dieses Buch lesen, muss ich Ihnen nicht erst sagen, dass das Web eine tolle Sache ist. Es hat sich unheimlich weit entwickelt und es macht sehr interessante Dinge. Ich möchte in diesem Buch zeigen, wohin das Web geht. Die Technologie des Webs ändert sich schneller als jemals zuvor, und diejenigen, die diese Änderungen nicht verstehen, werden es sehr schwer haben, sich zu behaupten.

In den frühen Tagen des Webs redeten wir von Webseiten, als ob das Internet aus einem Satz gewöhnlicher Dokumente bestünde, die über Links miteinander verknüpft seien. Das war (und ist auch immer noch weitgehend) richtig, aber ich bin nicht der Meinung, dass man sich das Web auch heute noch so vorstellen sollte. Dieses Web besteht nicht mehr aus Dokumenten, sondern aus Anwendungen. Benutzer und Entwickler erwarten, dass ihre Seiten aktiv und nicht nur bessere Dokumente sind.

Dieses Buch beschreibt wichtige und miteinander verwobene Technologien: JavaScript und AJAX. JavaScript ist eigentlich schon sehr früh Bestandteil des Webs geworden. Es handelt sich dabei um eine einfache, aber mächtige Programmiersprache, die von Anfang an dafür entworfen worden ist, im Umfeld eines Webdokuments eingesetzt zu werden. Während uns JavaScript bereits seit Langem umgibt, ist das Interesse an AJAX erst in den letzten Jahren aufgeflammt. Diese neue Technologie verspricht eine Menge cooler Dinge, wobei es seine Wurzeln aber immer noch in JavaScript und HTML hat.

Das Tolle an JavaScript und AJAX ist ihre Leistungsfähigkeit. Wenn Sie bereits HTML oder XHTML kennen, wissen Sie, wie Webdokumente erstellt werden, aber diese Dokumente sind normalerweise ohne Leben und statisch.

Bei JavaScript handelt es sich um eine echte Programmiersprache, die es Ihnen erlaubt, Ihre Dokumente um Programmierungen zu erweitern. Wenn Sie sich bisher noch nicht mit Programmierung beschäftigt haben, bietet sich hier eine sehr gute Möglichkeit, damit zu beginnen. JavaScript ist eine schöne und für Anfänger relativ leicht zu erlernende Sprache. Sie verwendet die wohlbekannte Webseite als Benutzerschnittstelle. Wenn Sie sich bereits mit Programmierung auskennen, werden Sie feststellen, dass Ihr vorhandenes Wissen problemlos um JavaScript erweitert werden kann, und Sie werden sich in null Komma nichts darin zurechtfinden.

AJAX erweitert JavaScript um neue Möglichkeiten. Oder kurz gefasst, die AJAX-Bibliotheken helfen dabei, die Erlebniswelt der Benutzer durch so großartige Oberflächenelemente wie Menüs und Schieberegler zu bereichern. AJAX ermöglicht einige sehr wichtige Funktionen wie clientseitige Includes (was sehr praktisch ist, um Ihre Seiten effizienter zu gestalten) und die direkte Kontrolle serverseitiger Skripte.

Nach dem Lesen des gesamten Buches werden Sie in der Lage sein, mit Ihren Webseiten interessante Dinge zu veranstalten. Sie können Eingaben von Benutzern erhalten, die Gültigkeit dieser Eingaben überprüfen, Ihre Seiten animieren und mit Webservern zusammenarbeiten.

Was Sie benötigen

Das Tolle an JavaScript ist unter anderem, dass es so leicht ist, in diese Sprache einzusteigen. Sie benötigen nicht viel, um loszulegen:

- ✔ **Jeder Computer kann verwendet werden.** Wenn Ihr Computer nicht viel älter als fünf Jahre ist (und beispielsweise mit Firefox oder Safari umgehen kann), besitzen Sie genügend Pferdestärken für Webentwicklungen. Auch Netbooks sind noch in Ordnung. Theoretisch können Sie Webentwicklungen auf einem Handy vornehmen – es ist nur fraglich, wie lange das Spaß macht.

- ✔ **Jedes Betriebssystem kann verwendet werden.** Dieses Buch ist ursprünglich auf Maschinen mit einer Kombination aus Windows XP und Fedora Core Linux geschrieben worden. Für die Übersetzung wurde ein PC mit Windows 7 bzw. eine VMware mit der neuesten Version von Fedora Linux eingesetzt. Bei den meisten Programmen, die ich empfehle, gibt es Versionen für Windows, Mac und Linux.

- ✔ **Die besten Werkzeuge gibt es kostenlos.** Es gibt keinen Grund, für Ihre Webentwicklungen teure Software kaufen zu müssen. Alle Werkzeuge, die Sie benötigen, gibt es kostenlos. Sie benötigen keinen so ausgefallenen Editor wie Dreamweaver oder Expression Web. Diese Werkzeuge haben zwar auch ihre Berechtigung, aber sie werden hier nicht benötigt. Alles, was ich in diesem Buch vorstelle, basiert auf kostenlosen Anwendungen und Bibliotheken.

- ✔ **Es werden keine Programmierkenntnisse vorausgesetzt.** Wenn Sie bereits in einer anderen Sprache Computerprogrammierung durchgeführt haben, sollten Ihnen JavaScript und AJAX keine Schwierigkeiten bereiten. Wenn Sie aber noch nie programmiert haben, bietet sich hier eine gute Möglichkeit, damit anzufangen. Ich gehe davon aus, dass Sie grundsätzlich etwas mit XHTML und CSS anfangen können, und dass Sie wissen, wie Sie Ihre Webseiten auf einen Server bekommen.

Was benötigen Sie also? Einfallsreichtum, Ausdauer und etwas Zeit.

Wie dieses Buch aufgebaut ist

Ich habe dieses Buch strukturiert, indem ich auf einem Supercomputer Rechnerzeit gemietet und einen multilinearen Bayesschen Algorithmus für künstliche Intelligenzen angewendet habe. Keine Sorge, ich weiß noch nicht einmal genau, was das ist. In Wirklichkeit habe ich das Grundgerüst skizziert, als ich eigentlich während einer Sitzung hätte zuhören sollen. Auf jeden Fall besteht das Buch aus Teilen, in denen die unterschiedlichen Aspekte der Entwicklung für das Web mit JavaScript und AJAX beschrieben werden.

Sie können dieses Buch wie die übrigen Bücher der »... für-Dummies«-Reihe auf unterschiedliche Weise als Referenz verwenden, und zwar abhängig von Ihrem Wissensstand und von dem, was Sie lernen möchten. Jedes Kapitel dieses Buches beschreibt einen bestimmten Gesichtspunkt der Programmierung mit JavaScript oder AJAX. Sie können die Kapitel in der Reihenfolge lesen, die für Sie die beste ist, was besonders dann von Vorteil ist, wenn Sie bereits über Kenntnisse verfügen und nach einer bestimmten Information suchen. Natürlich bilden die Kapitel ein Geflecht mit einem Anfang und einem Ende, was Ihnen die Möglichkeit gibt, in früheren Kapiteln nachzuschlagen, wenn Ihnen in einem Kapitel weiter hinten im Buch etwas unklar ist. (Außerdem werden Sie im Verlauf des Buches immer wieder auf die entsprechenden Querverweise stoßen.) Wenn Sie im Bereich der Programmierung ein Neuling sind, ist es vielleicht am einfachsten, das Buch von vorne bis hinten durchzuarbeiten, aber am wichtigsten ist, loszulegen und Spaß zu haben.

Teil I: Mit JavaScript programmieren

Wenn Sie noch nie zuvor ein Computerprogramm geschrieben haben, betrachten Sie diesen Teil als den Ort Ihrer Grundausbildung (wobei diese hier Spaß macht und auf Liegestütze im Regen verzichtet). Beginnen Sie damit, dass Sie sich eine Werkzeug- und Anwendungssammlung zusammenstellen, die leistungsstark und kostenlos ist. Hier erfahren Sie, was Programmierung ist – wobei die Programmiersprache unserer Wahl JavaScript heißt. Sie werden neue Freunde kennenlernen, zum Beispiel Variablen, Bedingungen, Schleifen, Arrays und Objekte.

Teil II: Seiten mit JavaScript aufwerten

Der Hauptgrund für den Einsatz von JavaScript ist der, dass die Leute Webseiten austricksen wollen. In diesem Teil erfahren Sie, wie Sie Programme schreiben, die mit der Webseite reden, auf der sie leben. Ihr Programm ist in der Lage, Benutzereingaben zu lesen, zu prüfen, ob diese Eingaben auch richtig sind, und auf dem Bildschirm herumzutanzen. Das ist doch nett, oder?

Teil III: Zu AJAX aufsteigen

Wenn Sie einmal mit Web-Freaks abhängen, hören Sie vielleicht von AJAX. Dabei handelt es sich um alles andere als um Kleinkram, und es verfügt über das Potenzial, die Art zu ändern, wie die Entwicklung für das Web funktioniert. Erfahren Sie, was AJAX ist. Erstellen Sie einige AJAX-Anforderungen »zu Fuß« und verwenden Sie dann die unglaubliche jQuery-Bibliothek, um zu noch leistungsfähigeren Programmierergebnissen zu kommen. Erfahren Sie, wie jQuery neue Wege der Programmierung vorstellt, und wie das jQuery User Interface (jQuery UI) verwendet wird, um bei den Benutzern für interessante Erfahrungen zu sorgen. Außerdem erfahren Sie, wie Sie mit unterschiedlichen Datenarten arbeiten können – angefangen bei PHP-Programmen bis hin zu XML und JSON.

Teil IV: Der Top-Ten-Teil

Kein »... für-Dummies«-Buch wäre vollständig ohne einen Top-Ten-Teil. Ich bin von den Kapiteln dort richtiggehend begeistert. In einem von ihnen bekommen Sie es mit meinen

Lieblings-jQuery-Plugins zu tun. Diese aufregenden Werkzeuge machen es einfach, Ihren Seiten aufregende Funktionen hinzuzufügen. Sie lernen Plugins zum automatischen Sortieren von Tabellen, zum Erstellen von Diagrammen, zum Anzeigen von Bildergalerien, zum Abspielen von MP3-Dateien und zu vielem mehr kennen. Das zweite Kapitel weist auf interessante Quellen im Web hin, über die Sie Ihre Kenntnisse vertiefen können.

Und dann gibt's noch was im Internet!

Für das Durcharbeiten dieses Buches empfehle ich, die Downloadseite des Verlags unter `www.downloads.fuer-dummies.de` zu besuchen. Dort finden Sie alle Beispiele aus diesem Buch zum Downloaden.

Die leider nur englischsprachige Site `www.aharrisbooks.net/jad` kann Ihnen gleichzeitig als gute Quelle dienen, wenn es darum geht, an die Werkzeuge und Bibliotheken zu gelangen. Auf dieser Website gibt es für jedes Werkzeug und jede Bibliothek, das bzw. die in diesem Buch beschrieben wird, eine Verknüpfung. In der gepackten Datei auf der Verlagsseite befinden sich auch die zum Zeitpunkt der Übersetzung dieses Buches neuesten Versionen der beiden wichtigsten Bibliotheken.

Symbole, die in diesem Buch verwendet werden

Ab und an gibt es Stellen, die wichtig genug sind, dass Sie ihnen eine besondere Aufmerksamkeit schenken sollten. Dieses Buch verwendet ein paar Symbole, die am Seitenrand auf spezielle Informationen verweisen.

Hierbei handelt es sich um Informationen, über die Sie nachdenken oder die Sie sich merken sollten.

Gelegentlich verspüre ich das Bedürfnis, meiner Natur als »sich selbst sehr wichtig nehmender Lehrer für Computerwissenschaften« nachzugeben und Sie mit technischem Hintergrundwissen zu versorgen. Die Dinge, die es hier zu lesen gibt, sind zwar interessant, aber nicht entscheidend, weshalb Sie sie auch überspringen können. Vielleicht prägen Sie sich einige davon ein, bevor Sie zu Ihrer nächsten Cocktailparty mit Computerwissenschaftlern gehen. Sie werden dort die Hauptperson sein.

Bei Tipps handelt es sich um Vorschläge, die das Leben leichter machen.

Achten Sie darauf, alles zu lesen, was mit diesem Symbol gekennzeichnet ist. Falls Sie das versäumen, müssen Sie mit einer Froschplage, schwarzen Rauchwolken oder damit rechnen, dass Ihr Programm nicht so arbeitet, wie Sie es erwarten.

Wie es weitergeht

Bevor Sie beginnen, Code herunterzuschreiben, lassen Sie uns eine Bestandsaufnahme vornehmen. Wenn Sie bisher noch nie mit JavaScript oder AJAX zu tun hatten, fangen Sie am besten mit Teil I an. Wenn Sie JavaScript, aber nicht AJAX kennen, könnten Sie zu Teil IV springen. Wenn Sie auf vorhandenes JavaScript-Wissen aufbauen wollen, beschäftigen Sie sich mit den Teilen II und III.

Springen Sie ins Wasser und haben Sie Spaß!

- ✔ **Blättern Sie im Buch.** Verschaffen Sie sich einen Überblick, schauen Sie sich die Abbildungen an und erahnen Sie, welcher Spaß auf Sie wartet.
- ✔ **Besuchen Sie die Websites.** Wenn Sie nur das Kochbuch haben, wissen Sie nicht, ob Ihnen das Ergebnis eines Rezepts auch wirklich schmeckt, und genauso wenig können Sie keinen echten Eindruck von einem Webprogramm bekommen, wenn nur ein Computerbuch vor Ihnen liegt. Gehen Sie entweder unter www.downloads.fuer-dummies.de zur Webseite dieses Buches oder besuchen Sie meine Website (www.aharrisbooks.net/jad) und spielen Sie dort mit den Beispielprogrammen herum.
- ✔ **Schauen Sie sich die Schummelseite an.** Die Schummelseite dient als praktische Referenz und als Codesammlung.
- ✔ **Legen Sie los.** Wenn Sie sich mit dem Programmieren unter JavaScript auskennen, werfen Sie in Teil III einen Blick auf AJAX. Frischen Sie ansonsten Ihre Kenntnisse auf und suchen Sie einen geeigneten Einstiegspunkt. Im Zweifelsfall können Sie immer alles von Anfang bis Ende lesen.
- ✔ **Haben Sie Spaß.** Das Programmieren ist ein ernsthaftes Geschäft. Sie können damit viel Geld verdienen. Aber es macht auch viel Spaß. Genießen Sie es, entspannen Sie sich und freuen Sie sich daran, dass Ihre Webseiten Dinge machen, von denen Sie niemals geglaubt haben, dass so etwas möglich ist.

Zum Abschluss

Vielen Dank dafür, dass Sie dieses Buch erworben haben. Ich hoffe, dass Sie es mit Vergnügen lesen werden, und dass es für Sie von Nutzen sein wird. Ich habe dieses Buch gerne geschrieben, und ich bin sicher, dass Sie viel damit anfangen können.

Eine Anmerkung der Übersetzerin

Sie halten ein Buch in den Händen, das sich mit Programmierung beschäftigt. Und die Programmiersprache JavaScript basiert – wie fast alle Programmiersprachen – auf dem Englischen. Dies führt dazu, dass Sie auch in einem deutschsprachigen Buch ziemlich viele englische Ausdrücke vorfinden (und zwar ganz besonders in den Skripten, die letztendlich die Programme bilden). Diese Ausdrücke sind sehr häufig nicht willkürlich gewählt, sondern folgen einer Logik, die durch ihre Benennung ausgedrückt wird und damit im englischsprachigen Umfeld auch leicht verständlich ist. So bedeutet zum Beispiel *head* auf Deutsch *Kopf* und *body* ist der *Körper*. Unter HTML gibt es nun die Tags `<head>` und `<body>`, die den Kopfbereich bzw. Körper einer Seite kennzeichnen – und damit aus dem englischsprachigen Umfeld heraus leicht einzuordnen sind. Begriffe dieser Art dürfen leider nicht übersetzt werden, was dazu führt, dass Ihnen eine riesengroße Eselsbrücke beim Lesen von Programmen fehlt. Aus diesem Grund finden Sie in diesem Buch immer wieder auch eine Art Übersetzung dieser Ausdrücke, um Ihnen die logische und sprachliche Analyse der Programme und ihrer Zusatzmodule zu erleichtern.

Teil I

Mit JavaScript programmieren

»Schauen Sie auf meine Website, Frau Müller, schauen Sie tief in die rotierende Spirale. Sie dreht sich, sie dreht sich, sie zieht Sie tiefer und tiefer in ihren Strudel, tiefer … tiefer …«

In diesem Teil ...

Sie betreten die Welt des Programmierens mit JavaScript. Das, was Sie in diesem Teil über das Programmieren erfahren, ist für alle Programmiersprachen gültig. Sie sind dann in der Lage, Ihre Vorstellungen problemlos in eine beliebige Sprache zu übertragen.

Kapitel 1 hilft dabei, die notwendigen Werkzeuge einzusammeln. Die meisten Dinge, die Sie für ein professionelles Programmieren mit JavaScript benötigen, gibt es vollständig kostenlos. Erfahren Sie, was Sie im Bereich der Editoren, Browser und Plugins haben sollten.

Kapitel 2 führt Sie in JavaScript ein. Sie speichern Daten in Variablen, arbeiten mit Textdaten und führen grundlegende Ein- und Ausgabeoperationen durch.

Kapitel 3 führt Sie in die wunderbare Welt der Entscheidungsfindung ein. Sie erfahren, wie Sie an Zufallszahlen gelangen, die Sie dann verwenden, um verschiedene Mechanismen der Entscheidungsfindung auszuprobieren. Ihr Programm trifft Entscheidungen wie zum Beispiel die beste Alternative.

Kapitel 4 stellt die leistungsfähige Idee der Schleifen vor. Ihre Programme sind damit in der Lage, so viele Wiederholungen einer Sache vorzunehmen, wie Sie wollen, um dann punktgenau zu stoppen. Schleifen können zu logischen Wann-muss-aufgehört-werden-Problemen führen, weshalb dieses Kapitel auch eine Reihe von Techniken zur Fehlersuche enthält.

Kapitel 5 hilft Ihnen, leistungsfähigere Programme zu erstellen, indem Elemente kombiniert werden. Sie können Variablen kombinieren, um Arrays zu erstellen, und Sie können Anweisungen kombinieren, um Funktionen zu erzeugen. Außerdem erfahren Sie, wie Anweisungen und Daten kombiniert werden, um Objekte wie die leistungsstarken JSON-Objekte anzulegen.

Das Web auf die nächste Ebene bringen

In diesem Kapitel

▶ Sich mit HTML, XHTML und CSS beschäftigen

▶ Die Rolle von JavaScript und AJAX untersuchen

▶ Herausfinden, was JavaScript und AJAX Webseiten hinzufügen können

▶ Einen Editor wählen

▶ Die Werkzeuge für den Browser zusammenstellen

Das Web ist schon was Tolles. Webseiten zusammenzubauen, ist mehr als interessant, und fast jedes Unternehmen kann heute nicht auf sie verzichten. Und so, wie das Web gewachsen ist und sich geändert hat, so haben sich auch die Erwartungen daran geändert, was eine Webseite ist und was sie macht. Wenn Sie bereits HTML oder XHTML kennen, ist das Erstellen von Webdokumenten nichts Neues für Sie.

Und so, wie sich das Web entwickelt hat, haben sich auch die Werkzeuge weiterentwickelt, die verwendet werden, um Webseiten und Webdokumente zu erstellen. JavaScript und AJAX sind zwei leistungsstarke Werkzeuge, mit denen Sie dynamische Webdokumente anlegen können. Dieses Kapitel gibt Ihnen einen ersten Überblick über einige der grundlegenden Technologien, die es dort draußen gibt, um Webseiten zu erstellen.

Etwas wirklich Cooles zusammenbauen

Dieses Buch handelt davon, wie Sie Webseiten um Funktionen erweitern können, die Sie mit einfachem HTML und CSS nicht zustande bringen.

Lassen Sie sich nicht täuschen, aber wir sprechen hier von Programmierung – und Programmierung ist nun einmal härter als die gute, alte Webentwicklung. Aber es lohnt sich, wie das Beispiel aus Abbildung 1.1 zeigt.

Damit dieses Beispiel nicht zu kompliziert wird, habe ich externe Bibliotheken verwendet. Diese werden in Teil IV dieses Buches erklärt, weshalb Sie im Moment einfach akzeptieren sollten, dass hier etwas Aufregendes geschieht.

Dieses Programm verlangt, dass Sie über eine aktive Internetverbindung verfügen, damit es sauber arbeiten kann. In Kapitel 10 finden Sie Alternativen, um sich mit externen Bibliotheken zu verbinden.

Wenn Sie dieses Beispiel in Aktion sehen wollen (was sich lohnt), gehen Sie über www.downloads.fuer-dummies.de zur Website dieses Buches. Dort finden Sie dieses und jedes andere Programm und Beispiel aus diesem Buch zum Herunterladen.

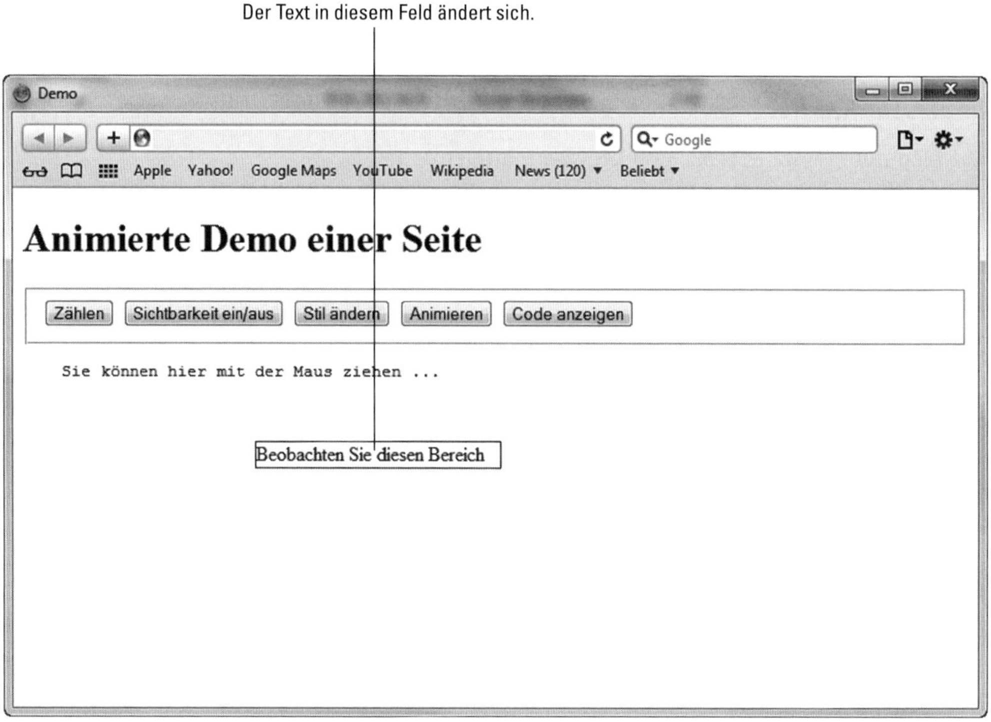

Abbildung 1.1: Diese Seite weist einige interessante Funktionen auf.

Auf den ersten Blick sieht die Webseite recht einfach aus, aber wenn Sie sie in einem Browser öffnen (was Sie machen sollten) und mit ihr herumspielen, werden Sie schnell entdecken, dass sie viele Überraschungen enthält. Diese sehr einfache Seite zeigt einige der Gründe auf, warum Sie sich mit JavaScript und AJAX beschäftigen sollten.

- ✔ **Die Schaltflächen bewirken etwas.** Vielleicht sind Sie in der Lage, mit reinem HTML Formularbestandteile (wie Schaltflächen und Textfelder) zu erstellen, aber HTML kann mit diesen Schaltflächen und Textfeldern nichts anfangen, weshalb Sie eine Programmiersprache benötigen.

  Sie benötigen also eine Programmiersprache, wenn Sie möchten, dass etwas Interessantes geschieht. Jede dieser Schaltflächen verwendet JavaScript, um etwas auszuführen. Außerdem ist die Tatsache, dass die Seite zu einer interaktiven geworden ist, eine große Änderung. Sie können mit JavaScript *Anwendungen* und nicht nur Seiten anlegen.

- ✔ **Die Schaltfläche Zählen ändert die Seite dynamisch.** Wenn Sie auf die Schaltfläche Zählen klicken, wird der Seite automatisch ein neuer Inhalt hinzugefügt. Ein Programm zählt, wie oft die Schaltfläche Zählen angeklickt worden ist, und fügt dem Bereich mit der Beschriftung *Beobachten Sie diesen Bereich* Text hinzu. Wenn der Benutzer mit der Seite in eine Wechselwirkung (auch *Interaktion* genannt) tritt, verwendet die Seite Material, das sich ursprünglich nicht auf dem Server befand.

Klar, dieses Beispiel ist einfach gehalten, aber Sie können jedem Webelement dynamisch jeden Text hinzufügen. Damit steht Ihnen eine sehr leistungsstarke Möglichkeit zur Verfügung. Abbildung 1.2 zeigt, wie die Seite aussieht, nachdem ich mehrfach auf die Schaltfläche ZÄHLEN geklickt habe.

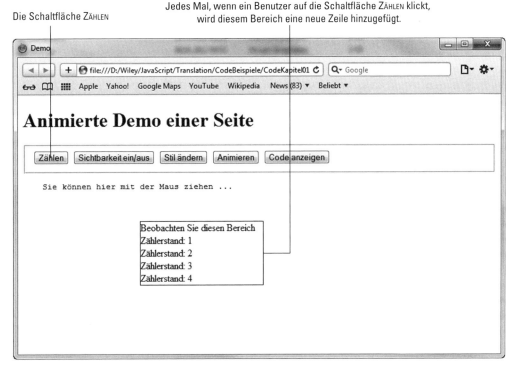

Abbildung 1.2: Die Schaltfläche ZÄHLEN ändert in einem Bereich der Seite den Text.

- ✔ **Die Schaltfläche SICHTBARKEIT EIN/AUS lässt Dinge erscheinen und verschwinden.** Sie können mit HTML nicht wirklich dafür sorgen, dass Dinge erscheinen oder verschwinden. Sie können dies bis zu einem gewissen Grad in CSS erreichen, aber JavaScript versorgt Sie mit einem sehr leistungsstarken Satz an Werkzeugen, um festzulegen, welche Teile einer Seite für einen Benutzer sichtbar sind. Abbildung 1.3 zeigt die Seite, auf der nun das Ausgabeelement ausgeblendet ist.

- ✔ **Die Schaltfläche STIL ÄNDERN ändert sofort das Erscheinungsbild eines Teils der Seite.** Sie können JavaScript verwenden, um die Inhalte eines beliebigen Seitenteils (das heißt von HTML) zu ändern – und Sie können JavaScript *auch* verwenden, um das Erscheinungsbild (das CSS) in Echtzeit zu modifizieren. Ich habe für unser Beispiel eine CSS-Klasse erstellt, die funky heißt und dem Ausgabefeld hinzugefügt oder von dort entfernt wird, wenn ein Benutzer auf die Schaltfläche klickt. Diese Vorgehensweise funktioniert mit jeder CSS-Klasse. (Super, oder?) Abbildung 1.4 stellt die Seite dar, nachdem die Klasse funky zugewiesen worden ist.

Ich habe auf die Schaltfläche Sichtbarkeit ein/aus geklickt, und die Textausgabe ist verschwunden.

Abbildung 1.3: Klicken Sie auf die Schaltfläche Sichtbarkeit ein/aus, damit das Element mit der Textausgabe wieder erscheint.

Die Schaltfläche Stil ändern

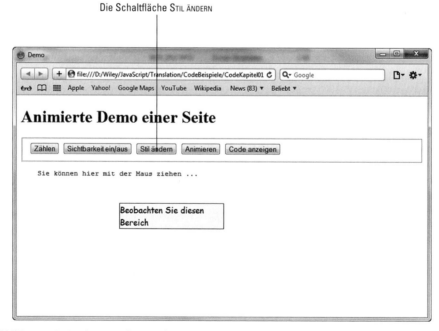

Abbildung 1.4: Sie können das Erscheinungsbild eines jeden Seitenelements dynamisch ändern.

Ich habe in diesem Kapitel einige der Abbildungen mit Beschriftungen versehen, um zu beschreiben, was geschieht. Die Abbildungen in diesem Buch reichen nicht immer aus, um zu verstehen, was die Seite macht. Sie finden das Programm unter `www.downloads.fuer-dummies.de`. Laden Sie es herunter und schauen Sie es sich an.

✔ **Die Schaltfläche ANIMIEREN.** Die Schaltfläche ANIMIEREN führt schrittweise eine Reihe von Änderungen am Ausgabefeld durch, indem im Verlauf einer vordefinierten Zeitspanne seine Größe, seine Form und sein Erscheinungsbild geändert werden. (Das müssen Sie selbst ausprobieren, da eine Abbildung dieser Funktion nicht gerecht würde.)

✔ **Die Schaltfläche CODE ANZEIGEN stellt den Text einer externen Datei dar.** Diese Schaltfläche verwendet eine einfache Form von AJAX, um in Echtzeit eine externe Datei in die Seite zu laden. Dies ist eine einfache Möglichkeit, modulare Seiten aufzubauen. In unserem Fall nehme ich mir einfach eine Kopie des JavaScript-Codes, damit Sie sehen können, wie er arbeitet. Machen Sie sich nichts daraus, wenn Sie ihn noch nicht verstehen. Das ist schließlich der Grund, warum es dieses Buch gibt. Abbildung 1.5 stellt das Ergebnis des Datei-Imports vor.

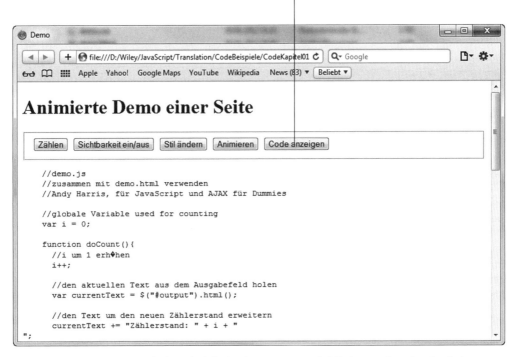

Abbildung 1.5: Durch die Schaltfläche CODE ANZEIGEN wird Code aus einer Datei geholt und in der Seite dargestellt.

✔ **Lassen Sie den Benutzer Inhalte verschieben.** Ein Benutzer kann einen Inhalt nehmen und auf der Seite verschieben. Dies ist eine weitere Funktion, die es auf normalen Webseiten nicht gibt.

Natürlich veröffentlichen Sie normalerweise Ihren Code nicht. Ich möchte damit nur zeigen, wie einfach es ist, vom Server einen beliebigen Text zu holen. Da Sie nun zum Programmierer geworden sind, habe ich mich entschlossen, Ihnen als Textdatei eine Vorschau des Codes zu zeigen.

Diese Möglichkeiten sollten überzeugen, und sie sind nur der Anfang. Indem Sie lernen zu programmieren, wandeln Sie Ihre Webseiten von statischen Dokumenten in lebendige Anwendungen um, die auf neue Weise mit Ihren Benutzern Aktionen austauschen können.

Nehmen Sie sich die Zeit, sich näher mit dem Code dieses Projektes zu beschäftigen. Er steht im Moment in drei Dateien: demo.html, demo.css und demo.js. Sie finden diese Dateien in gepackter Form auf der zu diesem Buch gehörenden Webseite des Verlags. Benutzen Sie im Browser ANSICHT|QUELLTEXT ANZEIGEN, um den Quellcode der HTML-Datei darzustellen.

Der Code enthält sehr viele Kommentare, die ich eingefügt habe, damit Sie nachvollziehen können, was passiert, aber es geht in Ordnung, wenn Sie sich im Moment noch nicht mit der dort vorhandenen Komplexität auseinandersetzen wollen. Betrachten Sie diesen Code als Ausblick auf das, was Sie in diesem Buch erwartet.

Erste Schritte

Anscheinend macht es Spaß, eine Webseite solche Dinge veranstalten zu lassen, die im vorherigen Abschnitt beschrieben werden – und genau das ist der Fall. Es gibt zwar noch eine Menge zu lernen, aber keine Panik: Ich helfe Ihnen, alle Klippen zu umschiffen. Der erste Schritt sieht so aus, dass Sie sich um die zentralen Technologien kümmern, auf denen JavaScript und AJAX basieren, damit Sie sehen, in welcher Beziehung diese beiden zu anderen (fortschrittlicheren) Technologien stehen, die Sie möglicherweise zukünftig benötigen werden.

Ein Überblick über die zentralen Technologien

JavaScript und AJAX sind zwar leistungsstark, aber sie existieren nicht für sich. Sie machen nur im Umfeld von Webseiten Sinn, was dazu führt, dass sie auf verschiedene Webtechnologien angewiesen sind. Wenn Sie eine Anwendung mit JavaScript zusammenbauen wollen, benötigen Sie noch mehr:

✔ **HTML:** HTML (Hypertext Markup Language) ist die grundlegende Auszeichnungssprache *(Markup Language)*, die Webseiten beschreibt. Es handelt sich dabei um eine ziemlich einfache Technik, um Websites zu erstellen, und sie verlangt nicht mehr als einen Texteditor.

✔ **XHTML:** XHTML wird häufig als Nachfolger von HTML bezeichnet. Da es bestimmte Tags nicht zulässt, handelt es sich bei XHTML eigentlich um eine geringwertigere Sprache, die etwas einfacher zu verwenden ist. Normalerweise sind XHTML-Seiten von CSS abhängiger als HTML, da viele HTML-Tags durch CSS-Werkzeuge ersetzt werden müssen.

✔ **CSS:** CSS (Cascading Style Sheets oder Deutsch: geschachtelte Gestaltungsvorlagen) sind eine Möglichkeit, einer HTML- oder XHTML-Seite Gestaltungsinformationen hinzuzufügen. HTML und XHTML stellen die allgemeinen Rahmenbedingungen zur Verfügung, und CSS beschreibt die Farbe und die Formatierung.

✔ **JavaScript:** JavaScript ist eine Programmiersprache, die in allen modernen Webbrowsern eingebettet ist. Sie ist ausdrücklich entwickelt worden, mit Webseiten zusammenzuarbeiten. Sie können sie verwenden, um Informationen aus Teilen einer Seite herauszuziehen und die Seite in Echtzeit zu ändern.

✔ **AJAX:** AJAX (Asynchronous JavaScript And XML) ist eine Technik, die es JavaScript erlaubt, direkter mit dem Webserver zu kommunizieren. Es erzeugt zwischen dem Browser und dem Webserver eine interessante neue Beziehung. Ungefähr die Hälfte dieses Buches hat mit AJAX zu tun.

✔ **PHP:** PHP (rekursives Akronym für *PHP: Hypertext Preprocessor*, wobei hier PHP *Personal Home Page Tools* bedeutet) ist eine von mehreren wichtigen Sprachen für die Arbeit auf einem Webserver. PHP spielt in diesem Buch zwar keine Hauptrolle, aber es ist in der Lage, Dinge zu machen, die JavaScript nicht kann. AJAX wird häufig verwendet, um JavaScript-Anwendungen mit PHP-Programmen zu verbinden. Sie erhalten in Kapitel 14 eine kurze Einführung in PHP.

✔ **Java:** Java ist eine Sprache, die sich (trotz des ähnlichen Namens) vollständig von JavaScript unterscheidet. Obwohl Java in einer Client-Server-Beziehung sowohl auf der Seite des Clients als auch auf der des Servers sinnvoll eingesetzt werden kann, liegt der Schwerpunkt dieses Buches nicht auf dieser Sprache.

Wenn Sie eine Online-Hilfe für JavaScript suchen, achten Sie darauf, dass Sie mit Java*Script*-Experten und nicht mit *Java*-Programmierern kommunizieren. Auch wenn diese Sprachen ähnliche Namen haben, so unterscheiden sie sich doch vollständig voneinander. Java-Programmierer halten sich manchmal gerne für etwas Besseres, und Sie erhalten als Antwort nur wenig Sinnvolles, wenn Sie in einem Java-Forum eine Frage zu JavaScript stellen. Sprechen Sie mich im Zweifelsfall auf meiner Website (www.aharrisbooks.net) – bitte auf Englisch – an. Ich kann Ihnen bei beiden Sprachen helfen, und ich werde mich nicht über Sie lustig machen, wenn Sie dabei ein wenig durcheinanderkommen.

Den Computer wählen

Natürlich benötigen Sie einen Computer. Glücklicherweise gibt es dabei keine Vorgaben. Um Webseiten zu erstellen, können Sie jeden Computer benutzen, mit dem Sie die Seiten auch betrachten können. Bei den Betriebssystemen eignet sich jedes der größeren (Windows, Mac oder Linux). Ich arbeite meistens mit einer Kombination aus Linux (Fedora Core) und heutzutage Windows 7, aber alle Programme in diesem Buch funktionieren auf die gleiche Weise auf jedem vernünftigen Computer.

Es gibt sicherlich Gründe dafür, dass Ihre Webseiten im Internet zur Verfügung stehen. Auch wenn Sie zuhause auf Ihrem Computer einen Webserver einrichten könnten, ist es normalerweise besser, einen Online-Hostingdienst in Anspruch zu nehmen. An so etwas können Sie häufig schon recht preisgünstig oder sogar kostenlos gelangen. Wenn Sie wollen, dass zu Ihrer Website auch ein bestimmter Name gehört (zum Beispiel www.meineSite.de), müssen Sie für das Registrieren einer Domäne eine jährliche Gebühr bezahlen. Online-Dienstleister setzen häufig Linux ein, aber in der Regel verwenden sie eine Oberfläche, die diese Einzelheiten vor Ihnen verbirgt.

Die richtigen Werkzeuge erleichtern jede Arbeit, und viele tolle Software-Werkzeuge gibt es wirklich kostenlos. Da diese Werkzeuge Open Source sind (und damit eine Lizenz besitzen, die das Weitergeben erlaubt), ist es legal, sie zu benutzen, ohne dafür zahlen zu müssen – solange Sie diese Werkzeuge nicht kommerziell einsetzen.

Sie können mit einem Texteditor und einem Browser auf jedem Computer grundlegende Webentwicklung betreiben. Aber sobald sich Ihre Kenntnisse der Webentwicklung weiterentwickelt haben, könnten Sie vielleicht glauben, leistungsfähigere Werkzeuge käuflich erwerben zu müssen. Lesen Sie weiter, und Sie werden herausfinden, dass es auch hervorragende Werkzeuge gibt, die nichts kosten.

Einen Editor auswählen

Webseiten, JavaScript, HTML und CSS bestehen aus reinem Text. Um so etwas zu schreiben, benötigen Sie kein bestimmtes Programm. Natürlich erleichtert es das Leben, wenn man das richtige Werkzeug besitzt. Und da Sie ziemlich viel Zeit zusammen mit Ihren Webwerkzeugen verbringen werden, sollten Sie deren Möglichkeiten kennen.

Vermeiden Sie problematische Werkzeuge

Es kann Ihr Leben ganz schön erschweren, wenn Sie die falschen Werkzeuge verwenden. Hier ein paar Werkzeuge, mit denen Sie Ihren Job als Webentwickler kaum vernünftig erledigen können:

✔ **Microsoft Word:** Textverarbeitungssysteme sind wirklich gut (ich selbst habe eines benutzt, um dieses Buch zu schreiben), aber sie sind eigentlich nicht dafür geschaffen worden, Webseiten zu erstellen. Word (und alle anderen Textverarbeitungen) legen in ihren Dateien zusätzlich zum reinen Text viele Informationen ab. Dieses ganze Formatierungszeugs wird für Dokumente benötigt, die nicht für das Web bestimmt sind. Aber HTML und CSS haben ihre eigenen Wege, diese Daten zu verwalten, was dazu führt, dass dieser Kram nun im Wege ist. Selbst die Option, etwas als HTML zu speichern, kann Probleme hervorrufen. Auch wenn Word die Seite in Form von HTML ablegt, lässt sich mit den Formatierungen von Word sehr schwerfällig umgehen, was das Arbeiten nicht gerade erleichtert. Darüber hinaus können die so erzeugten Ergebnisse nicht für JavaScript verwendet werden.

✔ **Editor/Notepad:** Hierbei handelt es sich um das klassische Werkzeug, das es in den meisten Versionen von Windows gibt und dort, je nach Version, Editor oder Notepad heißt. Die Anwendung speichert Seiten in reinem Textformat ab, weshalb es für die Webentwicklung besser als Word geeignet ist. Aber Editor/Notepad ist für jede ernsthafte Arbeit zu einfach gestrickt. Dem Programm fehlen so grundlegende Funktionen wie eine Zeilennummerierung – und es kann nicht mit mehreren Dokumenten gleichzeitig umgehen. Sie werden sehr schnell aus Editor/Notepad als Werkzeug für die Webentwicklung herausgewachsen sein.

- ✔ **TextEdit:** Der standardmäßige Texteditor auf dem Mac ist ein sehr leistungsstarkes Werkzeug, aber die Anwendung ähnelt mehr einer Textverarbeitung als dem, was ich als echten Texteditor bezeichne. Wenn Sie in TextEdit eine HTML-Datei speichern, wird sie normalerweise nicht so abgelegt, wie Sie sie benötigen: Sie sehen dann nicht das Ergebnis des Codes, sondern den Code selbst. Wenn Sie TextEdit für HTML oder JavaScript verwenden wollen, müssen Sie vor dem Speichern im Formatierungsmenü festlegen, dass reiner Text erzeugt werden soll.

- ✔ **Grafische Editoren:** Einige der grafischen High-End-Editoren wie Adobe Photoshop, Adobe Fireworks und Gimp besitzen die Fähigkeit, einen HTML-Export durchzuführen, wobei es dann aber nicht einfach ist, mit dem dadurch produzierten Code zu arbeiten. Es ist wirklich besser, diese Programme für die Bearbeitung von Grafiken zu verwenden und für den Code auf einen Texteditor zu setzen.

Einen WYSIWYG-Editor verwenden

Die Versprechungen von WYSIWYG-Editoren (WYSIWYG: *What You See Is What You Get* oder *Was Sie sehen, erhalten Sie auch*) sind sehr verführerisch. Textverarbeitungen haben diese Fähigkeit bereits seit Jahren. Während Sie ein Dokument auf dem Bildschirm bearbeiten, können Sie in Echtzeit beobachten, wie es auf dem Papier aussehen wird. Viele Werkzeuge versprechen diese Funktion auch für die Entwicklung von Webseiten: Das bekannteste ist Adobe Dreamweaver, gefolgt von Microsoft FrontPage und seinem Nachfolger Expression Web. Auch wenn diese Werkzeuge für die herkömmliche Webentwicklung sehr beliebt sind, so haben sie doch einige Nachteile, wenn es um die Art interaktiver Arbeit geht, die wir uns in diesem Buch vornehmen wollen:

- ✔ **WYSIWYG ist eine Lüge.** WYSIWYG funktioniert dann sehr gut, wenn die Ausgabe in Form eines *Papierdokuments über einen Drucker* erfolgt. Sie können vorhersagen, wie die Ausgabe aussehen wird. Webseiten verhalten sich anders, weil die Ausgabe auf einem Bildschirm erfolgt, der irgendjemandem gehört. Sie wissen nicht, welche Größe der Bildschirm hat, welche Farben er unterstützt und welche Schriftarten installiert sind. Außerdem wissen Sie nicht, mit welchem Browser ein Benutzer die Seiten anschaut, was einen der größten Unterschiede zur Ausgabe auf Papier ausmacht.

- ✔ **Der Editor verbirgt Einzelheiten, die Sie benötigen.** Ein grafischer Editor versucht, Sie vor einigen Einzelheiten der Webentwicklung zu bewahren. Das ist zunächst einmal in Ordnung, aber irgendwann gelangen Sie an den Punkt, an dem Sie genau diese Kontrolle benötigen. Die meisten Profis, die mit Dreamweaver arbeiten, verbringen die meiste Zeit mit der Ansicht CODE, und ignorieren die Vorteile eines grafischen Editors. Warum wollen Sie für Funktionen bezahlen, die Sie dann doch ignorieren?

- ✔ **Grafische Editoren gehen von statischen Dokumenten aus.** Ein grafischer Editor basiert auf der Idee, dass es sich bei einer Webseite um ein ganz normales Dokument handelt. Aber die Seiten, die wir in diesem Buch zusammenbauen, sind viel mehr als das. Sie schreiben (zum Beispiel) Code, der Webdokumente auf die Schnelle erstellt und modifiziert. Sie müssen wissen, wie Webdokumente manuell erstellt werden, damit Sie den Code schreiben können, der sie anlegt und dynamisch ändert.

Die Editoren der Programmierer

Es gibt nun eine Reihe von Editoren, die versuchen, die Lücke zwischen den reinen Texteditoren und den WYSIWYG-Werkzeugen zu füllen. Diese Editoren schreiben reinen Text, aber sie besitzen zusätzliche Funktionen für Programmierer wie:

- ✔ **Erkennen der Sprache:** Die Editoren von Programmierern wissen oft, in welcher Sprache Sie schreiben, und können sich so anpassen, dass sie Ihnen helfen, wenn Sie HTML-, JavaScript- oder CSS-Code schreiben. Die meisten der Editoren für Programmierer haben nicht nur bei diesen Sprachen keine Probleme und können von Hause aus mit ihnen umgehen.

- ✔ **Hervorhebung der Syntax:** Verschiedene Elemente werden in unterschiedlichen Farben wiedergegeben, damit Sie erkennen können, wann es sich um reinen Text handelt, wann etwas ein HTML-Tag ist und so weiter. Diese einfache Funktion erleichtert es, Probleme wie fehlende Auszeichnungen zu erkennen und schnell die allgemeine Struktur einer Seite zu betrachten.

- ✔ **Syntaxunterstützung:** Editoren für Programmierer sorgen häufig für eine Art Hilfe, damit Sie sich an die Syntax der Sprache erinnern. Diese »Nachhilfe« kann als Schaltflächen und Makros für allgemein üblichen Code, als voreingerichtete Vorlagen für standardmäßige Layouts und Muster und als Vervollständigung der Syntax vorhanden sein. Die letzte Funktion beobachtet, was Sie schreiben, und macht auf der Basis der von Ihnen verwendeten Sprache Vorschläge.

- ✔ **Es werden mehrere Dokumente unterstützt:** Fortgeschrittenere Webanwendungen verlangen oft, dass gleichzeitig mehrere unterschiedliche Dokumente bearbeitet werden. So können Sie beispielsweise ein Dutzend Webseiten mit einigen CSS-Gestaltungsvorlagen und einer oder zwei externen JavaScript-Dateien geöffnet haben. Ein Editor für Programmierer erlaubt es Ihnen, diese Dateien parallel anzuschauen und zu bearbeiten. Viele dieser Editoren lassen es auch zu, eine übergeordnete *Projektdatei* anzulegen, damit Sie alle Dateien, die zusammengehören, automatisch als Stapel speichern und laden können.

- ✔ **Makros:** Programmierung bedeutet oft, sich wiederholende Aufgaben zu schreiben. Das Vorhandensein einer Funktion, die Folgen von Tastatureingaben als *Makros* aufzeichnet und abspielt, kann unglaublich hilfreich sein.

- ✔ **Fehlersuche und Vorschau:** Die meisten Editoren für Programmierer enthalten eine Möglichkeit, eine Vorschau dessen im Browser (oder direkt im Editor) anzuzeigen, was der Code erzeugen soll. Die Editoren enthalten häufig auch Werkzeuge, die bestimmte Fehler vorhersagen oder auf auftretende Fehler reagieren können. Sie benötigen mindestens die Fähigkeit, direkt zu einer bestimmten Zeile oder einem Abschnitt Ihres Codes zu springen. Die Suche nach Fehlern wird auch *Debuggen* genannt.

- ✔ **Unterstützung von Einrückungen:** Die meisten Programmierer verwenden als leistungsstarkes Werkzeug Einrückungen als Hilfe, um die Struktur der Webdokumente zu verstehen, die sie aufbauen. Ein guter Editor kann Ihnen bei diesen Einrückungen zur Seite stehen, damit Sie erkennen, wo Sie bei der Struktur Ihres Dokuments einen Fehler gemacht haben.

Sich mit einigen bekannten Editoren vertraut machen

Mir fallen sofort einige, vielfältig einsetzbare Editoren für Programmierer ein (von denen einige leider nur in Englisch zur Verfügung stehen, wie die Abbildungen 1.6 bis 1.10 zeigen). Sie sollten darüber nachdenken, eine oder mehrere dieser kostenlosen Anwendungen zu installieren:

- ✔ **vi und Emacs:** Bei diesen beiden handelt es sich um die Großväter aller Texteditoren. Beide sind in Unix-/Linux-Umgebungen sehr beliebt, und es gibt auch Versionen für Windows und Mac. Obwohl beide Editoren sehr leistungsfähig sind, wurden sie doch zu einer Zeit entwickelt, als sich die Vorstellungen von Brauchbarkeit stark von den heutigen unterschieden. Wenn Sie bisher mit einem dieser Werkzeuge gearbeitet haben, sollten Sie sich überlegen, es gegen eine modernere Variante auszutauschen. (Gut, ich gebe es zu: Mein wichtigster Texteditor ist immer noch Emacs, wobei ich heute bei all den einfacher zu bedienenden Möglichkeiten mit diesem Programm nicht mehr angefangen hätte.) Abbildung 1.6 zeigt eine JavaScript-Datei, die mit Emacs bearbeitet wird.

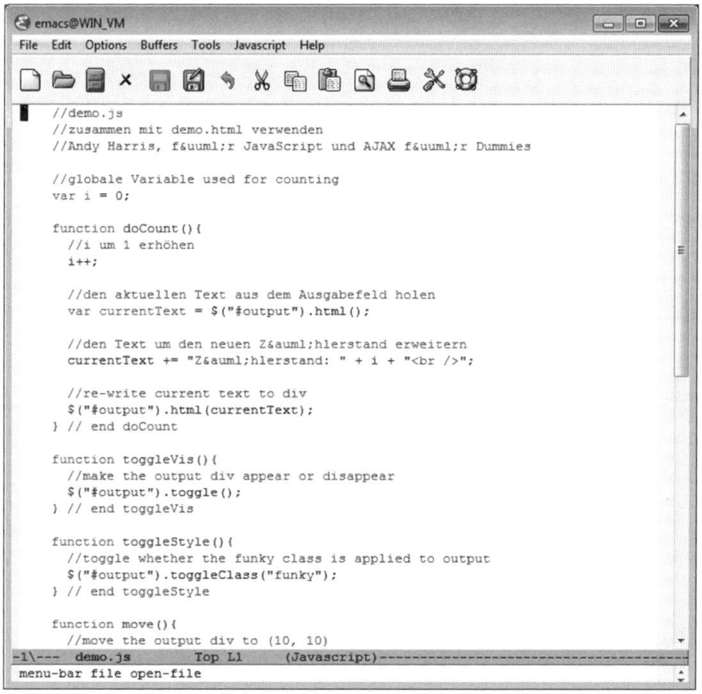

Abbildung 1.6: Emacs zeichnet sich nicht durch besondere Schönheit aus, ist aber sehr leistungsfähig.

✔ **Notepad++:** Hierbei handelt es sich um das Programm, das Editor/Notepad für Windows eigentlich sein sollte. Das Programm startet mit der Geschwindigkeit und Einfachheit von Notepad, enthält aber unzählige Funktionen für Programmierer. Ich liebe an diesem Programm ganz besonders die eingebaute Unterstützung der Gültigkeitsprüfung (Validierung) einer Seite. Notepad++ ist eine der wenigen Anwendungen, die eine dauerhafte Desktopverknüpfung verdient haben. Unglücklicherweise läuft es nur unter Windows. Abbildung 1.7 zeigt die Datei aus Abbildung 1.6, die dieses Mal in Notepad++ bearbeitet wird.

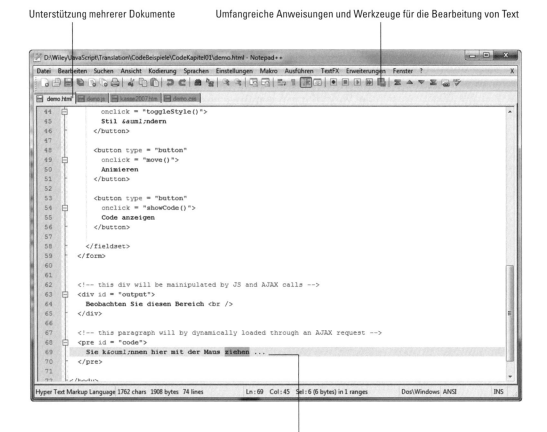

Abbildung 1.7: Sie werden feststellen, dass Notepad++ eine sehr leistungsfähige Alternative zum Editor von Windows ist.

✔ **Bluefish:** Der Texteditor Bluefish hat sich sehr schnell zu einem bevorzugten Werkzeug von Webentwicklern entwickelt. Er ist schnell und leistungsstark und besitzt viele großartige Funktionen für Webentwickler. Eine sehr mächtige Funktion ist der CSS-Generator, der Ihnen dabei hilft, Gestaltungsvorlagen mit einem Menüsystem zu erstellen, wodurch Sie keine Syntax auswendig kennen müssen. Außerdem gibt es einen ausgezeichneten Generator für Standardvorlagen, der das Erstellen echter HTML-Webseiten stark vereinfacht.

Bluefish gibt es für alle größeren Betriebssystemplattformen. Abbildung 1.8 zeigt Bluefish bei der Arbeit.

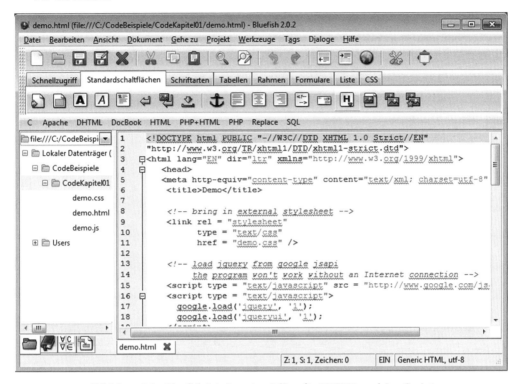

Abbildung 1.8: Bluefish ist ein guter Editor für XHTML und JavaScript.

✔ **jEdit:** Dieser leistungsstarke Editor ist in Java geschrieben, weshalb er auch für so gut wie jede Betriebssystemplattform zur Verfügung steht. Er ist schon in seiner Grundform sehr stark, aber seine beste Funktion ist eine umfangreiche Plugin-Bibliothek, die es Ihnen erlaubt, den Editor an Ihre Bedürfnisse anzupassen. Wenn Sie die XML-Bibliothek installieren, bietet jEdit eine unglaubliche Unterstützung für HTML und XHTML. Abbildung 1.9 zeigt die HTML-Beispielseite, die in jEdit bearbeitet wird.

Aptana

In den letzten Jahren hat ein einzelner Editor für Programmierer die Welt der Webentwicklung erobert. Aptana ist ein vollständig ausgestatteter Editor für Programmierer, der auf dem leistungsstarken und bekannten Editor Eclipse (hauptsächlich eingesetzt bei der Java-Programmierung) basiert. Bei Aptana gibt es einiges, das empfehlenswert ist:

✔ **Umfangreiche, eingebaute Unterstützung für Websprachen:** Aptana unterstützt standardmäßig HTML/XHTML, CSS, JavaScript und AJAX.

✔ **Hervorhebung der Syntax:** Die meisten Editoren für Programmierer verfügen über eine Hervorhebung der Syntax, aber Aptana ist hierbei besonders leistungsfähig. Es kann vor-

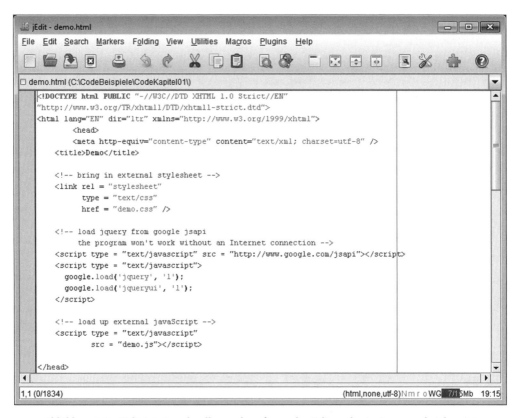

Abbildung 1.9: jEdit ist ein schneller und umfassender Editor, der in Java geschrieben ist.

kommen, dass Sie ab und an dasselbe Dokument gleichzeitig in drei verschiedenen Sprachen geöffnet haben, und Aptana erkennt aus dem Kontext, ob Sie CSS-, XHTML- oder JavaScript-Code schreiben.

- ✔ **Code-Vervollständigung:** Dies ist eine der beeindruckendsten Funktionen von Aptana. Wenn Sie mit dem Schreiben einer Codezeile beginnen, lässt Aptana ein Menü mit Vorschlägen erscheinen. Dies hilft Ihnen, Fehler zu vermeiden, und Sie müssen nicht alle CSS-Attribute und JavaScript-Anweisungen im genauen Wortlaut auswendig kennen.

- ✔ **Entdecken von Fehlern:** Aptana kann sich Ihr Dokument anschauen, während Sie es erstellen, und in Echtzeit Bereiche hervorheben. Diese Funktion kann Ihnen dabei helfen, einen besseren Code zu schreiben, was wiederum dazu führt, dass sich Ihre Kenntnisse verbessern.

- ✔ **AJAX-Unterstützung:** AJAX ist eine Technologie, die nicht von allen Editoren direkt unterstützt wird. Aptana weist eine Reihe von Funktionen auf, die Ihnen bei AJAX helfen, zum Beispiel eine eingebaute Unterstützung aller größeren AJAX-Bibliotheken.

Aptana ist als Standardversion vollständig kostenlos. Wie Aptana gestartet aussieht, zeigt Abbildung 1.10.

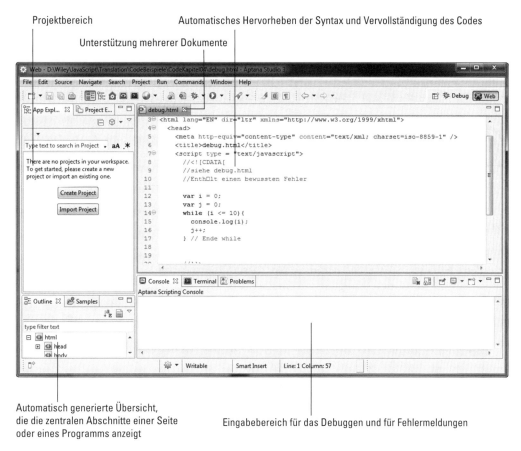

Abbildung 1.10: Aptana ist wohl der beste der kostenlosen Editoren.

Eine Browser-Sammlung aufbauen

Webseiten leben in Webbrowsern. Jeder Browser interpretiert HTML und CSS unterschiedlich, und diese Unterschiede werden deutlich, wenn Sie beginnen, über JavaScript und AJAX zu sprechen. Kleinere (und manchmal auch weniger kleine) Unterschiede bei der Art, wie Browser Ihren Code unterstützen, können sehr wichtig werden.

Einen Standard einrichten

Jeder Browser hat seine eigene Art, Webseiten anzuzeigen. Obwohl sich die dabei eingeschlagenen Wege ähneln, können die Unterschiede ab und an doch zu Schwierigkeiten führen. Und wenn Sie dann mit dem Schreiben von JavaScript-Code beginnen, finden Sie auch noch heraus, dass jeder Browser den Code anders interpretiert. Das kann zu einem ganz schönen Kuddelmuddel führen.

Glücklicherweise hat es in den letzten Jahren einen großen Sprung in Richtung Standardisierung gegeben. Die Entwickler der verschiedenen Browser haben sich zusammengesetzt und darauf geeinigt, dass ein zentrales Team, das das *World Wide Web Consortium* (W3C) genannt wird, die notwendigen Standards erlässt. Wenn ein Browser die Unterstützung für JavaScript enthält, akzeptiert er (zumindest theoretisch) ein Standardverhalten. Und solange Ihr Code denselben Standards folgt, können Sie davon ausgehen, dass alles sauber funktioniert.

Ich befolge in diesem Buch nur die JavaScript-Standards, wie sie von den meisten Entwicklern umgesetzt werden. Der hier vorgestellte Code ist in IE9 für Windows, Firefox 9 für Windows und Firefox 9 für Linux getestet worden. Leider kann der Code manchmal doch zu Problemen führen (die nicht unbedingt Fehler sind), auf die ich aber so weit wie möglich hinweise.

Sich für einen oder zwei Browser entscheiden

Hier ein paar Browser, die Sie kennen sollten:

- ✔ **Ältere Browser:** Sie werden herausfinden, dass im Internet immer noch viele ältere Browser eingesetzt werden. Einige Leute sind bei dem Browser hängengeblieben, der sich auf ihrem Computer befand, als sie dieses gute Stück erhalten haben, und im Laufe der Jahre ist dieser Browser niemals aktualisiert worden. Browser vor IE6 oder Firefox sind mindestens teilweise problematisch, weil damals im Web die Unterstützung von Webstandards *und* JavaScript mehr als unüblich war. Dieses Buch geht davon aus, dass Ihre Benutzer doch etwas modernere Browser verwenden.

AJAX funktioniert auf keinen Fall in wirklich alten Browsern.

- ✔ **Microsoft Internet Explorer 6:** Dies ist ein sehr beliebter Browser, der auch heute noch verwendet wird. Eine Zeit lang handelte es sich dabei sogar um den führenden Browser im Internet, aber inzwischen ist er in der Beliebtheitsskala weit abgerutscht und durch neuere Angebote von Microsoft und Mitbewerbern wie Firefox und Opera ersetzt worden. Dieser Browser ist unter anderem dadurch bekannt geworden, dass er »Funktionen« besitzt, die nicht mit den Standards der Community übereinstimmen. Da er aber immer noch im Einsatz ist, sollten Sie daran denken, ihn zu unterstützen.

- ✔ **Firefox:** Der Browser Firefox von Mozilla eröffnete die sogenannten »Browserkriege« wieder, indem er seit Jahren die erste echte Konkurrenz zu Microsoft Internet Explorer bildete: browsen mittels Registerkarten, verbesserte Sicherheit und integrierte Suchfunktionen. Für Entwickler bildete Firefox einen der ersten Browser, der ernsthaft den Webstandards entsprach. Firefox ist wegen seiner erweiterbaren Architektur grade für Entwickler wichtig, weil es die Möglichkeit gibt, Firefox zu einem hochwertigen Entwicklungswerkzeug zu machen. Schauen Sie sich den nächsten Abschnitt dieses Kapitels an, in dem Sie einige großartige Vorschläge für Firefox-Erweiterungen finden.

- ✔ **Microsoft Internet Explorer 7 und später:** Internet Explorer 7 kann als eine Art Anerkennung der Leistungen der Firefox-Entwickler betrachtet werden, weil er viele Funktionen besitzt, die schon Firefox hatte. Zum Zeitpunkt der Übersetzung dieses Buches ist IE9 die aktuelle Version, die weitere Verbesserungen gegenüber den Vorversionen aufweist. Und obwohl die Unterstützung der Standards auch in diesen Versionen noch nicht so vollständig umgesetzt worden ist wie bei anderen Browsern, so hat es hier doch merkliche Verbesserungen gegeben.

✔ **Opera:** Opera ist ein wichtiger Browser, weil es sich dabei um einen der ersten Browser handelt, der Webstandards aktiv unterstützt. Er ist in einigen Kreisen sehr beliebt, hat dies aber nicht auf die Allgemeinheit übertragen können. Da er die Webstandards unterstützt, kann er mit jedem Code umgehen, der für standardkonforme Browser geschrieben wurde.

✔ **Safari:** Bei Safari handelt es sich um das Webbrowser-Paket, das zusammen mit Mac OS ausgeliefert wird. Safari ist ein ausgezeichneter, standardkonformer Browser. Seit einiger Zeit gibt es auch eine Windows-Version. Der Webbrowser, den es auf dem iPhone oder dem iPad gibt, verwendet dieselbe Engine wie Safari, weshalb Sie das nicht vergessen dürfen, wenn Sie Anwendungen für mobile Geräte erstellen.

✔ **Chrome:** Dieser Browser wurde von Google entwickelt. Er entspricht den Standards von allen Browsern wohl am besten und ist besonders leistungsstark beim Umgang mit JavaScript und AJAX. Dies überrascht nicht, wenn man bedenkt, dass Google eine der Firmen ist, die Pionierarbeiten bei der Verwendung von AJAX geleistet hat und dessen Verwendung aktiv fördert. Chrome ist einer der schnellsten JavaScript-Interpreter, die es zurzeit gibt.

✔ **Andere Browser:** Es gibt noch viele weitere Browser, die heutzutage verwendet werden, zu denen auch Browser für spezielle Formen von Linux, Handys und PDAs gehören. Es ist so gut wie unmöglich, alle zu unterstützen, aber viele von ihnen versuchen, sich an den Webstandards zu orientieren.

Ich führe die meisten meiner Tests mit Firefox 9 durch, weil der über eine sehr gute Unterstützung der Standards und exzellente Werkzeuge für das Verbessern und Debuggen von Code verfügt. Danach überprüfe ich meinen Code auf IE6, IE9 und Chrome.

Aus Firefox eine Entwicklungsmaschine machen

Firefox ist ein Browser, der für Webentwickler ausgesprochen wichtig ist. Er besitzt eine Reihe attraktiver Funktionen, zu denen auch eine hervorragende Unterstützung von HTML und JavaScript gehört. Aber der wichtigste Vorteil, den Firefox als Werkzeug für Entwickler bietet, ist wohl seine Unterstützung von Erweiterungen. Viele kommerzielle Browser behandeln ihren Code wie einen geheimen Schatz, und es ist sehr schwierig, sie zu erweitern. Firefox ist von Anfang an dafür entworfen worden, seine Fähigkeiten zu erweitern – was auch viele clevere Programmierer getan haben und weiterhin tun. Einige dieser Erweiterungen haben sich so gemausert, dass sie unentbehrlich für Entwickler geworden sind.

Die Symbolleiste »Web-Developer«

Die Symbolleiste WEB-DEVELOPER von Chris Pederick ist eine unglaubliche Erweiterung von Firefox, die eine ganze Reihe ausgesprochen nützlicher Möglichkeiten enthält (die Sie über die entsprechenden Menüs der Leiste erreichen):

- ✔ **CSS bearbeiten:** Sie können ein schmales Fenster erscheinen lassen und dort CSS-Code eingeben. Das CSS wirkt sich sofort aus, wodurch Sie unmittelbar erkennen können, was das CSS mit einer Seite macht.

- ✔ **Maßwerkzeug einblenden:** Dieses ausgesprochen praktische Werkzeug gibt Ihnen die Möglichkeit, Bereiche um die Objekte einer Webseite herum aufzuziehen und dadurch eine pixelgenaue Information über die Größe der Objekte zu erhalten. Dieses Werkzeug ist besonders beim Debuggen von Weblayouts nützlich.

- ✔ **Tabellenelemente hervorheben:** Dieses Werkzeug ist bei Layouts sinnvoll, die auf Tabellen basieren. Es bietet eine gute Möglichkeit zu sehen, wie ein komplexer, auf Tabellen basierender Entwurf erstellt wird.

Am besten vermeiden Sie auf Tabellen basierende Entwürfe, aber vielleicht müssen Sie sich einmal die Seite eines anderen Entwicklers anschauen.

- ✔ **Größe:** Über das Menü GRÖSSE erhalten Sie die Möglichkeit, sich anzeigen zu lassen, wie Ihre Seite in einer anderen Größe aussieht. Dies kann für einen Seitenentwurf sehr nützlich sein.

- ✔ **Validierungswerkzeuge:** Im Menü EXTRAS gibt es einige wirklich praktische Werkzeuge für die Validierung Ihrer Webseite. Hier gibt es unter anderem auch Verknüpfungen für die Validierung von HTML und CSS.

Der HTML Validator

Diese unglaubliche Erweiterung holt dieselbe Validierungsengine auf Ihren Browser, die der W3C verwendet. Sie liefert eine schnelle Rückmeldung über die Gültigkeit der einzelnen Seiten, die Sie betrachten. Außerdem erweitert der HTML Validator die Quelltextanzeige von Firefox um zusätzliche Informationen, zu denen unter anderem genaue Angaben über die Fehler gehören, die Sie gemacht haben. (Validierungsinformationen gehören standardmäßig nicht zu den Informationen, die in der Quelltextanzeige zur Verfügung stehen.) Die Hinweise zur Fehlerbehebung sind wirklich hilfreich, und es gibt ein Werkzeug, um den Code mit dem ausgezeichneten Programm *HTML Tidy* automatisch reparieren zu lassen. Auf HTML gründet sich Ihr JavaScript-Code, und ein ungültiges HTML sorgt für fehlerhafte Rahmenbedingungen. Abbildung 1.11 zeigt das verbesserte Anzeigefenster für den Quellcode an, das nun Bereiche für die Fehler und für eine Fehlerbeschreibung mit Einstellungsmöglichkeiten erhalten hat.

1 ➤ Das Web auf die nächste Ebene bringen

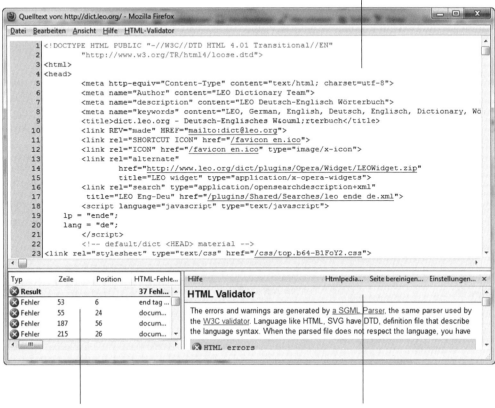

In diesem Fenster erscheinen die Validierungsfehler.   Die Erweiterung Validator sorgt für hilfreiche Fehlermeldungen.

Abbildung 1.11: Die Erweiterung HTML Validator erweitert die Quelltextansicht um nützliche Funktionen.

Firebug

Die Erweiterung Firebug ist eines der wichtigsten Werkzeuge für Webentwickler. Es macht aus Firefox ein vollständiges Werkzeug für die Fehlersuche (einen *Debugger*). Firebug verfügt über einige ganz spezielle Funktionen:

- ✔ **Das Untersuchungsfenster:** Dieses unglaubliche Werkzeug gibt Ihnen die Möglichkeit, die Maus über ein beliebiges Element Ihrer Seite hinwegzubewegen und sofort den dazu gehörenden Code angezeigt zu bekommen. Dies ist ein sehr einfacher Weg, um eine Seite zu analysieren und Fehler zu suchen. Außerdem sehen Sie sofort, welches CSS auf ein Code-Element angewendet wird.

- ✔ **CSS-Ansicht und -Bearbeitung:** Sie können sich das CSS einer Seite in einem eigenständigen Fensterelement ansehen, erhalten eine Vorschau aller Farben und können die Werte bearbeiten. Die Ergebnisse werden in Echtzeit auf der Seite wiedergegeben.

✔ **Debuggen von JavaScript:** Selbst Profis machen Fehler – und bis heute gibt es für JavaScript-Entwickler nur wenige Werkzeuge für die Fehlersuche. Firebug hat einen besseren Mechanismus für das Aufspüren von Fehlern als andere Browser, und es enthält einen netten, kleinen Debugger, der bei der Fehlersuche gut helfen kann.

✔ **AJAX-Überwachung:** Die AJAX-Programmierung basiert auf einer Reihe von Anfragen vom und an den Server. Firebug hilft Ihnen dabei, diesen Anfragen auf der Spur zu bleiben und das Verschieben der Daten zu beobachten.

✔ **Sofortige Code-Ansicht:** Die normale Ansicht des Quellcodes der meisten Browser hilft Ihnen dabei, den Code so zu sehen, wie er ursprünglich vom Browser kommt. Bei der Programmierung mit JavaScript ändern Sie oft den Code einer Seite auf die Schnelle. Firebug zeigt die Seite so an, wie sie wirklich aussieht, und das sogar dann, wenn sie von JavaScript geändert wird.

✔ **Firebug Lite:** Dies ist eine abgespeckte Version von Firebug, die in IE und anderen Browsern funktioniert. Dadurch werden Browser um die meisten Funktionen von Firebug erweitert.

Abbildung 1.12 zeigt Firebug im Untersuchungsmodus. Sobald Sie den Mauszeiger über ein Element der Webseite schweben lassen, wird der dazu gehörende Code grafisch hervorgehoben.

Abbildung 1.12: Firebug wird im Untersuchungsmodus verwendet.

Schreiben Sie Ihr erstes Programm

In diesem Kapitel

▸ Einer Seite JavaScript-Code hinzufügen

▸ Die Umgebung für JavaScript einrichten

▸ Variablen erstellen

▸ Eingabe und Ausgabe über modale Dialogfelder ermöglichen

▸ Textdaten über Verkettungen erzeugen

▸ Grundlegende Datentypen kennenlernen

▸ Methoden und Eigenschaften von Zeichenfolgen verwenden

▸ Umwandlungsfunktionen verwenden

---

*W*ebseiten beginnen mit XHTML-Code. Dieser Grundcode sorgt für einen Rahmen. CSS fügt der Grundstruktur schmückendes Beiwerk hinzu, aber damit Ihre Seite buchstäblich singt und tanzt, müssen Sie eine Programmiersprache erlernen.

Bei der Sprache JavaScript handelt es sich um eine sehr beliebte Einsteigersprache, weil sie entworfen wurde, um mit Webseiten in eine Interaktion zu treten, und sie ist bereits Bestandteil der meisten Browser. Es ist nicht allzu schwer, sie zu erlernen, und sie ist sehr leistungsfähig.

Zunächst scheint die Idee, eine Programmiersprache zu erlernen, mit einem ziemlichen Berg Arbeit verbunden zu sein, aber: Keine Sorge, so schwer ist Programmieren gar nicht. Ich zeige Ihnen in diesem Kapitel genau, wie Sie am besten anfangen. Sie werden Ihren Code bald wie ein Profi schreiben.

Ein Programmierer werden

JavaScript ist eine Programmiersprache, die zuerst von Netscape entwickelt wurde. Heutzutage zählt sie zum Standard fast jeden Browsers. Sie sollten im Vorfeld einige Dinge über JavaScript wissen:

✔ **Es ist eine richtige Programmiersprache.** Es kommt vor, dass sich jemand, der in anderen Sprachen wie C++ oder VB.NET programmiert, über JavaScript lustig macht. Es wird dann gerne behauptet, dass es sich bei JavaScript um keine »echte« Programmiersprache handele, weil Funktionen fehlten. Dabei wurde bewusst auf diese Funktionen verzichtet (ganz besonders diejenigen, die mit der Fähigkeit zu tun haben, mit dem Dateisystem zu kommunizieren), um JavaScript sicher zu halten. (Sie werden in der zweiten Hälfte dieses Buches einige AJAX-Alternativen kennenlernen, die für diese fehlenden Funktionen sorgen.) JavaScript ist eine echte Sprache, und sie bildet eine sehr gute Ausgangsbasis, um mit dem Programmieren zu beginnen.

✔ **Es handelt sich nicht um Java.** Es gibt eine bekannte Programmiersprache, die nur Java (ohne den *Script*-Teil) heißt und die ebenfalls für die Webprogrammierung verwendet wird. Bei JavaScript und Java handelt es sich um zwei *vollständig unterschiedliche* Sprachen, die sich nur im Namen ähneln. Achten Sie darauf, dass Sie nicht in einem Java-Forum landen und dort JavaScript-Fragen stellen. Die Java-Entwickler dort neigen dann dazu, hochnäsig und überheblich zu werden. (Dazu gibt es überhaupt keinen Grund. Ich programmiere auch in Java, und das ist einfach nur eine andere Sprache.)

✔ **Es ist eine Skriptsprache.** JavaScript ist eine relativ einfach zu erlernende Sprache. Sie verlangt lange nicht so viel wie andere Sprachen (ich denke dabei an dich, Java) und hat eine relativ entspannte Sicht auf viele Dinge (sie ist bei Weitem nicht so fordernd, wenn es darum geht, welche Art von Daten wohin gehört). Damit können Sie sich mehr darauf konzentrieren, Ihr Problem zu lösen, statt sich Gedanken über die genaue Schreibweise des Codes machen zu müssen. Da JavaScript eine Programmiersprache ist, gibt es auch Regeln, die Sie befolgen müssen, aber Skriptsprachen wie JavaScript vergeben Anfängern mehr als die großen Monstersprachen.

Einen JavaScript-Editor auswählen

Bei JavaScript handelt es sich (wie bei XHTML und CSS) wirklich nur um Text. Sie können Ihren JavaScript-Code in demselben Editor bearbeiten, den Sie für XHTML und CSS verwenden. Wenn Sie früher schon Aptana (einen Editor, der in Kapitel 1 vorgestellt wird) gerne genutzt haben, werden Sie dieses Programm lieben lernen. Aber es steht Ihnen frei, jeden anderen Editor zu nehmen, mit dem Sie klarkommen.

JavaScript ist eine völlig andere Sprache mit einer völlig anderen Syntax als HTML und CSS. Es ist nicht schwierig, diese Sprache zu erlernen, aber wie bei jeder Sprache geht nichts von selbst. Aptana besitzt großartige Funktionen, die Ihnen beim Schreiben von JavaScript ungemein helfen können:

✔ **Hervorhebung der Syntax:** Aptana passt die Farbe des Codes wie bei HTML und CSS automatisch an, damit es Ihnen leichter fällt zu erkennen, was in Ihrem Programm geschieht. Dies kann, wie Sie weiter hinten in diesem Kapitel sehen, von großem Vorteil sein, wenn die Dinge komplizierter werden.

✔ **Code-Vervollständigung:** Wenn Sie den Namen eines Objektes eingeben, versorgt Aptana Sie mit einer Liste möglicher Vervollständigungen. Das kann wirklich hilfreich sein, weil Sie sich nicht ständig alle Einzelheiten der verschiedenen Funktionen und Anweisungen ins Gedächtnis rufen müssen.

✔ **Hilfe-Dateien:** Wenn Sie Englisch verstehen, finden Sie unter MY APTANA (einstellbar im Untermenü PREFERENCES) ausgezeichnete Hilfe-Informationen für HTML, CSS und Java-Script.

✔ **Integrierte Hilfe:** Lassen Sie den Mauszeiger über einer JavaScript-Anweisung oder -Methode schweben, und es erscheint ein nettes, kleines Textfeld, das genau erklärt, wie die Anweisung oder die Methode funktioniert.

✔ **Warnungen bei Fehlern:** Wenn Aptana herausfindet, dass etwas falsch ist, versucht das Programm, Ihnen eine Fehlermeldung anzuzeigen, und platziert eine geschlängelte rote

Line unter dem verdächtigen Code (so wie es die Rechtschreibprüfung einer Textverarbeitung macht).

Aptana ist in der Grundversion kostenlos, und ich kenne keinen besseren JavaScript-Editor, auch keinen käuflich zu erwerbenden. Wenn Sie sich nicht scheuen, sich mit der englischen Oberfläche vertraut zu machen, gibt es keinen Grund, einen anderen Editor zu verwenden. Wenn Sie die besonderen Funktionen von Aptana nicht benötigen, können Sie natürlich jeden anderen Editor nutzen, wobei sich im deutschsprachigen Umfeld Notepad++ ausgezeichnet bewährt hat.

Einen Browser zum Testen wählen

Zusätzlich zum Editor sollten Sie den Browser danach auswählen, wie er sich verhält, wenn Sie JavaScript-Code testen.

Alle größeren Browser unterstützen JavaScript, das eigentlich bei allen Browsern zu vergleichbaren Ergebnissen führt (zumindest so lange, bis alles ein wenig komplizierter wird). Natürlich verhalten sich nicht alle Browser gleich, wenn es darum geht, Ihren Code zu testen.

Sie werden scheitern, wenn Sie JavaScript-Code schreiben und der Browser Ihnen sagen soll, was Sie falsch gemacht haben. Firefox ist IE um Längen voraus, wenn es darum geht, Fehler zu melden. Diese sind in Firefox auch viel leichter zu lesen und zu verstehen, und Firefox unterstützt eine Funktion, die FEHLERKONSOLE heißt (und in Kapitel 4 beschrieben wird). Sie macht es viel leichter zu sehen, was gerade abläuft. Wenn möglich, sollten Sie Firefox verwenden, um Ihren Code zu testen, und sich dann die Unterschiede in IE anschauen.

Kapitel 4 enthält mehr über das Finden und Beheben von Fehlern – und einige großartige Werkzeuge in Firefox und Aptana, die diese wichtige Aufgabe erleichtern.

Aber genug der Vorreden. Holen Sie Ihren Editor heraus und beginnen Sie damit, ein richtiges Programm zu schreiben. Der Anfang ist nicht schwer. Den Grundstein eines jeden JavaScript-Programms bildet eine Standardwebseite.

Einer Seite ein Skript hinzufügen

Das Umfeld von JavaScript-Programmen sind Webseiten. Beginnen Sie also Ihre JavaScript-Reise damit, dass Sie einer ersten Webseite Inhalte hinzufügen. Es ist nicht schwer, eine Seite um JavaScript-Code zu erweitern. Abbildung 2.1 zeigt das klassische erste Programm einer jeden Computersprache.

Diese Seite enthält ein einfaches JavaScript-Programm, das den Satz »Hallo, Welt!« in einem Element erscheinen lässt, das *Dialogfeld* heißt. Das ist ganz schön cool.

Zuerst gibt es einen Überblick über den Code, und dann erkläre ich Schritt für Schritt seine Einzelheiten.

Abbildung 2.1: Ein JavaScript-Programm hat dieses kleine Dialogfeld hervorgerufen.

```
<!DOCTYPE html PUBLIC "-//W3C//DTD XHTML 1.0
Strict//EN" "http://www.w3.org/TR/xhtml1/DTD/xhtml1-strict.dtd">
<html lang="de" dir="ltr" xmlns="http://www.w3.org/1999/xhtml">
  <head>
  <meta http-equiv="content-type" content="text/xml;charset=utf-8" />
  <title>HalloWelt.html</title>
  <script type = "text/javascript">
    //<![CDATA[
      // Hallo, Welt!
      alert("Hallo, Welt!");
    //]]>
  </script>
  </head>

<body>

</body>
</html>
```

Wie Sie sehen, ist der HTML-Body dieser Seite leer. Sie können (und werden später) JavaScript mit XHTML-Inhalten integrieren. Für den Augenblick platzieren Sie einfach JavaScript-Code in einem speziellen Tag im Kopfbereich (Head) der Webseite und lassen ihn arbeiten.

Hallo, Welt?

Es gibt bei Programmiersprachen die gute, alte Tradition, dass das erste Programm einer Sprache einfach nur »Hallo, Welt!« ausgibt und sonst nichts macht. Und es gibt sogar einen sehr guten Grund für diese Vorgehensweise. »Hallo, Welt!« ist das einfachste Programm, das Sie schreiben können, um Arbeit nachzuweisen. Hallo-Welt-Programme werden verwendet, um dabei zu helfen, die Mechanismen einer Programmierumgebung herauszufinden – wie ein Programm geschrieben wird, welche besonderen Schritte Sie unternehmen müssen, damit der Code läuft, und wie das Programm arbeitet. Sie sollten sich niemals mit komplizierterem Code beschäftigen, bevor Sie es nicht geschafft haben, ein Programm dazu zu bringen, auf dem Bildschirm zu erscheinen und »Hallo« gesagt zu haben.

Den JavaScript-Code einbetten

JavaScript-Code wird über das Tag `<script>` auf einer Webseite platziert. Der Code selbst wird innerhalb des Tag-Paares `<script></script>` untergebracht. Im Tag `<script>` gibt es ein notwendiges Attribut, `type`, das normalerweise den Inhalt `text/javascript` hat. (Sie könnten auch andere Typen verwenden, aber das wird so gut wie nie getan.)

Eine andere seltsame Sache im Code aus dem letzten Abschnitt ist dieses ungewöhnliche CDATA-Zeugs. Die zweite Zeile des `<script>`-Tags lautet

`//![CDATA[`

Diese skurrile Zeile ist ein besonderer Hinweis, der erklärt, dass es sich bei dem dann folgenden Code um Daten in Textform handelt, die als XHTML interpretiert werden sollten. Am Ende des Skriptteils steigen Sie aus dieser Zeichendefinition wieder aus, indem Sie diese Zeile eingeben:

`//ll]>`

In modernen Browsern ist es eine gute Gepflogenheit, den JavaScript-Code als Textdaten *(Character Data)* anzukündigen. Wenn Sie das nicht machen, kann es passieren, dass der XHTML-Validator verwirrt wird und einen Fehler meldet.

Dieses Ding mit CDATA ist schon kurios. Es ist nicht leicht, immer daran zu denken. Ich weiß das, aber wenn Sie es ein paar Mal eingegeben haben, wird es Ihnen in Fleisch und Blut übergehen.

 Den Trick mit Character Data finden Sie nicht unbedingt in älteren Büchern und Websites, aber es lohnt sich, ihn zu beherrschen. Sie haben zu viel Zeit in das Erstellen von Webseiten investiert, die den Standards entsprechen, als dass Sie deshalb mit Fehlermeldungen konfrontiert werden möchten, zu denen es nur kommt, weil ein Browser Ihr JavaScript für schlecht formatiertes XHTML hält.

Kommentare schreiben

Es ist wichtig, dass Sie auch bei JavaScript nicht mit Kommentaren geizen. Da es schwieriger sein kann, einen Programmiercode als XHTML oder CSS zu entziffern, ist es sehr wichtig, JavaScript-Code zu kommentieren. Darauf sollten Sie auch in den beiden anderen Umgebungen nicht verzichten, aber zur Not geht es dort auch ohne die Kommentierungen. Kommentare beginnen in JavaScript mit zwei Schrägstrichen (//). Der Browser ignoriert alles, was hinter diesen beiden Schrägstrichen in einer Zeile steht. Sie können, wie in CSS, auch einen mehrzeiligen Kommentar (/*) eingeben.

Die Methode »alert()« für die Ausgabe verwenden

Es gibt in JavaScript mehrere Wege, um Daten auszugeben. Ich habe in diesem Beispiel die Methode `alert()` verwendet (vom Englischen *to alert* = alarmieren, warnen, melden). Diese Technik ruft ein kleines Dialogfeld auf, das dem Benutzer Text anzeigt. Dieses Meldungsfeld ist ein Beispiel für ein *modales Dialogfeld*. Modale Dialogfelder unterbrechen den Ablauf eines Programms, bis der Benutzer sie beachtet. Im Programm geschieht so lange nichts, bis der Benutzer das Dialogfeld bestätigt, indem er auf die Schaltfläche OK klickt. Bis dahin hat der Benutzer auch keine Möglichkeit, mit der Seite etwas anzufangen.

Modale Dialogfelder scheinen auf den ersten Blick ziemlich drastisch in ihrer Wirkung zu sein. Sie werden sie mit ziemlicher Sicherheit auch nicht sonderlich oft einsetzen, wenn Sie erst einmal andere Möglichkeiten der Ein- und Ausgabe kennengelernt haben. Die Tatsache, dass auf das Dialogfeld reagiert werden muss, macht es zu einem Werkzeug, das sich gerade dann anbietet, wenn Sie mit der Programmierung beginnen. Wenn Sie erst einmal die grundlegenden Vorstellungen vom Programmieren verinnerlicht haben, zeige ich Ihnen elegantere Wege, um mit der Webseite zu kommunizieren.

Das Semikolon hinzufügen

Jede Anweisung in JavaScript endet mit einem Semikolon (;). Das Semikolon hat in den meisten Computersprachen die gleiche Aufgabe wie ein Punkt im Deutschen: Es beendet einen logischen Gedanken. Normalerweise entspricht eine Codezeile einer Zeile im Editor.

 Um die Wahrheit zu sagen, normalerweise funktioniert JavaScript auch dann fehlerfrei, wenn Sie auf das Semikolon verzichten, aber Sie sollten es auf jeden Fall hinzufügen, weil Semikolons Ihre Gedankengänge besser verdeutlichen können. Außerdem verlangen andere Sprachen wie PHP (das in Kapitel 14 vorgestellt wird), Semikolons. Deshalb sollten Sie gleich richtig beginnen.

Variablen

Computerprogramme bekommen ihre Leistungsfähigkeit dadurch, dass sie mit Informationen arbeiten. Abbildung 2.2 zeigt ein Programm, das vom Benutzer Daten erhält und diese für eine persönliche Begrüßung verwendet.

Abbildung 2.2: Das Programm fragt nach dem Namen des Benutzers.

Dieses Programm stellt eine neue Art von Dialogfeld vor, das es dem Benutzer erlaubt, Daten einzugeben. Die Informationen werden im Programm abgelegt, um später verwendet zu werden. Abbildung 2.3 zeigt im oberen Teil des Dialogfeldes den ersten Teil der Antwort. Der Benutzer muss auf die Schaltfläche OK klicken, um den Rest der Begrüßung in einem zweiten Meldungsfenster zu erhalten, das den unteren Teil von Abbildung 2.3 bildet.

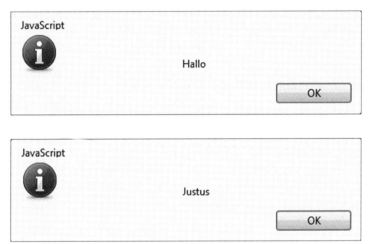

Abbildung 2.3: Eine aus zwei Dialogfeldern bestehende Antwort auf eine Benutzereingabe

Die Ausgabe ist nichts, was einen vom Hocker reißt, aber Sie sollten sich doch den Code einmal anschauen, um herauszufinden, was dort geschieht:

```
!DOCTYPE html PUBLIC "-//W3C//DTD XHTML 1.0 Strict//EN"
"http://www.w3.org/TR/xhtml1/DTD/xhtml1-strict.dtd">
<html lang="de" dir="ltr" xmlns="http://www.w3.org/1999/xhtml">
  <head>
    <meta http-equiv="content-type" content="text/xml;
        charset=iso-8859-1" />
    <title>frage.html</title>
    <script type = "text/javascript">
      //<![CDATA[
      // siehe frage.html
```

```
      var person = " ";
      person = prompt("Wie heißen Sie?");
      alert("Hallo");
      alert(person);

      //]]>
    </script>
  </head>

  <body>

  </body>
</html>
```

 Über charset teilen Sie dem Browser mit, welchen Zeichensatz er vorgesetzt bekommt. Wenn Sie anstelle von utf-8 die Codierung iso-8859-1 wählen, können Sie darauf verzichten, benannten HTML-Code einzugeben und gleich Sonderzeichen (zum Beispiel Umlaute) verwenden.

Eine Variable für die Datenablage erstellen

Dieses Programm ist interessant, weil es eine Interaktion mit einem Benutzer ermöglicht. Der Benutzer kann einen Namen eingeben, der auf dem Computer gespeichert und dann als Begrüßung zurückgegeben wird. Der Schlüssel zu diesem Programm ist ein besonderes Element, das *Variable* genannt wird. Bei Variablen handelt es sich einfach um Stellen im Arbeitsspeicher, die Daten festhalten. Wenn Sie wollen, dass sich ein Programm an etwas »erinnert«, können Sie eine Variable erstellen und die Information darin ablegen.

Variablen weisen normalerweise diese Merkmale auf:

✔ **Die Anweisung var:** Zeigt an, dass Sie mit dem Befehl var eine Variable erstellen.

✔ **Ein Name:** Wenn Sie eine Variable anlegen, müssen Sie ihr einen Namen geben.

✔ **Einen Anfangswert:** Es ist üblich, einer Variablen sofort einen Wert zuzuweisen.

✔ **Einen Datentyp:** JavaScript erkennt den Datentyp einer Variablen automatisch (mehr darüber später), aber zumindest Sie sollten wissen, welche Art von Daten Sie in einer Variablen erwarten.

Den Benutzer nach Informationen fragen

Variablen sind interessanter, wenn sie Informationen enthalten. JavaScript kennt ein einfaches Werkzeug, das *Eingabeaufforderung* genannt wird und in der Programmiersprache prompt heißt. prompt erlaubt Ihnen ganz einfach, eine Frage zu stellen und die Antwort in einer Variablen abzulegen. Hier die entsprechende Zeile aus eingabe.html:

```
person = prompt("Wie heißen Sie?");
```

Die Anweisung prompt macht mehrere interessante Dinge:

- ✔ **Sie lässt ein Dialogfeld erscheinen.** Die Methode prompt() erzeugt ein modales Dialogfeld, das der Technik mit alert ähnelt, auf das weiter vorn in diesem Kapitel eingegangen wird.
- ✔ **Sie stellt eine Frage.** Die Anweisung prompt erwartet, dass Sie dem Benutzer eine Frage stellen.
- ✔ **Sie sorgt dafür, dass eine Antwort eingegeben werden kann.** Im Dialogfeld gibt es eine Möglichkeit, eine beliebige Antwort einzugeben, und Schaltflächen, um anzuzeigen, dass die Eingabe beendet ist oder dass der Benutzer die Operation abbrechen möchte.
- ✔ **Sie leitet die Information an eine Variable weiter.** prompt hat die Aufgabe, Daten von einem Benutzer zu erhalten. Aus diesem Grund ist diese Anweisung auch so gut wie immer mit einer Variablen verbunden. Wenn der Code durchgelaufen ist, enthält die Variable den eingegebenen Wert.

Dem Benutzer antworten

Dieses Programm verwendet die Methode alert(), um mit einer Begrüßung des Benutzers zu beginnen. Das erste alert arbeitet fast genauso, wie das des Programms HalloWelt:

```
alert("Hallo");
```

Bei dem Inhalt der Klammern handelt es sich um den Text, den der Benutzer sehen soll. In diesem Fall handelt es sich um den Textwert Hallo.

Die zweite alert-Anweisung sieht etwas anders aus:

```
alert(person);
```

Bei dieser alert-Anweisung gibt es in der Klammer keine Anführungszeichen. Aus diesem Grund geht JavaScript davon aus, dass Sie den Text person nicht ausgeben wollen. Stattdessen schaut es nach einer Variablen mit dem Namen person und gibt den Wert dieser Variablen zurück.

Die Variable kann also jeden Namen aufnehmen, speichern und eine angepasste Begrüßung zurückgeben.

Mit einer Verknüpfung eine freundlichere Begrüßung erreichen

Es ist nicht sonderlich geschickt, die Begrüßung und den Namen der Person in zwei verschiedenen Zeilen zu halten. Abbildung 2.4 zeigt eine bessere Lösung. Das Programm fragt wieder nach einem Namen und speichert ihn in einer Variablen. Dieses Mal wird die Begrüßung in einem Meldungsfeld zusammengefasst, was viel besser aussieht.

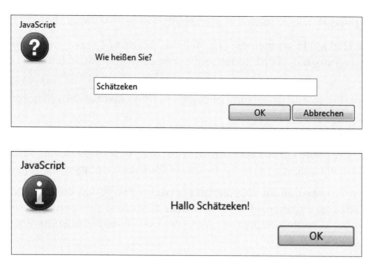

Abbildung 2.4: Nun gibt es nur noch ein Dialogfeld, das als Antwort auf eine Benutzereingabe dient.

Werfen Sie einen Blick auf den Code, und Sie erkennen, dass das Verknüpfen von Textvariablen nicht wirklich kompliziert ist:

```
<script type = "text/javascript">
  //<![CDATA[
  //siehe eingabe2.html

  var person = "";
  person = prompt("Wie heißen Sie?");
  alert("Hallo " + person + "!");

  //]]>
</script>
```

Verknüpfungen und der Editor

Das einzig Schwierige bei Verknüpfungen ist herauszufinden, welcher Teil eines Textes einen literalen Wert enthält, und bei welchem Teil es sich um eine Zeichenkette oder Zeichenfolge (einen sogenannten *String*) handelt. Es wird nicht lange dauern, bis Sie bei dem Versuch herauszufinden, wie die Anführungszeichen gesetzt werden, anfangen zu schielen.

Moderne Texteditoren (wie Aptana oder Notepad++) enthalten eine wunderbare Funktion, die an dieser Stelle helfen kann: Sie färben unterschiedliche Textarten unterschiedlich ein. So färbt beispielsweise Aptana die Namen von Variablen gelb und literalen Text rötlich ein.

Die meisten Editoren, die die Syntax farbig hervorheben, lassen es zu, dass Sie die entsprechenden Einstellungen ändern und an Ihre Bedürfnisse anpassen. Lassen Sie sich nicht davon abhalten, die entsprechenden Werkzeuge zu verwenden, um besser programmieren zu können.

Der Kürze wegen habe ich nur das Tag `<script>` mit seinem Inhalt wiedergegeben. Beim Rest der Seite handelt es sich um eine leere, standardmäßige XHTML-Seite. (Sie finden den vollständigen Code – wie immer – unter www.downloads.fuer-dummies.de auf der Webseite dieses Buches.) Wenn Sie nicht wissen sollten, in welcher Datei dieser Code zu finden ist: In JavaScript gibt es einen Kommentar, der angibt, in welcher Beispieldatei der vollständige Code steht.

Literale und Variablen im Vergleich

In diesem Programm gibt es tatsächlich zwei unterschiedliche Textarten. Der gesamte Ausdruck `"Hallo, "` ist ein *literaler* Textwert. Sie wollen wirklich »Hallo« sagen. Auf der anderen Seite gibt es `person`, eine Variable. In sie können Sie den Namen einer beliebigen Person packen. Sie können literale Werte und Variablen in einer Phrase kombinieren.

```
alert ("Hallo, " + person + "!")
```

Das Geheimnis dieses Codes liegt darin, den Anführungszeichen zu folgen. `"Hallo, "` ist ein literaler Wert, weil er zwischen Anführungszeichen steht. Das `person` in dieser Zeile ist der Name einer Variablen (weil es *nicht* mit Anführungszeichen versehen ist), und `"!"` ist wieder ein literaler Wert. Sie können eine beliebige Anzahl an Textstücken durch das Pluszeichen so miteinander verknüpfen, wie es der vorstehende Code zeigt.

Die Verwendung des Pluszeichens zum Kombinieren von Text wird auch *Verknüpfung* genannt.

Leerzeichen in verknüpften Phrasen verwenden

Vielleicht sind Sie neugierig, was das Leerzeichen zwischen dem Komma und dem Anführungszeichen in der Ausgabezeile zu bedeuten hat:

```
alert ("Hallo, " + person + "!")
```

Es ist wichtig, weil Sie sicherlich möchten, dass die Ausgabe wie ein normaler Satz aussieht. Wenn es dieses Leerzeichen nicht gäbe, würde der Computer auch keines hinzufügen und die Ausgabe sähe zum Beispiel so aus:

```
Hallo,Christine!
```

Achten Sie darauf, dass die Ausgabe so aufgebaut wird, wie sie auf dem Bildschirm aussehen soll – einschließlich Leerzeichen und Interpunktion.

Das String-Objekt

Die Variable `person`, die im letzten Beispielprogramm verwendet wird, ist angelegt worden, um Text aufzunehmen. Programmierer (und angehende Programmierer) haben sich einen eigenen Begriff ausgedacht, wenn sie von Text sprechen. In der Programmierung wird Text (auch im Deutschen) als *String* bezeichnet.

Der Begriff *String*, der dem deutschen Begriff *Kette* entspricht, hat seinen Ursprung daher, wie Text im Arbeitsspeicher eines Computers gespeichert wird. Jedes Zeichen wird im Arbeitsspeicher in einer eigenen Zelle abgelegt, und die Zeichen eines Wortes oder einer Phrase erinnerten die frühen Programmierer an die Kugeln einer Kette. (Das ist ganz schön poetisch für diese Freaks.)

Eine Einführung in objektorientierte Programmierung (und Kühe)

JavaScript (und viele andere moderne Programmiersprachen) verwendet ein leistungsstarkes Modell, das *objektorientierte Programmierung (OOP)* genannt wird. Diese Art der Programmierung weist eine Reihe von Vorteilen auf. Für Anfänger ist am wichtigsten, dass diese Art der Programmierung den Zugriff auf einige von Haus aus sehr leistungsfähige Objekte erlaubt.

Objekte werden verwendet, um komplizierte Dinge zu beschreiben, die viele Merkmale aufweisen können – zum Beispiel eine Kuh. Es funktioniert nun einmal nicht wirklich, eine vernünftige Beschreibung einer Kuh in eine ganzzahlige Variable (eine sogenannte Integervariable) zu packen.

In vielen objektorientierten Umgebungen können Objekte diese Merkmale aufweisen (stellen Sie sich als Beispiel ein kuh-Objekt vor):

✔ **Eigenschaften:** Merkmale des Objektes wie `Rasse` und `Alter`.

✔ **Methoden:** Dinge, die die Objekte machen können, zum Beispiel `Muuh()` und `gebeMilch()`.

✔ **Ereignisse:** Reize (Auslöser), auf die das Objekt reagiert wie `imMagen()`.

Jeder dieser Begriffe wird beschrieben, wenn er gebraucht wird, wobei aber nicht alle Objekte alle diese Merkmale unterstützen.

Wenn Sie eine Variable vom Typ kuh haben, beschreibt sie ein doch recht kompliziertes Ding. Dieses Ding kann Eigenschaften, Methoden und Ereignisse haben. Alles kann zusammen verwendet werden, um ein gutes Abbild einer Kuh zu formen. (Glauben Sie es mir oder glauben Sie mir nicht, aber ich habe mehr als einmal Programmierungskonstrukte vom Typ Kuh gebaut – und Sie haben geglaubt, Programmierung sei langweilig).

Die meisten JavaScript-Variablentypen sind eigentlich Objekte – und die meisten JavaScript-Objekte besitzen Ergänzungen in Form von Eigenschaften und Methoden (viele sogar zusätzlich noch Ereignisbehandlungen). Wenn Sie die Arbeitsweise dieser Dinge erst einmal im Griff haben, verfügen Sie über eine leistungsfähige und fesselnde Programmierumgebung.

Okay, bevor ich nun mit ärgerlichen E-Mails überschüttet werde: Ich weiß, dass es eine Diskussion darüber gibt, ob JavaScript *wirklich* eine objektorientierte Sprache ist. Ich möchte in diesem Buch nicht näher auf die (ziemlich langweiligen und sicherlich nicht wichtigen) Einzelheiten eingehen. Lassen Sie es uns weiterhin objektorientiert nennen, weil das für Einsteiger am verständlichsten ist. Wenn Sie das stört, können Sie JavaScript als eine objekt*basierende* Sprache bezeichnen. Damit sollte eigentlich jeder klarkommen. Sie finden zu diesem Thema in diesem Buch weitere Informationen, wenn Sie in Kapitel 5 erfahren, wie eigene Objekte erstellt werden, und in Kapitel 6 sehen, wie HTML-Elemente als Objekte verwendet werden.

Die Länge eines Strings herausfinden

Wenn Sie einer Variablen Text zuweisen, behandelt JavaScript die Variable automatisch als String-Objekt. Das Objekt übernimmt sofort die Merkmale eines String-Objekts. String-Objekte besitzen einige Eigenschaften und eine ganze Reihe von Methoden. Die Eigenschaft, die uns hier interessiert (zumindest die Einsteiger), ist `length` (Länge). Schauen Sie sich das Beispiel in Abbildung 2.5 an, um zu sehen, wie die Eigenschaft `length` arbeitet.

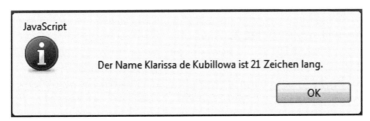

Abbildung 2.5: Dieses Programm gibt an, wie lang ein Text ist.

Das ist irgendwie cool. Interessant ist natürlich, wie so etwas funktioniert. Sobald Sie einer Variablen einen Textwert zuweisen, behandelt JavaScript diese Variable als String, und weil es sich um einen String handelt, hat die Variable eine Eigenschaft `length` (Länge). Diese Eigenschaft gibt die Anzahl der Zeichen im String zurück. Und so sieht das als Code aus:

```
<script type = "text/javascript">
//<![CDATA[
//siehe nameLaenge.html

var person = prompt("Geben Sie bitte Ihren Namen ein.");
var laenge = person.length;

alert("Der Name " + person + " ist " + laenge + " Zeichen lang.");

//]]>
</script>
```

Dieser Code verwendet die Eigenschaft `legth` so, als wenn es eine Untervariable wäre – `person` aus dem letzten Beispiel ist eine Variable – und `person.length` ist die Eigenschaft `length` der Variablen `person`. In JavaScript werden ein Objekt und eine Variable durch einen Punkt (ohne Leerzeichen dazwischen) miteinander verbunden.

Das String-Objekt hat in JavaScript nur noch zwei weitere Eigenschaften (`constructor` und `prototype`). Beide Eigenschaften werden nur in der fortgeschrittenen Programmierung benötigt, weshalb ich sie im Moment ignoriere.

Text mit String-Methoden ändern

Die Eigenschaft `length` ist nicht schlecht, aber das String-Objekt kann noch mit anderen Dingen dienen. Objekte haben auch *Methoden* (so werden Dinge bezeichnet, die Objekte machen können). String-Objekte haben in JavaScript alle möglichen Methoden. Hier ein paar meiner Lieblinge:

✔ `toUpperCase()`: Fertigt eine Kopie des Strings in Großbuchstaben *(Upper Case)* an.

✔ `toLowerCase()`: Fertigt eine Kopie des Strings in Kleinbuchstaben *(Lower Case)* an.

✔ `substring()`: Gibt einen bestimmten Teil des Strings zurück.

✔ `indexOf()`: Ermittelt, ob eine Zeichenfolge (ein String) Bestandteil einer anderen Zeichenfolge ist.

Das String-Objekt besitzt noch viel mehr Methoden, aber ich habe diese hier hervorgehoben, weil sie für Einsteiger ganz nützlich sein können. Viele String-Methoden – wie `big()` und `fontColor()` (Schriftfarbe) – fügen Text einfach nur HTML-Code hinzu. Sie werden nicht sehr oft verwendet, weil sie HTML-Code erzeugen, der nicht überprüft wird, und sie ersparen Ihnen auch nicht viel Arbeit. Andere Methoden – wie `search()` (Suchen), `replace()` (Ersetzen) und `slice()` (Kürzen) – verwenden erweiterte Konstrukte wie Arrays und reguläre Ausdrücke, um die sich Einsteiger noch nicht kümmern müssen. (Um mehr über das Arbeiten mit Arrays zu erfahren, lesen Sie Kapitel 5. Um mehr über reguläre Ausdrücke zu erfahren, lesen Sie Kapitel 7.)

Warum liefert (0,3) die ersten drei Zeichen?

Die Position der Zeichen in JavaScript (und den meisten anderen Programmiersprachen) scheint – solange Sie das Geheimnis nicht kennen – auf den ersten Blick etwas fremdartig zu sein. Sie erwarten vielleicht, dass `text.substring(1,3)` die ersten drei Zeichen der Variablen `text` zurückliefert, aber ich habe `text.substring(0,3)` gewählt, um diese Aufgabe zu erledigen. Und dies ist der Grund dafür: Die Werte der Indizes (die selten mit dem Begriff *Ablesekennzeichen* eingedeutscht werden) entsprechen nicht dem Zeichenwert; es werden die Indizes *zwischen* den Zeichen genommen.

```
|a|b|c|d|
0 1 2 3 4
```

Wenn ich also die ersten drei Zeichen der Zeichenfolge `abcd` haben möchte, verwende ich `substring(0,3)`. Wenn es mir um die Zeichen `cd` geht, setze ich `substring(2,4)` ein.

Sie müssen sich hier nicht allein auf mich verlassen. Schauen Sie sich in der Online-Hilfe von Aptana (dies ist eine von vielen JavaScript-Referenzen) die JavaScript-String-Objekte an und sehen Sie, welche Eigenschaften und Methoden diese Objekte haben.

Methoden werden wie Eigenschaften über einen Punkt an das Objekt gehängt. Methoden haben als besonderes Merkmal ein Paar Klammern, das manchmal Informationen enthält, die *Parameter* genannt werden. Bei Parametern handelt es sich um Informationen, die an die Methode übergeben werden, damit diese ihren Job erledigen kann. Einige Methoden benötigen Parameter zwingend, andere nicht. Das alles erschließt sich für Sie erst dann richtig, wenn Sie anfangen, Methoden zu verwenden.

Der beste Weg, um herauszubekommen, wie Methoden arbeiten, ist, sie beim Arbeiten zu beobachten. Schauen Sie sich den Code von stringMethoden.html an:

```
<script type = "text/javascript">
  //<![CDATA[
  //siehe stringMethoden.html

  var text = prompt("Geben Sie bitte einen Text ein.");

  alert("Dies ist Ihr Text in Großbuchstaben:");
  alert(text.toUpperCase());

  alert("Und nun in Kleinbuchstaben ...");
  alert(text.toLowerCase());

  alert("Das erste 'a' befindet sich an Position...");
  alert(text.indexOf("a"));

  alert("Die ersten drei Buchstaben sind ...");
  alert(text.substring(0, 3));

  //]]>
</script>
```

Abbildung 2.6 zeigt das Ergebnis dieses Programms.

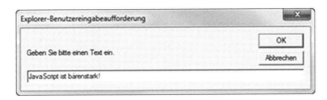

Abbildung 2.6: String-Methoden können Spaß machen.

Hier ein weiteres cooles Aptana-Ding: Wenn Sie den Begriff `text.` (vollständig mit Punkt) eingeben, weiß Aptana, dass Sie eine String-Variable meinen und lässt automatisch eine Liste mit allen möglichen Eigenschaften und Methoden erscheinen. (Ich wünschte mir, es hätte so etwas schon gegeben, als ich mit dem Programmieren anfing.)

Sie können diesem Code entnehmen, dass es wirklich einfach ist, mit Methoden zu arbeiten. Wenn Sie eine String-Variable an Ort und Stelle untergebracht haben, können Sie den Namen der Variablen, einen Punkt und den Namen der Methode eingeben. Einige Methoden verlangen zusätzliche Informationen, damit sie ihren Job erledigen können. Hier sind die Besonderheiten:

- `toUpperCase()` und `toLowerCase()`: Nimmt den Wert der Variablen und wandelt ihn in die vorgegebene Größe um. Wird häufig verwendet, wenn Sie Wert darauf legen, den Inhalt einer Variablen in Großbuchstaben zurückgeliefert zu bekommen.
- `indexOf(Teilzeichenkette)`: Liefert die Position der Teilzeichenkette (englisch: *substring*) in der Variablen zurück. Wenn die Variable die Teilzeichenkette nicht enthält, liefert die Variable –1 zurück.
- `substring(Anfang, Ende)`: Liefert die Teilzeichenkette der Variablen vom beginnenden Zeichen bis zum Zeichen an der Ende-Position zurück.

Variablentypen

JavaScript nimmt es nicht sonderlich genau damit, ob eine Variable Text oder eine Zahl enthält, aber eine solche Differenzierung ist ziemlich wichtig, weil es einen Unterschied gibt, wie die Dinge im Arbeitsspeicher abgelegt werden. Darüber hinaus kann dieser Unterschied zu einigen überraschenden Problemen führen.

Zahlen addieren

Um zu sehen, was schiefgehen kann, wenn JavaScript Datentypen falsch interpretiert, machen Sie ein kleines Experiment. Schauen Sie sich zunächst das folgende Programm an (wie in diesem Kapitel üblich, zeige ich nur den `<script>`-Teil, weil der Rest der Seite leer ist):

```
<script type = "text/javascript">
  //<![CDATA
  //siehe zahlenAddieren.html

  var x = 5;
  var y = 3;
  var summe = x + y;

  alert(x + " plus " + y + " gleich " + summe);

  //]]>
</script>
```

Dieses Programm enthält drei Variablen. Ich habe der Variablen x den Wert 5 und der Variablen y den Wert 3 zugewiesen. Ich haben dann x und y addiert und das Ergebnis in die dritte Variable summe geschrieben. Die letzte Zeile sorgt dafür, dass das Ergebnis angezeigt wird (siehe Abbildung 2.7).

Abbildung 2.7: Dieses Programm addiert zwei Zahlen richtig.

Achten Sie bei diesem Beispiel auf die folgenden wichtigen Dinge:

- ✔ **Sie können einer Variablen Werte zuweisen.** Am besten lesen Sie das Gleichheitszeichen als »erhält«, was dazu führt, dass die ersten Zuordnungen »Variable x erhält den Wert 5« lautet.

- ✔ **Numerische Werte werden nicht in Anführungszeichen geschrieben.** Wenn es um einen literalen Textwert geht, steht dieser immer in Anführungszeichen. Numerische Werte (wie der Wert 5) werden nicht von Anführungszeichen eingeschlossen.

- ✔ **Sie können numerische Werte addieren.** Da sowohl x als auch y einen numerischen Wert enthält, können Sie beide addieren.

- ✔ **Das Ergebnis einer Operation kann in einer Variablen untergebracht werden.** Das Ergebnis der Rechenoperation x + y wird in einer Variablen abgelegt.

- ✔ **Alles funktioniert wie erwartet.** Das Programm verhält sich so, wie es das sollte. Das ist wichtig, weil das nicht immer der Fall ist, wie das nächste Beispiel zeigt.

Zahlen aus Benutzereingaben addieren

Eine natürliche Erweiterung des Programms zahlenAddieren.html wäre eine Funktion, die es den Benutzern erlaubt, zwei Werte einzugeben, und die dann die Summe zurückgibt. Das könnte die Grundlage einer einfachen Additionsmaschine sein.

2 ▶ Schreiben Sie Ihr erstes Programm

Hier der JavaScript-Code:

```
<script type = "text/javascript">
  //<![CDATA[
  // siehe zahlenFalschAddieren.html

  var x = prompt("Erste Zahl:");
  var y = prompt("Zweite Zahl:");
  var summe = x + y;

  alert(x + " plus " + y + " gleich " + summe);

  //]]>
</script>
```

Dieser Code scheint in Ordnung zu sein. Er fragt nach jedem Wert und speichert die Eingaben in Variablen. Dann werden die Variablen addiert und geben das Ergebnis zurück – richtig? Nun, schauen Sie sich Abbildung 2.8 an, und Sie werden eine Überraschung erleben.

Abbildung 2.8: Einen Moment mal, 17 + 4 = 174?

Das Problem mit dynamischen Daten

Letztendlich werden alle Daten, die in einem Computer gespeichert werden, von Musikvideos bis hin zu E-Mails, als Bündel von Nullen und Einsen abgelegt. Der Wert 01000001 kann alles Mögliche bedeuten. Es könnte zum Beispiel die Zahl 65 oder der Buchstabe A sein. (Tatsächlich bedeutet es *wirklich* beides – im richtigen Kontext.) Derselbe binäre Wert kann etwas ganz anderes bedeuten, wenn er als Zahl, als Farbe oder als Teil einer Musikdatei interpretiert wird.

Die Theorie ist hier nicht von Bedeutung, aber ein Punkt ist wirklich wichtig: Irgendwie muss der Computer erfahren, welche Art von Daten in einer bestimmten Variablen gespeichert werden. Viele Sprachen (wie C und Java) kennen dafür jede Menge Regeln. Wenn Sie in einer dieser Sprachen eine Variable erstellen, müssen Sie genau vorgeben, welche Art von Daten diese Variable aufnehmen soll – und das lässt sich dann nicht mehr ändern.

JavaScript geht mit Variablentypen viel gelassener um. Wenn Sie eine Variable anlegen, können Sie dort jede Art von Daten hineinpacken, die Sie haben wollen. Und dann können Sie den Datentyp auch noch ändern. Eine Variable kann einmal eine Ganzzahl und zu einem anderen Zeitpunkt Text enthalten.

JavaScript verwendet den Kontext, um festzulegen, wie die Daten in einer bestimmten Variablen interpretiert werden. Wenn Sie einer Variablen einen Wert zuweisen, packt JavaScript diese Daten in eine der folgenden Kategorien:

- ✔ **Ganzzahl:** Bei Ganzzahlen oder auf Computerdeutsch *Integerwerten*) handelt es sich um ganze Zahlen (ohne Dezimaltrennzeichen). Sie können positiv oder negativ sein.

- ✔ **Fließkommazahlen:** Eine Fließkommazahl, die eigentlich Fließpunktzahl heißen müsste und im Englischen auch als *floating-point* bezeichnet wird, hat ein Dezimaltrennzeichen wie in 3.14. Fließkommazahlen können auch in der wissenschaftlichen Notation dargestellt werden wie in 6.02e23 (der Avogadro-Konstante: 6,02 mal 10 hoch 23). Fließkommazahlen können auch negativ sein.

Das Dezimaltrennzeichen ist bei JavaScript – wie in vielen anderen Programmiersprachen auch – nicht das Komma, sondern der Punkt, und zwar auch bei der Eingabe der Daten. Wenn Sie wollen, dass Ihre Benutzer als Dezimaltrennzeichen das Komma verwenden können, müssen Sie Ihren Code um die entsprechenden Zeilen erweitern. Sie finden unter www.arstechnica.de/computer/JavaScript/JS11_02.html alle Informationen (einschließlich eines Mustercodes), die Sie benötigen, um eine Umwandlung des Dezimalzeichens vorzunehmen.

- ✔ **Boolesch:** Ein boolescher Wert kann nur wahr oder falsch sein.

- ✔ **String:** In Programmiersprachen wird Text normalerweise als String oder Zeichenkette bezeichnet. String-Werte werden normalerweise von Anführungszeichen eingeschlossen.

- ✔ **Arrays und Objekte:** Hierbei handelt es sich um komplexere Datentypen, die Sie im Moment ignorieren können. Sie werden im Einzelnen in Kapitel 5 behandelt.

Diese unterschiedlichen Datentypen werden benötigt, weil der Computer unterschiedliche Techniken verwendet, um die unterschiedlichen Datentypen in der binären Form zu speichern. Wenn Sie eine Variable anlegen, rät JavaScript meistens richtig, und Sie haben keine Probleme. Aber manchmal sind die Annahmen von JavaScript nicht fehlerfrei, und nichts klappt.

Das verflixte Pluszeichen

Ich habe in diesem Kapitel das Pluszeichen auf zwei verschiedene Arten verwendet. Der folgende Code zeigt eine davon:

```
var x = "Hallo, ";
var y = "Sie da!
ergebnis = x + y;
alert(ergebnis);
```

In diesem Code sind x und y Textvariablen. Die Zeile `ergebnis = x + y` wird als »verknüpfe x mit y« interpretiert, und das Ergebnis ist »Hallo, Sie da!«.

Und nun kommt etwas Erstaunliches. Der folgende Code ist mit dem vorherigen fast identisch:

```
var x = 3;
var y = 5;
ergebnis = x + y;
alert(ergebnis);
```

Hier haben wir nun ein anderes Verhalten des Pluszeichens, obwohl die Anweisung `ergebnis = x + y` identisch ist!

Im zweiten Fall sind x und y Zahlen. Der Operator Plus hat zwei vollkommen unterschiedliche Jobs. Wenn er von Zahlen umgeben ist, addiert er. Wenn er von Text umgeben ist, verknüpft er! Automatisch.

Und das ist genau das, was mit unserer ersten Additionsmaschine geschehen ist (die, die uns um die Ohren geflogen ist): Als der Benutzer Daten in die Dialogfelder eingegeben hatte, behandelte JavaScript diese Daten als Text. Als ich dann versuchte, x und y zu addieren, war das Programm so »freundlich«, eine Verknüpfung herzustellen.

 Für dieses Phänomen (ein Operator macht in verschiedenen Situationen unterschiedliche Sachen) gibt es in der Computerwelt einen Fachausdruck: Er wird *überladener Operator* genannt. Es gibt kluge Leute, die gute Argumente gegen überladene Operatoren haben. Diese Operatoren können Probleme wie die hervorrufen, dass Sie glauben, in einem Programm zu addieren, während es nur zu Verknüpfungen kommt. Überladene Operatoren können Dinge aber auch erleichtern. Vergessen Sie diese Diskussion, sie ist in meinen Augen akademisch. Solange Sie das Problem erkennen, beheben Sie es einfach.

Den Variablentyp ändern

Wenn es JavaScript sehr schwerfallen sollte herauszufinden, welche Art von Daten es in einer Variablen gibt, können Sie der Sprache mit einigen praktischen Umwandlungsfunktionen einen leichten Stoß in die richtige Richtung geben (siehe Tabelle 2.1).

Funktion	Von	In	Beispiel	Ergebnis
parseInt()	String	Integer	parseInt("23")	23
parseFloat()	String	Fließkomma	parseFloat("21.5")	21.5
toString()	Jeder Variablentyp	String	meineVar.toString()	Verschieden
eval()	Ausdruck	Ergebnis	eval("5 + 3")	8
Math.ceil()	Fließkomma	Integer	Math.ceil(5.2)	6
Math.floor()			Math.floor(5.2)	5
Math.round()			Math.round(5.2)	5

Tabelle 2.1: Funktionen zur Umwandlung von Variablen

Werkzeuge zur Umwandlung von Variablen verwenden

Die Umwandlungsfunktionen sind unglaublich leistungsstark, aber Sie benötigen sie nur, wenn die automatische Umwandlung Schwierigkeiten bereitet. Und so arbeiten sie:

- ✔ parseInt(): Wird verwendet, um Text in eine Ganzzahl (Integer) umzuwandeln. Wenn Sie einen Textwert in Anführungszeichen setzen, gibt die Funktion einen ganzzahligen Wert zurück. Wenn die Zeichenkette (der String) einen Fließkommawert enthält (zum Beispiel "4.3", wobei Sie daran denken müssen, dass in JavaScript das Fließ*komma* ein *Punkt* ist), wird ein ganzzahliger Wert (ein Integerwert) zurückgegeben (hier 4).

- ✔ parseFloat(): Wandelt Text in einen Fließkommawert um.

- ✔ toString(): Nimmt jeden beliebigen Variablentyp und wandelt ihn in einen String um. Denken Sie daran, dass Sie diese Funktion normalerweise nicht benötigen, weil sie bei Bedarf automatisch aufgerufen wird.

- ✔ eval(): Hierbei handelt es sich um eine besondere Methode, die als Eingabe einen String akzeptiert. Sie versucht dann, den String als JavaScript-Code auszuwerten und die Ausgabe zurückzugeben. Sie können damit Variablen umwandeln oder haben eine einfache Rechenmaschine – eval("5 + 5") liefert 10 zurück.

- ✔ Math.ceil(): Eine von mehreren Methoden, um eine Fließkommazahl in eine Ganzzahl umzuwandeln. Diese Technik rundet immer auf, was dazu führt, das Math.ceil(1.2) die Zahl 2 ergibt – genau wie Math.ceil(1.8).

- ✔ Math.floor(): Wie Math.ceil() rundet Math.floor() eine Fließkommazahl, wobei hier in eine Ganzzahl abgerundet wird. Sowohl Math.floor(1.2) als auch Math.floor(1.8) ergeben 1.

- ✔ Math.round(): Arbeitet wie die Standard-Rundungstechniken in der Grundschule. Jeder Teilwert, der kleiner als .5 ist, wird abgerundet, und jeder Teilwert, der größer als oder gleich .5 ist, wird aufgerundet. Daraus ergibt sich, dass Math.round(1.2) als Ergebnis 1 hat, während Math.round(1.8) als Ergebnis 2 hat.

Eingaben korrigieren

Mit dem neuen Wissen über Umwandlungen sollte es nicht schwer sein, das Programm addInput.html so zu korrigieren, dass es fehlerfrei läuft. Verwenden Sie einfach parseFloat(), um beide Eingaben zwangsweise zu Fließkommazahlen zu machen, bevor sie addiert werden. Beachten Sie, dass Sie das Ergebnis für die Ausgabe nicht in einen String umwandeln müssen. Dies geschieht automatisch, wenn Sie die Methode alert() aufrufen:

```
<script type = "text/javascript">
  //<![CDATA[
  // siehe addInput.html

  var x = prompt("Erste Zahl:");
  var y = prompt("Zweite Zahl:");
  var summe = parseFloat(x) + parseFloat(y);

  alert(x + " plus " + y + " gleich " + summe);

  //]]>
</script>
```

Abbildung 2.9 zeigt, dass das Programm nun fehlerfrei arbeitet.

Abbildung 2.9: Das Programm fordert zu Eingaben auf und liefert die richtige Summe zurück.

Berechnungen mit Fließkommazahlen können etwas ungewöhnliche Ergebnisse ergeben, wie Abbildung 2.10 zeigt.

Abbildung 2.10: Berechnungen mit Fließkommazahlen sind mit Vorsicht zu genießen.

Das Verhalten eines Programms über Bedingungen ändern

In diesem Kapitel

▶ Zufallszahlen generieren und in Integerzahlen umwandeln

▶ Bedingungen verstehen

▶ Die `if-else`-Struktur verwenden

▶ Mit Mehrfachbedingungen umgehen

▶ Die `switch`-Struktur verwenden

▶ Ungewöhnliche Bedingungen meistern

Einer der wichtigsten Punkte, die für Computer sprechen, ist deren scheinbare Fähigkeit, Entscheidungen fällen zu können. Computer können ihr Verhalten anhand bestimmter Umstände ändern. Sie erfahren in diesem Kapitel, wie Sie in JavaScript Zufallszahlen erzeugen, und ich zeige Ihnen verschiedene Wege, um Ihr Programm Entscheidungen auf der Grundlage eines digitalen Würfels fällen zu lassen.

Mit Zufallszahlen arbeiten

Zufallszahlen spielen im Computerwesen eine große Rolle. Sie erweitern ein Spiel um ein Quäntchen Unsicherheit, aber sie werden auch in ernsthaften Anwendungen wie Simulationen, Sicherheitsprogrammen und bei der Entwicklung von Schaltkreisen verwendet. Sie erzeugen in diesem Kapitel Zufallszahlen, um Würfel zu simulieren, und schauen sich dann verschiedene Wege an, um das Verhalten des Computers anhand eines beim Würfeln gewonnenen Ergebnisses zu ändern.

Die meisten Sprachen haben eine Funktion, die Zufallszahlen erzeugt, und JavaScript bildet hier keine Ausnahme. Die Funktion `Math.random()` liefert eine Fließkomma-Zufallszahl zwischen 0 und 1 zurück *(random ist der englische Ausdruck für zufällig)*.

Technisch gesehen sind Computer nicht in der Lage, wirklich Zufallszahlen zu erzeugen. Stattdessen verwenden Sie eine komplexe Formel, die mit einem Wert beginnt und daraus einen zweiten, nicht einfach vorhersehbaren Wert erzeugt. In JavaScript wird der erste Wert in Millisekunden von der Systemuhr genommen, wodurch das Ergebnis tatsächlich eine Zufallszahl zu sein scheint.

Einen Würfel herstellen

Es ist sehr einfach, eine zufällige Fließkommazahl zwischen 0 und 1 zu erzeugen, weil genau dies die Funktion `Math.random()` macht. Was ist aber, wenn Sie eine Ganzzahl aus einem bestimmten Bereich benötigen? Sie wollen beispielsweise das Rollen eines sechsseitigen Würfels simulieren. Wie schaffen Sie es, aus den Fließkommazahlen von 0 bis 1 Ganzzahlen zu machen, die von 1 bis 6 reichen?

Und so gehen Sie in der Regel vor:

1. **Holen Sie sich einen zufälligen Fließkommawert.**

    Verwenden Sie die Funktion `Math.random()`, um einen Fließkommawert zwischen 0 und 1 zu erhalten.

2. **Multiplizieren Sie den erhaltenen Fließkommawert mit 6.**

    Damit erhalten Sie einen Fließkommawert zwischen 0 und 5.999 (aber niemals 6).

3. **Verwenden Sie `Math.ceil()`, um aufzurunden.**

    Dies ist der Punkt, an dem Sie die Zahl in eine Ganzzahl umwandeln. Ich verweise in Kapitel 2 auf drei Funktionen, um aus einer Fließkommazahl eine Ganzzahl (einen Integerwert) zu machen. `Math.ceil()` rundet immer auf, was bedeutet, dass Sie immer einen Integerwert zwischen 1 und 6 erhalten.

Der Würfel ist gefallen

Werfen Sie einen Blick auf den Code von `wuerfeln.html`, der Ihren digitalen Würfel fallen lässt:

```
<!DOCTYPE html PUBLIC "-//W3C//DTD XHTML 1.0 Strict//EN"
"http://www.w3.org/TR/xhtml1/DTD/xhtml1-strict.dtd">
<html lang="EN" dir="ltr" xmlns="http://www.w3.org/1999/xhtml">
  <head>
    <meta http-equiv="content-type" content="text/xml;
        charset=iso-8859-1" />
    <title>wuerfeln.html</title>
    <script type = "text/javascript">
    //<![CDATA[
    // siehe wuerfeln.html

    var zahl = Math.random();
    alert(zahl);

    var groessereZahl = zahl * 6;
    alert(groessereZahl);

    var wuerfel = Math.ceil(groessereZahl);
    alert(wuerfel);
```

```
    //]]>

  </script>
</head>

<body>
  <div id = "output">

  </div>
</body>
</html>
```

Wie Sie sehen können, nutze ich die Strategie aus dem letzten Abschnitt direkt als JavaScript-Code:

1. **Es wird eine zufällige Fließkommazahl erzeugt.**

   Die Funktion `Math.random()` erzeugt eine zufällig Fließkommazahl und legt diese in der Variablen `zahl` ab.

2. **Diese Zahl wird mit 6 multipliziert.**

   Um die Zahl in den entsprechenden Wertebereich (sechs Werte) zu verschieben, multipliziere ich `zahl` mit 6 und speichere das Ergebnis in der Variablen `groessereZahl`.

   Vermeiden Sie möglichst im Code eines Programms und bei Benennungen von Dateien Sonderzeichen. Sie wissen niemals, unter welchen Ländereinstellungen ein Betriebssystem läuft und ob es überhaupt mit Sonderzeichen umgehen kann. Aus diesem Grund heißt die Datei aus obigem Codebeispiel auch `wuerfel.html` und nicht `Würfel.html`, und aus diesem Grund gibt es die Variable `groessereZahl`, obwohl auf einem deutschsprachigen System auch `größereZahl` funktionieren würde – aber eben nur dort mit Sicherheit.

3. **Es wird aufgerundet.**

   Um die Zahl auf den nächsthöheren ganzzahligen Wert aufzurunden, verwende ich die Funktion `Math.ceil()`.

Sie müssen `wuerfel.html` ein paar Mal aufrufen, um sicher sein zu können, dass das Programm auch fehlerfrei funktioniert.

Wenn Sie ein Programm, das Sie bereits in den Browser geladen haben, noch einmal starten wollen, klicken Sie in der Symbolleiste des Browsers einfach auf das Symbol für das Aktualisieren einer Seite.

Abbildung 3.1 zeigt das laufende Programm.

Abbildung 3.1: Dieses Programm erzeugt einen Wert zwischen 1 und 6.

Den Ablauf mit »if« steuern

Wenn Sie einen Würfel rollen lassen können, möchten Sie vielleicht, dass unter bestimmten Umständen unterschiedliche Dinge geschehen. Abbildung 3.2 zeigt zwei verschiedene Abläufe eines einfachen Spiels, das zweiGewinnt.html heißt.

Abbildung 3.2: *Nichts geschieht, wenn Sie eine 4 würfeln, aber bei einer 2 geschieht etwas Aufregendes.*

Na gut, so fürchterlich aufregend ist das nicht. Ich verspreche, dass hier in einer späteren Version tanzende Nilpferde erscheinen werden. Auf jeden Fall kommt es nur dann zu der Meldung Sie haben mit einer Zwei gewonnen, wenn Sie die 2 gewürfelt haben. Der Code ist einfach, aber durchdacht (wobei Sie wissen sollten, dass *if* im Deutschen *wenn, falls* bedeutet):

```
<script type = "text/javascript">
  //<![CDATA[
  // Holen einer Zufallszahl
  // Wenn es eine 2 ist, haben Sie gewonnen
```

```
      var wuerfeln = Math.ceil(Math.random() * 6);
      alert(wuerfeln);
      if (wuerfeln == 2){
        alert ("Sie haben mit der Zwei gewonnen.");
      } // Ende if

  //]]>
</script>
```

Wie immer zeige ich hier nur das Tag `<script>` und seinen Inhalt, da der Rest der Seite leer ist.

»If« und sonst nichts

Der Schlüssel zu diesem Programm ist die bescheidene `if`-Anweisung. Dieser in Wirklichkeit sehr mächtige Befehl kann viele wichtige Dinge erledigen:

- **Er richtet eine Bedingung ein.** Ein paar Abschnitte weiter werde ich noch mehr zu Bedingungen sagen, aber der zentrale Gedanke sieht so aus: Eine Bedingung ist eine wahr oder falsch zu beantwortende Frage. `if`-Anweisungen enthalten immer eine Art Bedingung in Klammern.

- **Es beginnt ein Block mit Code.** `if`-Anweisungen verlangen eine Menge Code, der nicht immer ausgeführt wird. Das Ende der `if`-Zeile wird nicht durch ein Semikolon (;), sondern durch eine linke geschweifte Klammer ({) festgelegt.

- **Es folgt normalerweise ein eingerückter Code.** Die Zeile oder die Zeilen, die der `if`-Anweisung unmittelbar folgen, sind Teil des Codeblocks, weshalb sie eingerückt werden.

- **Die Anweisung endet einige Zeilen später.** Das Ende der `if`-Anweisung legt die rechte geschweifte Klammer (}) fest, die im Regelfall einige Zeilen unterhalb des Anweisungsbeginns steht. Wichtig ist, dass eine `if`-Anweisung immer anderen Code *enthält*.

- **Der Code wird eingerückt.** Es ist üblich, den gesamten Code zwischen Anweisungsbeginn und Anweisungsende einzurücken.

Auch wenn es nicht unbedingt notwendig ist, so kennzeichnet im Allgemeinen ein Kommentar die rechte geschweifte Klammer und gibt an, dass die `if`-Anweisung an dieser Stelle zu Ende ist. In C-ähnlichen Sprachen wird dasselbe Symbol (}) verwendet, um anzugeben, dass hier irgendetwas enden kann, weshalb es keine schlechte Idee ist, sich selbst daran zu erinnern, was hier aufhört.

Bedingungen verwenden

Den zentralen Teil der `if`-Anweisung bildet, zusätzlich zu anderen wichtigen Strukturen, eine Bedingung. Bedingungen verlangen ein wenig Aufmerksamkeit. *Bei einer Bedingung handelt es sich um einen Ausdruck, der ausgewertet werden und wahr oder falsch sein kann.*

Es gibt drei Hauptarten von Bedingungen:

✓ **Ein Vergleich:** Dies ist die am häufigsten eingesetzte Bedingungsart. Sie vergleichen in der Regel eine Variable mit einem Wert oder zwei Variablen miteinander. Verschiedene Vergleichsarten werden in Tabelle 3.1 beschrieben.

✓ **Eine boolesche Variable:** Boolesche Variablen (die sie als *Boole'sche Variablen* bezeichnet werden) sind Variablen, die als Wert nur `true` (wahr) oder `false` (falsch) enthalten können. Es ist überflüssig, einen booleschen Wert mit irgendetwas zu vergleichen, weil er bereits wahr oder falsch ist.

✓ **Eine boolesche Funktion:** Manchmal haben Sie eine Funktion, die als Wert `true` oder `false` zurückgibt. Auch diese Art von Funktion kann als Bedingung verwendet werden.

Im Übrigen sind Boole'sche Variablen der einzige Variablentyp, dessen Bezeichnung in den meisten Sprachen großgeschrieben wird (wobei im Deutschen auch die Kleinschreibung *boolesch* gültig ist). Der Grund für die Großschreibung liegt darin, dass diese Variablen nach einem Menschen benannt sind. George Boole war ein Mathematiker des 19. Jahrhunderts, der eine Form von binärer Arithmetik entwickelt hat. Er starb in dem Irrglauben, seine logischen Untersuchungen wären falsch gewesen. Dabei bildete seine Arbeit die Grundlage des modernen Computerwesens. Erwähnen Sie George Boole bei Ihrem nächsten Treffen der Computeranhänger, und Sie werden eine Menge Wissenspunkte ernten.

Vergleichsoperatoren

JavaScript unterstützt diverse Vergleichstypen, die in Tabelle 3.1 zusammengefasst werden.

Name	Operator	Beispiel	Anmerkung
Gleich	==	(x == 3)	Funktioniert bei allen Variablentypen einschließlich String
Ungleich	!=	(x != 3)	Wahr, wenn Werte nicht gleich sind
Kleiner als	<	(x < 3)	Numerischer oder alphabetischer Vergleich
Größer als	>	(x > 3)	Numerischer oder alphabetischer Vergleich
Kleiner als oder gleich	<=	(x <= 3)	Numerischer oder alphabetischer Vergleich
Größer als oder gleich	>=	x >= 3)	Numerischer oder alphabetischer Vergleich

Tabelle 3.1: JavaScript-Vergleichsoperatoren

Wenn Sie mit Bedingungen arbeiten, sollten Sie an ein paar Dinge denken:

✓ **Achten Sie darauf, dass die Variablentypen vergleichbar sind.** Sie erhalten unvorhersehbare Ergebnisse, wenn Sie beispielsweise einen Fließkommawert mit einem String vergleichen.

✓ **Sie können String-Variablen miteinander vergleichen.** In JavaScript kann der Operator *Ungleich* verwendet werden, um die alphabetische Reihenfolge zweier Werte zu vergleichen, und Sie können dasselbe Gleichheitssymbol (==) für Zeichenketten verwenden, das

Sie auch bei anderen Variablen einsetzen. (Das ist nicht in allen Programmiersprachen möglich.)

✔ **Gleichheit benötigt ein doppeltes Gleichheitszeichen.** Das einfache Gleichheitszeichen (=) gibt eine *Zuordnung* an. Wenn Sie Variablen vergleichen, verwenden Sie stattdessen das doppelte Gleichheitszeichen (==).

Verwechseln Sie Zuordnung und Vergleich nicht! Wenn Sie unglücklicherweise (x = 3) und nicht (x == 3) schreiben, bricht Ihr Code nicht zusammen, aber er wird nicht sauber funktionieren. Die erste Anweisung weist einfach nur den Wert 3 der Variablen x zu. Sie liefert den Wert `true` (wahr), wenn die Zuweisung erfolgreich war (was sie sein wird). Sie glauben, x mit 3 zu vergleichen, aber in Wirklichkeit weisen Sie 3 der Variablen x zu, was dazu führt, dass die Bedingung immer wahr ist. Leider passiert auch mir das ab und zu.

Machen Sie, was ich sage, ansonsten ...

Das Spiel Zwei ist an sich schon ganz schön aufregend, aber es wäre doch interessant, auch dann einen Kommentar zu erhalten, wenn Sie beim Würfeln keine 2 werfen. Die `if-else`-Struktur ist entwickelt worden, damit Sie ein Verhalten angeben können, wenn die Bedingung erfüllt wird, und ein zweites Verhalten, wenn die Bedingung nicht erfüllt wird, also falsch ist. Abbildung 3.3 zeigt ein Programm, das genau dies macht.

Abbildung 3.3: Sie erhalten eine Nachricht bei einer 2 und eine Nachricht für alles andere.

3 ➤ Das Verhalten eines Programms über Bedingungen ändern

Das Programm verwendet dieselbe Art von Bedingung, aber es wurde um einen wichtigen Abschnitt erweitert:

```
<script type = "text/javascript">
//<![CDATA[
// siehe zweiOderNicht.html

  var wuerfeln = Math.ceil(Math.random() * 6);
  if (wuerfeln == 2){
    alert("Sie würfelten eine 2!");
  } else {
    alert("Das war nur eine " + wuerfeln + ".");
  } // Ende if

//]]>
</script>
```

Die if-Anweisung wird unverändert beibehalten, aber es gibt nun eine else-Klausel. Und so arbeitet diese:

- ✔ **Die if-Anweisung legt die Bedingung fest:** Das if zeigt den Anfang eines Bedingungszweiges an und bereitet den Weg für die Bedingung vor.

- ✔ **Die Bedingung richtet eine Prüfung ein:** Bedingungen sind wahre oder falsche Ausdrücke, deshalb weist die Bedingung auf etwas hin, das wahr oder falsch sein kann.

- ✔ **Wenn (if) die Bedingung wahr (true) ist:** Der Code zwischen der Bedingung und der else-Klausel wird ausgeführt. (*else* kann mit *dann* oder *ansonsten* übersetzt werden, wodurch *if-else* dem Deutschen *wenn-dann* entspricht.) Wenn dieser Code durchlaufen worden ist, geht die Steuerung des Programms hinter das Ende der if-Struktur. (Damit übergeht der Computer die else-Klausel und führt die nächste Codezeile außerhalb der if-Struktur aus.)

- ✔ **Wenn (if) die Bedingung falsch (false) ist:** Der Code zwischen else und dem Ende von if wird ausgeführt.

Die Klausel else funktioniert wie eine Gabelung einer Straße. Der Code läuft entlang des einen oder (abhängig von der Bedingung) des anderen Pfades, aber niemals entlang beider Pfade.

Sie können innerhalb der Klauseln if und else so viel Code unterbringen, wie Sie wollen.

 Sie können else nur im Rahmen einer if-Anweisung verwenden. Sie können es nicht alleine stehend einsetzen.

»else if« für komplexere Interaktionen verwenden

Die Struktur if-else ist dann ziemlich nützlich, wenn Sie nur zwei Auswahlmöglichkeiten haben. Wenn Sie aber verschiedene Optionen benötigen, was dann? Stellen Sie sich beispielsweise vor, dass Sie jedes mögliche Ergebnis beim Würfeln für sich ausgeben müssen. Sie benötigen eine Variation der if-Struktur, damit so etwas klappt. Ich zeige Ihnen die Lösung gleich, aber zuvor sollten Sie einen Blick auf das Programm werfen, das diese Technik verwendet. Abbildung 3.4 zeigt etwas, das nur ein Computerfreak lieben kann. Alle Werte werden binär ausgegeben.

Abbildung 3.4: Würfeln – nur für die härtesten Spieler

Binär?

Die binäre Notation bildet auf einem Computer die Struktur, auf der alle Daten aufbauen. Sie verwendet Einsen und Nullen, um andere Zahlen zu speichern, die so zusammengesetzt werden können, dass sie alles bilden, was Sie auf dem Computer sehen – angefangen bei Grafiken über Text bis hin zu Filmen und Abenteuerspielen. Hier eine kleine Umwandlungstabelle, damit Sie die Würfel lesen können:

001=1	011=3	101=5
010=2	100=4	110=6

Sie können übrigens auch ohne binäre Kenntnisse prima überleben (solange Sie kein Guru der Computerwissenschaften sind – dann erwartet man, dass Sie sogar binär *träumen*). Es ist nur einfach cool zu wissen, wie die Dinge funktionieren.

Eine einfache if-else-Struktur reicht hier nicht aus, weil Sie auf sechs verschiedene Möglichkeiten treffen und if-else nur zwei Alternativen kennt. Hier kommt Code, der eine Abwandlung von if und else darstellt.

```
<script type = "text/javascript">
  //<![CDATA[
  // siehe binaererWuerfel.html

  var wuerfeln = Math.ceil(Math.random() * 6);
  if (wuerfeln == 1){
    alert("001");
  } else if (wuerfeln == 2){
    alert("010");
  } else if (wuerfeln == 3){
    alert("011");
  } else if (wuerfeln == 4){
    alert("100");
  } else if (wuerfeln == 5){
    alert("101");
  } else if (wuerfeln == 6){
    alert("110");
  } else {
    alert("Hier geschieht etwas Seltsames...");
  } // Ende if

  //]]>
</script>
```

Dieses Programm beginnt mit einer normalen if-Anweisung, aber es hat so viele else-Klauseln, wie Sie Bedingungen vorgeben.

Stellen Sie sich beispielsweise vor, dass der Computer den Wert 3 erzeugt. Die Vorgehensweise sieht dann so aus:

1. Die erste Bedingung (wuefeln == 1) ist falsch, weshalb das Programm sofort zum nächsten else springt.
2. Das legt eine weitere Bedingung (wuefeln == 2) fest, die ebenfalls falsch ist, weshalb das Programm zur nächsten else-Bedingung geht.
3. Diese enthält wieder eine Bedingung (wuefeln == 3) – und die ist wahr! Es wird nun der Code in der Klausel ausgeführt (der für die Ausgabe von 011 sorgt).
4. Eine Bedingung konnte letztendlich abgearbeitet werden, weshalb der Computer alle weiteren else-Bedingungen überspringt und sich zur Zeile hinter Ende if begibt.
5. Dies ist die letzte Codezeile – was dazu führt, dass das Programm beendet wird.

Das Geheimnis des überflüssigen »else«

Wenn Sie mehrere Bedingungen verwenden, können (und sollten) Sie als letzte Alternative eine einfache else-Klausel ohne eine Bedingung anbieten. Bei dieser besonderen »Bedingung« gibt es Code, der ablaufen soll, wenn keine der anderen Bedingungen zutrifft. Sie erhält die Funktion eines »Müllwagens«, die in dem Fall greift, dass Sie bei den `else-if`-Klauseln eine Bedingung übersehen haben.

Wenn Sie sich das binäre Würfelprogramm noch einmal sorgfältig vornehmen, scheint die `else`-Klausel überflüssig zu sein. Sie wird auch nicht wirklich benötigt! Schließlich kümmern Sie sich um den ganzen Kram und erstellen ein Schema für Zufallszahlen, das *garantiert*, dass Sie eine Ganzzahl zwischen 1 und 6 erhalten. Wenn Sie nun alle sechs Werte abfragen, warum brauchen Sie dann noch eine letzte `else`-Klausel? Sie sollte doch nie benötigt werden.

Es gibt einen großen Unterschied zwischen dem, was geschehen *sollte*, und dem, was *wirklich* geschieht. Gerade dann, wenn Sie glauben, dass Sie jeden einzelnen Fall abgedeckt haben, können Sie ab und an unangenehm überrascht werden. Wenn Sie eine mehrfache `if`-Struktur verwenden, sollten Sie immer an eine `else`-Klausel denken, um vor Überraschungen gewappnet zu sein. Eine solche Klausel muss nicht viel machen, außer darüber zu informieren, dass irgendetwas schiefgegangen ist.

Es ist Zeit für eine neue Denkweise

Das Würfelproblem ist eine spezielle Art der Verzweigung, bei der Sie einen Ausdruck (den Würfel) haben, der mehrere Werte (von 1 bis 6) annehmen kann. Viele Programmiersprachen enthalten ein praktisches Werkzeug, das genau für diese Situation gedacht ist. Werfen Sie einen Blick auf Abbildung 3.5, die eine weitere Variante des Würfelspiels zeigt.

Abbildung 3.5: Römische Würfel, die immer dann sehr nützlich sind, wenn wir auf Römer treffen.

Erneut beginne ich mit einfachen Ganzzahlen von 1 bis 6, und weise auf der Grundlage eines Würfels einen neuen Wert zu. Dieses Mal verwende ich eine andere Struktur, die sich speziell um einen Ausdruck mit vielen Werten kümmert.

Werfen Sie einen Blick auf den Code:

```
<script type = "text/javascript">
  //<![CDATA[
  // siehe roemischerWuerfel.html
  var wuerfeln = Math.ceil(Math.random() * 6);
  var ausgabe = "";
  switch(wuerfeln){
    case 1:
      ausgabe = "I";
      break;
    case 2:
      ausgabe = "II";
      break;
    case 3:
      ausgabe = "III";
      break;
    case 4:
      ausgabe = "IV";
      break;
    case 5:
      ausgabe = "V";
      break;
    case 6:
      ausgabe = "VI";
      break;
    default:
      ausgabe = "PROBLEM!!!";
  } // Ende switch

  alert(ausgabe);

  //]]>
</script>
```

Einen Ausdruck erstellen

Die `switch`-Struktur ist ein wenig anders aufgebaut als `if` mit dem Haufen `else ifs`.

Dem Schlüsselwort `switch` (das im Deutschen so viel wie *umlenken* bedeutet) folgt sofort ein Ausdruck in Klammern. Bei diesem Ausdruck handelt es sich normalerweise um eine Variable mit mehreren möglichen Werten. Die `switch`-Struktur sorgt dann für eine Reihe abzuprüfender Werte und den Code, der im Falle eines Falles ausgeführt werden soll (der hier im Code verwendete englische Begriff *case* bedeutet *Fall* im Sinne von *Alternative*).

Und so wird eine `switch`-Anweisung erstellt:

1. **Beginnen Sie mit dem Schlüsselwort `switch`.**

   Dies richtet die Struktur ein. Sie rücken alles ein, bis eine rechte geschweifte Klammer (`}`) die `switch`-Struktur beendet.

2. **Geben Sie einen Ausdruck an.**

   Hierbei handelt es sich normalerweise um eine Variable, die Sie mit mehreren Werten vergleichen wollen. Die Variable steht in den Klammern; ihr folgt eine linke geschweifte Klammer (`{`).

3. **Legen Sie die erste Alternative fest.**

   Legen Sie den ersten Wert fest, mit dem Sie die Variable vergleichen wollen. Achten Sie darauf, dass die Alternative (`case`) von demselben Datentyp ist wie die Variable.

4. **Beenden Sie die `case`-Beschreibung mit einem Doppelpunkt (`:`).**

    Arbeiten Sie sorgfältig! Zeilen mit `case` enden mit einem Doppelpunkt (um anzuzeigen, dass die Alternative beginnt) und nicht mit einem Semikolon. Das kann leicht vergessen werden.

5. **Schreiben Sie den Code für die Alternative.**

   Sie können so viele Zeilen Code schreiben, wie Sie wollen. Dieser Code wird nur ausgeführt, wenn der Ausdruck mit der gegebenen Alternative übereinstimmt. Auch der Code der Alternative wird normalerweise eingerückt.

6. **Zeigen Sie das Ende einer Alternative mit der Anweisung `break` an.**

   Die Anweisung `break` weist den Computer an, aus der `switch`-Struktur herauszuspringen, sobald die `case`-Alternative ausgewertet worden ist (was in der Regel auch das ist, was Sie wollen).

7. **Wiederholen Sie den Vorgang mit weiteren Alternativen.**

   Schreiben Sie für die übrigen Alternativen, die Sie abprüfen wollen, einen ähnlichen Code.

8. **Richten Sie sich mit der Klausel `default` auf Überraschungen ein.**

   Die Alternative `default` funktioniert wie `else` in einer `else-if`-Struktur. Sie kümmert sich um die Alternativen, die nicht berücksichtigt worden sind. Selbst wenn Sie der Meinung sind, dass Sie an alles gedacht haben, sollten Sie den `default`-Code nicht vergessen.

    In der Klausel `default` können Sie auf eine `break`-Anweisung verzichten, weil sie immer am Ende einer `switch`-Struktur steht.

»Switchen« mit Stil

Die switch-Struktur ist sehr leistungsfähig, aber sie kann auch verzwickt sein, weil das Format ein wenig außergewöhnlich ist. Hier ein paar Tricks, die Sie sich merken sollten:

- ✔ **Sie können jede Art von Ausdruck miteinander vergleichen.** Wenn Sie andere Sprachen (wie C oder Java) kennen, haben Sie vielleicht gelernt, dass diese Vorgehensweise nur bei numerischen Werten klappt. Unter JavaScript kann switch für jeden Datentyp verwendet werden.

- ✔ **Es liegt an Ihnen, den Datentyp richtig vorzugeben.** Wenn Sie mit einer numerischen Variablen arbeiten und diese mit einer String-Variablen vergleichen, werden Sie kaum die Ergebnisse erhalten, die Sie erwarten.

- ✔ **Vergessen Sie die Doppelpunkte nicht.** Am Ende der meisten Zeilen verwendet die Anweisung switch Semikolons wie die meisten JavaScript-Befehle. Die Zeilen, die die Alternativen (mit case) beschreiben, enden stattdessen mit einem Doppelpunkt (:). Das kann man leicht verwechseln!

Wenn Sie über Programmiererfahrung verfügen, könnten Sie der Meinung sein, dass es für dieses spezielle Problem eine bessere Lösung gibt, die mit *Arrays* zu tun hat. Ich neige dazu, Ihnen zuzustimmen und Sie auf Kapitel 5 zu verweisen. Aber auch switch und if - else if haben ihre Berechtigung.

Verschachtelte »if«-Anweisungen

Es besteht die Möglichkeit, Bedingungen auf die verrückteste Weise miteinander zu kombinieren. Eine Entscheidung kann andere Entscheidungen enthalten, in denen es wiederum andere Entscheidungen gibt. Sie können if-Anweisungen ineinanderpacken, um eine komplexe Logik zu verwalten.

Abbildung 3.6 zeigt ein vielleicht etwas skurriles Beispiel. Stellen Sie sich vor, dass Sie einen Schiedsrichter beim Münzwurf beobachten. Eine Münze hat bekanntlich zwei Seiten, Kopf und Zahl. Und um des Beispiels willen hat auch der Schiedsrichter zwei Persönlichkeiten. Manchmal ist er ein Windei, und manchmal ist er ein Vollprofi der Spitzenklasse. Die Abbildung zeigt Ergebnisse der Münzwürfe.

```
<script type = "text/javascript">
  //<![CDATA[
  // siehe muenzwurf.html
  muenze = Math.ceil(Math.random() * 2);
  charakter = Math.ceil(Math.random() * 2);
  if (charakter == 1){
    //Der Schiedsrichter ist ein Windei
    if (muenze == 1){
      alert("Das ist Zahl, Alter.");
    } else {
      alert("Alter! Das ist Kopf!");
    } // Ende muenze if
```

```
} else {
  //Der Schiedsrichter ist ein Vollprofi.
  if (muenze == 1){
    alert("Der Schiri ist ein Windei.");
  } else {
    alert("Der Schiri ist Vollprofi.");
  } // Ende muenze if
} // Ende charakter if


//]]>
</script>
```

Abbildung 3.6: Kopf oder Zahl? Windei oder Vollprofi?

Verschachtelte Bedingungen erstellen

Wenn Sie erst einmal verstanden haben, wie verschachtelte `if`-Strukturen funktionieren, können Sie erkennen, wie alles zusammenpasst. Die folgende Liste gehört zu dem Beispiel aus dem letzten Abschnitt:

1. **Sie werfen die Münze.**

   Ich habe einfach die Würfeltechnik geändert. Eine Münze kann Kopf oder Zahl haben, weshalb ich beim Werfen nur die Werte 1 und 2 benötige.

2. **Werfen Sie erneut eine Münze für die Persönlichkeit.**

   Die Persönlichkeit des Schiedsrichters wird durch einen zweiten Zufallswert (1 oder 2) bestimmt.

3. **Prüfen Sie, ob es ein Windei geworden ist.**

   Wenn als charakter eine 1 erzielt wird, gibt es ein Windei. Sie müssen eine if-Anweisung erstellen, um die entsprechende Ausgabe zu steuern.

4. **Wenn es sich um ein Windei handelt, prüfen Sie auf Kopf oder Zahl.**

   Nun wissen Sie, dass der Schiedsrichter ein Windei ist, und Sie müssen prüfen, ob die Münze Kopf oder Zahl anzeigt. Sie benötigen eine weitere if-Anweisung.

5. **Reagieren Sie auf den Wurf der Münze.**

   Verwenden Sie die Anweisung alert(), um das Ergebnis in »einfacher« Sprache auszugeben.

6. **Kümmern Sie sich um das Windei.**

   Die äußere if-Anweisung legt fest, welcher Charakter spricht. Die Klausel else dieser Alternative wird ausgeführt, wenn charakter nicht 1 ist, weshalb das ganze Schiri-Zeugs in die else-Klausel geht.

7. **Überprüfen Sie die Münze erneut.**

   Nun wissen Sie, dass Sie eine besondere Sprache sprechen. Fragen Sie einfach die Münze, und Sie wissen, was Sie zu sagen haben.

Verschachtelte »if«-Anweisungen sinnvoll einsetzen

Wie Sie sehen können, ist es nicht sonderlich schwierig, verschachtelte if-Strukturen zu erstellen: Leider aber können diese leicht in Unordnung geraten, was besonders gerne dann geschieht, wenn sie mehrere Ebenen tief gehen. Hier ein paar Tipps, die dafür sorgen sollen, dass im Endeffekt alles Sinn macht:

✔ **Achten Sie auf Ihre Einrückungen.** Einrückungen sind eine großartige Möglichkeit, um auszudrücken, in welcher Code-Ebene Sie sich befinden. Achten Sie aber aufmerksam auf das Einrückungsschema, für das Sie sich entschieden haben. Ein Editor wie Aptana, der Ihren Code automatisch einrückt, ist dabei ein großes Plus.

✔ **Verwenden Sie Kommentare.** Sie können sehr schnell in der Logik einer verschachtelten Bedingung verloren gehen. Fügen Sie regelmäßig Kommentare hinzu, um sich selbst daran zu erinnern, wo Sie gerade in der Logik stecken. So habe ich in den Beispielen dieses Kapitels kommentiert, welche if-Anweisung beendet wird.

✔ **Testen Sie den Code.** Nur weil Sie der Meinung sind, dass alles funktioniert, muss das noch lange nicht der Fall sein. Es kommt immer wieder zu Überraschungen. Testen Sie sorgfältig, um sicher sein zu können, dass der Code auch wirklich das macht, was er machen sollte.

Schleifen und Fehlersuche

In diesem Kapitel

▶ for-Schleifen erstellen
▶ Variationen von for-Schleifen kennenlernen
▶ Flexible while-Schleifen aufbauen
▶ Für Wohlverhalten bei while-Schleifen sorgen
▶ Probleme bereitende Schleifen erkennen
▶ Abstürze mit Werkzeugen für die Fehlersuche auffangen
▶ Logische Fehler abfangen
▶ Variablen und Bedingungen beobachten

Computerprogramme können problemlos sich wiederholende Aufgaben erledigen. Dies wird durch eine Reihe von Konstrukten erreicht, die *Schleifen* (englisch *Loops*) genannt werden. In diesem Kapitel lernen Sie die beiden wichtigsten Techniken kennen, um mit Schleifen umzugehen.

Schleifen sind leistungsfähig, aber sie können auch gefährlich sein. Es ist möglich, Schleifen zu erstellen, die unsauber arbeiten, und es ist sehr schwierig, Probleme dieser Art zu diagnostizieren. Aber keine Angst, ich stelle eine Reihe sehr leistungsfähiger Techniken vor, wie Sie Ihren Code durchgehen können, um herauszufinden, was los ist.

Eine zählende Schleife mit »for« herstellen

Eine Standardschleifenart ist die for-Schleife. Sie verwenden Schleifen dieser Art, wenn Sie möchten, dass Code so oft wiederholt wird, wie Sie es vorgeben. Abbildung 4.1 zeigt eine for-Schleife in Aktion.

Es sieht so aus, als ob Sie es mit zehn verschiedenen alert()-Anweisungen zu tun hätten, aber es gibt nur eine, die aber zehnmal wiederholt wird.

 In Abbildung 4.1 und in anderen Abbildungen mit Schleifenbeispielen in diesem Kapitel zeige ich die ersten und die letzten Dialogfelder. Sie sollen eine Vorstellung davon bekommen, was geschieht. Denken Sie daran, sich das Programm von der Webseite des Buches (www.downloads.fuer-dummies.de) herunterzuladen.

Abbildung 4.1: Diese Schleife wird zehnmal wiederholt, bevor sie beendet wird.

Eine Standardschleife mit »for« anlegen

Sie können die Struktur der for-Schleife erkennen, wenn Sie sich mit dem Code beschäftigen:

```
<script type = "text/javascript">
  //<![CDATA[
  //siehe basisFor.html
  for (runde = 1; runde <= 10; runde++){
    alert("Dies ist Schleifenrunde: " + runde + ".");
  } // Ende for
  //]]>
</script>
```

for-Schleifen basieren auf einer Ganzzahl (die in dieser Umgebung auch *Wächtervariable* genannt wird). In diesem Beispiel dient runde als Wächtervariable. Diese Variable wird normalerweise verwendet, um in der Schleife die Anzahl an Wiederholungen zu zählen.

4 > Schleifen und Fehlersuche

Die for-Anweisung besteht aus drei eigenständigen Teilen:

- ✔ **Initialisierung:** Dieses Segment (runde = 1) legt den Startwert des Wächters fest.
- ✔ **Bedingung:** Die Bedingung (runde <= 10) ist eine ganz normale Bedingung (auch wenn sie hier keine Anführungszeichen benötigt).
- ✔ **Änderung:** Der letzte Teil der for-Struktur (runde++) gibt an, dass der Wächter im Verlauf der Schleife irgendwie geändert wird. In diesem Fall addiere ich bei jedem Durchlauf der Schleife 1 zur Variablen runde.

Die for-Struktur enthält ein Klammernpaar, in dem der Code steht, der wiederholt wird. Dieser Code ist, wie üblich, eingerückt. In einer Schleife kann es so viel Code geben, wie Sie möchten.

Bei dem Operator ++ handelt es sich um eine besondere Abkürzung. Es ist üblich, eine Variable nach dem Durchlauf einer Schleife um eins zu erhöhen, und runde++ bedeutet »erhöhe runde um eins«. Sie könnten auch runde = runde + 1 schreiben, aber runde++ hört sich viel cooler an.

Als sich Programmierer entschlossen hatten, die Sprache C zu verbessern, nannten sie das Ergebnis C++. Alles klar? Die neue Sprache ist um eins besser als C. Diese Computerheinis sind ein so verschrobener Haufen!

for-Schleifen sind recht nützlich, wenn Sie wissen, wie oft etwas geschehen soll.

Eine rückwärts laufende Schleife erstellen

Sie können die grundlegende for-Schleife so ändern, dass sie zurückzählt. Abbildung 4.2 stellt ein Beispiel dieses Verhaltens dar.

Die rückwärts zählende Version der for-Schleife verwendet dieselbe allgemeine Struktur wie die vorwärts zählende Version, wobei es aber bei den Parametern geringe Unterschiede gibt:

```
<script type = "text/javascript">
  //<![CDATA[
  //siehe zurueck.html
    for (runde = 10; runde >= 1; runde--){
      alert("Es geht zurück: " + runde);
  } // Ende for

  //]]>
</script>
```

Abbildung 4.2: Diese Schleife wird rückwärts durchlaufen.

Wenn Sie rückwärts zählen möchten, ändern Sie die drei Bestandteile der for-Anweisung:

- ✔ **Setzen Sie den Anfangswert der Wächtervariable auf einen hohen Wert.** Sie zählen abwärts, deshalb müssen Sie mit einer hohen Zahl beginnen.

- ✔ **Machen Sie so lange weiter, wie der Wächter *größer* ist als ein Zielwert.** Der Code in der Schleife wird so lange ausgeführt, wie die Bedingung wahr ist. Die Zahl wird immer kleiner, weshalb Sie darauf achten müssen, dass Sie mit »größer als« oder »größer als oder gleich« vergleichen.

- ✔ **Verringern Sie die Wächtervariable.** Wenn Sie wollen, dass die Zahl kleiner wird, müssen Sie etwas von ihr abziehen. Der Operator -- bietet eine schnelle Möglichkeit, um dies zu erledigen. Er zieht 1 von der Variablen ab.

Gleich um fünf weitergehen

Sie können die for-Schleife verwenden, um mit einer anderen Schrittweite zu zählen. Wenn Sie zum Beispiel einen Abstand von fünf haben wollen, können Sie diese Variation des Codes verwenden:

```
<script type = "text/javascript">
  //<![CDATA[

  //siehe malFuenf.html
  for (i = 5; i <= 25; i += 5){
    alert(i);
  } // Ende for

  //]]>

</script>
```

Dieser Code lässt i mit 5 beginnen, wiederholt sich so lange, wie i weniger oder gleich 25 ist, und fügt bei jedem Schleifendurchgang 5 hinzu. Abbildung 4.3 stellt diesen Code in Aktion dar.

Abbildung 4.3: Eine for-Schleife kann Werte auch überspringen.

Wenn Sie möchten, dass eine for-Schleife Zahlen überspringt, müssen Sie das allgemeine Muster ein wenig ändern:

- ✔ **Lassen Sie die Wächtervariable bei 5 anfangen.** Ich möchte, dass die Schleife mit 5 beginnt, weshalb dies der Anfangswert sein soll.
- ✔ **Vergleichen Sie die Variable mit 25.** Es ist sinnvoll, dass eine 5-er Schleife mit einem Wert endet, der ein Vielfaches von 5 ist. Ich möchte, dass die Schleife so lange läuft, bis 25 erreicht worden ist, weshalb die Schleife so lange läuft, wie i weniger oder gleich 25 ist.
- ✔ **Bei jedem Durchgang soll i um 5 erhöht werden.** Die Anweisung i += 5 erhöht i um 5. (Das ist so, als wenn es i = i + 5 hieße.)

Der Schlüssel zu for-Schleifen liegt darin, dass Sie sich an die drei Elemente erinnern und dafür sorgen, dass sie zusammenarbeiten: Legen Sie eine Wächtervariable an und geben Sie ihr einen Anfangswert, vergleichen Sie mit einer Bedingung und ändern Sie die Variable bei jedem Schleifendurchgang.

Das lässt sich in einer for-Schleife problemlos bewerkstelligen, weil die entsprechenden Elemente Bestandteil der for-Struktur sind. Sollte Ihre Schleife nicht so funktionieren, wie Sie es erwarten, müssen Sie eventuell einen Blick auf die Tricks zur Fehlersuche werfen, auf die ich weiter hinten in diesem Kapitel eingehe.

Eine Zeit lang Schleifen drehen

Die for-Schleife ist nützlich, aber sie hat eine Verwandte, die noch praktischer ist und while-Schleife heißt. Eine while-Schleife hängt nicht von einer vorgegebenen Anzahl an Wiederholungen ab. Sie wird einfach so lange wiederholt, bis ihre Bedingung wahr wird.

Eine grundlegende »while«-Schleife erstellen

Die grundlegende while-Schleife ist vordergründig sehr leicht zu erstellen. Hier ein Beispiel:

```
<script type = "text/javascript">
  //<![CDATA[
  //siehe while.html

  antwort = "-99";
  while (antwort != "5"){
    antwort = prompt("Wie viel sind 3 + 2?");
    if (antwort == "5"){
      alert("Klasse!");
    } else {
      alert("Versuchen Sie es noch einmal...");
    } // Ende if
  } // Ende while

  //]]>
</script>
```

Dieses Skript stellt dem Benutzer eine einfache mathematische Frage – und fragt so lange nach, bis der Benutzer richtig antwortet. Die dabei ausgelösten Aktionen zeigt Abbildung 4.4.

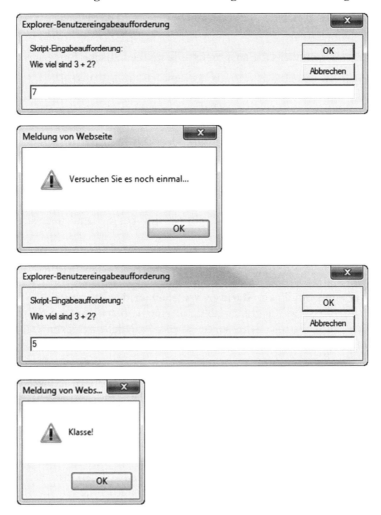

Abbildung 4.4: Die Schleife läuft so lange, bis die richtige Antwort gegeben wird.

Es ist nicht schwer, die Arbeitsweise einer `while`-Schleife zu verstehen. Und so funktioniert das mathematische Programm:

1. **Legen Sie eine Variable mit dem Namen antwort an.**

    Diese Variable fungiert als Wächtervariable der Schleife.

2. **Geben Sie der Variablen einen Startwert.**

    Der Startwert der Variablen wird auf -99 gesetzt, was eigentlich nicht richtig sein kann. Dadurch wird aber garantiert, dass die Schleife mindestens einmal läuft.

3. **Legen Sie fest, was sich in der Variablen antwort befinden soll.**

   In unserem Beispiel lautet die richtige Antwort 5. Wenn die Antwort anders aussieht, läuft die Schleife weiter. Da ich den Wert der Antwort auf -99 gesetzt habe, gibt es mindestens einen Schleifendurchlauf.

4. **Stellen Sie dem Benutzer eine anspruchsvolle mathematische Frage.**

   Gut, irgendeine mathematische Frage. Es ist wichtig, den Wert der Antwort ändern zu können, damit es möglich ist, 5 zu erhalten und die Schleife verlassen zu können.

5. **Geben Sie dem Benutzer eine Rückmeldung.**

   Es ist mit ziemlicher Sicherheit eine gute Idee, den Benutzer wissen zu lassen, was er getan hat. Deshalb sollten Sie für irgendeine Rückmeldung sorgen.

Vermeiden Sie Schleifenfehler

Eine while-Schleife scheint einfacher zu sein als eine for-Schleife, aber sie stellt die gleichen Anforderungen:

- ✔ **Es gibt normalerweise eine entscheidende Wächtervariable.** while-Schleifen werden normalerweise (aber nicht immer) von einer zentralen Variablen kontrolliert.

- ✔ **Der Wächter muss mit einem Startwert versehen werden.** Wenn sich die Schleife sauber verhalten soll, muss die Wächtervariable mit einem entsprechenden Startwert versehen werden. Meistens wollen Sie dafür sorgen, dass die Schleife auf jeden Fall einmal durchlaufen wird.

- ✔ **Sie müssen eine Bedingung haben.** Die while-Schleife basiert wie die for-Schleife auf Bedingungen. Die Schleife wird so lange durchlaufen, wie die Bedingung wahr ist.

- ✔ **Es muss einen Mechanismus geben, über den die Wächtervariable geändert werden kann.** Irgendwo in der Schleife benötigen Sie eine Zeile, die den Wert des Wächters ändert. Achten Sie darauf, dass es möglich ist, die Bedingung logisch falsch werden zu lassen, oder Sie hängen für immer und ewig in der Schleife fest!

Falls Sie einen dieser Schritte vergessen sollten, kann es passieren, dass die while-Schleife nicht sauber arbeitet. Und gerade bei while-Schleifen fällt es nicht schwer, Fehler zu machen. Unglücklicherweise führen diese Fehler nicht unbedingt zu einem Absturz. Viel häufiger kommt es vor, dass die Schleife entweder überhaupt nicht oder unbegrenzt läuft.

Eine Einführung in bösartige Schleifen

Ab und an haben Schleifen kein Benehmen. Selbst wenn Sie die Syntax richtig verwenden, macht die Schleife nicht das, was sie soll. Es kommt häufig zu zwei grundsätzlichen Fehlern: Schleifen, die niemals ausgeführt werden, und Schleifen, die man nicht verlassen kann.

Mit einer zögerlichen Schleife umgehen

Vielleicht schreiben Sie einen Code und stellen dann fest, dass die Schleife nicht losläuft. Hier ein Programm, das eine solche Bedingung illustriert:

```
<script type = "text/javascript">
  //<![CDATA[

  //siehe nie.html
  //Warnung! Dieses Skript enthält bewusst einen
  //Fehler!

  i = 1;
  while (i > 10){
    i++;
    alert(i);
  } // Ende while

  //]]>
</script>
```

Der Code schaut unschuldig genug aus, aber wenn Sie ihn ablaufen lassen, können Sie in Verwirrung geraten. Er stürzt nicht ab, aber er scheint auch nichts zu machen. Wenn Sie sich den Code Zeile für Zeile vornehmen, finden Sie vielleicht den Grund dafür heraus. Ich lege für i den Startwert 1 fest und lasse die Schleife so lange laufen, wie i größer als 10 ist. Sie erkennen das Problem? i ist von Anfang an kleiner als 10, was dazu führt, dass mit einer falschen Bedingung begonnen und die Schleife deshalb nie gestartet wird. Eigentlich hatte ich vor, als Bedingung (i < 10) zu schreiben. Das ist ein dummer Fehler, aber genau von der Art, die mir immer wieder unterläuft.

Mit einer zwanghaften Schleife umgehen

Die andere Art von nicht funktionierender Schleife ist eigentlich das genaue Gegenteil der nicht startenden Schleife aus dem letzten Abschnitt. Es handelt sich um eine Schleife, die zwar fehlerfrei losläuft, dann aber niemals aufhört!

```
<script type = "text/javascript">
  //<![CDATA[

  //siehe endlos.html
  // Warnung: Dieses Programm enthält bewusst einen
  // Fehler!
  // Sie müssen den Browser schließen,
  // um die Schleife zu beenden.

  i = 0;
  j = 0;
```

```
while (i < 10){
  j++;
  alert(j);
} // Ende while

//]]>
</script>
```

Wenn Sie sich entschließen, `endlos.html` ablaufen zu lassen, denken Sie daran, dass das Programm nicht sauber arbeitet. Sie bekommen es nur dadurch gestoppt, indem Sie Ihren Browser über den Task-Manager abschießen. Ich zeige Ihnen weiter hinten in diesem Kapitel, wie Sie einen solchen Code in einer »sicheren« Umgebung ablaufen lassen können, um herauszufinden, was damit falsch ist.

Dieser Code ist ein Beispiel für die gefürchteten *Endlosschleifen*. Schleifen dieser Art verfügen in aller Regel über eine perfekte Syntax, enthalten aber einen logischen Fehler, der sie daran hindert, sauber zu laufen. Bei dem logischen Fehler handelt es sich normalerweise um einen aus dieser kleinen Liste:

✔ **Die Variable ist nicht sauber initialisiert worden.** Der Startwert der Wächtervariablen hindert die Schleife daran, richtig zu beginnen.

✔ **Die Bedingung prüft etwas ab, zu dem es nicht kommt.** Entweder enthält die Bedingung einen Fehler, oder etwas anderes hindert sie daran, ausgelöst zu werden.

✔ **Die Wächtervariable wird beim Ablaufen der Schleife nicht aktualisiert.** Wenn Sie einfach vergessen, die Wächtervariable zu ändern, erhalten Sie eine Endlosschleife. Wenn Sie zwar die Variable modifizieren, dies aber machen, nachdem die Schleife durchlaufen ist, erhalten Sie eine Endlosschleife. Wenn Sie nach einer Eingabe in einem falschen Format fragen, können Sie auch eine schwierig zu diagnostizierende Endlosschleife erhalten.

Den Code debuggen

Wenn Sie JavaScript-Code schreiben, müssen Sie damit rechnen, Fehler zu machen. Das gehört nun einmal zum Leben eines Programmierers dazu. Gerade Schleifen sind fehleranfällig, weil sie auch dann Probleme hervorrufen können, wenn es keine Syntaxfehler gibt. Glücklicherweise gibt es einige wirklich gute Tricks, um nervtötende Fehler zu finden.

Hilfe durch Aptana

Wenn Sie Ihren Code mit Aptana schreiben, steht Ihnen auch eine fehlerbezogene Hilfe zur Seite. Aptana ist oft in der Lage, JavaScript-Fehler hervorzuheben. Abbildung 4.5 zeigt ein Programm, das einen Fehler enthält. Zusätzlich können Sie über RUN|DEBUG einen Prüflauf starten, um Fehler Ihres Programms angezeigt zu bekommen.

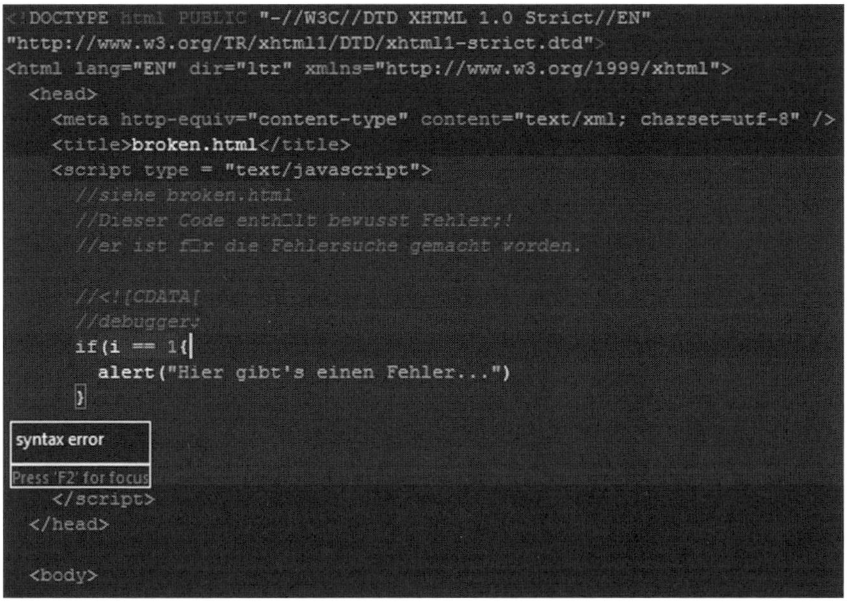

4 ➤ Schleifen und Fehlersuche

```
<!DOCTYPE html PUBLIC "-//W3C//DTD XHTML 1.0 Strict//EN"
"http://www.w3.org/TR/xhtml1/DTD/xhtml1-strict.dtd">
<html lang="EN" dir="ltr" xmlns="http://www.w3.org/1999/xhtml">
    <head>
        <meta http-equiv="content-type" content="text/xml; charset=utf-8" />
        <title>broken.html</title>
        <script type = "text/javascript">
            //siehe broken.html
            //Dieser Code enthält bewusst Fehler;!
            //er ist für die Fehlersuche gemacht worden.

            //<![CDATA[
            //debugger;
            if(i == 1{
                alert("Hier gibt's einen Fehler...")
            }
  syntax error
 Press 'F2' for focus
        </script>
    </head>
    <body>
```

Abbildung 4.5: Vermutete Fehler werden von einem Rechteck umrahmt (wie die rechte geschweifte Klammer) und mit einer Fehlermeldung versehen. Durch Drücken von [F2] gelangen Sie auf die Debug-Seite von Aptana.

JavaScript in IE debuggen

Es ist unmöglich vorherzusagen, wie sich Microsoft Internet Explorer verhält, wenn es zu JavaScript-Fehlern kommt. IE6 bringt Sie zu einer Art Editor, während die Internet Explorer danach (standardmäßig) nichts mehr machen. Sie sehen keine Fehlermeldung oder ein anderes Anzeichen für einen Fehler.

Hier kommt die Anleitung, wie Sie IE zwingen können, Ihnen wenigstens etwas Hilfe zu geben:

1. **Wählen Sie EXTRAS|INTERNETOPTIONEN|ERWEITERT.**

    Sie sehen ein Dialogfeld wie das in Abbildung 4.6.

2. **Aktivieren Sie SKRIPTFEHLER ANZEIGEN.**

    Lassen Sie die restlichen Einstellungen für den Moment in Ruhe. Jawohl, Skriptdebugging bleibt deaktiviert, weil es nicht sinnvoll funktioniert. Ich zeige Ihnen weiter hinten in diesem Kapitel eine bessere Technik (siehe den Abschnitt »Den Debugger Firebug verwenden«).

Wenn Sie nun `broken.html` in IE laden, erhalten Sie eine Meldung wie die in Abbildung 4.7.

Abbildung 4.6: Das Dialogfeld INTERNETOPTIONEN erlaubt Ihnen, Fehlermeldungen im Internet Explorer zu erhalten.

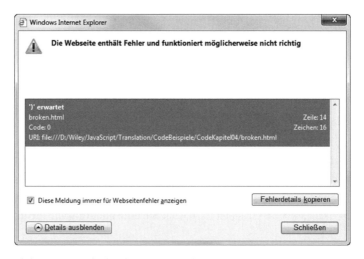

Abbildung 4.7: Ich hätte nie geglaubt, dass ich einmal über eine Fehlermeldung glücklich sein könnte.

Dies ist eigentlich eine gute Nachricht, weil Sie zumindest erfahren, dass es ein Problem gibt und Sie einen Anhaltspunkt für eine Reparatur bekommen. In diesem speziellen Fall ist die Fehlermeldung sogar recht aussagekräftig, aber manchmal kann man auch zu der Überzeugung gelangen, dass sie von Aliens geschrieben worden ist.

Achten Sie darauf, dass in IE die Fehlermeldung eingeschaltet wird, damit Sie zumindest über Unstimmigkeiten informiert werden. Natürlich müssen Sie Ihren Code auch in Firefox überprüfen, der nun aber massenhaft Werkzeuge für das Überprüfen von Code enthält.

Fehler mit Firefox finden

Firefox hat standardmäßig schon eine bessere Fehlerbehandlung als IE, und Sie können Add-ons hinzufügen, um den Browser zum Fehlerspürhund zu machen. Mit den Standardeinstellungen gibt es nur eine minimale Fehleranzeige. Wenn Sie JavaScript-Fehler vermuten, öffnen Sie die Fehlerkonsole über das Menü EXTRAS|WEB-ENTWICKLER|FEHLERKONSOLE und klicken dann entweder auf FEHLER oder geben in der Adresszeile der Fehlerkonsole `javascript:` ein. Führen Sie einmal eine solche Aktion aus, nachdem Sie `broken.html` geladen haben, um eine Darstellung wie die in Abbildung 4.8 zu erhalten.

Abbildung 4.8: Die Fehlerkonsole von Firefox ist ziemlich nützlich.

Ich bin der Meinung, dass die Fehlermeldungen von Firefox in der Fehlerkonsole generell viel aussagekräftiger sind als die von IE.

 Die Fehlerkonsole leert sich bei älteren Versionen von Firefox nicht selbst, wenn Sie eine neue Seite laden. Wenn Sie die Konsole öffnen, kann sie einen Haufen alter Fehlermeldungen enthalten. Achten Sie darauf, den alten Verlauf über die Schaltfläche LÖSCHEN zu entfernen.

Syntaxfehler mit Firebug einfangen

Zu den besten Dingen von Firefox gehört dessen Add-on-Architektur. Einige wirklich schlaue Köpfe haben sehr sinnvolle Add-ons entwickelt, die wunderbare Funktionen aufweisen. Ein Beispiel dafür ist Firebug. Dieses Add-on (das Sie kostenlos unter https://addons.mozilla.org/de/firefox/addon/firebug herunterladen können) erweitert Ihre Trickkiste für die Fehlerbehandlung extrem.

Firebug (das bereits in Kapitel 1 vorgestellt wird) eignet sich besonders für die Bearbeitung von HTML und CSS, aber es kommt auch dann voll zur Geltung, wenn Sie versuchen, JavaScript-Code zu debuggen.

Wenn Firebug aktiv ist, wird unten im Browserfenster ein kleines Symbol angezeigt. Wenn es JavaScript-Fehler gibt, erscheint ein rotes Fehlersymbol. Klicken Sie darauf, und Sie sehen das Firebug-Fenster, das das Problem beschreibt. Abbildung 4.9 zeigt, wie Firebug arbeitet.

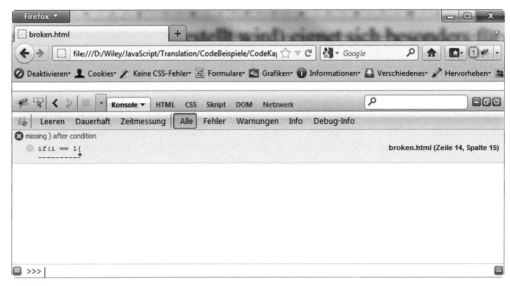

Abbildung 4.9: Firebug zeigt einen Fehler an. Klicken Sie auf die Fehlerzeile, um ihren Inhalt lesen zu können.

Wenn Sie dann auf das Stückchen Code klicken, können Sie es in seiner Umgebung im Programm sehen. Das kann sehr sinnvoll sein, weil der Fehler eventuell nicht in der markierten Zeile steckt. Allgemein gilt, dass ich immer mit eingeschaltetem Firebug arbeite, wenn ich mich mit trickreichem JavaScript-Code beschäftige, um sofort auf Probleme hingewiesen zu werden.

 Es gibt von Firebug die Version Firebug Lite, die auch in anderen Browsern (IE, Chrome und Safari) verwendet werden kann. Sie greifen auf diese Version wie auf ein *elektronisches Lesezeichen* zu, was bedeutet, dass Sie in Ihren Lesezeichen eine Verknüpfung auf den Code setzen und das Programm verwenden, um in anderen Browsern die meisten Funktionen von Firebug zu erhalten. Einzelheiten finden Sie unter http://getfirebug.com/firebuglite.

Logische Fehler einfangen

Es ist nicht schwer, so »tief greifende« Fehler wie den in broken.html zu korrigieren. Fehler dieser Art können einen Browser an einer bestimmten Stelle des Codes zum Absturz bringen, aber so etwas führt in der Regel zu einer Fehlermeldung, die Ihnen eine Idee von dem verschafft, was schiefgelaufen ist. Meistens handelt es sich dabei um einen *Syntaxfehler*. Sie haben etwas falsch geschrieben, eine Interpunktion vergessen oder etwas Ähnliches gemacht, das eigentlich recht schnell gefunden werden kann.

Schleifen und Verzweigungen rufen häufig eine unheimlichere Art von Problemen hervor, die (im Gegensatz zu Syntaxfehlern) *logische Fehler* genannt werden. Es kommt zu logischen Fehlern, wenn Ihr Code zwar keine Syntaxfehler aufweist, aber trotzdem nicht das macht, was Sie sich vorgestellt haben. In der Regel ist es viel schwieriger, diese Art von Fehler herauszufinden, weil Sie darüber kaum Informationen erhalten.

Wenn Sie die richtigen Werkzeuge besitzen, sind Sie möglicherweise in der Lage, den trickreichsten Fehler aufzuspüren. Das Geheimnis liegt darin, genau herauszufinden, was in den Variablen abläuft – etwas, das Benutzer normalerweise nicht zu Gesicht bekommen.

Mit Firebug in die Konsole protokollieren

In Firebug gibt es eine weitere interessante Option: Sie können schnelle Nachrichten an die Firebug-Konsole senden. Werfen Sie einen Blick auf protokoll.html.

```
<script type = "text/javascript">
  //<![CDATA[
  // siehe protokoll.html
  // Dieses Programm verlangt Firebug auf Firefox
  for (i = 1; i <= 5; i++){
    console.log(i);
  } //Ende der Schleife

  //Eine weitere Schleife mit einer einfallsreichen
  //Ausgabe
  for (i = 1; i <= 5; i++){
    console.log("i ist nun %d.", i);
  }

  console.info("Dies ist eine Information.");
  console.warn("Dies ist eine Warnung");
  console.error("Dies ist ein Fehler.");

  //]]>
</script>
```

Hierbei handelt es sich um einen sehr speziellen Code, weil er Verweise auf das Konsolenobjekt enthält. Dieses Objekt gibt es nur in einem Firefox-Browser, auf dem die Erweiterung Firebug installiert ist. Wenn Sie dieses Programm mit Firebug ablaufen lassen und dabei die Registerkarte KONSOLE beobachten, sollten Sie etwas wie das in Abbildung 4.10 sehen.

Das Objekt console gibt Ihnen die Möglichkeit, Nachrichten zu schreiben, die nur von einem Programmierer in der Konsole gesehen werden können. Damit steht Ihnen ein sehr

Abbildung 4.10: Die Firebug-Konsole zeigt viele neue Informationen an.

guter Weg zur Verfügung, um Ihren Code zu testen und zu sehen, was dabei geschieht, und zwar besonders dann, wenn die Dinge nicht so laufen, wie Sie es sich vorstellen.

Wenn Sie Ihren Code in IE testen wollen, gibt es eine Firebug-Version (die Firebug Lite heißt), die mit anderen Browsern zusammenarbeitet. Sie können diese Browsererweiterung unter http://getfirebug.com/firebuglite herunterladen. Beachten Sie, dass sich der Code für den Einsatz von Firebug Lite leicht ändern kann. Einzelheiten hierzu finden Sie auf der Website von Firebug.

Die Konsolenausgabe beobachten

Und das geht so:

✔ **Die erste Schleife schreibt den Wert von i in die Konsole.** Die Funktion console.log schreibt beim Durchlaufen der ersten Schleife jedes Mal den aktuellen Wert von i in die Konsole. Dies ist ganz besonders dann von Bedeutung, wenn die Schleife (beispielsweise) nicht sauber funktioniert. Sie können console.log() für die Ausgabe jeder beliebigen Variablen verwenden.

✔ **Die zweite Schleife demonstriert eine aufwändigere Ausgabe.** Manchmal möchten Sie hervorheben, welche Werte Sie an die Konsole senden. Firebug unterstützt eine besondere Syntax, die auch *formatierte Ausgabe* genannt wird und diesen Vorgang vereinfacht.

Der String i ist nun %d gibt an, was in die Konsole geschrieben werden soll. Die Zeichenfolge %d legt fest, dass Sie an dieser Stelle eine numerische Variable platzieren wollen. Die Variable, die Sie im Text unterbringen möchten, wird hinter dem Komma angegeben.

Es gibt weitere Formatierungszeichen, die Sie ebenfalls verwenden können. `%s` steht für String und `%o` für Objekt. Wenn Sie `printf` von C kennen, sollte auch diese Technik nichts Neues für Sie sein.

✔ **Sie können die Art der Protokollierung drängender machen.** Wenn Sie wollen, können Sie Alternativen für `console.log` verwenden, um die Meldungen drängender zu machen. Wenn Sie den Code in `protokoll.html` mit der Ausgabe in Abbildung 4.10 vergleichen, sehen Sie, wie Informationen, Warnungen und Fehlermeldungen formatiert werden.

Wenn Ihr Programm nicht sauber läuft, probieren Sie die Konsolenbefehle aus, um herauszubekommen, was genau mit jeder einzelnen Variablen geschieht. Dies hilft häufig dabei, Probleme zu erkennen und zu beseitigen.

Wenn Sie es geschafft haben, dass Ihr Programm sauber läuft, vergessen Sie nicht, die Konsolenbefehle im Programm wieder zu entfernen! Entweder löschen Sie sie oder Sie machen Sie dadurch unwirksam, dass Sie sie auskommentieren. Die Konsolenbefehle sorgen in jedem Browser für Fehler, auf dem Firebug nicht installiert ist. Normalerweise ist dies bei Ihren Benutzern nicht der Fall (weil dort die Erweiterung auch nicht benötigt wird, da Sie alle Fehler gefunden haben!).

Einen interaktiven Debugger verwenden

Herkömmliche Programmiersprachen enthalten oft einen Debugger, der gezielt für die Fehlerbehebung dieser Sprache entwickelt worden ist. Ein typischer Debugger weist diese Funktionen auf:

✔ **Die Fähigkeit, ein Programm anzuhalten, während es läuft:** Es ist schwierig, logische Fehler einzufangen, weil das Programm weiterläuft. Mit einem Debugger ist es möglich, eine bestimmte Zeile zu einem Haltepunkt (englisch: *Breakpoint*) zu machen. Wenn der Debugger an einen Haltepunkt kommt, versetzt er das Programm in einen »Pause«-Modus. Das Programm läuft weder weiter, noch ist es beendet.

✔ **Einen Mechanismus, um zeilenweise durch den Code zu gehen:** Sie können den Code normalerweise zeilenweise abarbeiten und prüfen, was dabei geschieht.

✔ **Einen Weg, um die Werte aller Variablen und Ausdrücke angezeigt zu bekommen:** Normalerweise ist es wichtig zu wissen, was in den Variablen vor sich geht (ob sich zum Beispiel eine bestimmte Variable auch wirklich ändert, wenn sie das Ihrer Meinung nach tun sollte). Ein Debugger sollte es ermöglichen, die Werte aller Variablen zu sehen.

✔ **Die Fähigkeit, Prozesse zu stoppen, die aus dem Ruder gelaufen sind:** Sobald Sie anfangen, Schleifen zu erstellen, werden Sie sich dabei ertappen, dass Sie auch Endlosschleifen hinbekommen. Bei einem normalen Browser besteht die einzige Möglichkeit, aus einer solchen Schleife auszusteigen, darin, den Browser mit dem Task-Manager (beziehungsweise bei einigen Betriebssystemen mit dem Prozess-Manager) abzuschießen. Das ist eine ziemlich drastische Methode. Ein Debugger lässt Sie eine aus dem Ruder laufende Schleife beenden, ohne auf den Task-Manager zugreifen zu müssen.

Debugger sind mehr als praktisch, und es gibt sie für die meisten Programmiersprachen. JavaScript-Programmierer hatten in der Vergangenheit kaum Werkzeuge für die Fehlersuche (dem *Debuggen*), weil die technischen Gegebenheiten einer eingebetteten Sprache dies vereitelten.

Glücklicherweise verfügen sowohl Firebug als auch Aptana über interaktive Debugger mit den oben beschriebenen Funktionen. Und das Beste ist, dass beide Programme zusammenarbeiten und Sie mit einer umfassenden Hilfe versorgen.

Aptana besitzt einen internen Debugger. Ursprünglich rief dieser ein spezielles Firefox-Plugin auf, das die benötigten Informationen zurück an Aptana sendete. Inzwischen arbeiten die Entwickler von Firebug und Aptana zusammen, damit Firebug direkt mit Aptana zusammenarbeiten kann. Wenn Sie den Aptana-Debugger verwenden, benutzt dieser automatisch Firebug – was andersherum dazu führt, dass der Aptana-Debugger ohne Firebug nicht sauber funktioniert.

Um die Debugger zu testen, habe ich ein Programm geschrieben und dort bewusst einen Fehler eingebaut, der ohne Debugger nur sehr schwer zu finden ist:

```
<script type = "text/javascript">
  //<![CDATA[
  //siehe debug.html
  //Enthält einen bewussten Fehler

  var i = 0;
  var j = 0;
  while (i <= 10){
    console.log(i);
    j++;
  } // Ende while

  //]]>
</script>
```

Dies ist eine Abwandlung des Programms `endlos.html`, das weiter vorn in diesem Kapitel vorgestellt wird. Vielleicht sehen Sie den Fehler sofort. Wenn nicht, bleiben Sie dran; Sie erkennen den Fehler, sobald Sie den Debugger laufen lassen. Aber selbst wenn Sie in der Lage sind zu sagen, was falsch ist, sollten Sie mir Schritt für Schritt folgen, damit Sie lernen, wie der Debugger verwendet wird, wenn Sie ihn einmal benötigen.

Für die Ausgabe setze ich in diesem Programm `console.log()` ein, um nicht ständig zwischen Browser und Editor hin und her springen und mich um Dialogfelder kümmern zu müssen.

Beginnen Sie Ihre Fehlersuche damit, dass Sie die Datei `debug.html` in den Debugger laden.

Einen Haltepunkt setzen

Bisher sind Ihre JavaScript-Programme recht klein gewesen, was sich von jetzt an ändern wird. Normalerweise haben Sie kein Interesse daran, die zeilenweise Fehlersuche am Anfang des Programms zu starten, weshalb Sie einen *Haltepunkt* festlegen müssen. (Haltepunkte heißen in Aptana *Breakpoints*.) Wenn Sie ein Programm im Debug-Modus laufen lassen, macht es dies mit seiner normalen Geschwindigkeit, bis es einen Haltepunkt erreicht – an dem es anhält, damit Sie es sofort kontrollieren können.

Um einen Haltepunkt zu setzen, klicken Sie im Code-Editor mit der rechten Maustaste auf eine Zeilennummer und wählen im Kontextmenü TOGGLE BREAKPOINT.

Abbildung 4.11 zeigt, wie ich in Zeile 12 von `debug.html` einen Haltepunkt setze.

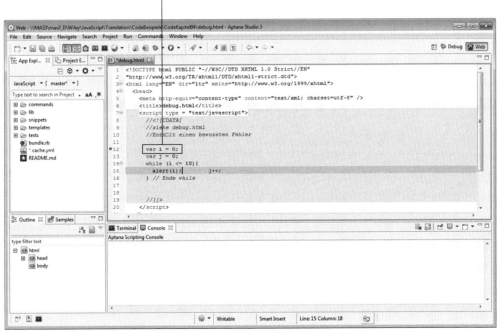

Abbildung 4.11: Verwenden Sie einen Haltepunkt, um dem Debugger mitzuteilen, wo er eine Pause einlegen soll.

Den Debugger ablaufen lassen

Der Debugger verlangt, dass Sie Ihr Programm anders ablaufen lassen als normal. Da Ihr Programm normalerweise im Browser (und nicht in Aptana) läuft, benötigen Sie irgendwie einen Mechanismus, um Informationen vom Browser an Aptana zurückzugeben.

1. **Starten Sie den Debugger, indem Sie auf** DEBUG **klicken.**

   Das Menü DEBUG befindet sich im Hauptmenü RUN.

2. **Installieren Sie automatisch das Aptana-Plugin für Firefox.**

    Wenn Sie zum ersten Mal ein JavaScript-Programm debuggen, bittet Aptana um die Erlaubnis, ein zusätzliches Firefox-Plugin installieren zu dürfen. Klicken Sie auf JA, um die Installation durchzuführen. Sie müssen dies nur einmal tun.

3. **Wechseln Sie in die Perspektive DEBUG.**

    Aptana wechselt in der jüngsten Version automatisch in die Perspektive DEBUG. (*Perspektive* wird hier im Sinne von *Ansicht* verwendet und in einem amerikanischen Programm *Perspective* geschrieben.) Bei älteren Versionen erscheint ein Dialogfeld, in dem Sie gefragt werden, ob Sie in diese Perspektive wechseln wollen. Beantworten Sie diese Frage mit JA.

Die Perspektive »Debug« verwenden

Wenn Sie Aptana für das Debuggen verwenden, führt der Editor eine neue Perspektive ein. Sie ändert die Art, wie der Bildschirm aussieht, und optimiert den Editor für den Debug-Modus. Abbildung 4.12 zeigt `debug.html` in der Perspektive DEBUG.

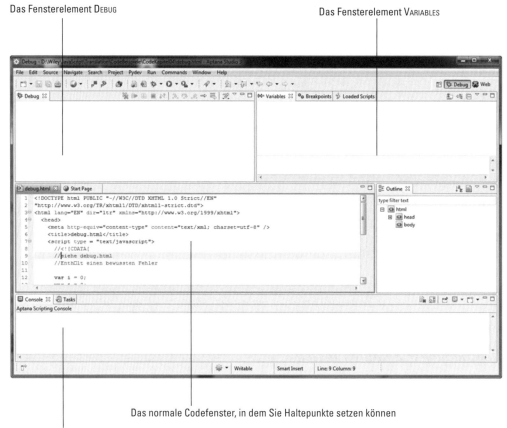

Abbildung 4.12: Im Debug-Modus sieht Aptana ein wenig anders aus.

Die Perspektive DEBUG ändert den Editor, damit Sie sich ganz auf das Debuggen konzentrieren können. Zu diesen Änderungen gehören unter anderem diese Punkte:

✔ **Es gibt ein neues Debug-Fenster.** Dieses Fenster zeigt aktive Threads an. Am wichtigsten sind an diesem Fenster die Schaltflächen.

✔ **Sie können außerdem diverse andere Fensterelemente haben (zum Beispiel für Haltepunkte (BREAKPOINTS) und Variablen (VARIABLES).** Blenden Sie zusätzliche Fensterelemente über das Menü WINDOWS|SHOW VIEW ein.

Der Aptana-Debugger kann in der Version 3 weder mit dem aktuellen Firefox, noch mit Firebug 1.9 umgehen. Solange Aptana keine Abhilfe geschaffen hat, können Sie sich behelfen, indem Sie zusätzlich einen älteren Firefox mit Firebug 1.8 installieren. Beachten Sie, dass Sie in diesem Fall die automatische Aktualisierung von Firefox deaktivieren müssen, weil Sie ansonsten schnell wieder einen aktuellen Firefox hätten – und Sie diesen Tipp wieder von vorn lesen müssten – Sie befänden sich in einer Problemschleife mit Endloscharakter.

Wenn der Debug-Modus einmal ausgeführt worden ist, gibt es in der rechten oberen Ecke von Aptana eine Schaltfläche mit einem kleinen Käfer *(Bug* ist der englische Ausdruck für *Käfer)* und der Aufschrift DEBUG. Verwenden Sie diese kleine Schaltfläche und die Schaltfläche WEB, um zwischen dem normalen Bearbeitungsmodus und dem Debuggen hin und her zu schalten.

Ein angehaltenes Programm im Debug-Modus untersuchen

Wenn Sie Ihren Code durch den Debugger laufen lassen, startet Aptana eine neue Instanz von Firefox und lädt darin Ihr Programm. Wenn das Programm zum Debuggen angehalten wird, sehen Sie Einzelheiten, wie sie Abbildung 4.13 zeigt.

Wenn Ihr Programm angehalten wird, können Sie mehrere neue Anzeigeelemente sehen:

✔ **Das Debug-Fenster zeigt an, welches Skript aktiv ist.** Im Moment enthalten Ihre Programme nur ein Skript, was sich später aber ändern wird. Das THREAD-Fenster sagt Ihnen, welches Skript gerade ausgeführt wird.

✔ **Im Debug-Fenster sind Schaltflächen aktiv.** Um das Quickinfo einer Schaltfläche angezeigt zu bekommen, lassen Sie den Mauszeiger über der Schaltfläche schweben.

✔ **Im Fensterelement VARIABLES können Sie alle Variablen sehen, die die Seite kennt.** Obwohl dieses Programm nur zwei Variablen enthält, scheint es mehr davon zu geben. Jedes JavaScript-Programm hat ein ganzes Bündel systeminterner Variablen. (Ich gehe weiter hinten in diesem Kapitel genauer auf dieses Fensterelement ein.)

✔ **Sie können Ihre Haltepunkte im Fensterelement BREAKPOINTS verwalten.** Hier haben Sie einen guten Ort, um alle Haltepunkte (englisch *Breakpoints)* eines Projektes zu sehen. Sie können von diesem Fensterelement aus einen Haltepunkt aktivieren oder deaktivieren.

✔ **Das Fensterelement EXPRESSION erlaubt Ihnen, bestimmte Variablen oder Ausdrücke (englisch *Expressions*) zu verfolgen.** Hierbei handelt es sich um ein sehr leistungsstarkes Werkzeug, dessen Gebrauch ich weiter hinten in diesem Kapitel zeige.

Abbildung 4.13: Es gibt neue Werkzeuge, wenn Sie debuggen.

✔ **Die aktive Codezeile ist farbig unterlegt.** Wenn Sie in Zeile 12 einen Haltepunkt gesetzt haben, sollte diese Zeile markiert sein (siehe Abbildung 4.13). Wenn Sie den Code weiterlaufen lassen, können Sie sehen, wie die Markierung mitläuft. Dies hilft Ihnen, der Logik des Codes zu folgen.

In einigen Versionen von Aptana erscheint beim Debuggen eines Programms die Meldung `TypeError: request.loadGroup has no properties`. Dabei handelt es sich nicht um einen Fehler in Ihrem Code, und die Meldung scheint auch keine Probleme zu bereiten, weshalb Sie diesen »Fehler« schlichtweg ignorieren können. Ich treffe auch oft auf einen Fehler mit der Bezeichnung `socket connection`. Normalerweise reicht es aus, Firefox neu zu starten, um diesen Fehler loszuwerden. Ein weiteres Problem kann es geben, wenn Sie Firefox 9 und neuer und/oder Firebug 1.9 und neuer einsetzen.

Das Programm durchlaufen

Und hier das Beste vom Ganzen: Sie können Ihr Programm in Superzeitlupe ablaufen lassen und sich dabei jede Kleinigkeit seines Verhaltens anschauen.

1. **Machen Sie einen Schritt.**

    Klicken Sie im Fensterelement DEBUG auf die Schaltfläche STEP INTO (sie sieht wie ein gekrümmter Pfeil aus, der auf zwei Punkte zeigt) oder drücken Sie einfach die Taste [F5].

2. **Schauen Sie sich den Code an.**

    Die Markierung ist zur nächsten Zeile (Zeile 13) gewandert.

3. **Bewegen Sie die Maus über die Variablen.**

    Lassen Sie Ihren Mauszeiger über den beiden Variablen Ihres Codes (i und j) schweben. Sie sehen ein Dialogfeld, das den aktuellen Wert der jeweiligen Variablen beschreibt.

4. **Gehen Sie einige Schritte weiter.**

    Klicken Sie ein paar Mal auf die Schaltfläche STEP INTO. Beobachten Sie, wie die Markierung das Programm (schleifenförmig) immer wieder durchläuft.

5. **Überprüfen Sie erneut die Variablen.**

    Werfen Sie nach einigen Durchläufen der Schleife erneut einen Blick auf die Variablen, und Sie können erkennen, was am Code falsch ist: j wächst, während i bei 0 stecken geblieben ist.

6. **Beenden Sie die Debug-Sitzung.**

    Wenn Sie glauben, dass Sie das Problem erkannt haben, können Sie die Debug-Sitzung beenden, indem Sie auf das rote Quadrat TERMINATE klicken.

Wenn der Debugger nicht sauber arbeitet, achten Sie darauf, einen Haltepunkt zu setzen. Ohne einen Haltepunkt hört das Programm nicht auf zu laufen. Achten Sie weiterhin darauf, dass Sie das Programm über die Schaltfläche DEBUG gestartet haben. Wenn Sie RUN verwenden oder die Seite direkt in einem Browser anschauen, aktivieren Sie den Debugger nicht.

Die Daten von Ausdrücken betrachten

Debuggen heißt, schwierige Probleme finden. Normalerweise handelt es sich bei diesen Problemen um Variablen, die nicht das tun, was Sie erwarten. Aptana sorgt für eine Registerkarte VARIABLES, die zwar die Werte aller Variablen eines Programms anzeigt, die aber überraschend schwierig zu benutzen ist. In JavaScript-Programmen gibt es von Haus aus Hunderte von Variablen. Wenn Sie ein wenig graben, finden Sie vielleicht die Variablen i und j. (Sie müssen im Fensterelement VARIABLES scrollen, um auf sie zu stoßen.) Jedes Mal, wenn Sie einen Schritt weitergehen, müssen Sie erneut scrollen, um die Werte zu sehen, oder Sie müssen die Maus über den Variablen im Code schweben lassen.

Glücklicherweise stellt Aptana auch etwas viel Bequemeres zur Verfügung. Markieren Sie eine Variable mit der Maus und klicken Sie sie mit der rechten Maustaste an. Es öffnet sich ein Kontextmenü, in dem Sie die Option WATCH (Beobachten) auswählen. Abbildung 4.14 stellt den Debugger dar, nachdem ich anschließend die Schleife mehrfach habe durchlaufen lassen.

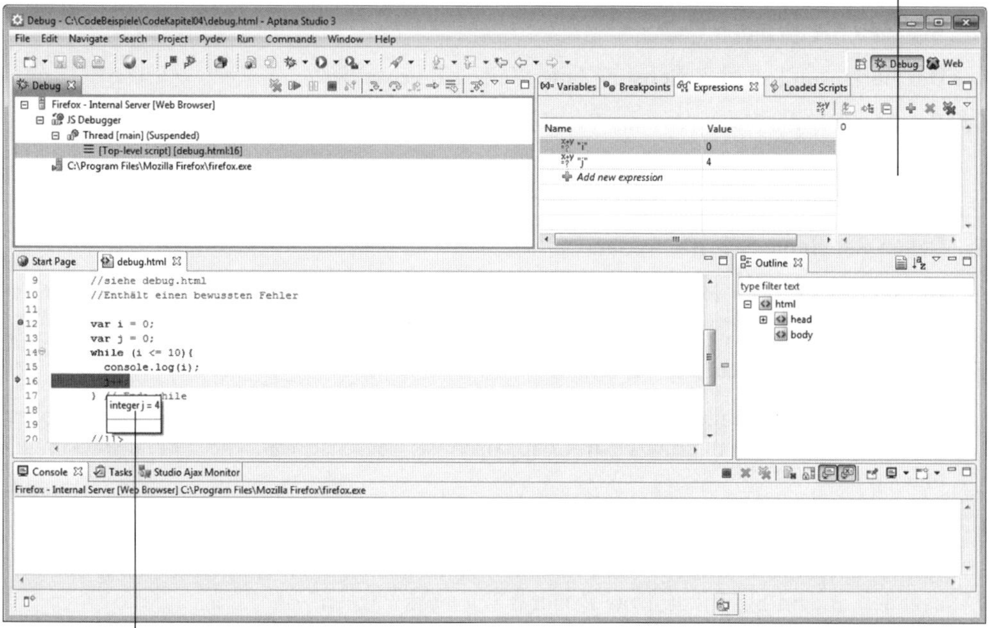

Zeigt die Werte eines Ausdrucks oder einer Variablen an.

Lassen Sie den Mauszeiger über einer Variablen schweben, während das Programm angehalten worden ist, um den aktuellen Wert der Variablen zu Gesicht zu bekommen.

Abbildung 4.14: Im Fensterelement EXPRESSION (Ausdrücke) werden die Variablen hervorgehoben, an denen ich interessiert bin.

In diesem Modus können Sie die genauen Werte der Variablen sehen, die Sie für eine Protokollierung ausgewählt haben. Wenn eine Variable ihren Wert ändert, können Sie sofort erkennen, wie das geschieht.

Das Fensterelement EXPRESSION hat eine weitere coole Eigenschaft. Sie können sie verwenden, um komplette Ausdrücke, und nicht nur Variablen, zu beobachten. In diesem Beispiel wollen Sie wissen, warum die Schleife nicht von allein aussteigt. Markieren Sie die Bedingung (i <= 10) und fügen Sie sie den überwachten Ausdrücken hinzu.

Durchlaufen Sie nun das Programm schrittweise und beobachten Sie die Variablen und die Bedingung. Nachdem Sie diese Informationen erhalten, wird mein Fehler im Code offensichtlich: In der Bedingung greife ich auf die Variable i zu, ändere aber den Wert von j, das mit der Schleife nichts zu tun hat!

Wann immer Sie auf ein Programm stoßen, das nicht das macht, was Sie wollen, rufen Sie den Debugger auf, beobachten Sie die kritischen Werte und gehen Sie schrittweise durch den Code. Dies hilft oft dabei, selbst die schwierigsten Fehler aufzuspüren.

Den Debugger Firebug verwenden

Der Aptana-Debugger ist wirklich gut, aber in meinen Augen ist er ein wenig launisch. Er macht Ärger, wenn die Version von Firebug nicht genau stimmt, und manchmal gibt es aufgrund anderer Erweiterungen Probleme. Glücklicherweise enthält Firebug einen Debugger, der (mit einer nicht zu übersehenden Einschränkung) genauso gut ist wie der von Aptana. Abbildung 4.15 zeigt den Firebug-Debugger in Aktion.

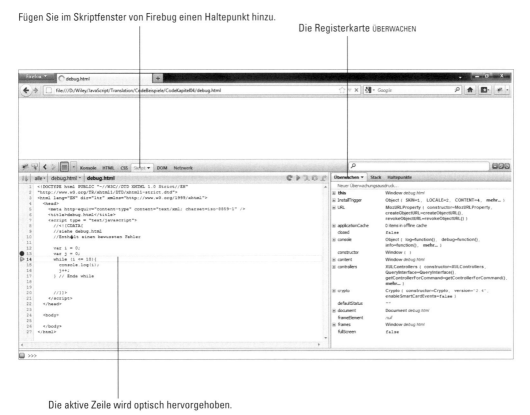

Abbildung 4.15: Der Firebug-Debugger ähnelt dem von Aptana.

Der Firebug-Debugger arbeitet im Prinzip auf dieselbe Weise wie der von Aptana. Und so verwenden Sie ihn:

1. **Öffnen Sie die verdächtige Datei in Firefox.**

    Natürlich müssen Sie die Datei laden, bevor Sie sie öffnen können.

2. **Öffnen Sie in Firebug die Registerkarte SKRIPT.**

    Es kann sein, dass Sie SKRIPTE FÜR LOKALE DATEIEN aktivieren müssen.

3. **Legen Sie einen Haltepunkt fest.**

    Klicken Sie auf die Zeilennummer, bei der Sie einen Haltepunkt setzen wollen. Es erscheint an der Nummer ein roter Punkt, der den Haltepunkt repräsentiert.

4. **Laden Sie die Seite erneut.**

    Benutzen Sie die Taste F5 oder die Schaltfläche zum Neuladen einer Seite, um die Seite erneut in den Debug-Modus zu laden.

5. **Beobachten Sie, wie die Seite am Haltepunkt anhält.**

    Wie bei Aptana befindet sich das Programm in einem angehaltenen Modus, wenn es einen Haltepunkt erreicht hat.

6. **Verwenden Sie die Schaltflächen HINEINSPRINGEN und ÜBERSPRINGEN, um sich durch den Code zu bewegen.**

    Der Debugger Firebug weist dieselben Schaltflächen HINEINSPRINGEN und ÜBERSPRINGEN auf wie der Aptana-Debugger. Benutzen Sie sie, um zeilenweise durch den Code zu gehen.

7. **Gehen Sie in die Eingabezeile der Registerkarte ÜBERWACHEN.**

    Dies gibt Ihnen die Möglichkeit, eine bestimmte Variable oder Bedingung zu überwachen, die Ihnen Schwierigkeiten bereitet.

Es ist nicht schwer, den Firebug-Debugger zu benutzen, aber er hat eine entscheidende Schwachstelle: Er kann nur verwendet werden, nachdem ein Programm in den Arbeitsspeicher geladen worden ist. Wenn ein Programm (wie endlos.html in diesem Kapitel) sofort in eine Endlosschleife übergeht, hört es mit seiner Ausführung niemals auf, was wiederum bedeutet, dass Sie keine Chance haben, eine Debug-Sitzung zu starten.

Die meisten JavaScript-Programme sind so geschrieben worden, dass sie dieses Problem vermeiden (siehe auch Kapitel 6, um Informationen darüber zu erhalten, wie JavaScript-Code vorgeladen wird). Aber es gilt, dass Sie mit Firebug möglicherweise nicht jedes Programm debuggen können, auf das Sie stoßen.

 Natürlich ist ein Debugger kein Muss. JavaScript-Debugger sind relativ neu, und in JavaScript wird schon seit vielen Jahren geschrieben. Sie können es immer noch auf die gute, alte Weise erledigen: die bewährte Anweisung `alert()`. Wenn Sie sich nicht sicher sind, was in Ihrem Code abläuft, überwachen Sie jede einzelne Variable, um herauszufinden, welche Werte sie erhält. Vergessen Sie aber nicht, `alert()` wieder zu entfernen, wenn Sie fertig sind.

Funktionen, Arrays und Objekte

In diesem Kapitel

▷ Code durch Funktionen überschaubar machen

▷ Parameter an Funktionen übergeben

▷ Funktionen erweitern

▷ Werte aus Funktionen zurückgeben

▷ Funktionen und Variablen untersuchen

▷ Grundlegende Arrays anlegen

▷ Daten von Arrays erhalten

▷ Mehrdimensionale Arrays anlegen

▷ Benutzerdefinierte Objekte mit Methoden und Eigenschaften erstellen

▷ Objektkonstruktoren anlegen

▷ JSON-Datenstrukturen anlegen

---

*E*s dauert nicht lange, bis Ihr Code komplex wird. Sie werden sehr schnell herausfinden, dass Sie anspruchsvollere Programme schreiben möchten. Wenn dann die Dinge größer werden, benötigen Sie eine neue Organisationsstruktur, um mit der nun vorhandenen Komplexität umgehen zu können.

Sie können mehrere Codezeilen in einem Container zusammenfassen und diesem Batzen Code einen Namen geben. Das wird dann *Funktion* genannt. Sie können aber auch einen Haufen Variablen nehmen, in einen Container packen und mit einem Namen versehen. Das wird dann *Array* genannt.

Dieses Kapitel zeigt Ihnen, wie Sie mit einem Mehr an Code und Daten – in der Form von Funktionen und Arrays – arbeiten können, ohne verrückt zu werden.

Aus Code Funktionen machen

Es dauert nicht lange, bis Code kompliziert wird. In solch einem Fall wäre es gut, ein Werkzeug zu haben, mit dem Code überschaubarer wird und einfacher zu handhaben ist. Und genau das übernimmt ein Konzept für Sie, das *Funktionen* heißt.

Ameisen zum Picknick einladen

Um Funktionen besser erklären zu können, möchte ich auf ein altes amerikanisches Lied zurückgreifen, das am Lagerfeuer gesungen wird. Abbildung 5.1 lässt dieses Lied für Sie im

JavaScript-Format wiederauferstehen. (Vielleicht rösten Sie etwas Stockbrot, während Sie sich dieses Programm anschauen.)

Abbildung 5.1: Wenn ich das Wort »Funktionen« höre, erinnert mich das sofort an ein klassisches Lied am Lagerfeuer.

Falls Sie dieses Lied nicht kennen – es erzählt einfach die Geschichte von ein paar Ameisen (englisch *Ants*). Und dann gibt es da eine kleine Ameise, die ihre eigenen Interessen hat (aber wir lieben sie trotzdem). In jeder Strophe wird die kleine Ameise von irgendetwas abgelenkt, das sich auf die Verszahl reimt und sie daran hindert, das Gleiche zu machen wie der Rest der Truppe. Das echte Lied hat normalerweise zehn Strophen.

Über die Struktur des Liedes (und des Programms) nachdenken

Bevor Sie sich den Code ansehen, sollten Sie über die Struktur des Liedes nachdenken. Es hat, wie viele Lieder, zwei Hauptbestandteile. Der *Refrain* ist eine Phrase, die im Verlauf des Liedes oft wiederholt wird. Das Lied besteht aus mehreren *Strophen*, die sich zwar ähneln, die aber nicht identisch sind.

Denken Sie an die Blätter mit dem Liedtext, die um das Lagerfeuer herum verteilt werden. Der Refrain wird dort normalerweise nur einmal aufgeführt, und auf dem Blatt stehen alle Strophen. Manchmal finden Sie auf solch einem Zettel mit einem Liedtext etwas, das aussieht wie das hier:

```
Strophe 1
Refrain
Strophe 2
Refrain
```

So etwas wird dann auch *Ablaufplan* genannt, was ein toller Name dafür ist, wie Sie an dieses Lied herangehen. Im Ablaufplan kümmern Sie sich nicht um die Einzelheiten einer bestimmten Strophe oder eines einzelnen Refrains. Der Ablaufplan spiegelt das große Ganze wider, und Sie können sich dann jede Strophe und jeden Refrain vornehmen, um die Einzelheiten zu erfahren.

Das Programm »antsFunktion.html« anlegen

Werfen Sie einen Blick auf den Code von antsFunktion.html und schauen Sie, wie es dem Blatt mit dem Liedtext ähnelt:

```
<script type = "text/javascript">
  //<![CDATA[
  //siehe antsFunktion.html

  function refrain() {
    var text = "...and they all go marching down\n";
    text += "to the ground \n";
    text += "to get out \n";
    text += "of the rain. \n";
    text += " \n";
    text += "boom boom boom boom boom boom boom boom \n";
    alert(text);
  } // Ende refrain

  function strophe1(){
    var text = "The ants go marching 1 by 1 hurrah, hurrah \n";
    text += "The ants go marching 1 by 1 hurrah, hurrah \n";
    text += "The ants go marching 1 by 1 \n";
    text += "The little one stops to suck his thumb \n";
    alert(text);
  } // Ende strophe1

  function strophe2(){
    var text = "The ants go marching 2 by 2 hurrah, hurrah \n";
    text += "The ants go marching 2 by 2 hurrah, hurrah \n";
    text += "The ants go marching 2 by 2 \n";
    text += "The little one stops to tie his shoe \n";
    alert(text);
  } // Ende strophe2

  //Hauptprogramm
  strophe1();
  refrain();
  strophe2();
  refrain();

  //]]>
</script>
```

Der Programmcode bricht die Teile des Liedes in dieselben Stücke wie ein Liedtext auf Papier. Hier einige interessante Informationen über antsFunktion.html:

- ✔ **Ich habe eine Funktion angelegt, die ich refrain() genannt habe.** Bei Funktionen handelt es sich um Codezeilen, die als Einheit einen Namen bekommen haben.
- ✔ **Der gesamte Text des Refrains landet in dieser Funktion.** Alles, von dem ich möchte, dass es als Teil des Refrains ausgegeben wird, landet in der Funktion refrain().
- ✔ **Auch jede Strophe hat eine Funktion.** Auch aus dem Text jeder Strophe habe ich einzelne Funktionen gemacht.
- ✔ **Der zentrale Code ist wie ein Ablaufplan.** Nachdem die Einzelheiten an Funktionen übergeben worden sind, steuert der Hauptteil des Codes nur noch die Reihenfolge, in der die Funktionen aufgerufen werden.
- ✔ **Einzelheiten sind in die Funktionen ausgelagert worden.** Das Hauptprogramm kümmert sich um das große Ganze. Die Einzelheiten (wie der Refrain und die Strophen ausgegeben werden) befinden sich in den Funktionen.

Funktionen sind sehr nützliche Werkzeuge, wenn es darum geht, die Komplexität zu kontrollieren. Sie können ein großes, kompliziertes Programm nehmen und es in kleinere Stücke aufbrechen. Jedes dieser Stücke steht für sich und löst ein bestimmtes Teil des Gesamtproblems.

Sie sollten sich eine Funktion als ein Programm im Miniaturformat vorstellen. Sie können in Funktionen Variablen definieren, Schleifen und Verzweigungen einbauen und alles das tun, was Sie mit einem Programm machen würden. Ein Programm, das Funktionen verwendet, ist eigentlich nichts anderes als ein Programm mit Unterprogrammen.

Wenn Sie Ihre Funktionen definiert haben, können diese mit neuen JavaScript-Befehlen verglichen werden. Oder anders: Wenn Sie Funktionen hinzufügen, erweitern Sie JavaScript um Ihre eigenen Befehle.

Daten an Funktionen übergeben und von ihnen erhalten

Funktionen sind vom Hauptprogramm logisch getrennt. Das ist auch gut so, weil diese Trennung eine bestimmte Art von Fehlern verhindert. Es kann vorkommen, dass Sie Daten an eine Funktion senden möchten. Außerdem möchten Sie, dass eine Funktion eine bestimmte Art von Werten zurückgibt. Die Seite antsPram.html schreibt das »Ameisenlied« auf eine Art neu, die sich die Eingabe- und Ausgabemöglichkeiten von Funktionen zunutze macht:

```
<script type = "text/javascript">
//<![CDATA[
//siehe antsParam.html
```

Für dieses Programm gibt es keine Abbildung, weil sie wie Abbildung 5.1 aussehen würde – ein Benutzer erkennt keinen Unterschied. Dies ist einer der Vorteile von Funktionen: Sie können das Verhalten des Programms verbessern, ohne dass ein Benutzer etwas davon mitbekommt.

Und so sieht der Code nun aus:

```
function refrain() {
   var text = "...and they all go marching down\n";
   text += "to the ground \n";
   text += "to get out \n";
   text += "of the rain. \n";
   text += " \n";
   text += "boom boom boom boom boom boom boom boom \n";
   return text;
} // Ende refrain

function strophe(stropheNum){
  var kleineAmeise = "";
  if (stropheNum == 1){
    kleineAmeise = "suck his thumb.";
  } else if (stropheNum == 2){
    kleineAmeise = "tie his shoe.";
  } else {
    kleineAmeise = "I have no idea.";
  }

  var text = "The ants go marching ";
  text += stropheNum + " by " + stropheNum + " hurrah, hurrah \n";
  text += "The ants go marching ";
  text += stropheNum + " by " + stropheNum + " hurrah, hurrah \n";
  text += "The ants go marching ";
  text += stropheNum + " by " + stropheNum;
  text += " the little one stops to ";
  text += kleineAmeise;
  return text;
} // Ende strophe1

//Hauptprogramm
alert(strophe(1));
alert(refrain());
alert(strophe(2));
alert(refrain());

//]]>
</script>
```

In diesem Code gibt es eine Reihe wichtiger neuer Ideen (denken Sie daran, dass das hier nur ein Überblick sein soll – Einzelheiten kommen in den nächsten Abschnitten):

✔ **Diese Funktionen geben einen Wert zurück.** Sie rufen nicht länger eine eigene `alert`-Anweisung auf. Sie erzeugen stattdessen einen Wert, den Sie an das Hauptprogramm übergeben.

✔ **Es gibt nur eine Strophenfunktion.** Da sich die Strophen ziemlich ähneln, ist es sinnvoll, nur eine Strophenfunktion zu haben. Diese verbesserte Funktion muss wissen, welche Strophe gerade abgearbeitet wird, um mit den Unterschieden umgehen zu können.

Das Hauptprogramm untersuchen

Der zentrale Code, das Hauptprogramm, hat sich merklich verändert. Im letzten Programm hat der zentrale Code die Funktionen aufgerufen, die die ganze Arbeit erledigten. Dieses Mal übernehmen nicht die Funktionen selbst die Ausgabe. Stattdessen sammeln sie Informationen, die sie an das Hauptprogramm zurückgeben. Im Hauptprogramm wird jede Funktion wie eine Variable behandelt.

Sie haben ein solches Verhalten bereits kennengelernt: Die Methode `prompt()` gibt einen Wert zurück. Nun geben auch die Methoden `refrain()` und `strophe()` Werte zurück. Sie können mit diesen Werten machen, was Sie wollen – einschließlich einer Ausgabe am Bildschirm oder eines Vergleichs mit anderen Werten.

Es wird oft als wirklich gute Idee angesehen, das Erzeugen von Daten so von deren Verwendung zu trennen, wie ich es hier getan habe. Dadurch werden Sie flexibler. Nachdem eine Funktion Daten erzeugt hat, können Sie diese Daten auf dem Bildschirm ausgeben, auf einer Webseite speichern, in einer Datenbank ablegen und so weiter.

Der Refrain

Der Refrain ist geändert worden, um einen Wert zurückzugeben. Werfen Sie einen Blick auf die Funktion `refrain()`, um zu sehen, was ich meine.

```
function refrain() {
    var text = "...and they all go marching down\n";
    text += "to the ground \n";
    text += "to get out \n";
    text += "of the rain. \n";
    text += " \n";
    text += "boom boom boom boom boom boom boom boom \n";
    return text;
} // Ende refrain
```

Und das hat sich geändert:

- ✔ **Der Zweck der Funktion hat sich geändert.** Die Funktion hat nicht mehr die Aufgabe, einfach nur Text auf dem Bildschirm auszugeben. Stattdessen stellt sie nun dem Hauptprogramm Text zur Verfügung, und das Hauptprogramm kann damit machen, was es will.
- ✔ **Es gibt eine Variable mit dem Namen `text`.** Diese Variable empfängt den gesamten Text, der an das Hauptprogramm gesendet wird. (Das gab es auch schon früher, ist aber nun noch wichtiger geworden.)
- ✔ **Die Variable `text` wird über mehrere Zeilen hinweg verknüpft.** Ich habe eine String-Verknüpfung gewählt, um einen aufwändigen Wert anzulegen. Achten Sie auf die Verwendung von *neue Zeile* (`\n`), um einen Zeilenumbruch zu erzwingen.
- ✔ **Die Anweisung `return` sendet `text` an das Hauptprogramm.** Wenn Sie wollen, dass eine Funktion Werte zurückgibt, verwenden Sie einfach `return`, dem ein Wert oder eine Variable folgt. Beachten Sie, dass `return` die letzte Zeile der Funktion bilden sollte.

Vom Umgang mit den Strophen

Die Funktion `strophe()` ist recht interessant: Sie muss vom ersten Teil des Programms Eingaben erhalten, die sie wieder ausgeben kann. Sie kann Folgendes:

- ✔ **Sie ist flexibler als die vorhergehenden Funktionen.** Dieselbe Funktion kann verwendet werden, um viele verschiedene Strophen herzustellen.
- ✔ **Sie nimmt sich eine Eingabe, um herauszufinden, welche Strophe ausgegeben werden muss.** Der Ablaufplan sendet der Funktion eine Strophennummer.
- ✔ **Anhand der Eingabe modifiziert sie die Strophe.** Die Strophennummer wird verwendet, um festzulegen, wie der Rest der Strophe aussieht.
- ✔ **Sie gibt, wie `refrain()` einen Wert zurück.** Die Ausgabe dieser Funktion wird an das Hauptprogramm zurückgegeben, damit dieses etwas mit der neu geformten Strophe macht.

Daten an die Funktion »strophe()« übergeben

Beachten Sie als Erstes, dass die Funktion immer mit einem Wert in den Klammern aufgerufen wird. So sagt zum Beispiel das Hauptprogramm `strophe(1)`, um die erste Strophe aufzurufen, und `strophe(2)` für die zweite Strophe. Der Wert in den Klammern wird *Argument* genannt.

Die Funktion `strophe()` muss so entworfen werden, dass sie ein Argument akzeptiert. Schauen Sie sich die erste Zeile an und sehen Sie, wie ich das gemacht habe:

```
function strophe(stropheNum) {
```

Ich habe in der Definition der Funktion den Namen einer Variablen, `stropheNum`, eingebunden. In der Funktion wird diese Variable als Parameter akzeptiert. (Lassen Sie sich nicht von der Terminologie verwirren. Die Begriffe »Parameter« und »Argument« werden häufig synonym verwendet.) Der wichtige Gedanke ist dieser: Immer, wenn die Funktion strophe() aufgerufen wird, enthält sie eine Variable mit dem Namen stropheNum. Und unabhängig davon, welches Argument Sie vom Hauptprogramm aus an die Funktion strophe() senden, es wird in der Funktion immer zum Wert der Variablen stropheNum.

Wenn Sie eine Funktion definieren, kann sie so viele Parameter enthalten, wie Sie wollen. Jeder Parameter gibt Ihnen die Möglichkeit, der Funktion Daten zu senden.

Die kleine Ameise lässt sich ablenken

Wenn Sie die Strophennummer kennen, sind Sie in der Lage festzulegen, was »the little one« im Lied ablenkt. Es gibt mehrere Wege, um dies zu erledigen, aber in diesem Beispiel reicht eine einfache Struktur vom Typ if / else if aus.

```
var kleineAmeise = "";
if (stropheNum == 1){
  kleineAmeise = "suck his thumb.";
} else if (stropheNum == 2){
  kleineAmeise = "tie his shoe.";
} else {
  kleineAmeise = "I have no idea.";
}
```

Am Anfang bleibt die Variable kleineAmeise leer. Wenn stropheNum den Wert 1 angenommen hat, erhält kleineAmeise den Wert suck his thumb (deutsch: nuckelt an ihrem Daumen). Wenn stropheNum den Wert 2 angenommen hat, erhält kleineAmeise den Wert tie his shoe (deutsch: bindet ihren Schuh zu). Jeder andere Wert für stropheNum wird als Fehler behandelt.

Wenn Sie ein erfahrener Codeschreiber sind, wird Ihnen dieses Programm vielleicht Albträume bereiten. Ich weiß, es ist nicht optimal. Ich zeige Ihnen weiter hinten in diesem Kapitel mit Arrays eine viel bessere Lösung für diese spezielle Situation.

Den Text erstellen

Nachdem Sie nun die Variablen stropheNum und kleineAmeise kennen, ist es wirklich einfach, die Textausgabe zusammenzubauen:

```
var text = "The ants go marching ";
  text += stropheNum + " by " + stropheNum + " hurrah, hurrah \n";
  text += "The ants go marching ";
  text += stropheNum + " by " + stropheNum + " hurrah, hurrah \n";
  text += "The ants go marching ";
  text += stropheNum + " by " + stropheNum;
  text += " the little one stops to ";
  text += kleineAmeise;
  return text;
// Ende strophe1
```

Da muss eine Menge miteinander verknüpft werden, aber letztendlich ergibt das denselben Code wie in der ursprünglichen Funktion strophe(). Das hier ist nur viel flexibler, weil es jede Strophe umsetzen kann. (Gut, das klappt nur, wenn die Funktion vorgeladen worden ist und weiß, wie mit der entsprechenden Strophennummer umgegangen werden muss. Hierzu gibt es bald mehr Informationen.)

Gültigkeitsbereiche

Eine Funktion ähnelt in vielen Dingen einem Miniprogramm. Jede Variable, die Sie innerhalb einer Funktion anlegen, wirkt sich nur in der Funktion aus. Wenn die Ausführung der Funktion zu Ende ist, verschwinden ihre Variablen! Das ist eine wirklich gute Sache. Ein größeres Programm kann Hunderte von Variablen enthalten. Da kann es mehr als schwierig werden, alle im Griff zu behalten. So kann es dazu kommen, dass der Name einer Variablen ein zweites Mal verwendet oder unbeabsichtigt ein Wert geändert wird. Wenn Sie Ihren Code in Funktionen aufbrechen, besitzt jede Funktion einen unabhängigen Satz an Variablen. Sie müssen sich dann keine Sorgen darum machen, ob die Variablen irgendwo Probleme hervorrufen könnten.

Eine Einführung in lokale und globale Variablen

Sie können Variablen auch auf der Hauptebene des Skripts definieren. Variablen dieser Art werden als *globale Variablen* bezeichnet. Eine globale Variable steht auf der Hauptebene und innerhalb jeder Funktion zur Verfügung. Eine *lokale Variable* (das ist eine, die innerhalb einer Funktion definiert worden ist) hat ihre Bedeutung ausschließlich in der Funktion. Das Konzept der lokalen beziehungsweise globalen Variablen wird auch *Gültigkeitsbereich* genannt.

Lokale Variablen sind so etwas wie lokale Richtlinien, die einen geografisch begrenzten Zuständigkeitsbereich haben, aber in dieser Umgebung sehr nützlich sind. Sie kennen ihre Nachbarschaft. Manchmal haben Sie es aber mit Situationen zu tun, die die lokalen Zuständigkeiten überschreiten. In solchen Situationen kommt die Frage auf: Ruft man nach der Polizei oder dem BKA. Lokale Variablen sind die örtliche Polizei, und die globalen Variablen entsprechen dem BKA.

 Sie sollten im Allgemeinen versuchen, so viele Variablen wie möglich lokal anzulegen. Sie benötigen eine globale Variable eigentlich nur, wenn Sie möchten, dass Daten in mehreren Funktionen genutzt werden.

Den Gültigkeitsbereich von Variablen untersuchen

Um die logische Konsequenz von Gültigkeitsbereichen von Variablen zu verstehen, werfen Sie einen Blick auf gueltigkeitsbereich.html:

```
<script type = "text/javascript">
  //<![CDATA[
  //siehe gueltigkeitsbreich.html
  var globaleVar = "Ich bin global!";
```

```
function meineFunktion(){
  var lokaleVar = "Ich bin nur lokal.";
  console.log(lokaleVar);
}

meineFunktion();

//]]>
</script>
```

Dieses Programm definiert zwei Variablen. `globaleVar` wird im zentralen Code und `lokaleVar` in der Funktion definiert. Wenn Sie das Programm im Debug-Modus laufen lassen und dabei die Variablen beobachten, können Sie sehen, wie sie sich verhalten. Abbildung 5.2 zeigt, wie das Programm zu Beginn seiner Ausführung aussieht.

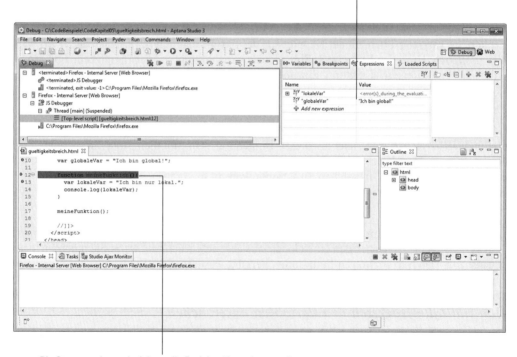

Abbildung 5.2: Hier ist zwar `globaleVar` definiert, nicht aber `lokaleVar`.

5 ➤ Funktionen, Arrays und Objekte

Beachten Sie, dass `lokaleVar` erst dann eine Bedeutung erhält, wenn die Funktion aufgerufen wird, weshalb sie so lange undefiniert bleibt, bis der Computer diesen Teil des Codes erreicht. Gehen Sie im Debugger einige Schritte weiter, und Sie sehen, dass auch `lokaleVar` einen Wert erhält (siehe Abbildung 5.3).

Achten Sie darauf, in die Funktion hineinzuspringen (step into),
um zu sehen, was geschieht, statt sie zu überspringen (step over).

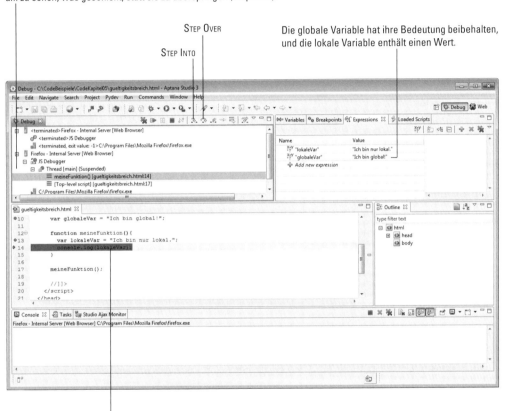

Abbildung 5.3: Siehe da! `lokaleVar` enthält einen Wert – weil ich mich in der Funktion befinde.

Achten Sie darauf, in diesem Beispiel mit STEP INTO und nicht mit STEP OVER durch das Programm zu gehen. Wenn STEP OVER auf eine Funktion trifft, wird die gesamte Funktion wie eine einzige Befehlszeile ausgeführt. Wenn Sie (wie in diesem Fall) in die Funktion hineinschauen und sehen wollen, was dort vor sich geht, verwenden Sie STEP INTO. Sie finden die genauen Einzelheiten zum Debuggen in Kapitel 4.

Beachten Sie, dass `globaleVar` immer noch einen Wert enthält – wie nun auch `lokaleVar`, weil wir uns in der Funktion befinden.

127

Wenn Sie im Code einige Schritte weiter nach unten gehen, können Sie herausfinden, dass `lokaleVar` keinen Wert mehr hat, wenn die Funktion beendet ist. Dies zeigt Abbildung 5.4.

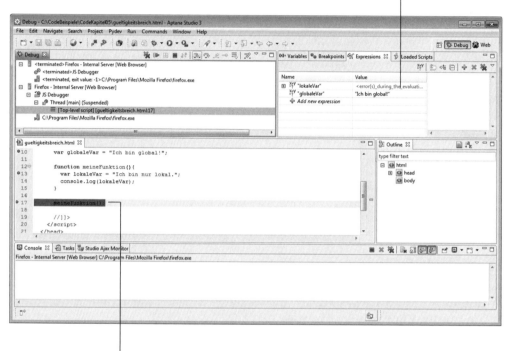

Abbildung 5.4: Wenn die Funktion endet, hat `lokaleVar` erneut keine Bedeutung.

Dass Variablen einen Gültigkeitsbereich haben, ist eine gute Sache, weil Sie sich dadurch nur um globale Variablen und um die Variablen der aktuell aktiven Funktion kümmern müssen. Ein weiterer Vorteil eines Gültigkeitsbereichs ist, dass Sie den Namen einer Variablen an anderer Stelle wiederverwenden können. Diese Namen kommen sich nicht in die Quere, weil es sich programmtechnisch um unterschiedliche Variablen handelt.

Ein Basisarray anlegen

Eine Funktion ist eine benannte Gruppe von Codezeilen. Ein *Array* ist etwas Ähnliches: Es handelt sich dabei um eine benannte Gruppe von Variablen. Ein Array ist eigentlich eine besondere Variablenart, die verwendet wird, um mit Vielschichtigkeit umzugehen. Greifen Sie auf ein Array zurück, wenn Sie mit einer Liste ähnlicher Datentypen arbeiten wollen.

Eine Datenliste in einem Array ablegen

Der folgende Code zeigt beispielhaft, wie ein Array funktioniert:

```
<script type = "text/javascript">
  //<![CDATA[
  //siehe arts.html

  //Ein leeres Array anlegen
  var art = new Array(5);

  //Daten im Array ablegen
  art[0] = "Fußball";
  art[1] = "Baller";
  art[2] = "Karten";
  art[3] = "Action";
  art[4] = "Strategie";

  //Daten aus dem Array zurückgeben
  alert ("Ich liebe " + art[4] + "spiele.");

  //]]>
</script>
```

Bei der Variablen `art` handelt es sich um eine besondere Variable, weil sie viele unterschiedliche Werte enthält. Im Wesentlichen geht es hier um Arten von Spielen. Das Konstrukt `new Array(5)` reserviert im Arbeitsspeicher Platz für fünf Variablen, die alle `art` heißen.

Auf Daten im Array zugreifen

Nachdem Sie nun ein Array bestimmt haben, können Sie mit den einzelnen Elementen arbeiten, indem Sie in der Syntax eckige Klammern verwenden. Jedes Element im Array wird durch eine Ganzzahl identifiziert. Die Zählweise beginnt normalerweise mit 0.

`art[0] = "Fußball";`

Diese Zeile bedeutet: Weise der Arrayvariablen `art` an Position 0 den Textwert Fußball zu.

Die meisten Sprachen verlangen, dass alle Elemente eines Arrays von demselben Datentyp sind. JavaScript ist an dieser Stelle sehr großzügig. Sie können in einem JavaScript-Array alle möglichen Dinge kombinieren. Das kann gelegentlich sehr nützlich sein, aber denken Sie daran, dass dieser Trick nicht in allen Sprachen funktioniert. Im Allgemeinen versuche ich, dafür zu sorgen, dass die Mitglieder eines Arrays demselben Datentyp angehören. Vergessen Sie nicht, dass die Zählung in einem Array mit 0 beginnt.

Nachdem Sie die Daten im Array abgelegt haben, können Sie dieselbe Syntax mit den eckigen Klammern verwenden, um die Informationen auszulesen.

Die Zeile

```
alert ("Ich liebe " + art[4] + "spiele.");
```

bedeutet: »Finde im Array art Element 4 und füge es in eine Meldung ein, die ausgegeben wird.«

Wenn genre.html läuft, wird das angezeigt, was Abbildung 5.5 zeigt.

Abbildung 5.5: Die Daten stammen aus einem Array.

Arrays mit einer »for«-Schleife verwenden

Der Hauptgrund für den Einsatz von Arrays ist Bequemlichkeit. Wenn es in einem Array viele Informationen gibt, können Sie Code schreiben, der schnell mit den Daten umgehen kann. Immer, wenn Sie ein Datenarray haben, möchten Sie normalerweise mit den Elementen im Array etwas machen. Werfen Sie einen Blick auf spiele.html, um zu sehen, wie so etwas erledigt werden kann:

```
<script type = "text/javascript">
//<![CDATA[
//siehe spiele.html
//ein Array vorladeny

  var spieleListe = new Array("Flight Gear", "Sauerbraten",
      "Future Pinball",
      "Racer", "TORCS", "Orbiter", "Step Mania", "NetHack",
      "Marathon", "Crimson Fields");

  var text = "";
  for (i = 0; i < spieleListe.length; i++){
    text += "Ich liebe " + spieleListe[i] + ". \n";
  } // Ende for-Schleife
  alert(text);

  //]]>
</script>
```

Dieser Code enthält einige Dinge, die erklärt werden sollten:

✔ **Er enthält ein Array mit dem Namen `spieleListe`.** Dieses Array enthält die Namen meiner Lieblingsspiele, die größtenteils Freeware sind.

✔ **In das Array werden Daten vorgeladen.** Wenn Sie beim Anlegen des Arrays gleich für eine Liste mit Daten sorgen, lädt JavaScript diese Werte sofort in das Array vor. Bei vorgeladenen Werten müssen Sie die Größe des Arrays nicht angeben.

✔ **Eine `for`-Schleife durchläuft das Array.** Arrays und `for`-Schleifen sind von Haus aus Partner. Die `for`-Schleife durchläuft jedes Element des Arrays.

✔ **Die Länge des Arrays (englisch *Length*) wird in der Bedingung der `for`-Schleife verwendet.** Statt die Länge mit 10 anzugeben, habe ich in meiner `for`-Schleife die Eigenschaft `length` des Arrays verwendet. Das ist gut so, denn die Schleife wird dadurch automatisch an die Größe des Arrays angepasst, wenn ich Elemente hinzufüge oder entferne.

✔ **Mit den einzelnen Elementen geschieht etwas.** Da `i` von 0 bis 9 geht (und dies gleichzeitig die Indizes des Arrays sind), kann ich problemlos jeden Wert des Arrays ausgeben. In diesem Beispiel habe ich alles einem Ausgabestring hinzugefügt.

✔ **Beachten Sie das Zeichen für neue Zeile.** Bei der Zeichenkombination \n handelt es sich um ein besonderes Zeichen. Es weist JavaScript an, einen Zeilenumbruch hinzuzufügen (so als würden Sie die Taste ⏎ drücken).

Wenn Sie alles, was bei Ihnen Produktivität heißt, sofort ruinieren wollen, sollten Sie Google starten und nach einigen der Spiele suchen, die Abbildung 5.6 zeigt. Diese sind wirklich unglaublich, und jedes von ihnen ist kostenlos zu haben. So etwas ist schwer zu toppen. (Damit könnten Sie dann wenigstens *etwas* aus diesem Buch mitnehmen, wenn Sie nicht Programmieren lernen sollten.)

Abbildung 5.6: Ich habe nun eine Liste mit Spielen erhalten. Arrays und Schleifen machen Spaß!

Besuchen Sie noch einmal die Ameisen

Nachdem Sie vielleicht gerade die Ameisen aus Ihrem Kopf verbannen konnten, müssen Sie sich noch einmal mit ihnen beschäftigen, weil ich eine Variation des Programmcodes zeigen möchte, die den Code weiter vereinfacht:

```
<script type = "text/javascript">
  //<![CDATA[
  //siehe antsArray.html

  var listeAblenkung = new Array("", "suck his thumb", "tie his shoe");

  function refrain() {
    var text = "...and they all go marching down\n";
    text += "to the ground \n";
    text += "to get out \n";
    text += "of the rain. \n";
    text += " \n";
    text += "boom boom boom boom boom boom boom boom \n";
    return text;
  } // Ende refrain

  function strophe(stropheNum){
    // Die Ablenkung der kleinen Ameise aus dem
    // Array holen
    var kleineAmeise = listeAblenkung[stropheNum];

    var text = "The ants go marching ";
    text += stropheNum + " by " + stropheNum + " hurrah, hurrah \n";
    text += "The ants go marching ";
    text += stropheNum + " by " + stropheNum + " hurrah, hurrah \n";
    text += "The ants go marching ";
    text += stropheNum + " by " + stropheNum;
    text += " the little one stops to ";
    text += kleineAmeise;
    return text;
  } // Ende strophe1

  //Das Hauptprogramm ist nun eine Schleife
  for (stropheNum = 1; stropheNum < listeAblenkung.length; stropheNum++){
    alert(strophe(stropheNum));
    alert(refrain());
  } // Ende for-Schleife

  //]]>
</script>
```

Dieser Code unterscheidet sich ein wenig von dem des Programms `antsParam.html`, das weiter vorn in diesem Kapitel vorgestellt wird.

- ✔ **Es gibt ein Array mit dem Namen `listeAblenkung`.** Bei diesem Array handelt es sich um eine Liste der Dinge, durch die die kleine Ameise abgelenkt wird. Ich habe den ersten Eintrag (mit der Nummer 0) leer gelassen, damit die Strophennummer sauber mit der Liste übereinstimmt.
- ✔ **Die Funktion `strophe()` kümmert sich um die Ablenkung.** Da sich die Ablenkungen nun in einem Array befinden, kann `stropheNum` als Index verwendet werden, um eine bestimmte Ablenkung der kleinen Ameise in die Schleife zu übernehmen. Vergleichen Sie diese Funktion mit der Funktion `strophe()` in `antsParam`. Obwohl Arrays sorgfältiger geplant werden müssen als Code-Strukturen, können sie die Lesbarkeit eines Programms wesentlich verbessern.
- ✔ **Das Hauptprogramm ist eine Schleife.** Ich durchlaufe jedes Element des Arrays `listeAblenkung` und gebe die passende Strophe mit ihrem Refrain aus.
- ✔ **Die Funktion `refrain()` wurde nicht geändert.** Es besteht keine Notwendigkeit, refrain() zu ändern.

Mit zweidimensionalen Arrays arbeiten

Arrays sind immer dann besonders nützlich, wenn Sie mit Datenlisten arbeiten. Es kann aber auch vorkommen, dass Sie auf Daten treffen, die am besten in Form einer Tabelle dargestellt werden. Stellen Sie sich vor, dass Sie beispielsweise einen Entfernungsrechner anlegen wollen, der die Entfernungen zwischen Städten festlegt. Die Originaldaten könnten aussehen wie Tabelle 5.1.

	0) Indianapolis	1) New York	2) Tokyo	3) London
0) Indianapolis	0	648	6476	4000
1) New York	678	0	6760	3470
2) Tokyo	6476	6760	0	5956
3) London	4000	3470	5956	0

Tabelle 5.1: Entfernungen (in Meilen) zwischen größeren Städten

Denken Sie daran, wie Sie diese Tabelle nutzen würden, um eine Entfernung herauszubekommen. Wenn Sie von New York nach London reisen wollen, nehmen Sie die Zeile mit New York und die London-Spalte und finden heraus, wo sich beide schneiden. Die Daten in der Zelle dort geben die Entfernung (3470 Meilen) an.

Wenn Sie sich um Informationen in Tabellen kümmern, arbeiten Sie eigentlich mit einer *zweidimensionalen Datenstruktur*. Das ist eine hochtrabende Bezeichnung für nichts anderes als das Wort »Tabelle«. Wenn Sie etwas in einer Tabelle nachschauen wollen, benötigen Sie zwei Angaben: eine, um die Zeile zu bestimmen, und eine zweite, um die Spalte anzugeben.

Sollten Sie jetzt nach Luft ringen, denken Sie einfach an das alte Spiel »Schiffe versenken«. Das Spielfeld ist ein Gitternetz aus Quadraten. Sie geben »1-5« an (was »Spalte 1, Zeile 5« bedeutet, und Ihr Gegner schaut in seinem Gitternetz nach, um festzustellen, dass Sie sein Schlachtschiff versenkt haben. Bei der Programmierung verwenden Sie für beide Werte Ganzzahlen (Integerzahlen), aber ansonsten ist die Vorgehensweise identisch. Wenn Sie mit zweidimensionalen Daten zu tun haben, greifen Sie über zwei Inhaltsangaben darauf zu.

Wir nennen diese Inhaltsangaben häufig *Reihe* und *Spalte*. Damit fällt es Ihnen vielleicht leichter, sich die Struktur als Tabelle vorzustellen. Ab und an stoßen Sie aber auch auf Namen, die das Verhalten besser beschreiben.

Werfen Sie einen Blick auf Abbildung 5.7. Sie sehen, dass das Programm entfernung.html nach zwei Städten fragt und entsprechend der Datentabelle eine Entfernung zurückgibt.

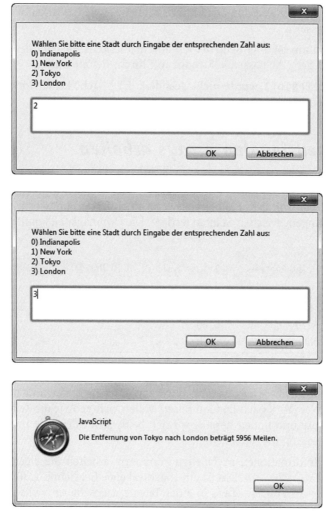

Abbildung 5.7: Das ist Ihre »Geschichte von den zwei Städten«. Und Sie erhalten sogar die Entfernung geliefert!

IE kann mit mehrzeiligen Eingabeaufforderungen Probleme haben, wie diese Abbildung zeigt:

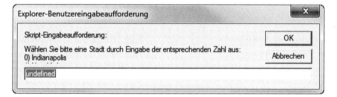

Ja, in der Programmierung ist es möglich, auch drei-, vier- und *n*-dimensionale Arrays zu haben, aber zerbrechen Sie sich darüber noch nicht den Kopf. Sie benötigen so gut wie nie mehr als eine oder zwei Dimensionen. Achten Sie darauf, dass Sie sich auch das gesamte Programm anschauen, das Sie unter www.downloads.fuer-dummies.de von der Webseite dieses Buches herunterladen können.

Dieses Programm ist einen Tick länger als die anderen, weshalb ich es für die folgenden Abschnitte aufgeteilt habe, damit wir es einfacher analysieren können.

Die Arrays einrichten

Der Schlüssel zu diesem Programm ist die Organisation der Daten. Der erste Schritt sieht so aus, dass zwei Arrays angelegt werden:

```
script type = "text/javascript">
  //<![CDATA[
  //siehe entfernung.html

  //nameStadt enthält die Namen der Städte.
  nameStadt = new Array("Indianapolis", "New York", "Tokyo", "London");

  //Erstellt ein zweidimensionales Array mit
  //Entfernungen
  entfernung = new Array (
    new Array (0, 648, 6476, 4000),
    new Array (648, 0, 6760, 3470),
    new Array (6476, 6760, 0, 5956),
    new Array (4000, 3470, 5956, 0)
  );
```

Das erste Array ist ein ganz normales eindimensionales Array, das aus Städtenamen besteht. Ich habe darauf geachtet, die Städte immer in derselben Reihenfolge anzugeben. Dadurch beziehe ich mich immer auf Indianapolis (meine Heimatstadt), wenn ich auf die Stadt 0 verweise. New York steht immer auf Position 1 und so weiter.

Achten Sie beim Entwurf der Daten darauf, dass diese immer in derselben Reihenfolge auftreten. Schreiben Sie die Daten zunächst auf ein Blatt Papier, bevor Sie sie in den Computer eingeben, damit Sie nicht vergessen, welcher Wert wohin gehört.

Das Array nameStadt hat zwei Aufgaben. Als Erstes soll es mich daran erinnern, in welcher Reihenfolge die Städte aufgeführt werden, und als Zweites erhalte ich dadurch einen einfachen Weg, an den Namen einer Stadt zu gelangen, wenn ich ihren Index kenne. So weiß ich zum Beispiel, dass nameStadt[2] immer Tokyo ist.

Das Array entfernung ist das wesentlich interessantere. Wenn Sie die Augen ein wenig zusammenkneifen, hat es viel Ähnlichkeit mit Tabelle 5.1, wobei es eigentlich nur leichte Unterschiede beim Format gibt.

Denken Sie daran, dass entfernung ein Array ist. JavaScript-Arrays können so gut wie alles – einschließlich anderer Arrays – enthalten! Und das ist genau das, was entfernung macht: Es enthält ein Array aus Zeilen. Jedes Element des Arrays entfernung ist ein weiteres (unbenanntes) Array, das die Daten einer Zeile enthält. Wenn Sie aus dem Array Daten herausholen wollen, benötigen Sie zwei Informationen. Zum einen benötigen Sie die Zeile. Und dann benötigen Sie eine Spaltennummer im Array, da die Zeile ein Array ist. entfernung [1][3] bedeutet also: »Gehe zu Zeile eins (New York) des Arrays, das entfernung heißt. Gehe in dieser Zeile zu Element drei (London) und gib den Ergebniswert (3470) zurück.« Ganz schön cool, nicht?

Eine Stadt erhalten

Das Programm verlangt, dass Sie nach zwei Städten fragen. Sie wollen, dass der Benutzer eine Zahl und keinen Namen eingibt, und Sie wollen, dass dies zweimal geschieht. Das hört sich nach einer Aufgabe für eine gute Funktion an:

```
function erhalteStadt(){
  // Präsentiert eine Liste mit Städten und
  // empfängt eine Zahl,
  // die zur ausgewählten Stadt gehört.
  var dieStadt = "";   //enthält die Nummer der Stadt

  var cityMenu = "Wählen Sie bitte eine Stadt durch Eingabe der
      entsprechenden Zahl aus: \n";
  cityMenu += "0) Indianapolis \n";
  cityMenu += "1) New York \n";
  cityMenu += "2) Tokyo \n";
  cityMenu += "3) London \n";

  dieStadt = prompt(cityMenu);
  return dieStadt;
} // Ende erhalteStadt
```

Die Funktion erhalteStadt sorgt für die Anzeige eines kleinen Auswahlmenüs mit Städten und verlangt eine Eingabe. Diese Eingabe wird dann wieder zurückgegeben.

Es gibt viele Möglichkeiten, erhalteStadt() zu verbessern. So sollte die Eingabeaufforderung so lange wiederholt werden, bis Sie eine gültige Zahl erhalten, damit der Benutzer nicht den Namen der Stadt eingibt oder etwas anderes Verrücktes macht. Ich habe die Funktion für den Augenblick einfach gehalten. Das nächste Kapitel zeigt Ihnen, wie Sie die Elemente einer Benutzeroberfläche verwenden können, damit der Benutzer nur noch gültige Werte eingeben kann.

Die zentrale Funktion »zentral()« anlegen

Die Funktion zentral() verarbeitet den größten Teil des Programmcodes. Und so sieht sie aus:

```
function zentral(){
  var ausgabe = "";
  var von = erhalteStadt();
  var nach = erhalteStadt();
  var ergebnis = entfernung[von][nach];
  ausgabe = "Die Entfernung von " + nameStadt[von];
  ausgabe += " nach " + nameStadt[nach];
  ausgabe += " beträgt " + ergebnis + " Meilen.";
  alert(ausgabe);
} // Ende zentral

zentral();
```

In diesem Code steuert die Funktion zentral() den Verkehr. Und so funktioniert sie:

1. **Legen Sie eine Ausgabevariable an.**

   Diese Funktion hat die Aufgabe, Text zu erstellen und auszugeben, der die Entfernung beschreibt. Ich beginne mit dem Anlegen einer Variablen, die output heißt und deren Startwert ich auf einen leeren Wert setze.

2. **Holen Sie sich die Ausgangsstadt.**

   Glücklicherweise verfügen Sie über eine großartige Funktion mit dem Namen erhalteStadt(), die sich um alle Einzelheiten kümmert, damit der Name der Stadt im richtigen Format erhalten wird. Rufen Sie diese Funktion auf und weisen Sie ihren Wert der Variablen from (von) zu.

3. **Holen Sie sich die Zielstadt.**

   Die Funktion erhalteStadt() ist wirklich praktisch. Verwenden Sie sie erneut, um die Nummer der Stadt in die Variable to (nach) zu holen.

4. **Holen Sie sich die Entfernung.**

   Da Ihnen zwei Inhaltsangaben bekannt sind, und da Sie wissen, dass diese im richtigen Format vorliegen, können Sie sie einfach in der Tabelle nachschlagen. Gehen Sie zu entfernung[von][nach] und speichern Sie die Werte dort in der Variablen ergebnis.

5. **Geben Sie das Ergebnis aus.**

   Verwenden Sie die Verknüpfungsmethode, um einen passenden Antwortstring zusammenzubauen und an den Benutzer zu senden.

6. **Holen Sie sich aus dem Array nameStadt die Namen der Städte.**

   Das Programm verwendet für die Städte numerische Inhaltsangaben, die aber dem Benutzer nichts sagen. Verwenden Sie das Array nameStadt, um die beiden Namen für die Ausgabe zu erhalten.

7. **Führen Sie die Funktion zentral() aus.**

   Es gibt eigentlich nur eine einzige Zeile mit Code, die kein Bestandteil einer Funktion ist. Diese Zeile ruft die Funktion zentral() auf und nimmt das ganze Ding in Betrieb.

Ich habe das Programm nicht in der Reihenfolge geschrieben, in der es angezeigt wird. Manchmal ist es sinnvoller, etwas – wie hier – »verkehrt herum« zu programmieren: Ich habe zuerst die Datenstruktur (als ganz normale Tabelle auf Papier) angelegt und dann die Funktion zentral() erstellt. Dadurch wurde klar, dass ich eine Funktion erhalteStadt() benötige, und ich erhielt einige Anhaltspunkte darüber, was erhalteStadt() machen sollte (nämlich eine Liste mit Städten präsentieren und zu einer numerischen Eingabe auffordern).

Eigene Objekte erstellen

Bisher haben Sie in JavaScript einige wunderbare Objekte eingesetzt – aber das ist erst der Anfang. Wir kommen nun dazu, dass Sie auch Ihre eigenen Objekte anlegen können, die sehr leistungsfähig und flexibel sein werden. Objekte bestehen normalerweise aus zwei Komponenten: *Eigenschaften* und *Methoden*. Eine *Eigenschaft* ist wie eine Variable, die einem Objekt zugewiesen wird. Sie beschreibt das Objekt. Eine *Methode* ist wie eine Funktion, die zu einem Objekt gehört. Sie beschreibt die Dinge, die das Objekt machen kann.

Funktionen geben Ihnen die Möglichkeit, Codeabschnitte zusammenzufassen; Arrays erlauben Ihnen, Variablen zusammenzufassen; bei Objekten können Sie sowohl Code als auch Variablen (also Funktionen und Variablen und Arrays) in einem großen Konstrukt zusammenfassen.

Ein Basisobjekt anlegen

JavaScript macht es wirklich einfach, ein Objekt anzulegen. Da eine Variable jeden Wert enthalten kann, ist es am einfachsten, damit anzufangen, dass Sie eine Variable wie ein Objekt behandeln – und sie dadurch zu einem Objekt machen.

In Abbildung 5.8 geht es um ein kleines Kind, das eine Eigenschaft hat.

Abbildung 5.8: Dieses Meldungsfenster verwendet ein Objekt.

Werfen Sie einen Blick auf diesen Code:

```
//siehe basisObjekt.html
//das »Kleinkind« erstellt
var kind = new Object();

//Eigenschaften hinzufügen
kind.name = "Milo";
kind.alter = 5;

//Die Werte der Eigenschaft zeigen
alert("Der Name des Kindes lautet " + kind.name + ".");
```

Es ist nicht schwierig, seinem Ablauf zu folgen:

1. **Legen Sie ein neues Objekt an.**

    JavaScript enthält ein Objekt, das `Object` heißt. Legen Sie über `new Object()` ein neues Objekt an, und Sie erhalten Ihr eigenes unberührtes, neues Standardobjekt.

2. **Fügen Sie dem Objekt eine Eigenschaft hinzu.**

    Eine Eigenschaft ist wie eine Subvariable. Sie ist nicht mehr als eine Variable, die an ein spezielles Objekt gebunden ist. Wenn Sie beispielsweise `kind.name` einen Wert zuweisen, legen Sie damit fest, dass `kind` eine Eigenschaft besitzt, die `name` heißt. Außerdem geben Sie der Eigenschaft einen Anfangswert.

3. **Ein Objekt kann beliebig viele Eigenschaften haben.**

    Fügen Sie weitere Eigenschaften hinzu. Damit erhalten Sie die Möglichkeit, Variablen zu größeren Objekten zusammenzufassen.

4. **Jede Eigenschaft kann jeden beliebigen Datentyp enthalten.**

    Anders als bei Arrays, bei denen es üblich ist, dass alle Elemente von genau demselben Datentyp sind, kann jede Eigenschaft einen anderen Datentyp enthalten.

5. **Verwenden Sie die Syntax mit dem Punkt, um eine Eigenschaft zu betrachten oder zu ändern.**

   Wenn das Objekt kind eine Eigenschaft name besitzt, können Sie kind.name als eine Variable verwenden. Sie können den Wert wie bei anderen Variablen dadurch ändern, dass Sie kind.name einen neuen Wert zuweisen, und Sie können den Inhalt der Eigenschaft auslesen.

Wenn Sie an eine Sprache wie Java gewöhnt sind, die sich enger an das objektorientierte Modell hält, werden Sie das Verhalten von JavaScript für ungewöhnlich oder sogar leichtfertig halten. Andere Sprachen kennen viel mehr Regeln für das Erstellen und die Verwendung von Objekten, aber die Vorgehensweise von JavaScript hat ihre eigenen Reize. Halten Sie sich nicht allzu lange an den Unterschieden auf. Die Art, wie JavaScript mit Objekten umgeht, ist leistungsfähig und erfrischend.

Einem Objekt Methoden hinzufügen

Objekte besitzen zusätzlich zu Eigenschaften noch weitere Merkmale. Sie können auch *Methoden* haben. Bei einer Methode handelt es sich einfach nur um eine Funktion, die an ein Objekt gebunden ist. Wenn Sie wissen wollen, worüber ich spreche, werfen Sie einen Blick auf diesen Code:

```
//Das Kind anlegen
//siehe methodenHinzu.html
var kind = new Object();

//Eigenschaften hinzufügen
kind.name = "Milo";
kind.alter = 5;

//eine Methode erstellen
kind.sagt = function(){
  info = "Hallo! Mein Name ist " + this.name;
  info += " und ich bin " + this.alter + ".";
  alert(info);
} // Ende method

// die Methode sagt aufrufen
kind.sagt();
```

Dieses Beispiel erweitert das Objekt kind, das im vorherigen Abschnitt beschrieben wird. kind hat nun zusätzlich zu den Eigenschaften eine Methode info() erhalten. Wenn eine Eigenschaft ein Merkmal eines Objektes beschreibt, beschreibt eine Methode etwas, das das Objekt machen kann. Abbildung 5.9 zeigt kind mit seiner Methode info().

Abbildung 5.9: Nun kann das Kind reden und Informationen preisgeben.

Und so funktioniert das:

1. **Legen Sie ein Objekt an, das alle Eigenschaften enthält, die Sie benötigen.**

   Beginnen Sie, indem Sie ein Objekt mit den Eigenschaften anlegen, die Sie benötigen.

2. **Definieren Sie eine Methode so ähnlich wie eine Eigenschaft.**

   In Wirklichkeit sind in JavaScript Methoden nichts anderes als Eigenschaften, aber machen Sie sich darüber nicht zu viele Gedanken – dabei könnte Ihr Kopf explodieren.

3. **Sie können einer Methode eine vorgefertigte Funktion zuweisen.**

   Wenn Sie bereits eine Funktion erstellt haben, die Sie als Methode verwenden möchten, weisen Sie sie einfach zu.

4. **Sie können auch eine anonyme Funktion anlegen.**

5. **Das Schlüsselwort `this` verweist auf das aktuelle Objekt.**

   In der Funktion können Sie auf die Eigenschaften des Objektes zugreifen. `this.name` verweist auf die Eigenschaft `name` des aktuellen Objektes.

6. **Sie können dann direkt auf die Methode verweisen.**

   Nachdem Sie ein Objekt mit einer Methode angelegt haben, können Sie die Methode ansprechen. Wenn beispielsweise das Objekt `kind` über die Methode `info()` verfügt, benutzen Sie `kind.info()`, um die Methode anzusprechen.

Ein wiederverwendbares Objekt anlegen

Diese Objekte sind ganz nett, aber wie sieht es aus, wenn Sie mehrere Objekte mit derselben Definition anlegen möchten? JavaScript unterstützt eine Idee, die *Konstruktor* genannt wird und die es Ihnen erlaubt, ein wiederverwendbares Objektmuster anzulegen.

Hier ein Beispiel:

```
//siehe konstruktor.html
//einen Konstruktor anlegen
function Kind(lname, lalter){
  this.name = lname;
  this.alter = lalter;
```

```
    this.info = function(){
      nachricht = "Hallo! Mein Name ist " + this.name;
      nachricht += " und ich bin " + this.alter + ".";
      alert(nachricht);
    } // Ende der Methode info
} // Ende der Klassendefinition Kind

function zentral(){
  //zwei Kinder anlegen

  kindA = new Kind("Alpha", 1);

  kindB = new Kind("Beta", 2);
  kindB.name = "Charlie";
  kindB.alter = 3;

  //die Kinder informieren
  kindA.info();
  kindB.info();

} // Ende zentral

zentral();
```

Zu diesem Beispiel gehört das Erstellen einer *Klasse* (einem Muster für das Erstellen von Objekten) und das Wiederverwenden dieser Definition, um zwei Kinder anzulegen. Schauen Sie sich aber zuerst an, wie die Definition der Klasse funktioniert:

1. **Legen Sie eine ganz normale Funktion an.**

   In JavaScript werden Klassen als Erweiterung von Funktionen definiert. Der Name einer Funktion ist gleichzeitig der Name der Klasse. Beachten Sie, dass der Name einer Klassenfunktion normalerweise mit einem Großbuchstaben beginnt. Wenn eine Funktion auf diese Art verwendet wird, um ein Objekt zu beschreiben, wird diese Funktion auch als Konstruktor des Objektes bezeichnet. Wenn Sie es wünschen, kann der Konstruktor Parameter übernehmen, aber er gibt normalerweise keine Werte zurück. In meinem speziellen Beispiel habe ich Parameter für den Namen und das Alter hinzugefügt.

2. **Verwenden Sie `this`, um Eigenschaften anzulegen.**

   Fügen Sie beliebige Eigenschaften einschließlich Standardwerte hinzu. Beachten Sie, dass Sie diese Werte später beliebig ändern können. Jede Eigenschaft sollte mit `this` und einem Punkt anfangen. Wenn Sie also möchten, dass Ihr Objekt eine Eigenschaft `farbe` haben soll, müssen Sie so etwas wie `this.farbe = "blau"` schreiben. Mein Beispiel verwendet lokale Parameter, um die Eigenschaften festzulegen. Dies ist eine allgemein übliche Vorgehensweise, weil es sich um einen einfachen Weg handelt, um wichtige Daten vorzuladen.

3. Verwenden Sie this, um Methoden zu definieren.

Wenn Sie möchten, dass Ihr Objekt Methoden aufweist, definieren Sie diese, indem Sie den Operator this verwenden, dem das Schlüsselwort function() folgt. Sie können beliebig viele Funktionen hinzufügen.

Die Art, wie JavaScript Objekte anlegt und verwendet, ist einfach, entspricht aber nicht unbedingt dem Standard. Die meisten Sprachen, die objektorientierte Programmierung unterstützen, machen dies anders als die Technik, die hier beschrieben wird. Es gibt eine Diskussion darüber, dass JavaScript keine echte OOP-Sprache sei, weil es etwas nicht unterstützt, das *Vererbung* genannt wird. JavaScript nutzt dafür etwas, das *Prototyping* (oder Musterstellung) genannt wird. Der Unterschied zwischen beiden Vorgehensweisen ist im Moment nicht so wichtig; der größte Teil des Einsatzes von OOP in JavaScript hat mit sehr einfachen Objekten wie denen zu tun, die hier beschrieben werden, oder mit JSON, auf das ich weiter hinten in diesem Kapitel eingehe. Akzeptieren Sie einfach, dass die Einführung in die objektorientierte Programmierung nur sehr oberflächlich ist, aber ausreicht, damit Sie loslegen können.

Das schöne, neue Objekt verwenden

Wenn Sie eine Klasse definiert haben, können Sie sie wiederverwenden. Schauen Sie sich noch einmal die Funktion zentral an, um zu sehen, wie ich die frisch gebackene Klasse Kind verwende:

```
function zentral(){
  //zwei Kinder anlegen

  kindA = new Kind("Alpha", 1);

  kindB = new Kind("Beta", 2);
  kindB.name = "Charlie";
  kindB.alter = 3;

  //die Kinder informieren
  kindA.info();
  kindB.info();

} // Ende zentral

zentral();
```

Nachdem eine Klasse definiert wurde, können Sie sie als neuen Datentyp verwenden. Dies ist eine sehr leistungsfähige Möglichkeit, die so arbeitet:

1. Achten Sie darauf, dass Sie auf die Klasse zugreifen können.

Eine Klasse kann erst dann sinnvoll eingesetzt werden, wenn JavaScript von ihr weiß. In diesem Beispiel wird die Klasse im Code definiert.

2. **Legen Sie mit dem Schlüsselwort new eine neue Instanz der Klasse an.**

   Das Schlüsselwort new sagt aus, dass Sie auf der Grundlage der Definition ein besonderes kind »machen« wollen. Normalerweise weisen Sie dies einer Variablen zu. Mein Konstruktor erwartet den Namen und das Alter, weshalb er automatisch ein kind mit den Vorgaben Name und Alter anlegt.

3. **Ändern Sie die Eigenschaften der Klasse so, wie Sie es möchten.**

   Sie können die Werte aller Eigenschaften der Klasse ändern. In meinem Beispiel habe ich das mit dem Namen und dem Alter des zweiten Kindes getan, um zu zeigen, wie so etwas geht.

4. **Rufen Sie die Methoden der Klasse auf.**

   Da die Klasse Kind die Methode info() besitzt, können Sie jedes Mal dann darauf zugreifen, wenn Sie möchten, dass ein bestimmtes kind die Benutzer informieren soll.

Eine Einführung in JSON

Die Objekte und Arrays von JavaScript sind unglaublich flexibel. Für ihre Leistungsstärke und Einfachheit in der Bedienung sind sie so bekannt geworden, dass ein spezielles Datenformat, JSON (JavaScript Object Notation), von vielen anderen Sprachen übernommen wurde.

JSON wird hauptsächlich als Möglichkeit verwendet, um komplexe Daten (ganz besonders multidimensionale Arrays) zu speichern und diese Daten von einem Programm an ein anderes Programm weiterzureichen. JSON ist im Wesentlichen ein anderer Weg, um komplexe Daten im JavaScript-Objekt-Format zu beschreiben. Wenn Sie Daten in JSON beschreiben, benötigen Sie keinen Konstruktor, weil die Daten selbst verwendet werden, um die Struktur der Klasse festzulegen.

JSON-Daten sind zu einem sehr wichtigen Teil der Webprogrammierung geworden, weil sie es ermöglichen, Daten auf einfache Art zwischen Programmen und der Programmiersprache zu transportieren. Sie können in diesem Buch (und zwar ganz besonders in den Abschnitten über AJAX und der jQuery-Bibliothek) feststellen, dass JSON intensiv genutzt wird, um komplexe Daten auf einfache Art zu verwalten.

Daten im JSON-Format ablegen

Um zu sehen, wie JSON arbeitet, schauen Sie sich für den Anfang dieses Codefragment an:

```
var kind = {
"name": "George",
"alter": 10
};
```

Dieser Code beschreibt ein kind mit zwei Eigenschaften: einem Namen und einem Alter. kind sieht fast wie ein Array aus, aber statt numerische Inhaltsangaben zu verwenden (wie das in den meisten Arrays der Fall ist), verwendet `kind` für die Erkennung String-Werte. Und es handelt sich dabei um ein Objekt.

Sie können über eine Änderung der Array-Syntax auf die einzelnen Elemente verweisen:

`alert(kind["name"]);`

Sie können aber auch (wie bei Objekten) die Notation mit dem Punkt verwenden:

`alert(kind.alter):`

Beide Notationen arbeiten auf dieselbe Weise. Die meisten der internen JavaScript-Objekte verwenden die Punkt-Notation, aber beide Lösungen sind gültig.

Der Grund dafür, warum JavaScript-Arrays so nützlich sind, ist, dass es sich dabei in Wirklichkeit um Objekte handelt. Wenn Sie in JavaScript ein Array erstellen, legen Sie ein Objekt an, das numerische Eigenschaftsnamen hat. Deshalb können Sie für die Verwaltung von Eigenschaften der JSON-Objekte entweder die Array- oder Objektsyntax nutzen.

Laden Sie sich von der Webseite des Buches (www.downloads.fuer-dummies.de) den Code von `jsonEntfernung.html` herunter, um zu sehen, was er bewirkt. Ich zeige hier keine Abbildung davon, weil die interessanten Dinge im Code passieren.

Und so speichern Sie Daten im JSON-Format:

1. **Legen Sie die Variable an.**

   Sie können wie bei jeder Variablen die Anweisung `var` verwenden.

2. **Erfassen Sie den Inhalt in geschweiften Klammern ({}).**

   Hierbei handelt es sich um denselben Mechanismus, den Sie verwenden, um ein vorgeladenes Array zu erstellen (wie es weiter vorn in diesem Kapitel beschrieben wird).

3. **Legen Sie einen Schlüssel an.**

   Für `kind` sollten die Eigenschaften `"Name"` und `"Alter"` heißen – was bedeutet, dass die Indexkennung über Wörter und nicht über Zahlen erfolgt. Bei jeder Eigenschaft beginne ich mit deren Namen. Der Schlüssel kann eine Zeichenkette (ein String) oder eine Ganzzahl (ein Integerwert) sein.

Da Sie den Schlüssel später direkt für die Ausgabe verwenden können, sollten Sie ihn dementsprechend formatieren (hier beginnen deshalb die Eigenschaften mit einem Großbuchstaben).

4. **Dem Schlüssel folgt ein Doppelpunkt (:).**

   Dem Schlüssel folgt unmittelbar ein Doppelpunkt.

5. **Legen Sie den Wert an, der dem Schlüssel zugewiesen wird.**

   Sie können einem Schlüssel jeden beliebigen Wertetyp zuweisen. In diesem Fall habe ich dem Schlüssel `"Name"` den Wert `"George"` zugewiesen.

6. **Trennen Sie die einzelnen Name/Wert-Paare durch ein Komma (`,`).**

   Sie können beliebig viele Name/Wert-Paare hinzufügen.

Wenn Sie sich mit anderen Programmiersprachen auskennen, könnten Sie der Meinung sein, dass eine JSON-Struktur mit einer Hash-Tabelle oder einem inhaltsbezogenen Array verglichen werden kann. JavaScript verwendet JSON-Strukturen zwar so, aber es wäre nicht ganz richtig zu behaupten, dass JSON *entweder* eine Hash-Tabelle *oder* ein inhaltsbezogenes Array ist. Bei JSON handelt es sich ganz einfach um Objekte. (Wenn Sie aber unbedingt von JSON in dieser Form denken möchten, werde ich das niemandem verraten.)

Komplexere JSON-Strukturen anlegen

JSON ist deshalb praktisch, weil es verwendet werden kann, um mit ziemlich komplexen Datenstrukturen umzugehen. Schauen Sie sich als Beispiel die folgende (irgendwie bekannte) Datenstruktur an, die im JSON-Format geschrieben worden ist:

```
var entfernung = {
  "Indianapolis" :
    { "Indianapolis": 0,
      "New York": 648,
      "Tokyo": 6476,
      "London": 4000 },

  "New York" :
    { "Indianapolis": 648,
      "New York": 0,
      "Tokyo": 6760,
      "London": 3470 },

  "Tokyo" :
    { "Indianapolis": 6476,
      "New York": 6760,
      "Tokyo": 0,
      "London": 5956 },

  "London" :
    { "Indianapolis": 4000,
      "New York": 3470,
      "Tokyo": 5956,
      "London": 0 },
};
```

Bei dieser Datenstruktur handelt es sich um einen anderen Weg, die Entfernungsdaten darzustellen, die genommen werden, um ein zweidimensionales Array zu beschreiben. Sie haben es hier also mit einem weiteren zweidimensionalen Array zu tun, das sich aber von dem weiter vorn beschriebenen unterscheidet:

- ✔ **entfernung ist ein JSON-Objekt.** Die gesamte Datenstruktur wird in einer einzigen Variablen abgelegt. Diese Variable ist ein JSON-Objekt mit Name/Wert-Paaren.
- ✔ **Das Objekt entfernung hat vier Schlüssel.** Diese stimmen mit den vier Zeilen der ursprünglichen Tabelle überein.
- ✔ **Bei den Schlüsseln handelt es sich um Städtenamen.** Das ursprüngliche 2D-Array verwendet numerische Indizes, die zwar bequem, aber ein wenig künstlich sind. In der JSON-Struktur bilden die Städtenamen die Indizes.
- ✔ **Der Wert eines Eintrags ist ein JSON-Objekt.** Der Wert eines JSON-Elements kann alles sein – auch ein anderes JSON-Objekt. Damit können wirklich komplexe Beziehungen in einer einzigen Variablen zusammengefasst werden.
- ✔ **Jede Zeile kann als JSON-Objekt zusammengefasst werden.** So ist beispielsweise der Wert, der zu Indianapolis gehört, eine Liste mit Entfernungen von Indianapolis zu den verschiedenen Städten.
- ✔ **Die gesamte Erklärung bildet im Code nur eine »Zeile«.** Obwohl sie im Editor (aus Gründen der Übersichtlichkeit) mehrere Zeilen einnimmt, ist die gesamte Definition in Wirklichkeit nur eine Codezeile.

Es scheint ziemlich aufwändig zu sein, die Daten auf diese Art einzurichten, aber es ist sehr einfach, mit ihnen zu arbeiten. Die Städtenamen werden direkt verwendet, um Daten auszulesen, was es Ihnen ermöglicht, die Entfernung zwischen zwei Städten über eine Array-ähnliche Syntax herauszufinden:

```
alert(entfernung["Indianapolis"]["London"]);
```

Sie können aber auch die Syntax mit dem Punkt nehmen:

```
alert(entfernung.Indianapolis.Tokyo);
```

Sie könnten sogar eine Mischung aus beiden Zeilen verwenden:

```
alert(entfernung["Tokyo"].London);
```

JSON besitzt als Datenformat eine Reihe wichtiger Vorteile:

- ✔ **Es dokumentiert sich selbst.** Selbst wenn Sie nur die Datenstruktur ohne weiteren Code sehen, können Sie sagen, was sie bedeutet.
- ✔ **Die Verwendung von Strings für die Inhaltsangabe macht den Code lesbarer.** entfernung["Indianapolis"]["London"] ist leichter zu verstehen als entfernung[0][3].

✔ **JSON-Daten können als Text gespeichert und transportiert werden.** Es hat sich gezeigt, dass dies tief greifende Auswirkungen auf die Webprogrammierung hat. Dies trifft besonders auf AJAX zu, auf das ich weiter hinten in diesem Buch eingehe.

✔ **JSON ist in der Lage, komplexe Beziehungen zu beschreiben.** Bei dem hier vorgestellten Beispiel handelt es sich um ein einfaches zweidimensionales Array, aber das JSON-Format kann verwendet werden, um viel komplexere Beziehungen – einschließlich einer Datenbank – zu beschreiben.

✔ **Viele Sprachen unterstützen das JSON-Format.** Viele Websprachen bieten inzwischen eine direkte Unterstützung von JSON an. Die wichtigste davon ist PHP, das sehr häufig in AJAX-Anwendungen zusammen mit JavaScript verwendet wird.

✔ **JSON ist kompakter als XML.** Häufig wird das Datenformat XML verwendet, um komplexe Daten zu übermitteln. Hier gilt, dass JSON kompakter und nicht so »geschwätzig« ist wie XML.

✔ **JavaScript kann von Haus aus mit JSON umgehen.** Einige Sprachen müssen JSON erst übersetzen, bevor sie es nutzen können. Anders JavaScript: Sobald Ihr Programm Zugriff auf die JSON-Daten erhält, kann es sie verwenden.

Sie fragen sich vielleicht, ob Sie in JSON-Objekte auch Methoden einbetten können. Die Antwort lautet »Ja«, aber so etwas ist eigentlich unüblich, wenn es darum geht, JSON zu nutzen, um Daten zu transportieren. Sie können im Teil III dieses Buches, dem Teil über AJAX, sehen, dass Methoden häufig JSON-Objekte hinzugefügt werden, um als *Rückmeldefunktion* zu dienen, aber es macht erst dann Sinn, Ihnen mehr darüber zu erzählen, wenn Sie sich besser mit Ereignissen auskennen. Um einen ersten Einblick in dieses Thema zu bekommen, sollten Sie einen Blick in Kapitel 14 werfen.

Teil II
Seiten mit JavaScript aufwerten

»Das ist offensichtlich ein natürlicher Tod infolge einer Marathonsitzung, bei der er auf seiner eigenen Website alles, was nur ging, animiert hat. Und nein, Morgenstern, ich kann mit Ironie nichts anfangen.«

In diesem Teil ...

JavaScript ist als Sprache entwickelt worden, um Webseiten zu verändern. Nehmen Sie diesen Teil, um zu erfahren, wie JavaScript direkt mit der Webseite interagiert.

Kapitel 6 beschreibt das leistungsstarke Document Object Model und wie dieser Mechanismus dafür sorgt, dass Ihre JavaScript-Programme mit einer Webseite interagieren. Sie erfahren, wie Sie auf Schaltflächenereignisse achten und auf die Schnelle Teile einer Webseite ändern können.

Kapitel 7 beschreibt Wege, um brauchbare Eingaben zu erhalten. Als Erstes erfahren Sie, wie Sie spezielle Elemente der Benutzeroberfläche wie Listenfelder und Optionsfelder nutzen können. Als Zweites erfahren Sie, wie Sie reguläre Ausdrücke verwenden können, um dafür zu sorgen, dass der Wert eines Textfeldes im richtigen Format vorliegt.

Kapitel 8 zeigt Ihnen, wie Sie Ihre Seite animieren können. Sie erfahren, wie Seitenelemente kontrolliert (durch den Benutzer oder das Programm) auf der Seite verschoben werden. Sie erfahren, wie Elemente animiert und wie Bilder für leistungsfähigere Animationen vorgeladen werden. Außerdem erfahren Sie, wie Sie die Tastatur und die Maus auslesen können.

Mit der Seite reden

In diesem Kapitel

▶ Das Document Object Model vorstellen

▶ Auf Formularereignisse antworten

▶ Eine Schaltfläche mit einer Funktion verbinden

▶ Daten von Textfeldern erhalten

▶ Text in Textfeldern ändern

▶ Daten an die Seite senden

▶ Mit weiteren textbezogenen Formularelementen arbeiten

▶ Die Quellen von dynamisch erzeugtem Code untersuchen

---

*J*avaScript ist Klasse, aber dass es in Webbrowsern existiert, dafür gibt es nur einen einzigen Grund: Damit Sie Webseiten ändern können. Und das Beste an JavaScript ist, dass es Ihnen hilft, die Seite zu kontrollieren. Sie können JavaScript verwenden, um sinnvolle Daten eines Benutzers auszulesen und um die Seite auf die Schnelle zu ändern.

Das Document Object Model verstehen

JavaScript-Programme leben normalerweise im Umfeld einer Webseite. Die Inhalte der Seite sind für das JavaScript-Programm über einen Mechanismus erreichbar, der *Document Object Model (DOM)* genannt wird.

Beim DOM handelt es sich um einen besonderen Satz von Variablen, der den gesamten Inhalt der Webseite kapselt. Sie können JavaScript verwenden, um das DOM auszulesen und die Struktur eines Elements festzustellen. Sie können eine DOM-Variable auch modifizieren und die Seite über den JavaScript-Code ändern.

Sich im DOM zurechtfinden

Der einfachste Weg, um ein Gefühl für das DOM zu bekommen, ist, eine Seite in Firefox zu laden und einen Blick auf die Registerkarte DOM von Firebug zu werfen. Ich habe das in Abbildung 6.1 getan. Wenn Sie eine Auffrischung in Firebug benötigen, blättern Sie zu Kapitel 1 zurück. Beachten Sie, dass sich die einzelnen Firebug-Versionen leicht voneinander unterscheiden (besonders wenn es um den Mac geht), aber die grundsätzliche Handhabung ist überall gleich.

Sie können das DOM anschauen und mit ihm in eine Wechselwirkung treten.

Abbildung 6.1: Selbst einfache Seiten haben ein komplexes DOM.

Wenn Sie sich das DOM einer sehr einfachen Seite anschauen, kann man leicht erschlagen werden. Sie sehen, dass viele Variablen aufgelistet werden. Technisch gesehen sind dies Elemente eines besonderen Objektes, das window (Fenster) genannt wird. Das Objekt window hat sehr viele Unterobjekte, die alle in der Ansicht DOM aufgeführt werden. Tabelle 6.1 beschreibt einige wichtige window-Variablen.

Variable	Beschreibung	Anmerkungen
document	Repräsentiert eine XHTML-Seite	Das am häufigsten geschriebene Element.
location	Beschreibt die aktuelle URL	Ändern Sie location.brief, um zu einer anderen Webseite zu gelangen.
history	Eine Liste mit kürzlich besuchten Seiten	Greifen Sie hierauf zu, um vorhergehende Seiten anzuschauen.
status	Die Statusleiste des Browsers	Führen Sie hier eine Änderung durch, um eine Meldung in der Statusleiste des Browsers unterzubringen.

Tabelle 6.1: Die primären DOM-Objekte

DOM-Eigenschaften mit Firebug ändern

Um die Leistungsfähigkeit vom DOM darzustellen, führen Sie in Firefox dieses Experiment durch:

1. **Schauen Sie sich eine Seite an.**

    Es ist gleichgültig, für welche Seite Sie sich entscheiden. Ich habe einfach.html genommen, die nur einen Header <h1> hat.

2. **Aktivieren Sie die Erweiterung Firebug.**

    Es gibt viele Möglichkeiten, um mit DOM herumzuspielen, aber eine der einfachsten und leistungsfähigsten ist Firebug.

3. **Aktivieren Sie die Registerkarte DOM.**

    Damit erhalten Sie einen Überblick über alle Variablen der obersten Ebene.

4. **Scrollen Sie nach unten, bis Sie das Element status sehen.**

    Wenn Sie das Element status finden, führen Sie darauf einen Doppelklick aus.

5. **Geben Sie eine Nachricht an sich selbst ein.**

    Geben Sie etwas in das Dialogfeld ein, das erscheint, und drücken Sie ⏎.

6. **Schauen Sie sich unten im Browser die Statusleiste an.**

    Die Statusleiste unten im Browser sollte nun Ihre Nachricht enthalten.

7. **Spielen Sie ein wenig herum.**

    Spielen Sie ein wenig mit den verschiedenen Elementen der DOM-Liste herum. Viele von ihnen können geändert werden. Versuchen Sie, window.location.href in eine andere URL zu ändern, und beobachten Sie, was geschieht. (Keine Angst, Sie können hier nichts auf Dauer kaputt machen.)

Dieses DOM-Experiment klappt nicht immer. So können Erweiterungen aktiv sein, die DOM blockieren, oder DOM macht nicht genau das, was Sie möchten. Wenn dieses Experiment nicht klappt, machen Sie einfach im Buch weiter. Sie werden das auf diese Art eh nicht wiederholen. Wenn Sie erst einmal wissen, wie einfach es ist, DOM durch Code zu ändern, werden Sie es nie wieder auf andere Art versuchen.

Das Objekt »document« untersuchen

Wenn schon das Objekt window sehr leistungsfähig ist, so ist sein Abkömmling – das Objekt document – noch erstaunlicher.

Ich kann es nur wiederholen, aber die beste Art, ein Gefühl für diese Dinge zu bekommen, ist, sich mit ihnen auseinanderzusetzen:

1. **Laden Sie noch einmal einfach.html.**

    Wenn Ihre letzten Experimente dazu geführt haben, dass nicht mehr viel geht, müssen Sie eventuell Firefox neu starten. Achten Sie darauf, dass die Erweiterung Firebug die Registerkarte DOM anzeigt.

2. **Suchen Sie das Objekt document.**

   Das steht normalerweise recht weit oben in der window-Liste. Wenn Sie auf document klicken, wird es erweitert und gibt viele Unterelemente preis.

3. **Halten Sie nach document.body Ausschau.**

   Sie finden irgendwo in document das Unterelement body (deutsch *Körper*). Markieren Sie es, um herauszubekommen, was Sie da entdeckt haben.

4. **Suchen Sie document.body.style.**

   Das Objekt document enthält ein Objekt body, und das Objekt body wiederum enthält ein Unterobjekt style (Stil). Hört das denn nie auf?

5. **Schauen Sie sich die style-Objekte an.**

   Einige der Stile werden Neuland für Sie sein, aber machen Sie weiter, und Sie werden auf alte Freunde treffen.

6. **Führen Sie auf backgroundColor (Hintergrundfarbe) einen Doppelklick aus.**

   Jedes CSS-Stilattribut hat im DOM ein (nicht immer identisches) Gegenstück. Geben Sie eine neue Farbe ein (indem Sie entweder deren (englischen) Namen oder den hexadezimalen Farbwert verwenden), und beobachten Sie, was geschieht.

7. **Bewundern Sie Ihre Klugheit.**

   Sie können sich durch das DOM bewegen, um alle möglichen Änderungen an einer Seite vorzunehmen. Wenn Sie hier etwas ändern können, sind Sie auch in der Lage, zu diesem Zweck Code zu schreiben.

Wenn Sie an dieser Stelle Probleme bekommen, zeigt Ihnen Abbildung 6.2, wie Sie backgroundColor modifizieren, das sich in style von body in document versteckt (das wiederum zu einem Vogel gehört, der auf einem Zweig eines Baums sitzt, der in einem Loch in der Erde steckt). Eine Abbildung kann diesen Vorgang auch nicht ansatzweise wiedergeben. Sie müssen einfach ein wenig experimentieren. Graben Sie aber nicht zu tief. Sie müssen die Ein-

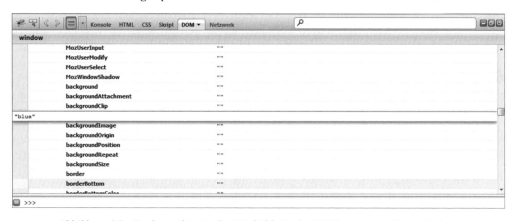

Abbildung 6.2: Firebug gibt mir die Möglichkeit, das DOM meiner Seite zu ändern.

zelheiten des DOM-Zeugs in Firebug nicht wirklich beherrschen. Sie sollten nur wissen, dass es da ist, weil es die Grundlage für all die coolen Dinge liefert, mit denen Sie sich als Nächstes beschäftigen werden.

Das DOM über JavaScript nutzen

Klar, der Einsatz von Firebug, um die Webseite auszutricksen, ist etwas für Computerfreaks, aber warum sollte Sie das kümmern? Der Sinn und Zweck vom DOM ist, dass es dafür sorgen soll, dass JavaScript auf wundersame Weise Zugriff auf alle internen Abläufe einer Seite erhält.

Sich den Blues holen – im JavaScript-Stil

Wenn Sie anfangen, mit JavaScript-Code auf das DOM zuzugreifen, muss auch ein wenig Spaß dabei sein. Werfen Sie einen Blick auf `blau.html`, das Abbildung 6.3 zeigt.

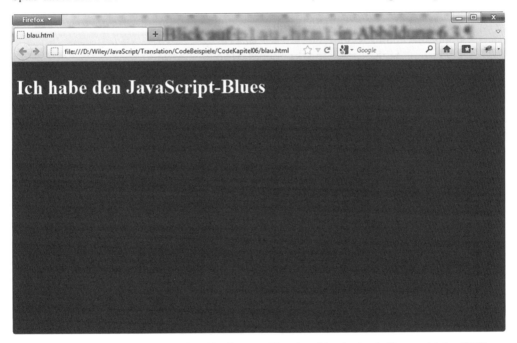

Abbildung 6.3: Diese Seite ist blau (das können Sie mir ruhig glauben). Aber wo ist das CSS?

Die Seite hat weißen Text und einen blauen Hintergrund, aber es gibt kein CSS! Sie enthält stattdessen ein kleines Skript, das das DOM direkt ändert, indem es die Farbe der Seite durch Code steuert.

Das Skript sieht so aus:

```
<!DOCTYPE html PUBLIC "-//W3C//DTD XHTML 1.0 Strict//EN"
"http://www.w3.org/TR/xhtml1/DTD/xhtml1-strict.dtd">
<html lang="EN" dir="ltr" xmlns="http://www.w3.org/1999/xhtml">
  <head>
    <meta http-equiv="content-type" content="text/xml; charset=utf-8" />
    <title>blau.html</title>
  </head>

  <body>
    <h1>Ich habe den JavaScript-Blues</h1>
    <script type = "text/javascript">
      //<![CDATA[

      // Setzen Sie JavaScript ein,
      // um die Farbe festzulegen:
      document.body.style.color = "white";
      document.body.style.backgroundColor = "blue";

      //]]>
    </script>
  </body>
</html>
```

In den ersten Kapiteln dieses Buches konzentriere ich mich auf JavaScript, ohne mich um das zu kümmern, was mit HTML zu tun hat. Der HTML-Code in diesen Programmen war unwichtig, weshalb ich ihn nicht in die Code-Listings aufgenommen habe. Dieses Kapitel handelt davon, wie Code in HTML eingebunden werden kann, weshalb ich hier sowohl HTML- als auch JavaScript zu Bestandteilen der Listings mache. Ab und an drucke ich nur Code in einzelnen Blöcken ab, und dann sollten Sie (so wie immer) den Code in seiner Gesamtheit anschauen, indem Sie ihn von der Webseite dieses Buches unter www.downloads.fuer-dummies.de herunterladen.

JavaScript-Code schreiben, um Farben zu ändern

Die Seite ist recht einfach gehalten, aber es gibt dennoch ein paar neue Dinge:

- ✔ **Sie enthält kein CSS.** Durch den Code wird eine Art CSS dynamisch erstellt.
- ✔ **Das Skript ist Bestandteil von `<body>`.** Ich konnte gerade dieses Skript nicht im Kopfbereich (der auch einfach nur *Header* genannt wird) unterbringen, weil es zum Seitenkörper gehört. (Auch der Körper der Seite wird oft wie sein Tag als *Body* bezeichnet.)

Wenn der Browser das Skript zum ersten Mal zu sehen bekommt, muss es einen `<body>`-Bereich für den zu ändernden Text geben. Hätte ich das Skript im Kopfbereich untergebracht, gäbe es für den Browser keinen Seitenkörper (`<body>`). Dadurch, dass ich es im Seitenkörper angelegt habe, gibt es einen Seitenkörper, den das Skript ändern kann. (Das geht schon in Ordnung, wenn Sie die Feinheit dieser Aussage nicht sofort verstehen. Aber möglicherweise ist dies auch die einzige Stelle, an der Sie auf diesen Trick stoßen, weil ich Ihnen im nächsten Beispiel eine bessere Alternative zeige.)

✔ **Verwenden Sie eine DOM-Referenz, um die Stilfarben zu ändern.** Diese Syntax in Form einer »Spur der Brotkrümel« bringt Sie von `document` über `body` zu `style` und weiter zu `color`. Das ist zwar mühselig, aber sehr genau.

✔ **Legen Sie als Vordergrundfarbe weiß (`white`) fest.** Sie können für die Eigenschaft `color` (Farbe) jeden gültigen CSS-Farbwert (einen Namen oder einen hexadezimalen Wert) verwenden. Das ist deshalb wie bei CSS, weil es CSS betrifft.

✔ **Legen Sie als Hintergrundfarbe blau (`blue`) fest.** Auch hierbei handelt es sich um eine Einstellung wie bei CSS.

Schaltflächenereignisse verwalten

Natürlich gibt es kaum einen vernünftigen Grund dafür, einen Code wie den in `blau.html` zu schreiben. Es ist eigentlich einfacher, mit CSS zu arbeiten, als JavaScript zu schreiben. Die Vorteile sehen Sie erst dann, wenn Sie das DOM dynamisch nutzen, um das Verhalten einer Seite zu ändern, nachdem sie geladen wurde.

Abbildung 6.4 zeigt eine Seite, die `hintergrundFarben.html` heißt.

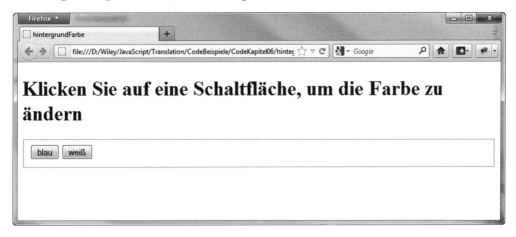

Abbildung 6.4: Die Seite ist weiß und hat zwei Schaltflächen. Klicken Sie einmal auf BLAU.

Diese Seite ist so eingerichtet worden, dass sie standardmäßig einen weißen Hintergrund hat. Es gibt auf ihr zwei Schaltflächen, die die Hintergrundfarbe des Seitenkörpers ändern. Klicken Sie darauf, und Sie werden feststellen, dass die Schaltflächen funktionieren (wie auch Abbildung 6.5 zeigt).

Abbildung 6.5: Alles wird blau!

Und wieder gilt, dass das Ändern einer Farbe in einem schwarz-weiß gedruckten Buch nicht sehr überzeugend ist. Zumindest können Sie den Abbildungen entnehmen, dass sich die Farbe wirklich geändert hat. Laden Sie sich das Programm einfach von der Webseite des Buches herunter, um die Farbänderung selbst vornehmen zu können. Was ist denn nun hier Wichtiges passiert?

- ✔ **Die Seite nutzt ein Formular.**

- ✔ **Die Schaltflächen bewirken etwas.** Die guten, alten XHTML-Formulare bewirken eigentlich gar nichts; Sie müssen irgendetwas programmieren, um das Ziel zu erreichen. Der von Ihnen geschriebene Code macht etwas vor Ihren Augen.

- ✔ **Es gibt dort eine Funktion farbeAendern().** Auf der Seite gibt es eine Funktion, die den Namen einer Farbe nimmt und dem Stil des Hintergrundes zuweist.

- ✔ **Beide Schaltflächen übergeben Daten an die Funktion farbeAendern().** Der Name der Farbe wird als Parameter an die Funktion farbeAendern() übergeben.

Das Spielfeld einrichten

Hier ein Überblick. Schauen Sie sich den Code etwas genauer an:

```
<!DOCTYPE html PUBLIC "-//W3C//DTD XHTML 1.0 Strict//EN"
"http://www.w3.org/TR/xhtml1/DTD/xhtml1-strict.dtd">
<html lang="EN" dir="ltr" xmlns="http://www.w3.org/1999/xhtml">
  <head>
```

```
    <meta http-equiv="content-type" content="text/xml;
          charset=iso-8859-1" />
    <title>hintergrundFarbe</title>
    <script type = "text/javascript">
      //<![CDATA[
      // siehe hintergrundFarbe.html

      function farbeAendern(color){
         document.body.style.backgroundColor = color;
      } // Ende farbeAendern

      //]]>
    </script>
  </head>

  <body>
    <h1>Klicken Sie auf eine Schaltfläche, um die Farbe zu ändern</h1>
    <form action = " ">
      <fieldset>
        <input type = "button"
               value = "blau"
               onclick = "farbeAendern('blue')"/>

        <input type = "button"
               value = "weiß"
               onclick = "farbeAendern('white')" />
      </fieldset>

    </form>
  </body>
</html>
```

Die meisten Webseiten behandeln die XHTML-Seite als Benutzeroberfläche und JavaScript als Code, der unterhalb dieser Oberfläche Ereignisse ändert. Deshalb macht es Sinn, sich zuerst den HTML-Code anzuschauen, der als Spielfeld dient.

✔ **Er enthält ein Formular.** Beachten Sie, dass das Formularattribut `action` leer ist. Darum müssen Sie sich erst kümmern, wenn Sie in Kapitel 14 mit dem Server kommunizieren.

✔ **Das Formular hat ein `fieldset`.** Die Elemente für die Eingabe müssen irgendwo drin sein, und ein `fieldset` scheint dafür eine naturgegebene Wahl zu sein.

✔ **Die Seite hat zwei Schaltflächen.** Die beiden Schaltflächen auf einer Seite sind zwar nichts Neues, aber dieses Mal bewirken sie etwas.

✔ **Beide Schaltflächen besitzen `onclick`-Attribute.** Dieses spezielle Attribut kann mit einem einzeiligen JavaScript-Code umgehen. Normalerweise ruft diese Zeile eine Funktion auf – so, wie ich es auch in diesem Programm mache.

✔ **Jede Schaltfläche ruft dieselbe Funktion auf, wenn auch mit unterschiedlichen Parametern.** Beide Schaltflächen rufen `farbeAendern()` auf, wobei eine den Wert `blue` und die andere den Wert `white` sendet.

✔ **Wahrscheinlich ändert `farbeAendern()` eine Farbe.** Und genau dies geschieht. Genauer gesagt, es wird die Hintergrundfarbe geändert.

Im Allgemeinen schreibe ich den XHTML-Code vor dem Skript. Sie können sehen, dass das Formular alle möglichen nützlichen Informationen enthält, die mir helfen, das Skript zu erstellen. Hier wird ganz besonders klar, dass ich eine Funktion schreiben muss, die `farbeAendern()` heißt, die den Namen einer Farbe als Parameter übernimmt und die Hintergrundfarbe in den gewünschten Farbton ändert. Wenn Sie solche Informationen haben, ist die Funktion eigentlich schon geschrieben.

Anführungszeichen in Anführungszeichen unterbringen

Schauen Sie sich die `onclick`-Zeilen sehr sorgfältig an. Es gibt einen wichtigen Punkt, an den Sie vielleicht noch nicht gedacht haben: Bei `onclick` handelt es sich um einen XHTML-Parameter, und sein Wert muss in Anführungszeichen geschrieben werden. Bei diesem Parameter handelt es sich um einen Funktionsaufruf, der einen String-Wert sendet. Auch String-Werte müssen in Anführungszeichen stehen. Da kann es ziemlich verwirren, wenn Sie überall doppelte Anführungszeichen nehmen, denn der Browser hat keine Möglichkeit herauszubekommen, wie die Anführungszeichen ineinander verschachtelt sind. Wenn Ihr Code so aussieht ...

```
onclick = "farbeAendern("white")" />
```

... glaubt XHTML, `onclick` besteht aus dem Parameter `"farbeAendern("` und hat keine Ahnung, was es mit `white")"` auf sich hat.

Glücklicherweise kennt JavaScript eine einfache Lösung dieses Problems: Wenn Sie Anführungszeichen in Anführungszeichen unterbringen wollen, wechseln Sie von doppelten zu einfachen Anführungszeichen. Die Zeile wird dann so geschrieben, dass der Parameter in einfachen Anführungszeichen steht:

```
onclick = "farbeAendern('white')" />
```

Die Funktion »farbeAendern« schreiben

Es ist wirklich nicht schwer, die Funktion `farbeAendern()` zu schreiben. Voilà ...

```
<script type = "text/javascript">
//<![CDATA[
// siehe hintergrundFarbe.html

  function farbeAendern(color){
    document.body.style.backgroundColor = color;
  } // Ende farbeAendern
//]]>
</script>
```

Sie gehört in den Kopfbereich (<header>). Und es handelt sich dabei einfach um eine Funktion, die einen Parameter akzeptiert, der `color` (Farbe) heißt. Die Eigenschaft `hintergrundFarbe` des Seitenkörpers wird auf `color` gesetzt.

Dieses Mal kann ich JavaScript, das auf den Seitenkörper verweist, im Kopfbereich schreiben, weil sich der `header`-Code vollständig in einer Funktion befindet. Die Funktion wird *ausgelesen*, bevor es an den Seitenkörper geht, aber sie wird erst *aktiviert*, wenn ein Benutzer auf eine der Schaltflächen klickt. Und dann gibt es ja einen Seitenkörper – und damit kein Problem.

Texteingabe und Textausgabe verarbeiten

Die vielleicht interessanteste Anwendungsmöglichkeit für das DOM ist, die Benutzer mit dem Programm über die Webseite kommunizieren zu lassen, ohne dass dafür nervige Dialogfelder benötigt werden. Abbildung 6.6 zeigt ein Webformular, das zwei Textfelder und eine Schaltfläche enthält.

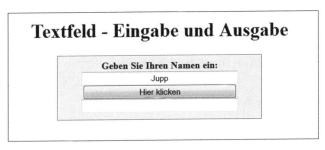

Abbildung 6.6: Ich habe in das obere Textfeld einen Namen eingegeben.

Wenn Sie auf die Schaltfläche klicken, geschieht etwas Aufregendes, wie Abbildung 6.7 darstellt.

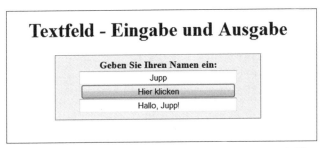

Abbildung 6.7: Ich erhalte eine Antwort. Ohne `alert`-Feld!

Es ist wohl offensichtlich, dass die formularbasierte Ein- und Ausgabe der ständigen Unterbrechung durch Dialogfelder vorzuziehen ist.

Eine Einführung in die ereignisgesteuerte Programmierung

Grafische Benutzeroberflächen nutzen normalerweise eine Technik, die *ereignisgesteuerte Programmierung* genannt wird. Die Idee dahinter ist einfach:

1. **Erstellen Sie eine Benutzeroberfläche.**

   Bei Webseiten wird die Benutzeroberfläche normalerweise über XHTML erstellt.

2. **Identifizieren Sie Ereignisse, auf die das Programm reagieren soll.**

   Wenn Sie eine Schaltfläche haben, klicken Benutzer darauf. (Wenn Sie die Benutzer garantiert dazu bekommen wollen, die Schaltfläche anzuklicken, schreiben Sie *Hier bitte nicht klicken* darauf. Ich weiß nicht wieso, aber das klappt eigentlich immer.) Hinter Schaltflächen stehen fast immer Ereignisse (was auch bei einigen anderen Elementen der Fall ist).

3. **Schreiben Sie eine Funktion, um auf jedes Ereignis antworten zu können.**

   Schreiben Sie für jedes Ereignis, das Sie testen möchten, eine Funktion, die das ausführt, was auch immer geschehen soll.

4. **Übernehmen Sie Daten aus den Elementen des Formulars.**

   Nun greifen Sie auf den Inhalt von Elementen des Formulars zu, um vom Benutzer Daten zu erhalten. Sie benötigen einen Mechanismus, um die Daten von einem Textfeld und anderen Elementen des Formulars zu übernehmen.

5. **Verwenden Sie Elemente des Formulars für die Ausgabe.**

   In diesem einfachen Beispiel verwende ich für die Ausgabe ebenfalls Elemente des Formulars. Die Datenausgabe geht an ein zweites Textfeld, wobei nicht beabsichtigt ist, dass der Benutzer auch dort Text eingibt.

Das XHTML-Formular erstellen

In einem ersten Schritt erstellen Sie das XHTML-Framework. Hier der XHTML-Code:

```
<title>textFelder.html</title>

<link rel = "stylesheet"
      type = "text/css"
      href = "textFelder.css" />

  </head>

  <body>
    <h1>Textfeld - Eingabe und Ausgabe</h1>
    <form action = " ">
      <fieldset>
        <label>Geben Sie Ihren Namen ein: </label>
```

```
            <input type = "text"
                   id = "txtName" />

            <input type = "button"
                   value = "Hier klicken"
                   onclick = "sagHallo()"/>

            <input type = "text"
                   id = "txtOutput" />
      </fieldset>
    </form>

  </body>
</html>
```

Wenn Sie sich den Code anschauen, achten Sie auf ein paar wichtige Gedankengänge:

✔ **Die Seite verwendet externes CSS.** Der CSS-Stil ist ganz nett, aber er ist für die Betrachtung hier unwichtig. Er befindet sich sicher eingekapselt in seiner eigenen Datei. Natürlich lade ich Sie gerne ein, sich diese Datei genauer anzuschauen und gegebenenfalls zu ändern.

✔ **Der größte Teil der Seite ist ein Formular.** Alle Elemente des Formulars müssen sich im Formular befinden.

✔ **Es wird ein `fieldset` (was frei übersetzt *Feldersatz* oder *Felderblock* bedeutet) verwendet, das die Elemente des Formulars enthält.** `input`-Elemente (Elemente für die Eingabe) müssen sich in Elementen auf Blockebene befinden, und ein `fieldset` ist dafür die erste Wahl.

✔ **Es gibt ein Textfeld mit dem Namen `txtName`.** Dieses Textfeld soll den Namen aufnehmen. Ich beginne den Namen des Feldes mit `txt`, um mich daran zu erinnern, dass es sich um ein Textfeld handelt.

✔ **Das zweite Element ist eine Schaltfläche.** Die Schaltfläche muss keine ID bekommen (hier in diesem Beispiel hat sie eine). Wichtig ist, dass die Schaltfläche ein `onclick()`-Ereignis besitzt.

✔ **Das Ereignis `onclick()` der Schaltfläche verweist auf eine (bisher noch nicht definierte) Funktion.** Das Ereignis `onclick()` hat den Namen `sagHallo()` bekommen.

✔ **Ein zweites Textfeld nimmt die Grüße auf.** Dieses zweite Textfeld wurde `txtOutput` genannt, weil es sich dabei um das Textfeld handelt, das für die Datenausgabe vorgesehen ist.

Nachdem Sie nun die HTML-Seite eingerichtet haben, ist es ziemlich einfach geworden, die Funktion zu schreiben, weil Sie bereit alle wichtigen Konstrukte identifiziert haben. Sie wissen, dass Sie eine Funktion benötigen, die `sagHallo()` heißt, Sie wissen, dass diese Funktion im Textfeld `txtName` Text auslesen soll, und Sie wissen, dass sie diesen Text in das Feld `txtOutput` schreiben soll.

»getElementById()« für den Zugriff auf die Seite verwenden

XHTML ist die eine und JavaScript die andere Seite. Sie benötigen etwas, das ein HTML-Formular in etwas verwandelt, das JavaScript lesen kann. Die magische Methode `getElementById()` macht genau dies. Schauen Sie sich zunächst einmal die ersten beiden Zeilen der Funktion `sagHallo()` an (die ganz normal im Header (dem Kopfbereich) definiert worden sind):

```
function sagHallo(){
    var txtName = document.getElementById("txtName");
    var txtOutput = document.getElementById("txtOutput");
```

Sie können an jedes Element gelangen, das in Ihrer Webseite erstellt worden ist, indem Sie sich durch das DOM graben. Das war genau das, was wir früher getan haben, um auf Formularelemente zuzugreifen. Das war mühselig und lästig. Moderne Browser kennen stattdessen die wunderbare Funktion `getElementById()`. Die Schöne durchsucht das DOM und gibt einen Verweis auf das Objekt und die benötigte ID zurück.

Ein *Verweis* (auch *Referenz* genannt) ist ein Hinweis darauf, wo sich das angegebene Objekt im Arbeitsspeicher befindet. Sie können eine Referenz in einer Variablen ablegen. Wenn Sie diese Variable verarbeiten, verarbeiten Sie das Objekt, das die Variable repräsentiert. Wenn Sie wollen, können Sie sich das so vorstellen, als ob das Textfeld in der Variablen hergestellt wird.

Beachten Sie, dass ich die Variable `txtName` genannt habe und sie damit denselben Namen hat wie das eigentliche Textfeld. Diese Variable verweist auf das Textfeld des Formulars und nicht auf dessen Wert. Wenn ich eine Referenz auf das Textfeld-Objekt habe, kann ich dessen Methoden und Eigenschaften verwenden, um Daten von ihm zu bekommen und neue Daten dorthin zu senden.

Das Textfeld verarbeiten

Wenn Sie auf die Textfelder zugreifen können, können Sie die Werte dort mit der Eigenschaft `value` verarbeiten:

```
var name = txtName.value;
    txtOutput.value = "Hallo, " + name + "!"
```

Textfelder (in Wirklichkeit sogar alle Eingabefelder) haben eine Eigenschaft `value` *(Value* bedeutet übersetzt *Wert).* Sie können diesen Wert wie eine ganz normale String-Variable auslesen. Sie sind aber auch in der Lage, in diese Eigenschaft zu schreiben, und das Textfeld wird unverzüglich aktualisiert.

Der Code, der durch die folgenden Schritte erstellt wird, kümmert sich um die Eingabe und Ausgabe der Daten:

1. **Legen Sie für den Namen eine Variable an.**

    Hierbei handelt es sich um eine ganz normale String-Variable.

2. **Kopieren Sie den Wert des Textfeldes in die Variable.**

   Nachdem Sie nun eine Variable besitzen, die das Textfeld repräsentiert, können Sie auf deren Eigenschaft `value` zugreifen, um den Wert zu holen, der vom Benutzer eingegeben worden ist.

3. **Erstellen Sie eine Nachricht für den Benutzer, indem Sie eine ganz normale Verknüpfung von String-Werten vornehmen.**

4. **Senden Sie die Nachricht an das Ausgabe-Textfeld.**

   Sie können in die Eigenschaft `value` auch Text schreiben, der den Inhalt des Textfeldes auf dem Bildschirm ändert.

Textfelder geben (wie `prompt`-Anweisungen) immer String-Werte zurück. Wenn Sie von einem Textfeld einen numerischen Wert erhalten wollen, müssen Sie ihn mit `parseInt()` oder `parseFloat()` umwandeln.

In das Dokument schreiben

Elemente in Formularen eignen sich ausgesprochen gut, um Benutzereingaben zu empfangen, aber für die Datenausgabe gibt es Besseres. Es ist wirklich nicht sinnvoll, Informationen, die ausgegeben werden sollen, in einem Feld zu platzieren, das bearbeitet werden kann. Es ist viel besser, das Webdokument wirklich zu ändern.

Das DOM unterstützt genau diese Techniken. Die meisten XHTML-Elemente enthalten die Eigenschaft `innerHTML`. Diese Eigenschaft beschreibt den HTML-Code im Element. In den meisten Fällen kann sie ausgelesen und in sie geschrieben werden.

Gibt es davon Ausnahmen? Tags, die wie `<img>` und `<input>` nur ein Element aufnehmen können, enthalten kein HTML, weshalb es klar sein sollte, dass es keinen Sinn macht, hier ein »inneres HTML« auszulesen oder zu ändern. Elemente von Tabellen können häufig ausgelesen, nicht aber direkt geändert werden.

Abbildung 6.8 zeigt ein Programm mit einem Basisformular.

Demo für internes HTML

Geben Sie bitte Ihren Namen ein: [   ]   [Hier klicken]

Beobachten Sie diesen Bereich.

Abbildung 6.8: Einen Moment, aber hier gibt es kein Textfeld für die Ausgabe von Informationen.

Dieses Formular hat kein Formularelement für die Ausgabe. Geben Sie einen Namen ein, klicken Sie auf die Schaltfläche und Sie erhalten das Ergebnis aus Abbildung 6.9.

Abbildung 6.9: Die Seite hat sich selbst geändert.

Das ist schon erstaunlich, aber diese Seite kann sich selbst dynamisch ändern. Dabei werden nicht einfach nur Werte von Formularfeldern geändert, sondern HTML.

Das HTML-Framework vorbereiten

Um zu sehen, wie das gemacht wird, schauen Sie sich zunächst den Body von internesHTML.html an:

```
<body>
  <h1>Demo für internes HTML</h1>
  <form action = " ">
    <fieldset>
      <label>Geben Sie bitte Ihren Namen ein:</label>
      <input type = "text"
             id = "txtName" />
      <button type = "button"
              onclick = "sagHallo()">
        Hier klicken
      </button>
    </fieldset>
  </form>

  <div id = "divOutput">
    Beobachten Sie diesen Bereich...
  </div>
</body>
```

Dieser Codeteil enthält einige interessante Dinge:

- ✔ **Das Programm hat ein Formular.** Das Formular entspricht dem Standard. Es hat ein Textfeld für die Eingabe und eine Schaltfläche, aber kein Element für die Ausgabe.

- ✔ **Die Schaltfläche ruft eine Funktion sagHallo() auf.** Die Seite verlangt eine Funktion mit diesem Namen. Wir können annehmen, dass sie zu irgendjemandem »Hallo« sagen möchte.

- **Für die Ausgabe gibt es etwas, das div heißt.** Ein div-Element im zentralen Body ist für die Ausgabe vorgesehen. (*div* kommt übrigens von *division* und ist eine Bezeichnung für *Bereich*.)
- **Das div hat eine ID.** Das Attribut id wird gerne für das Arbeiten mit CSS-Stilen verwendet, aber auch das DOM kann etwas damit anfangen.

Alle HTML-Elemente, die in Skripten für dynamische Dinge vorgesehen sind, sollten ein id-Feld haben.

Den JavaScript-Anteil schreiben

Der JavaScript-Code für das Ändern des internen HTMLs ist einfach:

```
<script type = "text/javascript">
   //<![CDATA[
   //siehe inneresHTML.html

   function sagHallo(){
     txtName = document.getElementById("txtName");
     divOutput = document.getElementById("divOutput");

     name = txtName.value;

     divOutput.innerHTML = "<em>" + name +  "<\/em>";
     divOutput.innerHTML += " ist ein sehr schöner Name.";
   }
   //]]>
</script>
```

Der erste Schritt sieht (wie eigentlich immer bei Webformularen) so aus, dass Sie Daten aus den Elementen für die Eingabe herausholen. Beachten Sie, dass ich von jedem DOM-Element und nicht nur von Elementen des Formulars eine Variable als Gegenstück anlegen kann. Bei der Variablen divOutput handelt es sich um die JavaScript-Darstellung des DOM-Elements div.

Das interne HTML finden

Elemente vom Typ div haben wie die form-Elemente noch weitere interessante Eigenschaften, die Sie ändern können. Die Eigenschaft innerHTML erlaubt Ihnen, den HTML-Code zu ändern, der von div angezeigt wird. Sie können in der Eigenschaft innerHTML jeden beliebigen XHTML-Code einschließlich HTML-Tags unterbringen. Achten Sie darauf, dass Sie auf jeden Fall den XHTML-Regeln folgen, damit Ihr Code auch gültig ist.

Selbst wenn es das CDATA-Element korrekt gibt, können Validierer durch Schrägstriche (wie den im Tag </em>) verwirrt werden. Wenn Sie in JavaScript einen Schrägstrich (/) als Zeichen verwenden wollen, setzen Sie ihm einen umgedrehten Schrägstrich (\) voran (wie in <\/em>). Dadurch weiß der Validierer, dass der Schrägstrich ein gültiges Zeichen sein soll.

Mit weiteren Textelementen arbeiten

Wenn Sie wissen, wie Sie mit Textfeldern umgehen müssen, beherrschen Sie die Hälfte der Elemente eines Formulars. Verschiedene andere Formularelemente arbeiten genau wie die Textfelder. Zu diesen Elementen gehören unter anderem:

✔ **Kennwortfelder:** Denken Sie daran, dass ein Kennwortfeld die Eingabe durch Sternchen oder Punkte verbirgt, den Text aber speichert.

✔ **Ausgeblendete Felder:** Sie erlauben Ihnen, Daten auf einer Seite zu speichern, ohne sie für die Benutzer offenzulegen. (Felder dieser Art werden manchmal bei clientseitiger Codierung verwendet, aber so gut wie nie in JavaScript.)

✔ **Textbereiche:** Hierbei handelt es sich um mehrzeilige Textfelder. Sie können in der Größe angepasst werden, um mit mehrzeiligen Eingaben umgehen zu können.

Abbildung 6.10 stellt eine Seite dar, auf der diese drei Elemente in einem Formular vorhanden sind.

Abbildung 6.10: Felder für Kennwörter, ausgeblendete Felder und Textbereiche sehen für JavaScript alle gleich aus.

Wenn der Benutzer auf die Schaltfläche klickt, werden die Inhalte all dieser Felder (selbst des Kennwort- und des ausgeblendeten Feldes) unten in der Seite angezeigt (siehe Abbildung 6.11).

Abbildung 6.11: Nun können Sie sehen, was in den Feldern steht.

Das Formular anlegen

Hier sehen Sie das XHTML, das das Formular generiert:

```
<body>
  <h1>Möglichkeiten für die Texteingabe</h1>
  <form action = " ">
    <fieldset>
      <label>Normales Textfeld</label>
      <input type = "text"
             id = "txtNormal" />
      <label>Kennwortfeld</label>
      <input type = "password"
             id = "pwd" />
      <label>Ausgeblendet</label>
      <input type = "hidden"
             id = "hidden"
             value = "Ich darf nichts verraten." />
      <textarea id = "txtArea"
                rows = "10"
                cols = "40">
```

```
Dies ist ein großer Textbereich.
Er kann viel Text aufnehmen.
      </textarea>
      <button type = "button"
              onclick = "processForm()">
        Hier klicken
      </button>
    </fieldset>
  </form>

  <div id = "output">

  </div>
</body>
```

Mit einem solchen Code sollten Sie umgehen können. Auf einige Dinge in diesem Beispiel sollten wir aber doch noch etwas näher eingehen:

- ✔ **Es gibt ein ganz normales Textfeld.** Dieses Feld dient nur Vergleichszwecken. Es hat eine id, wodurch es in JavaScript identifiziert werden kann.

- ✔ **Das nächste Feld ist ein Kennwortfeld.** Ein Kennwortfeld zeigt Sternchen oder Punkte an, speichert aber den Text, der eingegeben wird. Dieses Kennwort hat die id pwd (als Abkürzung für *password*, deutsch *Kennwort*).

- ✔ **Das ausgeblendete Feld ist ein wenig seltsam.** Ausgeblendete Felder können verwendet werden, um auf einer Seite Daten abzulegen, ohne diese Informationen dem Benutzer anzuzeigen. Anders als bei den übrigen Textfeldern ist der Benutzer nicht in der Lage, ein ausgeblendetes Textfeld zu bearbeiten. (Er weiß ja noch nicht einmal, dass es vorhanden ist.) Das ausgeblendete Feld hat die id secret und einen Wert (Ich darf nichts verraten!).

- ✔ **Der Textbereich hat ein anderes Format.** Bei den input-Elementen handelt es sich um Elemente, die nur aus einem Tag bestehen, während das Element textarea (Textbereich) entwickelt wurde, um viel Text aufzunehmen. Es hat deshalb ein Anfangs- und ein Ende-Tag.

- ✔ **Eine Schaltfläche startet den Spaß.** Wie üblich hängen die meisten Elemente nur so ab und sammeln Daten ein, nur die Schaltfläche hat ein onclick-Ereignis, das eine Funktion aufruft.

- ✔ **Externes CSS peppt alles auf.** Für die Seite gibt es ein minimales CSS, um sie ein wenig aufzubereiten. (Das CSS ist für diese Diskussion nicht von Bedeutung, weshalb ich auch nicht näher darauf eingehe.) Beachten Sie, dass es auf der Seite möglicherweise ein dl geben könnte, weshalb ich dafür selbst dann ein CSS bereithalte, wenn es standardmäßig nicht erscheint.

Das Kennwortfeld und das ausgeblendete Feld scheinen sicher zu sein, aber dem ist nicht so. Jeder, der den Quelltext der Seite betrachtet, ist in der Lage, den Wert eines ausgeblendeten Feldes zu lesen, und Kennwortfelder übertragen ihre Informationen in Klarschrift. Sie sollten ernsthaft darauf verzichten, Webtechnologien (ganz besonders dieser Art) einzusetzen, um die Startcodes der Raketenabwehr oder das Rezept Ihrer geheimen Sauce zu übertragen.

Wenn ich ein Textfeld erstelle, verzichte ich oft auf meine Regeln für das Einrücken, weil sich das Textfeld alles merkt, was sich in ihm befindet – einschließlich einer Einrückung.

Die Funktion schreiben

Nun müssen Sie eine Funktion haben. Hier die gute Nachricht: JavaScript behandelt alle Textelemente auf die gleiche Weise! Die Art, wie Sie ein Kennwortfeld, ein ausgeblendetes Feld oder einen Textbereich handhaben, ist identisch mit der Technik, die ein reguläres Textfeld betrifft. Hier der Code:

```
<script type = "text/javascript">
  //<![CDATA[

  // siehe otherText.html
  function processForm(){
    //Holen Sie sich die Eingaben im Formular
    var txtNormal = document.getElementById("txtNormal");
    var pwd = document.getElementById("pwd");
    var hidden = document.getElementById("hidden");
    var txtArea = document.getElementById("txtArea");

    var normal = txtNormal.value;
    var password = pwd.value;
    var secret = hidden.value;
    var bigText = txtArea.value;

    //erzeugt die Ausgabe
    var ergebnis = ""
    ergebnis += "<dl> \n";
    ergebnis += "  <dt>Normal<\/dt> \n";
    ergebnis += "    <dd>" + normal + "<\/dd> \n";
    ergebnis += " \n";
    ergebnis += "  <dt>Kennwort<\/dt> \n";
    ergebnis += "    <dd>" + password + "<\/dd> \n";
    ergebnis += " \n";
    ergebnis += "  <dt>Geheim<\/dt> \n";
    ergebnis += "    <dd>" + secret + "<\/dt> \n";
```

```
ergebnis += "    \n";
ergebnis += "    <dt>großer Text<\/dt> \n";
ergebnis += "    <dd>" + bigText + "<\/dt> \n";
ergebnis += "<\/dl> \n";

var output = document.getElementById("output");
output.innerHTML = ergebnis;

} // Ende function
```

Die Funktion `processForm()` ist etwas länger als die anderen in diesem Kapitel, aber sie folgt dem gleichen Muster: Sie holt sich aus den Feldern Daten, baut für die Ausgabe einen String zusammen und schreibt die Ausgabe (`output`) in das Attribut `innerHTML` eines `div` der Seite.

Der Code enthält nichts Neues, aber es gibt einige Punkte, die Sie berücksichtigen sollten:

- ✔ **Legen Sie für jedes Element des Formulars eine Variable an.** Verwenden Sie `document.getElementById`.

- ✔ **Legen Sie eine String-Variable an, die die Inhalte der einzelnen Elemente enthält.** Vergessen Sie nicht: Der Trick mit `getElementById` gibt ein Objekt zurück. Um herauszubekommen, was sich in dem Objekt befindet, müssen Sie die Eigenschaft `value` auswählen.

- ✔ **Legen Sie eine große String-Variable an, um die Ausgabe zu verwalten.** Wenn die Datenausgabe lang und unübersichtlich wird wie hier, verknüpfen Sie eine große Variable und geben Sie sie auf einen Rutsch aus.

- ✔ **HTML ist Ihr Freund.** Die Datenausgabe ist ein wenig komplex, aber `innerHTML` enthält HTML, weshalb Sie jeden beliebigen HTML-Stil verwenden können, um Ihren Code zu formatieren. Bei dem `ergebnis`-String handelt es sich in Wirklichkeit um eine vollständige Definitionsliste. Alles, was sich im Textfeld befindet, wird (in diesem Fall) als HTML-Text abgebildet; wenn ich also einen Zeilenumbruch oder eine Formatierung haben will, muss ich dies über Code erreichen.

- ✔ **Vergessen Sie nicht, den Schrägstrichen zu entkommen.** Der Validierer wird durch Ende-Tags verwirrt. Fügen Sie deshalb jedem Ende-Tag einer JavaScript-String-Variablen (zum Beispiel /dl) einen Rückstrich hinzu, damit aus ihr in diesem Beispiel \/dl wird.

- ✔ **Das Zeichen für einen Zeilenumbruch (`\n`) sorgt für eine saubere Ausgabe.** Wenn ich in HTML eine Definitionsliste schreibe, packe ich jede Zeile in eine neue Zeile. Ich versuche, meine Programme dahin zu bringen, dass sie Code wie ich schreiben. Deshalb füge ich überall dort, wo ich bei normalem HTML einen Zeilenumbruch hinzufüge, das Zeichen für eine neue Zeile hinzu.

Den Quellcode verstehen

Wenn Sie das Programm ablaufen lassen, ändert der JavaScript-Code tatsächlich die Seite, auf der er lebt. Code, der nicht vom Server kommt, sondern durch ihr Programm erstellt wird, wird auch *generierter Quellcode* genannt. Die Technik des generierten Quellcodes ist leistungsfähig, kann aber auch ein erhebliches Problem hervorrufen.

Führen Sie folgendes Experiment durch, damit Sie sehen, was ich meine:

1. **Laden Sie die Seite noch einmal in Ihren Browser, damit das Formular keine Inhalte anzeigt.**

   Schauen Sie sich den Quellcode an.

2. **Beachten Sie, dass alles wie erwartet vorhanden ist.**

   Der Quellcode sieht genau so aus, wie Sie ihn geschrieben haben.

3. **Klicken Sie auf die Schaltfläche HIER KLICKEN.**

   Ihre Funktion läuft ab, und die Seite ändert sich, und Sie fügen `output div` zweifellos HTML hinzu, weil Sie die Ausgabe auf dem Bildschirm sehen.

4. **Schauen Sie sich noch einmal den Quellcode an.**

   Sie werden überrascht sein: `output div` ist leer, obwohl Sie genau sehen können, dass es geändert worden ist.

5. **Validierer überprüfen generierten Code nicht.**

   Sowohl der HTML-Validierer als auch der W3-Validierer überprüfen Ihren generierten Code nicht auf Fehler. Dies müssen Sie selbst erledigen.

Abbildung 6.12 stellt dieses Problem dar.

`outout div` ist im Quellcode immer noch leer.

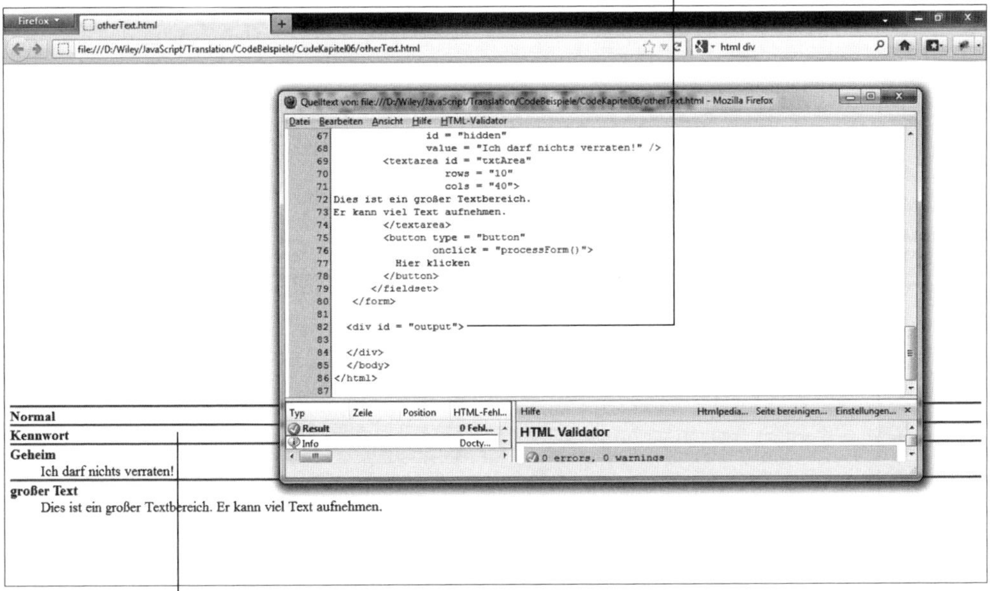

Natürlich gibt es in `<div>` einen Inhalt, auch wenn der Quellcode nichts davon anzeigt!

Abbildung 6.12: Der normale Befehl zur Anzeige des Quelltextes zeigt die Inhalte von `<div>` nicht an.

Wenn Sie ganz normale Webseiten anlegen, ist es kein Problem, weil sich Webseiten dieser Art nicht ändern. Dynamisch generierte Seiten können sich auf die Schnelle ändern, und der Browser rechnet damit nicht. Wenn Sie in HTML einen Fehler machen, können Sie nicht mehr so einfach den Quellcode anschauen, um herauszufinden, was Sie in dem Code falsch gemacht haben, der von Ihrem Script generiert wird. Glücklicherweise gibt es mithilfe zweier Firefox-Plugins einfache Lösungen für dieses Problem:

✔ **Die Symbolleiste für Webentwickler:** Diese Symbolleiste besitzt ein wunderbares Werkzeug, das GENERIERTEN QUELLTEXT ANZEIGEN heißt und im Menü ANSICHT|QUELLTEXT zu finden ist. Damit können Sie den augenblicklichen Zustand des Quelltextes der aktuellen Seite sehen, und zwar einschließlich des Codes, der dynamisch durch Ihr JavaScript generiert worden ist.

✔ **Firebug:** Öffnen Sie das Firebug-Fenster, wenn eine Seite geöffnet worden ist, und durchsuchen Sie (auf der Registerkarte HTML) Ihre Seite. Firebug gibt Ihnen selbst dann einen genauen Überblick über die Inhalte der Seite, wenn sich die Inhalte dynamisch geändert haben. Das kann sehr, sehr nützlich sein.

Diese Werkzeuge sind gut für Ihre Gesundheit, wenn Sie versuchen herauszufinden, warum Ihr generierter Code nicht funktioniert. (Ich wünsche, es hätte sie schon vor Jahren gegeben ...)

Abbildung 6.13 zeigt Firebug – das die dynamisch generierten Inhalte anzeigt.

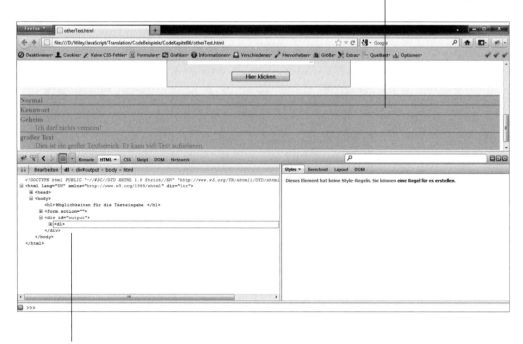

Die Inhalte von `<div>` werden dynamisch durch den Code geändert.

Firebug zeigt den Code selbst dann so an, wie er aktuell existiert, wenn dieser (wie in diesem Beispiel) durch JavaScript-Code geändert wurde.

Abbildung 6.13: Firebug zeigt den aktuellen Zustand der Seite selbst dann an, wenn sie dynamisch geändert wurde.

Für gültige Eingaben sorgen

In diesem Kapitel

▶ Daten aus Drop-down-Listen übernehmen

▶ Mehrfachauswahllisten verwalten

▶ Daten von Kontrollkästchen erhalten

▶ Informationen von Optionsfeldgruppen erhalten

▶ Eingabedaten über reguläre Ausdrücke auf Gültigkeit prüfen

▶ Zeichen-, Begrenzungs- und Wiederholungsoperatoren verwenden

▶ Mit Speichermustern arbeiten

Es ist sehr schön, Eingaben von Benutzern erhalten zu können, aber manchmal machen die Benutzer Fehler. Es wäre großartig, wenn bessere Möglichkeiten existierten, um die Arbeit der Benutzer zu erleichtern und bestimmte Fehlerarten zu verhindern.

Natürlich gibt es genau für diesen Zweck Werkzeuge. Sie erhalten in diesem Kapitel einen Überblick über zwei zentrale Vorgehensweisen, um die Eingabe durch Benutzer zu verbessern: spezialisierte Eingabeelemente und Musterübereinstimmung. Diese Werkzeuge zusammen helfen Ihnen, dafür zu sorgen, dass die Daten, die ein Benutzer eingibt, sinnvoll und gültig sind.

Eingabe über eine Drop-down-Liste erhalten

Der sauberste Weg, um Benutzer dazu zu bringen, nur noch gültige Eingaben vorzunehmen, ist der, nur gültige Werte dafür zur Verfügung zu stellen. Eine nun wirklich einfache Lösung ist eine *Drop-down-Liste* (die Sie vielleicht auch unter dem alten Namen *Listenfeld* kennen), von der ein Beispiel in Abbildung 7.1 wiedergegeben wird.

Der Einsatz einer Drop-down-Liste hat gegenüber einer Texteingabe viele Vorteile:

✔ **Der Benutzer kann die Eingabe mit der Maus vornehmen.** Dies geht schneller und einfacher, als zu schreiben.

✔ **Keine Schreibfehler.** Das klappt, weil der Benutzer nichts manuell einzugeben hat.

✔ **Alle Antworten stehen bereit.** Der Benutzer weiß, welche Antworten zur Verfügung stehen, weil sie in der Liste stehen.

✔ **Sie können sicher sein, dass die Antwort gültig ist.** Der Grund dafür liegt auf der Hand: Sie stellen die möglichen Antworten zur Verfügung.

✔ **Den Antworten der Benutzer können komplexere Werte zugewiesen werden.** Sie können beispielsweise dem Benutzer rot zeigen, während das Listenfeld den hexadezimalen Wert #FF0000 zurückgibt.

Abbildung 7.1: Der Benutzer wählt in einer vordefinierten Liste einen gültigen Wert aus.

Das Formular anlegen

Es ist am besten, das HTML-Format zuerst zu erstellen, weil dort alle Elemente definiert werden, die Sie für die Funktion benötigen. Der Code ist der eines Standardformulars:

```
<body>
  <form action = "">
    <h1>Wählen Sie bitte eine Farbe</h1>
    <fieldset>
      <select id = "farbeWaehlen" >
        <option value = "#FFFFFF">Weiß</option>
        <option value = "#FF0000">Rot</option>
        <option value = "#FFCC00">Orange</option>
        <option value = "#FFFF00">Gelb</option>
        <option value = "#00FF00">Grün</option>
        <option value = "#0000FF">Blau</option>
        <option value = "#663366">Indigo</option>
        <option value = "#FF00FF">Violett</option>
      </select>
```

```
        <input type = "button"
               value = "Farbe ändern"
               onclick = "farbeAendern()" />
    </fieldset>
  </form>

</body>
</html>
```

Das Standardverhalten des `select`-Objektes sieht so aus, dass eine Drop-down-Liste bereitgestellt wird. Das erste Element der Liste wird angezeigt. Wenn der Benutzer auf die Liste klickt, erscheinen die restlichen Auswahlmöglichkeiten.

Ein `select`-Objekt, auf das im Code verwiesen wird, sollte ein `id`-Feld haben.

In diesem und den meisten anderen Beispielen dieses Kapitels habe ich eine externe CSS-Formatgestaltung hinzugefügt. Sie sollten sich die Stildateien von der Webseite des Buches unter www.downloads.fuer-dummies.de herunterladen und unbedingt gründlich anschauen, wenn Sie wissen wollen, wie das CSS aufgebaut ist.

Das andere Element in diesem Formular ist eine Schaltfläche. Wenn darauf geklickt wird, wird die Funktion `farbeAendern()` ausgelöst.

Da es sich bei dem einzigen Element dieses Formulars um das Objekt `select` handelt, möchten Sie vielleicht die Hintergrundfarbe sofort ändern, ohne eine Schaltfläche betätigen zu müssen. Dies können Sie erledigen, indem Sie direkt am `select`-Objekt eine Ereignisbehandlung wie diese unterbringen:

```
<select id = "farbeWaehlen"
  onchange = "farbeWaehlen()"
```

Dies bewirkt, dass die Funktion `farbeAendern()` ausgelöst wird, sobald der Benutzer den Wert des `select`-Objektes ändert. So etwas machen Sie aber normalerweise nur, wenn das `select`-Objekt das einzige Objekt im Formular ist. Wenn es dort mehrere Objekte gibt, findet normalerweise eine Verarbeitung erst dann statt, wenn der Benutzer signalisiert, dass er fertig ist, indem er auf eine Schaltfläche klickt.

Das Listenfeld auslesen

Glücklicherweise ist es nicht schwierig, Standard-Drop-down-Listen auszulesen. Hier der JavaScript-Code:

```
<script type = "text/javascript">
  //<![CDATA[
  // siehe dropdownList.html
```

```
function farbeAendern(){
  var farbeWaehlen = document.getElementById("farbeWaehlen");
  var farbe = farbeWaehlen.value;
  document.body.style.backgroundColor = farbe;
} // Ende function
//]]>
</script>
```

Wie Sie sehen, ähnelt das Auslesen eines `select`-Objektes dem Arbeiten mit einem Textfeld:

1. **Legen Sie für das `select`-Objekt eine Variable an.**

   Der Trick mit `document.getElementById()` funktioniert hier so wie bei Textfeldern.

2. **Erweitern Sie die Eigenschaft `value` des `select`-Objektes.**

   Die Eigenschaft `value` des `select`-Objektes spiegelt die Eigenschaft `value` der aktuell ausgewählten Option wider. Wenn dann beispielsweise der Benutzer `Gelb` auswählt, wird der Wert von `farbeWaehlen` auf `#FFFF00` gesetzt.

3. **Legen Sie die Hintergrundfarbe des Dokuments fest.**

   Verwenden Sie den DOM-Mechanismus, um die Hintergrundfarbe des Seitenkörpers wie gewünscht zu ändern.

Die Mehrfachauswahl

Das `select`-Objekt kann auf noch leistungsfähigere Weise verwendet werden: Abbildung 7.2 zeigt eine Seite mit einem Listenfeld für eine Mehrfachauswahl. Damit eine Mehrfachauswahl klappt, müssen Sie sowohl am HTML- als auch am JavaScript-Code einige Änderungen vornehmen.

Ein »select«-Objekt für eine Mehrfachauswahl codieren

Für eine Mehrfachauswahl müssen Sie den `select`-Code an zwei Stellen modifizieren:

- ✔ **Zeigen Sie an, dass mehrfach ausgewählt werden kann.** Standardmäßig haben `select`-Felder nur einen Wert. Sie müssen einen Schalter setzen, um dem Browser mitzuteilen, dass mehr als ein Eintrag ausgewählt werden darf.

- ✔ **Legen Sie ein mehrzeiliges `select` an.** Das Standardverhalten einer Drop-down-Liste ist nicht sinnvoll, wenn Sie mehrere Auswahlkriterien zulassen, da der Benutzer alle Optionen auf einmal sehen muss. Die meisten Browser schalten automatisch in einen mehrzeiligen Modus um – was Sie aber sofort kontrollieren sollten, um sicher sein zu können.

7 ➤ Für gültige Eingaben sorgen

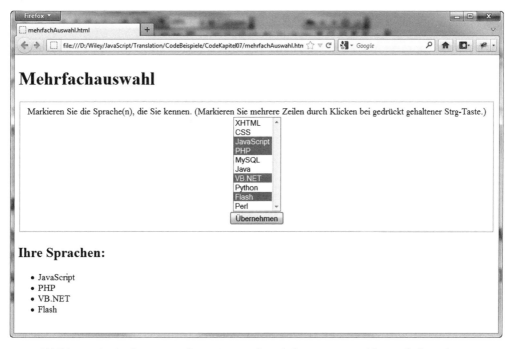

Abbildung 7.2: Sie können in dieser Liste mehrere Elemente auswählen und übernehmen.

Der XHTML-Code von `mehrfachAuswahl.html` ist so ähnlich wie der für die Seite mit der Drop-down-Liste, aber eben nur so ähnlich. Es gibt einige Änderungen:

```
<body>
  <h1>Mehrfachauswahl</h1>
  <form action = " ">
    <fieldset>
      <label>
        Markieren Sie die Sprache(n), die Sie kennen.
        (Markieren Sie mehrere Zeilen durch Klicken bei
        gedrückt gehaltener Strg-Taste.)
      </label>
      <select id = "spracheAuswaehlen"
              multiple = "multiple"
              size = "10">
        <option value = "XHTML">XHTML</option>
        <option value = "CSS">CSS</option>
        <option value = "JavaScript">JavaScript</option>
        <option value = "PHP">PHP</option>
        <option value = "MySQL">MySQL</option>
        <option value = "Java">Java</option>
```

```
            <option value = "VB.NET">VB.NET</option>
            <option value = "Python">Python</option>
            <option value = "Flash">Flash</option>
            <option value = "Perl">Perl</option>
          </select>
          <button type = "button"
                  onclick = "auswahlAnzeigen()">
            Übernehmen
          </button>
        </fieldset>
      </form>

      <div id = "output">

      </div>
    </body>
</html>
```

Der Code ist nicht sonderlich aufregend, enthält aber doch einige Funktionen, auf die Sie achten sollten:

✔ **Das `select`-Objekt heißt `spracheAuswaehlen`.** Das Formularelement benötigt wie üblich ein `id`-Attribut, damit Sie es in JavaScript auslesen können.

✔ **Fügen Sie Ihrem `select`-Objekt das Attribut `multiple = "multiple"` hinzu.** Dies weist den Browser an, mehrere Eingaben zu akzeptieren, für die sich ein Benutzer über Klicken bei gedrückt gehaltener Umschalttaste (der Taste ⇧) für das Markieren eines Bereichs oder bei gedrückt gehaltener Taste Strg für eine nicht zusammenhängende Auswahl entschieden hat.

✔ **Legen Sie als Größe 10 fest.** Der Parameter `size` gibt die Anzahl Zeilen an, die angezeigt werden. Ich habe mit `size = 10` dafür gesorgt, dass alle zehn Auswahlmöglichkeiten der Liste angezeigt werden.

✔ **Legen Sie eine Schaltfläche an.** Bei einer Mehrfachauswahl möchten Sie sicherlich, dass es zu einer Aktion kommt, wenn der Benutzer seine Auswahl beendet hat. Dies erreichen Sie am besten durch eine Schaltfläche.

✔ **Legen Sie `output div` an.** Irgendetwas muss schließlich die Antwort aufnehmen.

Den JavaScript-Code schreiben

Der JavaScript-Code, der zum Lesen einer Liste für eine Mehrfachauswahl gedacht ist, unterscheidet sich ein wenig von dem Standard-Auswahlcode. Die Eigenschaft `value` (Wert) gibt nur einen Wert zurück, während ein Listenfeld für eine Mehrfachauswahl häufig mehr als ein Ergebnis liefert.

Der Schlüssel liegt darin, dass Sie erkennen, dass eine Liste mit `option`-Objekten in einem `select`-Objekt tatsächlich eine Art Array ist. Wenn Sie sich die Liste mit den Objekten ein

7 ▸ Für gültige Eingaben sorgen

wenig näher anschauen, werden Sie erkennen, dass sie genau dies ist. Und das macht die Funktion auswahlAnzeigen():

```
<script type = "text/javascript">
  //<![CDATA[
  //siehe mehrfachAuswahl.html multi-select.html
  function auswahlAnzeigen(){
    //Daten empfangen
    var spracheAuswaehlen = document.getElementById
          ("spracheAuswaehlen");

    //String für die Ausgabe einrichten
    var ergebnis = "<h2>Ihre Sprachen:<\/h2>";
    ergebnis += "<ul> \n";

    //Die Optionen durchlaufen
    for (i = 0; i < spracheAuswaehlen.length; i++){
      //die aktuelle Auswahl untersuchen
      aktuelleAuswahl = spracheAuswaehlen[i];
  //falls markiert, drucken
      if (aktuelleAuswahl.selected == true){
        ergebnis += "   <li>" + aktuelleAuswahl.value + "<\/li> \n";
      } // Ende if
    } // Ende for-Schleife

    //Die Liste abschließen und ausgeben
    ergebnis += "<\/ul> \n";

    output = document.getElementById("output");
    output.innerHTML = ergebnis;
  } // Ende auswahlAnzeigen
  //]]>
</script>
```

Auf den ersten Blick sieht dieser Code Furcht erregend aus, aber wenn Sie ihn in kleinere Häppchen aufbrechen, verliert er seinen Schrecken.

1. **Legen Sie eine Variable an, die das gesamte select-Objekt repräsentiert.**

   Hier funktioniert document.getElementById() prima:

   ```
   var spracheAuswaehlen = document.getElementById('spracheAuswaehlen');
   ```

2. **Legen Sie eine String-Variable an, die die Ausgabe aufnimmt.**

   Wenn Sie eine komplexe HTML-Ausgabe anlegen, ist es viel einfacher, mit einer String-Variablen zu arbeiten, als Code zu schreiben, der direkt auf die Elemente zugeschnitten ist:

   ```
   var ergebnis = <h2>Ihre Sprachen:<\/h2>'
   ```

3. **Legen Sie eine unsortierte Liste an, die die Ergebnisse anzeigt.**

   Eine unsortierte Liste ist ein guter Weg, um die Ergebnisse auszugeben, weshalb ich eine in meiner Variablen `ergebnis` erzeuge.

   ```
   ergebnis += '<ul> \n';
   ```

4. **Durchlaufen Sie `spracheAuswaehlen`, als wenn es ein Array wäre.**

   Verwenden Sie eine `for`-Schleife, um das Listenfeld Zeile für Zeile zu untersuchen:

   ```
   for (i = 0; i < spracheAuswaehlen.length; i++){
   ```

   Beachten Sie, dass `spracheAuswaehlen` wie ein Array eine Eigenschaft `length` (Länge) hat.

5. **Weisen Sie das aktuelle Element einer temporären Variablen zu.**

   Die Variable `aktuelleAuswahl` soll beim Abarbeiten der Schleife alle Verweise auf die einzelnen `option`-Elemente im ursprünglichen `select`-Objekt aufnehmen:

   ```
   aktuelleAuswahl = spracheAuswaehlen[i];
   ```

6. **Prüfen Sie nach, ob das aktuelle Element ausgewählt worden ist.**

   Hier ist `aktuelleAuswahl` ein Objekt, das eine Eigenschaft `selected` besitzt. Diese Eigenschaft sagt Ihnen, ob das Objekt vom Benutzer markiert worden ist. `selected` ist eine Boole'sche Eigenschaft, wodurch die einzigen zulässigen Werte `true` (wahr) oder `false` (falsch) sind.

7. **Wenn das Element markiert (ausgewählt) worden ist, fügen Sie der Ausgabeliste einen Eintrag hinzu.**

   Wenn der Benutzer das Objekt markiert hat, legen Sie in der unsortierten Liste, die in der Variablen `ergebnis` zuhause ist, einen Eintrag an.

8. **Schließen Sie die Liste.**

   Wenn die Schleife durch alle Objekte durchgelaufen ist, können Sie die unsortierte Liste schließen, die Sie aufgebaut haben:

   ```
   ergebnis += '<\/ul> \n';
   ```

9. **Übergeben Sie das Ergebnis an `output div`.**

   Die Eigenschaft `innerHTML` von `output div` ist der ideale Ort, um die unsortierte Liste auszugeben:

   ```
   output = document.getElementById('output');
   output.innerHTML = ergebnis;
   ```

Hier läuft etwas Eigenartiges ab. Die Optionen eines Auswahlfeldes handeln wie ein Array. Eine ungeordnete Liste ähnelt einem Array, das wie ein Auswahlfeld handelt. Das sind Arrays, die unterschiedliche Formen haben. Alle Daten in Listenform können als Arrays gedacht werden. Manchmal verwalten Sie sie wie eine

Liste (für die Anzeige), manchmal wie ein Array (für die Ablage im Arbeitsspeicher), und dann handelt es sich wieder um eine Auswahlgruppe (für die Eingabe durch den Benutzer). Jetzt beginnen Sie, wie ein Programmierer zu denken!

Kontrollkästchen auslesen

Kontrollkästchen erfüllen eine andere nützliche Dateneingabe-Funktion: Sie machen immer dann Sinn, wenn Sie Boole'sche Daten haben. Wenn einige Werte wahr (true) oder falsch (false) sein können, ist ein Kontrollkästchen eine gute Sache. Abbildung 7.3 stellt eine Seite dar, die auf Kontrollkästchen reagiert.

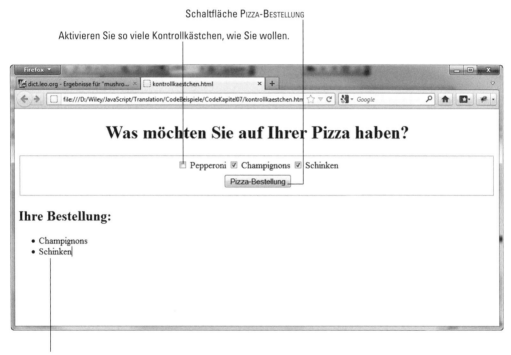

Abbildung 7.3: Hier können Sie den Pizzabelag Ihrer Wahl bestellen – und zwar so viel, wie Sie möchten.

 Es ist wichtig, dass Sie immer daran denken, dass die Kontrollkästchen voneinander unabhängig sind. Obwohl sie häufig gruppiert sind, kann ein Kontrollkästchen aktiviert oder deaktiviert werden, ohne dass seine Nachbarn davon irgendwie beeinflusst werden.

Die Seite mit den Kontrollkästchen anlegen

Beginnen wir wie üblich damit, dass wir uns das HTML anschauen:

```
<body>
  <h1>Was möchten Sie auf Ihrer Pizza haben?</h1>
  <form action = "">
    <fieldset>
      <input type = "checkbox"
             id = "chkPepperoni"
             value = "Pepperoni" />
      <label for = "chkPepperoni">Pepperoni</label>

      <input type = "checkbox"
             id = "chkMushroom"
             value = "Pilze" />
      <label for = "chkMushroom">Pilze</label>

      <input type = "checkbox"
             id = "chkSausage"
             value = "Schinken" />
      <label for = "chkSausage">Schinken</label>

      <button type = "button"
              onclick = "bestellung()">
         Pizza-Bestellung
      </button>
    </fieldset>
  </form>
  <h2>Ihre Bestellung:</h2>
  <div id = "output">

  </div>
</body>
```

Jedes Kontrollkästchen ist ein eigenständiges Element der Eingabe. Achten Sie darauf, dass checkbox-Werte nicht angezeigt werden. (*Checkbox* ist übrigens die englische Bezeichnung für *Kontrollkästchen*.) Stattdessen wird normalerweise eine Beschriftung (ein *Label*) verwendet, das direkt *hinter* dem Kontrollkästchen steht. Eine Schaltfläche ruft die Funktion bestellung() auf.

 Schauen Sie sich die Bezeichnungen (Labels) an. Bei allen gibt es das for-Attribut, um ein Label an sein Kontrollkästchen zu binden. Obwohl dies keine Notwendigkeit ist, so handelt es sich hierbei um einen netten »Kundendienst«, weil der Benutzer dadurch auch auf die Bezeichnung eines Kontrollkästchens klicken kann, um das Kontrollkästchen zu aktivieren.

Auf die Kontrollkästchen antworten

Kontrollkästchen benötigen wenig Pflege und Futter. Wenn Sie sich mit einem checkbox-Objekt genauer beschäftigen, fallen zwei wichtige Eigenschaften auf:

✔ **Die Eigenschaft value:** Die Eigenschaft value kann – wie andere Elemente für die Eingabe – dazu verwendet werden, um Werte aufzunehmen, die zum Kontrollkästchen gehören.

✔ **Die Eigenschaft checked:** Bei dieser Eigenschaft handelt es sich um einen Boole'schen Wert, der angibt, ob das Kontrollkästchen aktiviert worden ist oder nicht.

Der Code für die Funktion bestellung() zeigt, wie es gemacht wird:

```
<script type = "text/javascript">
 //<![CDATA[
 //siehe kontrollkaestchen.html

 function bestellung(){
   //Variablen erhalten
   var chkPepperoni = document.getElementById("chkPepperoni");
   var chkMushroom = document.getElementById("chkMushroom");
   var chkSausage = document.getElementById("chkSausage");

   var output = document.getElementById("output");
   var result = "<ul> \n"

   if (chkPepperoni.checked){
      result += "<li>" + chkPepperoni.value + "<\/li> \n";
   } // Ende if

   if (chkMushroom.checked){
      result += "<li>" + chkMushroom.value + "<\/li> \n";
   } // Ende if

   if (chkSausage.checked){
      result += "<li>" + chkSausage.value + "<\/li> \n";
   } // Ende if

   result += "<\/ul> \n"
    output.innerHTML = result;
 } // Ende function

 //]]>
</script>
```

Achten Sie darauf, dass bei jedem Kontrollkästchen beide Eigenschaften verwendet werden:

1. **Ermitteln Sie, ob das Kontrollkästchen mit einem Häkchen versehen worden ist oder nicht.**

   Verwenden Sie die Eigenschaft `checked` als Bedingung.

2. **Wenn das Kontrollkästchen aktiviert wurde, geben Sie den Inhalt der Eigenschaft `value` zurück, der zu dem entsprechenden Kontrollkästchen gehört.**

In der Praxis wird häufig auf die Eigenschaft `value` verzichtet. Wichtig ist, ob das Kontrollkästchen markiert worden ist oder nicht. Es ist wohl klar, dass der Benutzer Champignons haben möchte, wenn `chkChampignons` aktiviert wurde, weshalb Sie die Daten nicht ausdrücklich in `checkbox` selbst speichern müssen.

Mit Optionsfeldern arbeiten

Der Umgang mit Optionsfeldgruppen scheint einfach zu sein, aber sie sind komplexer, als es aussieht. Abbildung 7.4 zeigt eine Seite mit Optionsfeldern.

Abbildung 7.4: Es kann immer nur ein einziges Mitglied der Gruppe der Optionsfelder ausgewählt werden.

Die wichtigste Regel bei Optionsfeldern ist, dass sie – wie wilde Tiere und Nordic Walker – in Gruppen auftreten. In jeder Gruppe mit Optionsfeldern ist immer nur ein Feld aktiv. Die Gruppe sollte auch immer so eingerichtet werden, dass von Anfang an genau ein Gruppenfeld vorbelegt ist.

7 ▸ Für gültige Eingaben sorgen

Sie legen die Gruppe der Optionsfelder im XHTML-Code an. Jedes Element der Gruppe kann ein id-Attribut haben (obwohl die IDs in dieser Anwendung nicht wirklich benötigt werden). Wichtiger ist hier das Attribut name. Schauen Sie sich den Code an, und Sie bemerken vielleicht etwas Interessantes: Alle Optionsfelder haben denselben Namen!

```
<body>
  //Label und Name stimmen in der folgenden Gruppe
  //nicht immer überein, weil es hier nur um das
  //Prinzip der Codierung geht.
  //Beim eigenständigen Arbeiten bitte so etwas
  //nie machen!!!!!!

  <h1>Mit welcher Waffe wollen Sie den Drachen bekämpfen?</h1>
  <form action = " ">
    <fieldset>
      <input type = "radio"
         name = "waffe"
         id = "optGabel"
         value = "Gabel"
         checked = "checked" />
      <label for = "optGabel">Gabel</label>

      <input type = "radio"
         name = "waffe"
         id = "radFlower"
         value = "Blume" />
      <label for = "radFlower">Blume</label>

      <input type = "radio"
         name = "waffe"
         id = "radNoodle"
         value = "Tüte Pommes" />
      <label for = "radNoodle">Tüte Pommes</label>
      <button type = "button"
            onclick = "kampf()">
        Bekämpfe den Drachen
      </button>
    </fieldset>
  </form>
  <div id = "output">

  </div>
</body>
```

Es scheint ein wenig seltsam zu sein, mit einem Attribut name zu arbeiten, während alles andere ein Attribut id verwendet, aber dafür gibt es einen guten Grund: Das Attribut name wird verwendet, um auf die *Gruppe* der Optionsfelder zu verweisen. Und da alle Felder der Gruppe denselben Namen haben ...

✔ Diese Felder stehen miteinander in Beziehung, und nur eines von ihnen wird aktiviert.

✔ Der Browser erkennt dieses Verhalten und deaktiviert automatisch die übrigen Optionsfelder der Gruppe, wenn eines von ihnen markiert wird.

✔ Ich habe bei jedem Feld eine Bezeichnung (auch *Label* genannt) hinzugefügt, die beschreibt, was es bedeutet. (Das ist für menschliche Wesen wie Benutzer und bei der Fehlersuche sehr praktisch.) Diese Bezeichnungen verbessern die Brauchbarkeit, weil Benutzer entweder auf die Bezeichnung oder in das Optionsfeld klicken können, um das Feld zu aktivieren.

Es ist wichtig, eines der Optionsfelder mit `true` vorzubelegen, indem Sie das Attribut `checked = "checked"` verwenden. Falls Sie das versäumen, müssen Sie Code hinzufügen, um die Möglichkeit abzufangen, dass Sie vom Benutzer keine Auswahl erhalten.

Optionsfelder auswerten

Wenn Sie von einer Gruppe Optionsfelder Informationen erhalten wollen, müssen Sie eine etwas andere Technik als bei den meisten anderen Elementen eines Formulars einsetzen. Es gibt kein `select`-Objekt, das als Containerobjekt dienen und einen einfachen Wert zurückgeben kann. Außerdem können Sie nicht einfach alle Optionsfelder einer Seite abfragen, weil es auf der Seite mehrere Optionsfeldgruppen geben kann. (Stellen Sie sich beispielsweise eine Seite mit einem Multiple-Choice-Test vor.)

Das ist der Punkt, an dem das Attribut `name` ins Spiel kommt. IDs einer Seite müssen eindeutig sein, während mehrere Elemente einer Seite denselben Namen haben können. In diesem Fall können diese Elemente als Array behandelt werden.

Schauen Sie sich den Code an, und ich erkläre Ihnen, was er macht:

```
<script type = "text/javascript">
  //<![CDATA[
  // siehe optionsfeldGruppe.html
  function kampf(){
    var waffe = document.getElementsByName("waffe");

    for (i = 0; i < waffe.length; i++){
      currentWeapon = waffe[i];

      if (currentWeapon.checked){
        var selectedWeapon = currentWeapon.value;
      } // Ende if

    } // Ende for
```

```
        var output = document.getElementById("output");
        var response = "<h2>Sie besiegten den Drachen mit einer ";
        response += selectedWeapon + "<\/h2> \n";
        output.innerHTML = response;
    } // Ende function

    //]]>
</script>
```

Dieser Code sieht so ähnlich aus wie anderer Code in diesem Kapitel, aber er enthält einen gemeinen Unterschied, der in diesen Schritten enthüllt wird:

1. **Verwenden Sie `getElementsByName`, um ein Array aus Elementen mit diesem Namen zu erhalten.**

   Nachdem Sie sich mittlerweile mit `getElementById` auskennen, mache ich Ihnen einen Strich durch die Rechnung. Achten Sie darauf, dass wir es hier mit einer Pluralform zu tun haben: `getElementsByName` (Elements mit *s*). Dieses Werkzeug wird nun einmal dafür verwendet, ein aus Elementen bestehendes Array auszulesen. Es gibt auch ein Array zurück (in diesem Fall alle Optionsfelder der Gruppe `waffe`).

2. **Behandeln Sie das Ergebnis wie ein Array.**

   Die Ergebnisvariable (in diesem Fall `waffe`) ist ein Array. Und ein solches Array wird natürlich – wie üblich – über Schleifen verarbeitet. Verwenden Sie eine `for`-Schleife, um jedes Element im Array zu durchlaufen.

3. **Weisen Sie `currentWeapon` (was *aktuelle Waffe* bedeutet) jedes Element des Arrays zu.**

   Diese Variable enthält den Verweis auf das aktuelle Optionsfeld.

4. **Überprüfen Sie, ob die aktuelle Waffe auch wirklich markiert worden ist.**

   Die Eigenschaft `checked` zeigt an, ob ein Optionsfeld auch wirklich ausgewählt worden ist.

5. **Wenn die aktuelle Waffe markiert ist, übernehmen Sie den Wert des Optionsfeldes.**

   Wenn ein Optionsfeld aktuell markiert worden ist, wird sein Wert zum aktuellen Wert der Gruppe, weshalb Sie ihn in der Variablen ablegen, um ihn später weiterzuverwenden.

6. **Geben Sie die Ergebnisse aus.**

   Sie können die Ergebnisse nun wie jede andere Quelle weiterverarbeiten.

Mit regulären Ausdrücken arbeiten

Es kann schon sehr hilfreich sein, die richtigen Formularelemente zu haben, aber trotzdem kann einiges schiefgehen. Manchmal *müssen* Sie es zulassen, dass Benutzer etwas eingeben, und dann muss diese Information auch noch ein besonderes Format haben. Schauen Sie sich als Beispiel Abbildung 7.5 an.

Abbildung 7.5: Diese Seite ist eine Katastrophe: kein Name, eine falsche Mailadresse und eine ungültige Telefonnummer.

Es wäre großartig, einen Mechanismus zu haben, um die in einem Formular gemachten Eingaben daraufhin überprüfen zu können, ob sie auch das richtige Format haben. Dies kann mit String-Funktionen erledigt werden, was aber zu einem wirklichen Durcheinander im Code führt. Stellen Sie sich nur vor, wie viele `if`-Anweisungen und String-Methoden Sie haben müssen, damit auf der Seite diese Regeln befolgt werden:

1. **In jedem Feld muss es einen Eintrag geben.**

   Das ist wahrlich einfach: Prüfen Sie, ob es irgendwo einen leeren Wert gibt.

2. **Die E-Mail-Adresse muss in einem gültigen Format eingegeben werden.**

   Sie muss also aus einigen Zeichen, einem At-Zeichen (@), einigen weiteren Zeichen, einem Punkt und einem Domänennamen (zwei bis vier Zeichen) bestehen. Da haben Sie einiges abzuprüfen.

3. **Die Telefonnummer muss in einem gültigen Format eingegeben werden.**

   Es gibt verschiedene Formate (je nach Land – wir verwenden in diesem Beispiel eine amerikanische Nummer), aber gehen wir davon aus, dass eine Vorwahl in Klammern eingegeben werden muss, der ein optionales Leerzeichen folgt, dem wiederum drei Ziffern, ein Bindestrich und weitere vier Ziffern folgen. Alle Ziffern müssen als numerische Zeichen eingegeben werden (scheint eigentlich klar zu sein, aber Sie wären überrascht ...).

Auch wenn es möglich ist, diese Regeln zu erzwingen, ist das mit den normalen Werkzeugen zur Bearbeitung von Strings sehr aufwändig.

7 ▶ Für gültige Eingaben sorgen

JavaScript-Strings haben eine Methode `match` (was man frei mit *Übereinstimmung* übersetzen kann), die dabei hilft, einen Teilstring in einem String ausfindig zu machen. Das ist nicht schlecht, aber wir schauen uns nicht einfach nach Text, sondern nach einem Textmuster um. So wollen wir zum Beispiel wissen, ob etwas eine E-Mail-Adresse ist (die aus Text, einem @, noch mehr Text, einem Punkt und weiteren zwei bis vier Zeichen besteht).

Stellen Sie sich vor, wie schwierig es wird, diesen Code zu schreiben … und werfen Sie dann einen Blick auf den Code für die Seite `validate.html`:

```
<script type = "text/javascript">
  function validate(){
    // Eingaben erhalten
    name = document.getElementById("txtName").value;
    email = document.getElementById("txtEmail").value;
    phone = document.getElementById("txtPhone").value;

    //Eine leere Fehlermeldung erzeugen
    errors = "";

    //Name prüfen - Es muss nur einen geben
    if (name == ""){
      errors += "Bitte einen Namen eingeben. \n";
    } // Ende if

    //E-Mail-Adresse prüfen
    emailRE = /^.+@.+\..{2,4}$/;
    if (email.match(emailRE)){
      //console.log("E-Mail-Adresse passt.");
      //nichts unternehmen
    } else {
      //console.log("E-Mail-Adresse falsch.");
      errors += "Überprüfen Sie bitte die E-Mail-Adresse. \n";
    } // Ende if

    //Telefonnummer prüfen
    phoneRE = /^\(\d{3}\) *\d{3}-\d{4}/;
    if (phone.match(phoneRE)){
      //console.log("Telefonnummer passt.");
      //nichts unternehmen
    } else {
      //console.log("Problem mit der Telefonnummer");
      errors += "Telefonnummer prüfen #\n";
    } // Ende phone if

    //Fehler suchen
    if (errors == ""){
```

```
        alert ("Daten werden verarbeitet.");
        //das Formular verarbeiten
    } else {
        alert(errors);
    } // Ende if

} // Ende function
```

</script>

 Ich zeige hier nur den JavaScript-Code, um Platz zu sparen. Laden Sie sich von der Webseite dieses Buches (unter www.downloads.fuer-dummies.de) die Übungsdateien herunter, um zu sehen, wie das HTML und das CSS aussehen.

Überraschung! So schwer ist der Code doch gar nicht! Hier kommt die Erklärung für das, was da abläuft:

1. **Lassen Sie den Code auf die übliche Weise die Daten aus dem Formular holen.**

2. **Legen Sie eine Variable an, die Fehlermeldungen aufnehmen kann.**

    Die Fehlervariable ist zu Beginn leer (weil es zu diesem Zeitpunkt noch keine Fehler gibt). Wenn der Code abläuft, füge ich dieser Variablen Fehlertext hinzu. Wenn es keine Fehler gibt, bleibt die Fehlervariable eben leer.

3. **Führen Sie die Prüfung des Namens durch.**

    Das sollte nicht schwer sein: Der einzige Fehler, der hier gemacht werden kann, ist, dass das Feld leer bleibt.

4. **Falls der Name falsch sein sollte, fügen Sie der Fehlervariablen einen helfenden Text hinzu.**

    Wenn es keinen Namen gibt, fügen Sie der Fehlervariablen eine Nachricht hinzu. Diese wird dann später (gegebenenfalls mit weiteren Fehlerinformationen) an den Benutzer ausgegeben.

5. **Legen Sie ein Muster an.**

    Auch das erscheint ziemlich einfach zu sein – bis Sie sich die Zeile mit emailRE = /^.+ @.+\..{2,4}$/; anschauen. Das sieht nicht gerade gesund aus. Es handelt sich dabei um ein Muster, das angibt, ob Sie es mit einer gültigen E-Mail-Adresse zu tun haben oder nicht. Ich erkläre im nächsten Abschnitt, wie das Muster aufgebaut ist. Nehmen Sie es im Moment einfach hin, damit Sie das große Ganze sehen können.

6. **Beachten Sie, dass wir versuchen, die E-Mail-Adresse mit emailRE abzugleichen.**

    Was emailRE auch sein mag (ich verspreche, dass ich das gleich erkläre), die nächste Zeile macht klar, dass wir versuchen, die E-Mail-Adresse mit diesem Ding abzugleichen. Es zeigt sich, dass dies eine Boole'sche Operation ist. Wenn sie wahr ergibt, passt die E-Mail-Adresse zum Muster.

7. Unternehmen Sie nichts, wenn das Muster passt.

Wenn die E-Mail-Adresse gültig ist, machen Sie mit der Verarbeitung weiter. (Beachten Sie, dass ich ursprünglich einen Protokollierungskonsolenbefehl für ein Debuggen eingebaut hatte, aber ich habe diesen Befehl auskommentiert.)

8. Wenn der Mustervergleich nicht erfolgreich ist, fügen Sie eine weitere Fehlermeldung hinzu.

Die Fehlervariable sammelt alle Fehlermeldungen. Wenn die Musterüberprüfung nicht erfolgreich ist, bedeutet dies, dass die E-Mail-Adresse in einem ungültigen Format eingegeben wurde.

9. Überprüfen Sie die Telefonnummer.

Auch hier gilt, dass die Überprüfung der Telefonnummer eine einfache Sache ist – wenn da nicht das geheimnisvolle `phoneRE` wäre: `/\(\d{3}\) *\d{3}-\d{4}/`. Wenn die Musterüberprüfung erfolgreich ist, unternehmen Sie wieder nichts, ansonsten fügen Sie der Fehlervariablen eine Information hinzu.

10. Wenn alles in Ordnung ist, verarbeiten Sie das Formular.

Der Status der Fehlervariablen zeigt an, ob es Probleme gegeben hat. Wenn die Variable leer ist, sind alle Eingaben gültig, und es ist an der Zeit, das Formular zu verarbeiten.

11. Geben Sie gegebenenfalls alle Fehlermeldungen aus.

Wenn Sie etwas in die Fehlervariable geschrieben haben, sollte das Formular nicht verarbeitet werden. Geben Sie stattdessen den Inhalt der Fehlervariablen auf dem Bildschirm des Benutzers aus.

In JavaScript validieren Sie häufig Eingaben, bevor Sie sie an ein Programm auf dem Server übergeben. Auf diese Weise weiß Ihr Serverprogramm, dass die Daten gültig sind, wenn sie bei ihm ankommen. Dies verringert die Wahrscheinlichkeit für Engpässe auf dem Server. JavaScript-Programme leiten Daten normalerweise über AJAX an einen Server weiter. AJAX ist das Thema in Teil III dieses Buches.

Reguläre Ausdrücke vorstellen

Natürlich liegt das Geheimnis in der Entschlüsselung der mystischen Ausdrücke, die in den `match`-Anweisungen verwendet werden. Es handelt sich dabei nicht um reine Zeichenfolgen (Strings), sondern um sehr leistungsfähige Bearbeitungstechniken für Text, die auch unter dem Fachausdruck *Parsen regulärer Ausdrücke* bekannt sind (wobei *Parsen* eine *Syntaxanalyse* bedeutet). Reguläre Ausdrücke sind aus der Unix-Welt in viele Programmiersprachen einschließlich JavaScript eingewandert. Ein regulärer Ausdruck ist eine leistungsstarke Sprache im Miniformat für das Suchen und Ersetzen selbst komplexer Muster – insbesondere Textmuster. Diese Sprache sieht mehr als seltsam aus, aber wenn Sie sich erst einmal mit den geheimnisvoll aussehenden Ausdrücken vertraut gemacht haben, entwickelt sie einen gewissen Charme.

Reguläre Ausdrücke werden normalerweise in JavaScript mit der String-Methode `match()` verwendet, aber auch `replace()` und andere Methoden greifen darauf zu.

Tabelle 7.1 fasst die wichtigsten Operatoren regulärer Ausdrücke in JavaScript zusammen.

Operator	Beschreibung	Beispielmuster	Übereinstimmung	Keine Übereinstimmung
. (Punkt)	Ein einzelnes Zeichen (außer neue Zeile)	.	E	\n
^	Anfang eines Strings	^a	Apfel	Banane
$	Ende eines Strings	a$	Anna	Paul
[Zeichen]	Jedes Zeichen aus der Liste in den eckigen Klammern	[abcABC]	A	D
[Zeichenbereich]	Jedes Zeichen aus dem in den eckigen Klammern stehenden Bereich	[a-zA-Z]	F	9
\d	Eine einzelne Ziffer	\d\d\d-\d\d\d\d	123-4567	Das-Ding
\b	Begrenzung eines Wortes	\bder\b	Der	Derselbe
+	Ein- oder mehrfaches Vorkommen des vorhergehenden Zeichens	\d+	1234	Text
*	Das vorherige Zeichen kann nicht oder mehrfach auftreten.	[]a-zA-Z]\d*	B17, g	8
{Ziffer}	Vorgegebene Anzahl an Wiederholungen des vorherigen Zeichens	\d{3}-\d{4}	123-456	999-99-9999
{min, max}	Wiederholung des vorherigen Zeichens *min*destens, aber nicht mehr als *max*imal	{2,4}	ca, der, mein	Wassermelone
(Musterabschnitt)	Speichert die Ergebnisse im Musterspeicher für eine Wiederverwendung	/^(.).*\1$/	eine, dankend	dankende

Tabelle 7.1: Wichtige Operatoren in JavaScript

Lernen Sie diese Tabelle nicht auswendig! Ich erkläre im restlichen Teil dieses Kapitels genau, wie reguläre Ausdrücke funktionieren. Verwenden Sie diese Seite einfach nur als Referenz.

Um zu sehen, wie reguläre Ausdrücke arbeiten, werfen Sie einen Blick auf regex.html (siehe Abbildung 7.6).

Abbildung 7.6: Dieses Werkzeug gibt Ihnen die Möglichkeit, reguläre Ausdrücke zu testen.

Das obere Textfeld akzeptiert einen regulären Ausdruck, und das zweite Textfeld nimmt den Text auf, den Sie untersuchen wollen. Führen Sie das folgende Beispiel aus, um zu sehen, wie reguläre Ausdrücke funktionieren. Sie sind wirklich praktisch, wenn Sie sich erst einmal mit ihnen auskennen. Probieren Sie diesen Tester aus, während Sie das Beispiel abarbeiten. (Sie finden den Code, den ich dieses Mal nicht abdrucke, unter www.downloads.fuer-dummies.de auf der Webseite dieses Buches zum Herunterladen.)

Zeichen in regulären Ausdrücken

Die Hauptaufgabe, die Sie mit regulären Ausdrücken erledigen, ist das Suchen nach Text. Unterstellen wir einmal, dass Sie für die Firma bigCorp arbeiten und nach E-Mail-Adressen von Mitarbeitern suchen. Sie könnten ein Formular anlegen, das nur E-Mail-Adressen akzeptiert, in denen der Ausdruck bigCorp vorkommt. Dies können Sie mit diesem Code erreichen:

```
if (email.match(/bigCorp/)){
alert("Übereinstimmung");
} else {
alert("Keine Übereinstimmung");
} // Ende if
```

Dies ist die einfachste Art einer Prüfung. Ich suche nur nach der Nadel (bigCorp) im Heuhaufen (den E-Mail-Adressen, die in email gespeichert sind). Wenn bigCorp irgendwo im Text gefunden wird, ist die Übereinstimmungsprüfung wahr, und ich kann tun und lassen, was ich möchte (normalerweise verarbeite ich das Formular auf dem Server). Ich werde aber sicherlich häufiger auf einen Fehler stoßen und muss den Benutzer daran erinnern, was in solch einem Fall zu tun ist.

Achten Sie darauf, dass der Text in der Methode match() in der Klammer von Schrägstrichen (/) und nicht von Anführungszeichen eingegrenzt wird. Dies ist wichtig, weil der Text bigCorp hier kein echter String-Wert ist. Die Schrägstriche zeigen an, dass der Text als regulärer Ausdruck behandelt werden soll, was eine besondere Verarbeitung durch den Interpreter verlangt.

Wenn Sie unglücklicherweise einen regulären Ausdruck in Anführungszeichen statt in Schrägstriche gesetzt haben, funktioniert der Ausdruck meistens doch. JavaScript versucht, den Text heimlich für Sie in einen regulären Ausdruck umzuwandeln. Leider klappt dies nicht immer. Verlassen Sie sich also nicht auf diese automatische Umwandlung, sondern begrenzen Sie reguläre Ausdrücke immer mit Schrägstrichen und nicht mit Anführungszeichen.

Den Anfang und das Ende einer Zeile markieren

Vielleicht möchten Sie die Suche verbessern, denn Sie wollen doch eigentlich Adressen haben, die mit bigCorp.com enden. Sie können in den Prüfstring ein besonderes Zeichen einbinden, das angibt, wo das Ende der Zeile sein soll:

```
if (email.match(/bigCorp.com$/)){
alert("Übereinstimmung");
} else {
alert("Keine Übereinstimmung");
} // Ende if
```

Das Dollarzeichen am Ende des Prüfstrings gibt an, dass dieser Teil des Textes das Ende des Suchstrings bildet. Dadurch passt dann zwar andy@bigCorp.com, nicht aber bigCorp verkündet neue Umsatzzahlen.

Wenn Sie ein Ass in regulären Ausdrücken sind, wissen Sie, dass dieses Beispiel ein wenig hinkt, aber wir wollen nicht kleinlich sein. Gleich erkläre ich alles. Akzeptieren Sie im Moment, dass Sie das Ende des Strings als Suchparameter einbinden können.

Wenn Sie dafür sorgen wollen, dass ein Textfeld nur die Zeichenfolge oogie boogie enthalten darf, binden Sie den Ausdruck in die Anfangs- und Ende-Kennungen ein. /^oogie boogie$/ führt nur zu einer gültigen Überprüfung, wenn es in der Phrase nichts anderes gibt.

Mit besonderen Zeichen arbeiten

Sie können zusätzlich zu ganz normalem Text auch viele Sonderzeichen verwenden, um bei der Überprüfung flexibler zu sein.

Ein Zeichen mit einem Punkt abgleichen

Das leistungsfähigste Zeichen ist der Punkt (.), der für ein einzelnes Zeichen steht. Jedes Zeichen – mit Ausnahme von neue Zeile (\n) – kann mit dem Punkt abgeglichen werden. Der Ausdruck /M..n/ passt zum Beispiel zu Main, Mann und Mohn. Tatsächlich passen alle Phrasen, die ein großes M enthalten, dem zwei Zeichen und ein n folgen, was dazu führt, dass auch Mxyn, M n und M47n gültige Begriffe wären.

Eine Zeichenklasse verwenden

Sie können eine Liste mit Zeichen in eckigen Klammern bereitstellen, und JavaScript prüft nach, ob eines davon passt. Diese Liste mit Zeichen wird manchmal auch *Zeichenklasse* genannt. Wenn Sie als Muster beispielsweise b[aeiou]g verwenden, passen darauf die englischen Begriffe bag, beg, big, bog und bug. Damit steht Ihnen ein wirklich schneller Weg zur Verfügung, viele mögliche Übereinstimmungen abzuprüfen.

Sie können eine Zeichenklasse auch als Bereich festlegen. So akzeptiert der Bereich [a-zA-Z] alle Buchstaben, aber keine Satzzeichen oder Ziffern.

Nur Ziffern

Einer der beliebtesten Tricks sieht so aus, dass nur nach Ziffern gesucht wird. Das Sonderzeichen \d steht für eine Ziffer (einen ganzzahligen Wert zwischen 0 und 9). Sie können mit diesem Muster eine Bankleitzahl überprüfen:

/\d\d\d \d\d\d \d\d/

Das Muster sucht nach drei Ziffern, einem Leerzeichen, weiteren drei Ziffern, noch einem Leerzeichen und noch einmal zwei Ziffern.

Satzzeichen markieren

Sie können angeben, dass reguläre Ausdrücke auch mit Zeichen umgehen sollen, die weder Ziffern noch Buchstaben sind – zum Beispiel mit Punkten und Klammern. Und wie geht das? Verwenden Sie einfach einen umgedrehten Schrägstich (\), um anzuzeigen, dass Sie nach solch einem Zeichen suchen. So wäre es zum Beispiel leichter, die E-Mail-Adresse mit /bigCorp\.com/ zu suchen, weil dadurch klar wird, dass es in der Zeichenfolge einen Punkt geben muss. Wenn Sie den umgedrehten Schrägstrich nicht verwenden, interpretiert das Verarbeitungswerkzeug der regulären Ausdrücke den Punkt als »ein beliebiges Zeichen« und würde auch so etwas wie bigCorpöcom erlauben. Setzen sie den Trick mit dem umgedrehten Schrägstrich bei Satzzeichen wie runden oder eckigen Klammern, Punkten und Schrägstrichen ein.

Wenn Sie zum Beispiel für die Abfrage von Telefonnummern den Vorwahlbereich überprüfen wollen, der in Klammern steht und drei bis fünf Ziffern enthalten kann, verwenden Sie das Muster `\(\d{3,5}\)`.

Wörter suchen

Manchmal möchten Sie vielleicht wissen, ob etwas ein Wort ist. So wollen Sie zum Beispiel das Wort `der` suchen, aber auf falsche Ergebnisse wie `Niederschlag` oder `derselbe` verzichten. Das Zeichen `\b` dient als Begrenzung eines Wortes, wodurch `/\bder\b/` nur auf `der`, nicht aber auf andere Wörter passt, in denen `der` vorkommt.

Wiederholte Operationen

Alle diese Zeichenumwandler beziehen sich immer nur auf ein bestimmtes Zeichen. Manchmal haben Sie es aber auch gleichzeitig mit mehreren Zeichen zu tun. Es gibt nun Operatoren, die Ihnen dabei helfen.

Eines oder mehrere Elemente finden

Das Pluszeichen (+) steht für »eines oder mehrere der voranstehenden Zeichen«, wodurch `/ab+c/` auf `abc`, `abbbbc` oder `abbbbbbbbbbc`, nicht aber auf `ac` oder `afc` passt (weil es mindestens ein `b` geben muss).

Null oder mehr Übereinstimmungen

Das Sternchen bedeutet »keine oder mehrere Wiederholungen des voranstehenden Zeichens«. So passt auf `/Ich bin .* glücklich/` die Aussage `Ich bin glücklich` (zwischen `Ich bin` und `glücklich` kommt kein weiteres Zeichen vor). Aber auch `Ich bin nicht glücklich` würde ein wahres Ergebnis liefern.

Die Kombination `.*` ist besonders nützlich, weil Sie sie verwenden können, um die Übereinstimmung mit E-Mail-Adressen zu erleichtern: `/^.*@bigCorp\.com$/` macht einen wirklich guten Job, wenn es um das Abgleichen von E-Mail-Adressen unserer fiktiven Firma geht.

Die Anzahl an Zeichen festlegen

Sie können geschweifte Klammern ({}) verwenden, um festzulegen, wie oft ein voranstehendes Zeichen wiederholt werden soll. So könnten Sie zum Beispiel das Muster für die Bankleitzahl auch so schreiben: `/\d{3} \d{3} \d{2}/`. Dies bedeutet »dreimal eine Ziffer, ein Leerzeichen, wieder dreimal eine Ziffer, erneut ein Leerzeichen und noch einmal zwei Ziffern«. Eine Postleitzahl könnten Sie so abprüfen: `/\d{5}/`. Wenn Sie eines dieser Muster verwenden, sind Sie in der Lage festzustellen, ob die Eingabe eines Benutzers richtig erfolgt ist.

Sie können aber auch eine minimale und eine maximale Anzahl an Übereinstimmungen vorgeben, wodurch /[aeiou]{1,3}/ bedeutet, dass mindesten einer, aber nicht mehr als drei Vokale verwendet werden müssen.

Nun können Sie das E-Mail-Muster weiter verbessern, damit es eine beliebige Anzahl an Zeichen, ein @ und erneut eine beliebige Anzahl an Zeichen enthält und mit einem Punkt und zwei bis vier Buchstaben endet: /^.*@.*\..{2,4}$/.

Mit dem Musterspeicher arbeiten

Manchmal möchten Sie sich an ein Muster »erinnern« und es noch einmal verwenden. Die Klammern werden verwendet, um einen Bereich des Musters zu gruppieren und sich daran zu erinnern. So passt beispielsweise /(hoppe){2}/ nicht nur für hoppe, sondern auch für hoppehoppe. Es wird also der gesamte Abschnitt zweimal wiederholt.

Die Erinnerungen zurückholen

Sie können sich auch später im Ausdruck auf ein gespeichertes Muster beziehen. Das Muster /^(.).*\1$/ passt auf jedes Wort, das mit demselben Zeichen beginnt und endet. Das Symbol \1 steht für das erste Muster im String, \2 das zweite und so weiter.

Muster verwenden, die im Arbeitsspeicher liegen

Wenn Sie einen Mustervergleich abgeschlossen haben, stehen die Muster, an die man sich erinnern soll, in einer besonderen Variablen zur Verfügung. $1 ist die erste, $2 die zweite und so weiter. Sie können diesen Trick verwenden, um nach HTML-Tags zu suchen und zu erfahren, welche Tags gefunden wurden: Vergleichen Sie /^<(.*)>.*<\/\1>$/ und geben Sie $1 aus, um zu sehen, um was für ein Tag es sich handelt.

Es gibt noch viel mehr, was Sie über reguläre Ausdrücke erfahren könnten, aber dieser einführende Überblick sollte Ihnen genug an die Hand geben, um leistungsfähige und nützliche Muster schreiben zu können.

Verschieben und bewegen

In diesem Kapitel

▸ Ein Objekt auf dem Bildschirm verschieben

▸ Auf Tastatureingaben antworten

▸ Eingaben über die Maus auslesen

▸ Code wiederholt ablaufen lassen

▸ Von Wänden abprallen

▸ Bilder auf die Festplatte auslagern und aus mehreren Teilen bestehende Bilder verwenden

▸ Code wiederverwenden

▸ Externe Skriptdateien verwenden

---

*J*avaScript besitzt eine ernsthafte Seite, aber es kann auch viel Spaß machen. Sie können es problemlos dafür verwenden, dass sich Dinge bewegen, sie animiert werden und wackeln. In diesem Kapitel erfahren Sie, wie Sie Ihre Seiten tanzen lassen können. Selbst wenn Sie an einer Animation nicht interessiert sind, sollten Sie sich dieses Kapitel durchlesen, um einige interessante Vorschläge für den Entwurf Ihrer Seiten und wichtige Ideen für eine Verbesserung Ihres Codes zu erhalten.

Bewegung hineinbringen

Vielleicht glauben Sie, dass Sie Flash oder Java benötigen, um in Ihren Seiten Animationen unterzubringen, aber dem ist nicht so. Sie können JavaScript verwenden, um wirklich interessante, sich bewegende Effekte zu erzeugen. Schauen Sie sich zunächst Abbildung 8.1 an.

 Da es in diesem Kapitel um Animationen geht, enthalten die meisten Seiten Bewegung. Das müssen Sie sich wirklich in Ihrem Browser anschauen, weil ein statisches Bildschirmfoto den Effekten in diesen Programmen nicht gerecht wird.

Die allgemeine Struktur dieser Seite sorgt für eine Grundlage für weitere Animationsarten:

✔ **Der HTML-Code ist sehr einfach.** Wenn Sie die Motorhaube öffnen, sehen Sie, dass es wirklich kaum HTML-Code gibt. Es gibt ein paar `div`s und einige Schaltflächen.

✔ **Bei dem Ball handelt es sich um ein spezielles `div`, das `sprite` genannt wird.** Entwickler von Spielen nennen die kleinen Bilder, die sich über den Bildschirm bewegen, *Sprites*, weshalb ich denselben Ausdruck verwendet habe, der im Deutschen *Elfe*, *Kobold* oder *Wicht* bedeutet.

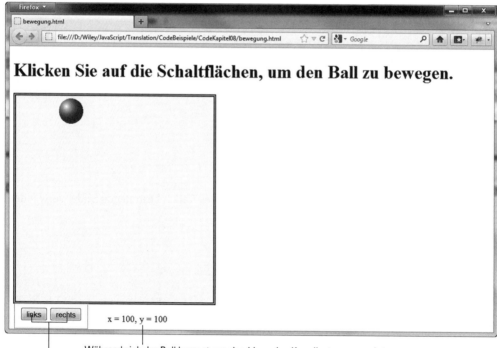

Klicken, um den Ball zu bewegen. Während sich der Ball bewegt, werden hier seine Koordinaten angezeigt.

Abbildung 8.1: Klicken Sie auf die Schaltflächen, und der Ball bewegt sich.

- ✔ **Das sprite div hat einen lokalen Stil.** JavaScript-Animationen verlangen einen lokal definierten Stil.

- ✔ **Das sprite div verfügt über eine absolute Positionierung.** Da ich das Ding auf dem Bildschirm herumbewegen will, ist es sinnvoll, sprite div absolut zu positionieren.

- ✔ **Code und CSS sind so modular wie nur möglich.** Die Dinge können ein wenig kompliziert werden, wenn Sie anfangen, etwas zu animieren. Ich berücksichtige dies in diesem Kapitel und halte alles so einfach wie nur möglich. Die CSS-Stile werden extern definiert, und auch der JavaScript-Code wird importiert.

- ✔ **Der Code ist so entworfen worden, dass er wiederverwendet werden kann.** Viele Programme dieses Kapitels ähneln sich. Um es mir bequem zu machen, habe ich die Dinge so entworfen, dass ich möglichst wenig Code neu schreiben musste.

Einen Blick auf den HTML-Code werfen

Der folgende HTML-Code für das Programm bewegung.html legt den Grundstein:

```
<!DOCTYPE html PUBLIC "-//W3C//DTD XHTML 1.0 Strict//EN"
"http://www.w3.org/TR/xhtml1/DTD/xhtml1-strict.dtd">
<html lang="EN" dir="ltr" xmlns="http://www.w3.org/1999/xhtml">
```

```
<head>
  <meta http-equiv="content-type" content="text/xml;
        charset=iso-8859-1" />
  <title>bewegung.html</title>

  <link rel = "stylesheet"
        type = "text/css"
        href = "bewegung.css" />

  <script type = "text/javascript"
          src = "bewegung.js">
  </script>
</head>

<body onload = "init()">
  <h1>Klicken Sie auf die Schaltflächen, um den Ball zu bewegen.</h1>
  <div id = "surface">
    <div id = "sprite"
         style = "position: absolute;
         top: 100px;
         left: 100px;
         height: 25px;
         width: 25px;" >
      <img src = "ball.gif"
           alt = "ball" />
    </div>
  </div>
  <form action = " "
        id = "controls">
    <fieldset>
      <button type = "button"
              onclick = "moveSprite(-5, 0)">
        links
      </button>
      <button type = "button"
              onclick = "moveSprite(5, 0)">
        rechts
      </button>
    </fieldset>
  </form>
  <p id = "output">
    x = 100, y = 100
  </p>
</body>
</html>
```

Sie sollten bei diesem Code auf ein paar interessante Dinge achten:

✔ **Er hat eine externe Formatvorlage.** Der CSS-Code (*Cascading Style Sheet* oder *kaskadierende Formatvorlage* – das ist das Zeugs, das die Spielfläche und das Formular definiert) ist in einer externen Formatvorlage untergebracht worden. Es gibt auch CSS, das lokal definiert werden muss, aber ich habe so viel Codierung wie möglich nach außen verlegt.

```
<link rel = 'stylesheet'
type = 'text/CSS'
href = 'bewegung.css' />
```

✔ **Auch das JavaScript ist nach außen vergeben worden.** Das Tag `<script>` hat ein Attribut `scr`, das Sie verwenden können, um JavaScript-Code aus einer externen Datei zu laden. Der Browser lädt die angegebene Datei und liest deren Inhalt so, als wenn er direkt im Code stünde. (Beachten Sie, dass externe Skripte immer noch ein `</script>`-Tag benötigen.) Dieses Programm erhält seine Skripte direkt aus einer Datei, die `bewegung.js` heißt.

```
<script type = 'text/javascript'
src = 'bewegung.js'>
</script>
```

✔ **Das `<body>`-Tag ruft eine Methode auf.** Bei Animationen (und in anderen JavaScript-Zusammenhängen) wollen Sie vielleicht, dass der Code sofort durchstartet. Im Seitenkörper gibt es ein Ereignis `onload` (beim Laden). Sie können es so mit dem Namen einer Funktion füttern, wie Sie es mit dem `onclick`-Ereignis einer Schaltfläche machen. In diesem Fall möchte ich, dass die Funktion `init()` aktiviert wird, sobald der Seitenkörper in den Arbeitsspeicher des Computers geladen worden ist. (Bei mir heißt die Funktion, die die Seite mit Startwerten versieht, also initialisiert, einfach nur `init()`.)

```
<body onload = 'init()'>
```

✔ **Das gelbe Feld ist ein div (von *Divison*, was hier *Bereich* bedeutet) mit dem Namen `surface` (hier als *Spielfläche* zu verstehen).** Dieses Feld muss nicht unbedingt vorhanden sein, aber wenn Sie etwas haben, das sich auf dem Bildschirm herumbewegt, ist es ganz nett, mit einer Art Begrenzung dienen zu können, damit der Benutzer weiß, wie weit er das Objekt bewegen kann.

✔ **In `surface` gibt es `sprite div`.** Bei diesem Objekt (hier *Sprite* genannt) handelt es sich um das Ding, das sich dann wirklich bewegt.

```
<div id = 'sprite'
style = 'position: absolute;
top: 100px;
left: 100px;
height: 25px;
width: 25px;' >
<img src = 'ball.gif'
alt = 'ball' />
</div>
```

- ✔ **sprite div hat einen lokalen Stil.** Ihr Code ist nur in der Lage, die Stile zu ändern, die lokal definiert werden. sprite div hat einen lokalen Stil, der die Position absolute festlegt und die Eigenschaften top und left aufweist.
- ✔ **Es gibt ein Formular für Schaltflächen.** Dieses Programm verwendet Schaltflächen, um die Absichten des Benutzers zu erkennen. Wenn Sie Schaltflächen verwenden, sollten Sie diese in einem Formular unterbringen (und zwar selbst dann, wenn ein Formular nicht unbedingt notwendig wäre).

```
<button type = 'button'
onclick = 'moveSprite(-5, 0)'>
links
</button>
```

- ✔ **Jede Schaltfläche ruft die Methode moveSprite() (Sprite verschieben) auf.** Die Methode moveSprite() wird in der Datei bewegung.js definiert. Sie akzeptiert zwei Parameter: dx legt fest, wie weit sich das Objekt entlang der x-Achse (waagerecht von einer zur anderen Seite) bewegt, während dy steuert, wie weit sich das Objekt entlang der y-Achse (senkrecht) bewegt.

Ein Überblick über den JavaScript-Teil

Da der JavaScript-Code immer komplexer wird, empfehle ich, dass Sie die folgenden Programmierkonzepte befolgen, um effizienter programmieren zu können:

- ✔ **Verschieben Sie Code in eine externe Datei.** Wie bei CSS ist es eine gute Idee, JavaScript in eine externe Datei zu verschieben, wenn der Code komplex wird. Dadurch wird es einfacher, ihn zu verwalten und gegebenenfalls erneut zu verwenden.
- ✔ **Schließen Sie Code in Funktionen ein.** Statt eine lange, komplizierte Funktion zu schreiben, sollten Sie den Code in kleinere Funktionen aufteilen, die einzelne Probleme lösen. Wenn Sie diese Funktionen gut entwerfen, wird es einfacher, den Code zu schreiben, zu verstehen und wiederzuverwenden.
- ✔ **Legen Sie einige globale Variablen an.** Einige Schlüsselvariablen werden im Code immer wieder verwendet. Legen Sie für die Schlüsselelemente globale Variablen an, aber machen Sie nichts global, wenn es nicht sein muss.
- ✔ **Sorgen Sie über Konstanten für Klarheit.** Manchmal ist es praktisch, ein paar Schlüsselwerte in besonderen Variablen abzulegen. In bewegung.html habe ich Konstanten angelegt, die mir dabei helfen sollen, die Grenzen der grafischen Oberfläche im Griff zu behalten.

Globale Variablen anlegen

Der erste Teil dieses Dokuments definiert einfach nur die globalen Variablen, die ich für das Programm benötige:

```
//bewegung.js
//globale Variablen
var sprite;
var x, y;      //Positionsvariablen
```

```
//Konstanten
var MIN_X = 15;
var MAX_X = 365;
var MIN_Y = 85;
var MAX_Y = 435;
```

Das Programm für die Bewegung hat drei zentrale globale Variablen:

- ✔ `sprite`: Spiegelt das `div` wider, das sich auf dem Bildschirm bewegt.
- ✔ `x`: Die (horizontale) X-Position von `sprite`.
- ✔ `y`: Die (vertikale) Y-Position von `sprite`.

Es besteht kein Grund, globalen Variablen sofort einen Wert zuzuweisen. Globale Variablen müssen außerhalb von Funktionen angelegt werden, damit ihre Werte allen Funktionen zur Verfügung stehen. (Sie finden in Kapitel 5 mehr über Variablen und Funktionen und deren Geltungsbereich.)

Beachten Sie, dass die y-Achse bei Computergrafiken anders arbeitet als in der Mathematik. Null ist die Oberkante des Bildschirms, und der Y-Wert steigt an, wenn Sie sich auf der Seite nach unten bewegen. (Dieses System wird verwendet, weil es das von oben nach unten gehende Vorgabemuster der meisten Anzeigegeräte abbildet.)

Dieses Programm enthält auch einige *Konstanten*. Bei einer Konstanten handelt es sich um eine (normalerweise globale) Variable, deren Wert sich im Verlauf eines Programms nicht ändert. Konstanten werden so gut wie immer aus Gründen der Übersichtlichkeit verwendet.

Ich fand durch Probieren heraus, dass der X-Wert des Balls niemals kleiner als 15 und niemals größer als 365 sein darf. Indem ich besondere Konstanten mit diesen Werten anlege, kann ich deutlich machen, wofür diese Werte stehen. (Schauen Sie sich weiter hinten in diesem Kapitel den Abschnitt »Das Sprite bewegen« an, um zu erfahren, wie sich diese Konstanten auswirken.)

Programmierer schreiben Konstanten eigentlich schon ewig in Großbuchstaben. Viele Sprachen haben spezielle Modifikatoren, um Konstanten anzulegen, was aber nicht für JavaScript gilt. Wenn Sie möchten, dass etwas zu einer Konstanten wird, legen Sie eine Variable in Großbuchstaben an und *behandeln* Sie sie als Konstante. (Ändern Sie ihren Wert im Verlauf des Programms nicht.)

Initialisierung

Die Funktion `init()` ist klein, aber oho:

```
function init(){
  sprite = document.getElementById("sprite");
} // Ende init
```

Sie hat eine einfache, aber wichtige Aufgabe zu erledigen: Sie lädt `sprite div` und speichert es in einer Variablen, die den Namen `sprite` hat. Da es sich bei `sprite` um eine globale Variable handelt, haben alle Funktionen Zugriff darauf und sind in der Lage, hier Änderungen vorzunehmen.

Sie verwenden die Funktion `init()` oft, um in Programmen Schlüsselvariablen mit einem Anfangswert (Initialisierungswert) zu versehen. Sie können diese Funktion aber auch einsetzen, um erweiterte Ereignisbehandlungen einzurichten, wie Sie es bei den Tastatur- und Maus-Beispielen weiter hinten in diesem Kapitel sehen.

Das Sprite bewegen

Natürlich ist die wohl interessanteste Funktion im Programm diejenige, die Sprites auf dem Bildschirm herumbewegt. Werfen Sie einen Blick darauf, und schauen Sie sich anschließend meine Erklärungen dazu an.

```
function moveSprite(dx, dy){
  var surface = document.getElementById("surface");

  x = parseInt(sprite.style.left);
  y = parseInt(sprite.style.top);

  x += dx;
  y += dy;

  checkBounds();

  //Den Ball an eine neue Position verschieben
  sprite.style.left = x + "px";
  sprite.style.top = y + "px";

  //Die Position beschreiben
  var output = document.getElementById("output");
  output.innerHTML = "x: " + x + ", y: " + y;
} // Ende moveSprite
```

Die Funktion arbeitet im Grunde so, dass sie zuerst festlegt, wie weit das Sprite in X- und Y-Richtung bewegt werden darf, und dann die Eigenschaften `left` und `top` ihres Stils ändert.

1. **Akzeptieren von dx und dy als Parameter.**

   Die Funktion erwartet zwei Parameter: `dx` steht für Delta-X und `dy` für Delta-Y. (Sie könnten hierzu auch *Differenz von X* und *Differenz von Y* sagen, aber ich liebe es, wie ein Wissenschaftler der NASA zu klingen.) Diese Parameter geben an, wie weit sich das Sprite in jede Richtung bewegen soll:

   ```
   function moveSprite (dx, dy){
   ```

Sie wundern sich vielleicht darüber, warum ich mit dx *und* dy arbeite, während sich das Objekt nur horizontal bewegt. Nun, ich denke voraus. Ich habe vor, diese Funktion in den nächsten Programmen erneut zu verwenden. Im Moment benötige ich die vertikale Bewegung nicht, aber bald wird das anders sein, weshalb ich die Möglichkeit dazu schon eingebaut habe.

2. **Eine Referenz auf die Spielfläche erhalten.**

   Setzen Sie den üblichen Trick mit document.getElementById ein, um das Sprite auf der Seite zu identifizieren. Achten Sie darauf, dass das Sprite, das Sie animieren, über die Eigenschaften top und left eine absolute Adresse erhält, die im lokalen Stil definiert wird.

   ```
   var surface = document.getElementById('surface');
   ```

3. **Auslesen der X- und Y-Parameter des Sprites.**

   Die horizontale Position wird in der Eigenschaft left abgelegt. CSS-Stile werden als String gespeichert und enthalten eine Maßangabe. So beträgt der ursprüngliche Wert von left des Sprites 100px (100 Pixel). Für das Programm benötigen wir nur den numerischen Teil. Die Funktion parseInt() holt sich genau diesen Teil der Eigenschaft left und wandelt ihn in eine Ganzzahl (Integer) um, die dann in x abgelegt wird. Das Gleiche machen Sie, um den Wert von y zu erhalten.

   ```
   x = parseInt(sprite.style.left);
   y = parseInt(sprite.style.top);
   ```

4. **Hochzählen der Variablen x und y.**

   Nachdem Sie nun die X- und Y-Werte als Integervariablen gespeichert haben, können Sie mit ihnen rechnen. Es handelt sich dabei nicht um komplizierte mathematische Operationen. Addieren Sie einfach dy und x und dy und y. Dadurch erhalten Sie die Möglichkeit, das Objekt sowohl entlang der x- als auch der y-Achse zu bewegen, so wie es der Benutzer möchte.

   ```
   x += dx;
   y += dy;
   ```

5. **Für Begrenzungen sorgen.**

   Wenn Sie kleine Kinder haben, kennen Sie diese Regel: Wenn Sie etwas besitzen, das sich bewegen lässt, ist es schnell verschwunden. Wenn Sie es zulassen, dass sich ihr Sprite bewegt, verlässt es mit ziemlicher Sicherheit bald den Bereich, den Sie dafür vorgesehen haben. Es ist nicht sehr schwer, für Begrenzungen zu sorgen, aber Sie müssen sich darum kümmern. Aus diesem Grund rufe ich einfach eine Funktion auf. Ich beschreibe check-Bounds() *(Boundaries* sind *Begrenzungen,* und *check* bedeutet so viel wie *prüfen, untersuchen auf)* im nächsten Abschnitt ausführlich, aber im Grunde achtet diese Funktion nur darauf, dass das Sprite die Spielfläche nicht verlässt, und passt seine Position an.

   ```
   checkBounds();
   ```

6. **Verschieben des Balls.**

   Eine Änderung der Eigenschaften x und y bewegt das Sprite nicht wirklich. Um dies zu erreichen, müssen Sie die Integerwerte wieder in das CSS-Format zurückverwandeln. Wenn x den Wert 120 aufweist, müssen Sie left auf 120px setzen. Hängen Sie deshalb einfach px an das Ende der beiden Variablen.

   ```
   //Den Ball an eine neue Position verschieben
   sprite.style.left = x + 'px';
   sprite.style.top = y + 'px';
   ```

7. **Geben Sie die Position aus.**

   Für eine eventuelle Fehlersuche möchte ich gerne genau wissen, wie die X- und Y-Positionen aussehen. Aus diesem Grund erzeuge ich einen String und gebe ihn aus:

   ```
   //Die Position beschreiben
   var output = document.getElementById('output');
   output.innerHTML = 'x: ' + x + ', y: ' + y;
   ```

Die Begrenzungen überprüfen

Sie haben verschiedene Möglichkeiten, darauf zu reagieren, wenn ein Objekt die Spielfläche verlässt. Ich setze hier eine der einfachsten Techniken ein, die *Wrapping* genannt wird. (Dabei wird Software von anderer Software »umhüllt«.) Wenn zum Beispiel etwas versucht, die rechte Begrenzung zu passieren, lassen Sie es einfach den ganzen Weg zurück nach links springen.

Der Code kümmert sich um alle vier Begrenzungen:

```
function checkBounds(){
  //wrap
  if (x > MAX_X){
    x = MIN_X;
  } // Ende if
  if (x < MIN_X){
    x = MAX_X;
  } // Ende if
  if (y > MAX_Y){
    y = MIN_Y;
  } // Ende if
  if (y < MIN_Y){
    y = MAX_Y;
  } // Ende if
} // Ende function
```

Die Funktion `checkBounds()` ist von den Konstanten abhängig. Wenn Sie sich den Code anschauen, können Sie leicht erkennen, was da vor sich geht:

```
if (x > MAX_X){
  x = MIN_X;
} // Ende if
```

Wenn x größer ist als der maximale Wert von x, wird er auf seinen minimalen Wert zurückgesetzt. Sie können dies kaum eindeutiger schreiben als so. Wenn sich die Größe der Spielfläche ändert, ändern Sie einfach die Werte der Konstanten.

Das ist alles ganz nett, aber Sie fragen sich vielleicht, woher ich die Werte für die Konstanten habe. In einigen Sprachen können Sie mit mathematischen Tricks genau vorhersagen, welches der größte und welches der kleinste Wert ist. In JavaScript ist das alles noch ein wenig trickreicher, weil die Umgebung nicht so präzise arbeitet.

Sollten Sie Größenwerte nicht von der Spielfläche erhalten?

In einer perfekten Welt hätte ich die Positionswerte direkt der Spielfläche entnommen. Unglücklicherweise ist JavaScript/DOM keine perfekte Animationsumgebung. HTML 5 unterstützt ein wunderbares Tag, das *Canvas* genannt wird und als perfekte Zeichnungs- und Animationsplattform dient.

Da ich mit einer absoluten Positionierung arbeite, wird die Lage des Sprites nicht an die Spielfläche gebunden (wie es eigentlich sein sollte), sondern an den Bildschirm. Das ist etwas nervig, aber ein wenig Herumexperimentieren kann Ihnen dabei helfen, die richtigen Werte herauszufinden. Vergessen Sie nicht, dass Sie an die absolute Positionierung gebunden sind, wenn Sie erst einmal damit angefangen haben, so etwas auf einer Seite zu verwenden. Wenn es um Animationen wie diese hier geht, werden Sie die absolute Positionierung wohl überall einsetzen. Anderenfalls müssen Sie mit anderen Tricks arbeiten, um dafür zu sorgen, dass sich das Sprite dort aufhält, wo Sie es hin haben wollen, ohne andere Bereiche der Seite zu überschreiben. Aber auf jeden Fall sorgen Konstanten dafür, dass der Code leicht zu lesen und selbst dann einfach zu pflegen ist, wenn Sie ein wenig herumprobieren müssen, um die einzelnen Werte zu finden.

Ich habe mich für eine einfache, aber wirkungsvolle Technik entschieden. Ich habe den Aufruf von `checkbounds()` temporär entfernt und nur einen Blick auf die Ausgabe geworfen, um herauszubekommen, wie die Werte von x und y aussehen. Ich habe mich darum gekümmert herauszufinden, wie groß x werden sollte, bevor es zu einem Rücksprung kommen muss, und diesen Wert auf ein Blatt Papier geschrieben. Ähnliches habe ich unternommen, um an die größten und kleinsten Werte für y zu gelangen.

Als ich diese Werte kannte, habe ich sie einfach in Konstanten abgelegt. Ich habe mich eigentlich nicht wirklich darum gekümmert, dass der maximale Wert von x 365 ist. Mich interessierte nur, das ich den Wert `MAX_X` nicht überschreite, wenn ich an x herumspiele.

Wenn sich die Größe meiner Spielfläche ändert, kann ich problemlos die Konstanten ändern, und alles funktioniert fehlerfrei weiter.

Falls Sie daran interessiert sind, kommen hier die anderen Techniken, die Sie verwenden können, wenn ein Sprite droht, seinen grafischen Bereich zu verlassen:

✔ **Abprallen:** Das Objekt prallt von der Wand ab. Dies wird erreicht, indem die Werte von dx oder dy umgekehrt werden (wobei es hier natürlich davon abhängt, ob es um eine waagerechte oder eine senkrechte Wand geht).

✔ **Anhalten:** Das Objekt hört einfach mit seiner Bewegung auf, wenn es auf die Wand trifft. Setzen Sie dx beziehungsweise dy auf 0, um diesen Effekt zu erhalten.

✔ **Fortsetzen:** Das Objekt setzt seine Bewegung selbst dann fort, wenn es außer Sicht ist. Dies wird manchmal bei Simulationen von Flugbewegungen (die Vorstellung, das etwas »wegfliegt«, ist Teil des Spiels) oder bei orbitalen Simulationen (bei denen das Objekt vermutlich wieder in der Umlaufbahn auftaucht) verwendet.

✔ **Kombinationen:** Ab und an stoßen Sie auf eine Kombination aller Techniken wie beim Spiel *Civilization*, das eine zylinderförmige Karte simuliert, bei der es oben und unten zu einem Stopp kommt, während sie in seitlicher Richtung scrollen können.

Tastatureingaben auslesen

Sie können JavaScript verwenden, um die Tastatur direkt auszulesen. Es gibt eine Reihe von Situationen, in denen so etwas sehr sinnvoll ist, aber ganz besonders praktisch ist es bei Animationen und einfachen Spielen.

Abbildung 8.2 zeigt ein Programm mit einem anderen Ball, der sich bewegt.

Auf der Seite `tastatur.html` gibt es keine Schaltfläche, weil für die Eingabe nur die Pfeiltasten verwendet werden.

Sie können sich sicherlich schon denken, was ich sagen möchte. Schauen Sie sich dieses Ding in Ihrem Browser an, weil es seinen Reiz erst dann bekommt, wenn Sie es starten und auf irgendwelchen Pfeiltasten herumdrücken.

Die Seite für die Tastatur anlegen

Die »Tastaturseite« ähnelt der Seite `bewegung.html`, die weiter vorn in diesem Kapitel beschrieben wird.

```
<!DOCTYPE html PUBLIC "-//W3C//DTD XHTML 1.0 Strict//EN"
"http://www.w3.org/TR/xhtml1/DTD/xhtml1-strict.dtd">
<html lang="EN" dir="ltr" xmlns="http://www.w3.org/1999/xhtml">
```

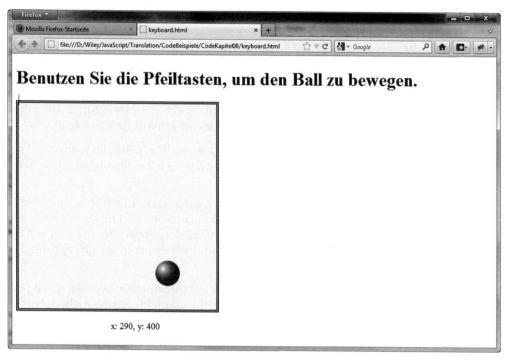

Abbildung 8.2: Sie können den Ball mit den Pfeiltasten bewegen.

```
<head>
  <meta http-equiv="content-type" content="text/xml; charset=utf-8" />
  <title>tastatur.html</title>
  <link rel = "stylesheet"
        type = "text/css"
        href = "tastatur.css" />

  <script type = "text/javascript"
          src = "bewegung.js">
  </script>
  <script type = "text/javascript"
          src = "tastatur.js">
  </script>

</head>

<body onload = "init()">
  <h1>Benutzen Sie die Pfeiltasten, um den Ball zu bewegen.</h1>

  <div id = "surface">
    <div id = "sprite"
```

```
            style = "position: absolute;
                top: 100px;
                left: 100px;
                height: 25px;
                width: 25px;" >
          <img src = "ball.gif"
              alt = "ball" />
        </div>
      </div>

      <p id = "output">
        x = 100, y = 100
      </p>
    </body>
</html>
```

Die Seite `tastatur.html` ähnelt `bewegung.html`, und hier beginnt es sich auszuzahlen, mit wiederverwendbarem Code zu arbeiten. Ich habe einfach eine Kopie von `bewegung.html` gemacht und an der Kopie ein paar kleinere, aber wichtige Anpassungen vorgenommen:

- ✔ **Importieren Sie das Skript `bewegung.js`.** Diese Seite verwendet dieselbe Funktion wie die Seite `bewegung.html`, weshalb Sie dieses Skript einfach nur importieren müssen.

- ✔ **Fügen Sie ein weiteres Skript hinzu, das speziell für das Auslesen der Tastatur gedacht ist.** Einige Änderungen sind nötig, die in einem zweiten Skript untergebracht worden sind, das `tastatur.js` heißt.

- ✔ **Behalten Sie den Rest der Seite bei.** Sie rufen auch weiterhin `init()` auf, wenn der Seitenkörper geladen wird, und Sie möchten mit Ausnahme der Schaltflächen auch dasselbe grafische Design beibehalten. `surface div` und `sprite div` sind identisch mit denen von `bewegung.html`.

- ✔ **Entfernen Sie das Formular.** Diese Seite reagiert auf die Tastatur, weshalb Sie das Formular nicht mehr benötigen.

Einen Blick auf »tastatur.js« werfen

Denken Sie daran, dass dieses Programm mit dem Skript `bewegung.js` beginnt. Soweit es den Browser betrifft, wird die gesamte Skriptdatei geladen, bevor `tastatur.js` angesprochen wird. Dann ist der Grundstein aber bereits durch `bewegung` gelegt worden. Das `tastatur`-Skript ist nur noch dafür zuständig, dass die Unterstützung der Tastatur funktioniert.

Die Funktion »init()« überschreiben

Auch das Arbeiten mit einer Tastatur verlangt ein paar Startwerte. Da die Funktion `init()` hier etwas mehr zu tun bekommt, habe ich von ihr eine neue Version erstellt, die die von `bewegung.js` ersetzt.

```
//Setzt bewegung.js voraus

function init(){
  sprite = document.getElementById("sprite");
  document.onkeydown = keyListener;
} // Ende init
```

Die Reihenfolge, in der Sie Skripte importieren, ist schon von Bedeutung. Wenn Sie eine Funktion duplizieren, wertet der Browser nur die letzte aus, die er einliest.

Eine Ereignisbehandlung einrichten

Ich möchte in meiner Funktion `init()` das Sprite (wie in `bewegung.js`) mit Anfangswerten versehen. Wenn Sie die Tastatur auslesen wollen, müssen Sie sich mit den Möglichkeiten des Browsers zur *Ereignisbehandlung* auseinandersetzen. Browser sorgen für eine grundsätzliche Unterstützung von auf Seiten basierenden Ereignissen (wie `body.onload` und `button.onclick`), und sie sorgen auf einer niedrigeren Ebene auch für eine Unterstützung von Eingaben durch die Tastatur oder über eine Maus.

Wenn Sie diese Art von Eingaben auslesen wollen, müssen Sie eine Funktion angeben, die auf diese Eingaben reagiert.

```
document.onkeydown = keyListener;
```

Diese Zeile gibt an, dass eine besondere Funktion mit dem Namen `keyListener()` (was frei übersetzt *auf die Tastatur Lauschender* bedeutet) aufgerufen wird, wenn der Benutzer eine Taste drückt. Merken Sie sich diese Dinge, wenn Sie diese Art von Ereignisbehandlung anlegen möchten:

1. **Die Ereignisbehandlung sollte in `init()` aufgerufen werden.**

   Sie möchten sicherlich, dass der Zugriff auf die Tastatur sofort besteht, weshalb Sie die Ereignisbehandlung in der Funktion `init()` unterbringen.

2. **Die Funktion wird aufgerufen, als wenn es sich dabei um eine Variable handelte.**

   Hier haben Sie es mit einer etwas anderen Syntax als bisher zu tun. Wenn Sie in HTML eine Funktionsbehandlung erstellen, füttern Sie einfach einen String, der den Funktionsnamen ausmacht, mit Parametern (`button onclick = "machWas()"`). Wenn Sie in JavaScript eine Funktion aufrufen (was anders funktioniert als in HTML), wird der Funktionsname in Wirklichkeit wie eine Variable behandelt, weshalb hier keine Anführungszeichen benötigt werden.

Um der Wahrheit Genüge zu tun: Funktionen *sind* in JavaScript Variablen. Das nächste Mal, wenn Ihnen jemand erzählt, dass JavaScript eine »Sprache für Kleinkinder« sei, erwähnen Sie, dass JavaScript Rückverweise auf Funktionszeiger unterstützt. Sehen Sie dann nur zu, dass Sie möglichst schnell Land gewinnen, bevor Sie gefragt werden können, was das denn sei. (Das mache zumindest ich so.)

3. **Sie müssen eine Funktion mit dem entsprechenden Namen anlegen.**

   Wenn Sie diesen Code in `init` haben, ruft der Browser immer dann eine Funktion mit dem Namen `keyListener()` auf, wenn eine Taste gedrückt wird. (Sie können diese Funktion natürlich beliebig benennen, aber ich finde, dass dies ein guter Name ist, weil die Funktion auf das Drücken einer Taste *(key)* lauscht *(to listen)*.

Auf das Drücken von Tasten reagieren

Nachdem Sie nun eine Ereignisbehandlung eingerichtet haben, müssen Sie die Funktion schreiben, über die Sie auf Tastatureingaben reagieren. Diese Aufgabe ist nicht sonderlich schwierig. Hier der `keyListener`-Code (den Sie in `tastatur.js` finden):

```
function keyListener(e){
  //Falls e nicht bereits existiert, müssen
  //wir es in IE erstellen
  if (!e){
    e = window.event;
  } // Ende IE-spezifischer Code

  //links
  if (e.keyCode == 37){
    moveSprite(-10, 0);
  } // Ende if
  //oben
  if (e.keyCode == 38){
    moveSprite(0, -10);
  } // Ende if

  //rechts
  if (e.keyCode == 39){
    moveSprite(10, 0);
  } // Ende if

  //unten
  if (e.keyCode == 40){
    moveSprite(0, 10);
  } // Ende if

} // Ende keyListener
```

Dieser Code schnappt sich bei Bedarf ein Ereignisobjekt und analysiert es, um herauszubekommen, welche Taste (gegebenenfalls) gedrückt worden ist. Dann ruft er die Funktion `moveSprite()` auf, um das Sprite zu verschieben.

Hier der Ablauf in einer Übersicht:

1. **Ereignisfunktionen haben Ereignisobjekte.**

   Das Wissen, dass ein Ereignis geschehen ist, reicht nicht aus. Sie müssen wissen, *welche* Taste der Benutzer gedrückt hat. Glücklicherweise gibt es in allen Browsern ein Ereignisobjekt, das Ihnen mitteilt, was geschehen ist.

2. **Viele Browser übergeben das Ereignis als Parameter.**

   Wenn Sie eine Ereignisfunktion anlegen, weist der Browser der Funktion automatisch einen besonderen Parameter zu. Dieser Parameter (der normalerweise e genannt wird), repräsentiert das Ereignis. Wenn Sie eine Funktion mit einem Parameter e erstellen, erzeugen die meisten Browser e automatisch.

   ```
   function keyListener(e){
   ```

3. **Internet Explorer benötigt eine zusätzliche Unterstützung.**

   IE legt nicht automatisch ein Ereignisobjekt für Sie an, weshalb Sie es ausdrücklich erstellen müssen.

   ```
   // Falls e nicht bereits existiert, müssen
   // wir es in IE erstellen.

   if (!e){
     e = window.event;
   } // Ende IE-spezifischer Code
   ```

4. **Sie können e verwenden, um herauszubekommen, welche Taste ein Benutzer gedrückt hat.**

   Das Objekt e hat einige schicke Eigenschaften, zu denen auch keyCode gehört. Diese Eigenschaft gibt eine Zahl zurück, die Sie darüber informiert, welche Taste der Benutzer gedrückt hat.

   Suchen Sie im Internet mal eben nach JavaScript Ereignisobjekte oder JavaScript event object, um weitere Tricks mit Ereignissen kennenzulernen. Ich zeige hier die wichtigsten Funktionen, aber dies ist nur eine Einführung in die vielen interessanten Dinge, die Sie mit Ereignissen anstellen können.

5. **Vergleichen Sie die Eigenschaft keyCode des Ereignisobjektes mit den Tastencodes (was *keyCode* auf Deutsch bedeutet), die zu den Tasten passen, an denen Sie interessiert sind.**

   Sie können die Codes aller Tasten Ihrer Tastatur herausfinden, und Sie können if-Anweisungen einsetzen, um eine passende Reaktion hervorzurufen. (Ich gehe im nächsten Abschnitt näher auf die Codes der Tasten ein.)

   ```
   //left
   if (e.keyCode == 37){
   moveSprite(-10, 0);
   } // Ende if
   ```

6. Rufen Sie Variationen von moveSprite auf.

Wenn der Benutzer die linke Pfeiltaste gedrückt hat, verschieben Sie das Sprite nach links. Sie können hierfür die Funktion moveSprite() aus bewegung.js verwenden.

Das Geheimnis der Tastencodes enthüllen

Wenn Sie sich den Code der Funktion keyListener() anschauen, stoßen Sie dort auf ungewöhnliche Zahlen. So vergleicht zum Beispiel der Code, der nach der linken Pfeiltaste Ausschau hält, e.keyCode in Wirklichkeit mit dem Wert 37. Das große Geheimnis ist, woher die Zahlen in der Funktion keyListener() (aus dem vorherigen Abschnitt) stammen.

Diese Zahlen werden *Tastencodes* genannt. Bei ihnen handelt es sich um numerische Darstellungen der physisch auf der Tastatur vorhandenen Tasten. Jede physisch vorhandene Taste einer Tastatur hat einen ihr entsprechenden Tastencode. Die Tastencodes einer Tastatur bleiben selbst dann unverändert, wenn sich das Tastaturlayout ändert (wenn Sie zum Beispiel für die Tastatur eine andere Sprache auswählen).

Woher weiß ich nun, dass die linke Pfeiltaste zum Tastencode 37 gehört? Das ist wirklich einfach. Ich habe ein Programm geschrieben, das mir die entsprechenden Informationen liefert. Abbildung 8.3 zeigt tastenLesen.html.

Abbildung 8.3: Dieses Programm liest die Tastatur aus und zeigt die Tastencodes an.

Starten Sie tastenLesen.html und drücken Sie ein paar Tasten. Sie können problemlos herausfinden, welcher Tastencode zu welcher Taste gehört. Wenn Sie das alles ein wenig durcheinander bringt, sollten Sie sich vielleicht auch den Code dieses Programms anschauen. Da sich der gesamte Code in einer Datei befindet, ist er einfacher zu lesen als der der Bewegungsbeispiele.

 Wenn Sie ein Notebook oder eine internationale Tastatur verwenden, sollten Sie darauf achten, dass einige der Tastaturcodes nicht dem Standard entsprechen, was besonders für die numerischen Tasten gilt. Versuchen Sie, nur Standardtasten zu verwenden, wenn Sie sicher sein wollen, dass Ihr Programm auf allen Tastaturen läuft.

Der Maus folgen

Sie können eine Ereignisbehandlung erstellen, die die Maus ausliest. Abbildung 8.4 zeigt solch ein Programm.

Abbildung 8.4: Nun hält sich das Sprite an die Maus.

Es ist relativ einfach, diesen Effekt zu erzeugen, wenn Sie wissen, wie die Tastatur ausgelesen wird, weil es hier beinahe auf dieselbe Weise funktioniert.

Einen Blick auf den HTML-Code werfen

Der Code für folgeMaus.html ist so einfach, dass ich ihn in einer Datei untergebracht habe.

```
<!DOCTYPE html PUBLIC "-//W3C//DTD XHTML 1.0 Strict//EN"
"http://www.w3.org/TR/xhtml1/DTD/xhtml1-strict.dtd">
<html lang="EN" dir="ltr" xmlns="http://www.w3.org/1999/xhtml">
  <head>
    <meta http-equiv="content-type" content="text/xml;
        charset=utf-8" />
    <title>folgeMaus.html</title>
    <script type = "text/javascript">
      //<![CDATA[
      var sprite;
      
      function init(){
        sprite = document.getElementById("sprite");
        document.onmousemove = mouseListener;
      } // Ende init
```

```
      function mouseListener(e){
        if (!e){
          e = window.event;
        } // Ende IE-Sonderteil

        //Breite und Höhe erhalten
        height = parseInt(sprite.style.height);
        width = parseInt(sprite.style.width);

        //das Zentrum des Sprites zur Maus verschieben
        x = e.pageX - (width/2);
        y = e.pageY - (height/2);

        sprite.style.left = x + "px";
        sprite.style.top = y + "px";
      } // Ende function
      //]]>
    </script>
  </head>

  <body onload = "init()">
    <h1>Verschieben Sie die Maus, und der Ball folgt ihr.</h1>
    <div id = "sprite"
         style = "position: absolute;
                  left: 100px;
                  top: 100px;
                  width: 50px;
                  height: 50px;">
      <img src = "ball.gif"
           alt = "ball" />
    </div>
  </body>
</html>
```

HTML einrichten

Der HTML-Code enthält nichts Besonderes. Dieses Mal kann die Maus von der ganzen Seite Besitz ergreifen. Es gibt keine Begrenzungen, weil das Sprite nicht in der Lage ist, die Seite zu verlassen. (Falls die Maus die Seite verlässt, sendet sie keine Ereignismeldungen mehr.)

Erstellen Sie ganz normal ein Sprite mit einem Bild und achten Sie darauf, `init()` aufzurufen, wenn der Seitenkörper geladen wird.

Den Code initialisieren

Die Initialisierung ist recht einfach:

1. **Legen Sie für das Sprite eine globale Variable an.**

   Definieren Sie die Variable `sprite` außerhalb einer Funktion, damit alle Funktionen darauf zugreifen können.

2. **Legen Sie das Sprite in `init()` an.**

   Die Funktion `init()` ist ein ausgesprochen geeigneter Ort, um das Sprite anzulegen.

   ```
   function init(){
     sprite = document.getElementById('sprite');
     document.onmousemove = mouseListener;
   ```

3. **Richten Sie eine Ereignisbehandlung für die Bewegung der Maus ein.**

   Richten Sie in `init()` eine Ereignisbehandlung ein. Dieses Mal lauschen Sie auf Mausereignisse, also nennen Sie die Ereignisbehandlung `mouseListener`.

   ```
   document.onmousemove = mouseListener;
   ```

Den »Lauscher« für die Maus anlegen

Dieser Teil arbeitet so ähnlich wie der für die Tastatur. `mouseListener` wird immer dann aufgerufen, wenn sich die Maus bewegt, und untersucht das Ereignisobjekt, um die aktuelle Position der Maus herauszufinden. Danach verwendet es diese Werte, um das Sprite zu positionieren:

1. **Holen Sie sich das Ereignisobjekt.**

   Verwenden Sie die plattformübergreifende Technik, um das Ereignisobjekt zu erwischen.

   ```
   function mouseListener(e){
     if (!e){
       e = window.event;
     } // End IE-Sonderbereich
   ```

2. **Bestimmen Sie die Breite und die Höhe des Sprites.**

   Die Eigenschaften `top` und `left` zeigen auf die linke obere Ecke des Sprites. Es sieht natürlicher aus, wenn sich der Mauszeiger im Zentrum des Sprites befindet. Um dieses Zentrum zu berechnen, benötigen Sie die Werte `height` (Höhe) und `width` (Breite). Vergessen Sie nicht, dem lokalen Stil diese Werte für das Sprite hinzuzufügen.

   ```
   //Breite und Höhe erhalten
     height = parseInt(sprite.style.height);
     width = parseInt(sprite.style.width);
   ```

3. **Verwenden Sie `e.pageX` und `e.pageY`, um die Mausposition zu erhalten.**

   Diese Eigenschaften geben die aktuelle Position des Mauszeigers auf der Seite zurück.

4. Bestimmen Sie x und y unter dem Mauszeiger.

Ziehen Sie die Hälfte der Breite des Sprites vom X-Wert der Maus (e.pageX) ab, um die horizontale Position des Sprites an der Maus zu zentrieren. Wiederholen Sie dies mit der Y-Position.

```
//Das Zentrum des Sprites zur Maus verschieben
  x = e.pageX - (width/2);
  y = e.pageY - (height/2);
```

5. Verschieben Sie den Mauszeiger an die neuen X- und Y-Koordinaten.

Setzen Sie die Umwandlungstechnik ein, um das Sprite an die neue Position zu verschieben.

```
sprite.style.left = x + 'px';
sprite.style.top = y + 'px';
```

Sie erreichen einen anderen netten Effekt, wenn das Sprite die Nähe der Maus nur spürt. Lassen Sie das Sprite der Maus nicht direkt folgen, sondern gehen Sie so vor, dass Sie prüfen, wo sich die Maus im Verhältnis zum Sprite befindet. Lassen Sie das Sprite nach oben gehen, wenn sich die Maus oberhalb von ihm befindet, und so weiter.

Automatische Bewegung

Sie können ein Sprite dazu bringen, sich automatisch zu bewegen, indem Sie dem Objekt einen sogenannten *Timer* (eine Art Taktgeber) hinzufügen. Abbildung 8.5 zeigt den Ball, der sich automatisch über die Seite bewegt.

`timer.html` ist überraschend einfach, weil es sich so gut wie alles von anderen Codes borgt.

```
<!DOCTYPE html PUBLIC "-//W3C//DTD XHTML 1.0 Strict//EN"
"http://www.w3.org/TR/xhtml1/DTD/xhtml1-strict.dtd">
<html lang="EN" dir="ltr" xmlns="http://www.w3.org/1999/xhtml">
  <head>
    <meta http-equiv="content-type" content="text/xml;
          charset=utf-8" />
    <title>timer.html</title>

    <link rel = "stylesheet"
          type = "text/css"
          href = "tastatur.css" />

    <script type = "text/javascript"
            src = "bewegung.js">
    </script>
```

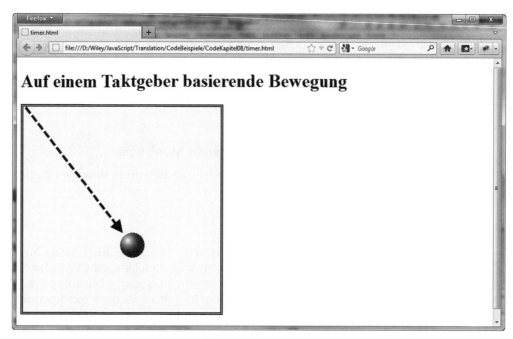

Abbildung 8.5: Dieses Sprite bewegt sich von selbst. (Ich habe den Pfeil hinzugefügt, um die Bewegungsrichtung anzudeuten.)

```
<script type = "text/javascript">
  function init(){
    sprite = document.getElementById("sprite");
    setInterval("moveSprite(5, 3)", 100);
  } // Ende init

</script>
</head>

<body onload = "init()">
  <h1>Auf einem Taktgeber basierende Bewegung</h1>

  <div id = "surface">
    <div id = "sprite"
         style = "position: absolute;
         top: 100px;
         left: 100px;
         height: 25px;
         width: 25px;" >

      <img src = "ball.gif"
           alt = "ball" />
```

```
        </div>
    </div>

    <p id = "output">
        x = 100, y = 100
    </p>
  </body>
</html>
```

Die HTML- und CSS-Anteile sind mit dem Code von bewegung.html identisch. Der größte Teil des JavaScripts stammt aus bewegung.js. Das einzig wirklich Neue ist eine winzige, aber wichtige Änderung an der Methode init().

JavaScript enthält eine sehr nützliche Funktion, die setInterval() heißt und zwei Parameter aufnimmt:

✔ **Einen Funktionsaufruf:** Legen Sie einen String an, der einen Funktionsaufruf mit allen Parametern enthält.

✔ **Ein zeitliches Intervall in Millisekunden:** Sie können ein zeitliches Intervall in Tausendstelsekunden angeben. Wenn das Intervall 500 beträgt, wird die Funktion zweimal pro Sekunde aufgerufen; 50 Millisekunden führen zu 20 Aufrufen pro Sekunde und so weiter.

Sie können das Intervall so einstellen, dass es für die Geschwindigkeit des Balls sorgt, die Ihnen vorschwebt. Dies garantiert dann aber noch nicht, dass diese Geschwindigkeit auch tatsächlich erreicht wird. Wenn Sie in einer Funktion komplexen Code unterbringen und den Browser auffordern, ihn 1000-mal pro Sekunde auszuführen, wird das mit Sicherheit nicht klappen (ganz besonders dann nicht, wenn der Benutzer eine Maschine besitzt, die langsamer als ihr Computer ist).

Der Browser ruft die entsprechende Funktion im vorgesehenen Intervall auf. Bringen Sie in der Funktion den Code unter, der wiederholt werden soll.

Packen Sie nichts in eine Intervallfunktion, was dort nicht wirklich etwas zu suchen hat. Da der Code dort mehrfach in einer Sekunde ausgeführt wird, wird er auch *kritischer Pfad* genannt, und jede sinnlose Ausführung hier kann das gesamte Programm ernsthaft in die Knie zwingen. Versuchen Sie, den Code in einer Intervallfunktion so klar wie möglich zu gestalten. (Aus diesem Grund habe ich sprite als globale Variable angelegt. Ich wollte nicht, dass das Sprite 20-mal pro Sekunde neu erzeugt wird, was dazu führen würde, dass kein langsamer Browser mit meinem Programm umgehen könnte.)

Wenn Sie ein sich automatisch bewegendes Objekt verwenden, erhalten Sie die Gelegenheit, mit einer »neuen« Art von Begrenzungserkennung herumzuspielen. Wenn Sie wissen möchten, wie etwas abprallen kann, wenn es auf eine Seitenlinie trifft, schauen Sie sich abprallen.html an, das Sie zusammen mit den übrigen Beispielprogrammen unter www.downloads.fuer-dummies.de von der Webseite dieses Buches herunterladen können.

Animation mit Bildüberlagerung: Trickfilme

Zu einer anderen Art von Animation gehört das schnelle Ändern eines Bildes. Schauen Sie sich die Abbildung 8.6 an, die ein Einzelbild einer animierten Figur zeigt. (Ein solches Einzelbild wird auch als *Frame* bezeichnet.)

Abbildung 8.6: Das Sprite holt zum Torschuss aus.

Es ist ziemlich schwierig, eine Animation über ein Bildschirmfoto überzeugend wiederzugeben, weshalb Abbildung 8.7 die Bildfolge zeigt, die ich verwendet habe, um das kickende Sprite zu erstellen.

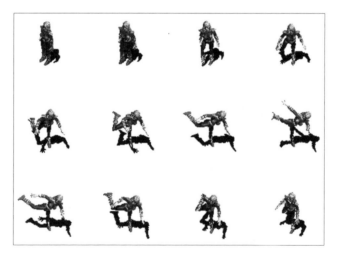

Abbildung 8.7: Ich habe diese Bildfolge verwendet, um die Animation anzulegen.

Sie können jede beliebige Bildfolge verwenden. Ich habe diese Bilder von einer Seite, die *Reiner's Tilesets* heißt. Beim Schreiben des Buches war sie unter http://reinerstileset.4players.de/englisch.html zu erreichen und ist heute unter http://www.reinerstilesets.de zu finden (bitte ausprobieren und gegebenenfalls suchen). Hier gibt es viele Sprites, die alle mit Animationen versehen sind. Diese Animationen werden *Freya* genannt.

Die Bilder vorbereiten

Sie können Ihre eigenen Bilder herstellen, oder Sie bekommen sie von einer Seite wie *Reiner's Tilesets*. Auf jeden Fall sollten Sie sich einige Dinge merken, wenn Sie Animationen mit Bildern machen:

✔ **Halten Sie sie klein.** Größere Bilder benötigen viel Zeit zum Herunterladen und überblenden nicht so glatt wie kleine Bilder. Meine Bilder haben eine Größe von 128 × 128 Pixel, was eine gute Größe ist.

✔ **Denken Sie über Transparenz nach.** Die Bilder von *Reiner's Tilesets* haben einen braunen Hintergrund. Ich habe diesen Hintergrund mit dem von mir am liebsten eingesetzten grafischen Bearbeitungsprogramm (Gimp) transparent gemacht.

✔ **Ändern Sie das Dateiformat.** Die Bilder lagen im `.bmp`-Format vor, das unpraktisch ist und keine Transparenz unterstützt. Ich habe sie als `.gif`-Bilder gespeichert, um sie kleiner zu machen und die Transparenz des Hintergrunds zu ermöglichen.

✔ **Denken Sie darüber nach, den Namen zu ändern.** Ich habe die Bilder umbenannt, um die Namen einfacher zu machen und Leerzeichen aus ihnen zu entfernen. Ich habe sie `kick00.gif` bis `kick12.gif` genannt.

✔ **Bringen Sie Bilder für eine Animation in einem Unterverzeichnis unter.** In meinen Augen sind Unterverzeichnisse für normale Bilder einer Webseite überflüssig. Wenn Sie aber beginnen, Animationen anzulegen, haben Sie ganz schnell *sehr viele* Bilder, die herumwuseln. In solch einer Situation machen Unterverzeichnisse Sinn.

✔ **Achten Sie darauf, dass Sie die Genehmigung besitzen, die Bilder zu nutzen.** Nur weil Sie ein Bild verwenden können, bedeutet dies nicht, dass Sie das auch dürfen. Versuchen Sie, vom Eigentümer der Bilder Nutzungsrechte zu bekommen, zitieren Sie Ihre Quelle und bringen Sie die Bilder auf Ihrem eigenen Server unter. So, wie es Ihre Pflicht ist.

Die Seite anlegen

Der Code der Animation verwendet Dinge, die Sie bereits erledigt haben: eine `setInterval`-Funktion und etwas DOM-Codierung.

```
<!DOCTYPE html PUBLIC "-//W3C//DTD XHTML 1.0 Strict//EN"
"http://www.w3.org/TR/xhtml1/DTD/xhtml1-strict.dtd">
<html lang="EN" dir="ltr" xmlns="http://www.w3.org/1999/xhtml">
  <head>
    <meta http-equiv="content-type" content="text/xml;
        charset=iso-8859-1" />
    <title>bildUeberlag.html</title>
    <script type = "text/javascript">
      //<![CDATA[
      var imgList = new Array (
        "kick00.gif",
        "kick01.gif",
```

```
            "kick02.gif",
            "kick03.gif",
            "kick04.gif",
            "kick05.gif",
            "kick06.gif",
            "kick07.gif",
            "kick08.gif",
            "kick09.gif",
            "kick10.gif",
            "kick11.gif",
            "kick12.gif"
        );

        var frame = 0;
        var spriteImage

        function init(){
          setInterval("animate()", 100);
          spriteImage = document.getElementById("image");
        } // Ende init

        function animate(){
          frame += 1;
          if (frame > imgList.length){
             frame = 0;
          } // Ende if
          spriteImage.src = imgList[frame];
        }
        //]]>
      </script>
  </head>

  <body onclick = "init()">
    <div id = "sprite">
      <img id = "image"
           src = "kick00.gif"
           alt = "kicking sprite" />
    </div>
  </body>
</html>
```

Wenn Sie die Bilder in einem Unterverzeichnis des Seitenverzeichnisses abgelegt haben, muss der Code für die Adressierung der Bilder `"unterVerzeichnis/bildName"` lauten. (Bei einem Unterverzeichnis `freya` hieße es beispielsweise `"freya/kick00.gif"`; – schauen Sie sich hierzu auch den Code im Abschnitt »Die Animation durch Vorladen verbessern« an, den Sie weiter hinten in diesem Kapitel finden.)

8 ➤ Verschieben und bewegen

Der HTML-Code ist unglaublich einfach:

1. **Richten Sie den Seitenkörper (`<body>`) mit der Methode `init()` ein.**

   Wie üblich ruft das Ereignis `onclick` des Seitenkörpers ein `init()` auf, um die Dinge ans Laufen zu bekommen.

2. **Legen Sie ein `sprite` `div` an.**

   Legen Sie ein `div` mit dem Namen `sprite` an. Da Sie die Position dieses `div`s (noch) nicht ändern wollen, müssen Sie sich über den lokalen Stil keine Gedanken machen.

3. **Benennen Sie das `img`.**

   In diesem Programm animieren Sie das `img` im `div`, weshalb Sie es mit einer `id` versorgen müssen.

Die globalen Variablen anlegen

Der JavaScript-Code enthält zwar keine Fallen, aber Sie müssen ein wenig nachdenken.

1. **Legen Sie ein Array mit Bildernamen an. (Sollten die Bilder in einem Unterverzeichnis liegen, denken Sie daran, dieses in das Array mit aufzunehmen (beispielsweise als `"unterVerzeichnis/bildName"`).**

   Sie haben eine Liste mit den Bildern, mit denen Sie arbeiten wollen. Der einfachste Weg hierfür ist ein Array aus Bildernamen. Jedes Element des Arrays ist der Name eines Bildes. Legen Sie die Liste in der Reihenfolge an, in der die Einzelbilder gezeigt werden sollen.

   ```
   var imgList = new Array (
     'kick00.gif',
     'kick01.gif',
     'kick02.gif',
     'kick03.gif',
     'kick04.gif',
     'kick05.gif',
     'kick06.gif',
     'kick07.gif',
     'kick08.gif',
     'kick09.gif',
     'kick10.gif',
     'kick11.gif',
     'kick12.gif'
   );
   ```

2. **Legen Sie eine Variable `frame` an, die die aktuelle Zahl des Einzelbildes (oder Frames) aufnimmt.**

   Da die Animation aus 13 Frames besteht, geht die Variable von 0 bis 12.

   ```
   var frame = 0;
   ```

3. **Richten Sie spriteImage ein.**

   Die Variable ist eine Referenz auf das Tag img im Tag sprite.

   ```
   var spriteImage
   ```

Das Interval einrichten

Die Funktion init() bindet die Variable spriteImage an das Bildobjekt und richtet die Methode animate() so ein, dass sie zehnmal pro Sekunde abläuft.

```
function init(){
  setInterval("animate()", 100);
  spriteImage = document.getElementById("image");
} // Ende init
```

Die eigentliche Animation geschieht (Sie haben es sicherlich erraten) in der Funktion animate().

Die Funktion ist schnörkellos:

1. **Erhöhen Sie den Frame-Zähler.**

   Fügen Sie der Variablen frame eine 1 hinzu.

   ```
   frame += 1;
   ```

2. **Legen Sie Grenzwerte fest.**

   Jedes Mal, wenn Sie eine Variable ändern, sollten Sie daran denken, dass sie auch aus dem Ruder laufen könnte. Ich verwende frame im Array imgList als Index und überprüfe sie ständig, damit frame immer kleiner ist als die Länge von imgList.

   ```
   if (frame > imgList.length){
     frame = 0;
   } // Ende if
   ```

3. **Setzen Sie frame gegebenenfalls wieder zurück.**

   Wenn der Frame-Zähler zu groß wird, setzen Sie ihn auf 0 zurück und starten die Animation erneut.

4. **Kopieren Sie die Dateinamen der Bilder aus Array in die Eigenschaft src des Objektes spriteImage.**

   Dieser Schritt sorgt dafür, dass das entsprechende Bild angezeigt wird.

   ```
   spriteImg.src = imgList[frame];
   ```

Die Animation durch Vorladen verbessern

Wenn Sie das Trickfilmprogramm laufen lassen, gibt es beim ersten Durchgang eine leichte Verzögerung, weil alle Bilder geladen werden. (Machen Sie die Bilder kleiner und speichern

8 ▶ *Verschieben und bewegen*

Sie sie im .gif- oder .png-Format ab, um die Dauer der Verzögerung zu verringern.) Die meisten Browser speichern Bilder lokal, was dazu führt, dass die Animation nach dem ersten Durchgang ruckelfreier verläuft.

Wenn Sie gleich ruckelfreie Animationen haben wollen, können Sie eine Technik einsetzen, die *Vorladen* genannt wird. Dadurch werden alle Bilder geladen, bevor die Animation beginnt. Die Datei vorladen.html enthält Änderungen, um die Bilder vorzuladen. (Ich zeige Ihnen davon keine Abbildung, weil nach außen alles so aussieht wie bei bildUeberlag.html.)

Der HTML-Code bleibt unverändert. Die Änderungen betreffen nur den JavaScript-Code (wobei die neue Position der Bilder im freya-Verzeichnis mit der Änderung nichts zu tun hat, um die es in diesem Abschnitt geht):

```
var imgFiles = new Array (
  "freya/kick00.gif",
  "freya/kick01.gif",
  "freya/kick02.gif",
  "freya/kick03.gif",
  "freya/kick04.gif",
  "freya/kick05.gif",
  "freya/kick06.gif",
  "freya/kick07.gif",
  "freya/kick08.gif",
  "freya/kick09.gif",
  "freya/kick10.gif",
  "freya/kick11.gif",
  "freya/kick12.gif"
);

var frame = 0;
var spriteImage
var images = new Array(12);

function init(){
  setInterval("animate()", 100);
  spriteImage = document.getElementById("image");
  loadImages();
} // Ende init

function animate(){
  frame += 1;
  if (frame >= images.length){
    frame = 0;
  } // Ende if
  spriteImage.src = images[frame].src;
} // Ende animate
```

```
function loadImages(){
  //Alle Bilder für eine schnellere Anzeige vorladen
  for (i=0; i < images.length; i++){
    images[i] = new Image();
    images[i].src = imgFiles[i];
  } // Ende for-Schleife
} // Ende loadImages
```

Und so funktioniert das Vorladen:

1. **Ändern Sie den Namen des Arrays in `imgFiles` (Bilddateien).**

   Diese Unterscheidung sieht klein aus, ist aber wichtig. Das Array repräsentiert nicht wirklich die Bilder, sondern deren Dateinamen. Sie müssen ein weiteres Array anlegen, das die eigentlichen Bilddaten aufnimmt.

2. **Legen Sie ein Array aus Bildern an.**

   JavaScript kennt einen Datentyp, der speziell für die Aufnahme von Bilddaten entwickelt worden ist. Das Array `images` ist in der Lage, die eigentlichen Bilddaten (nicht nur die Dateinamen, sondern die echten Bilder) aufzunehmen. Das Array `images` sollte global sein.

3. **Legen Sie eine Funktion an, um das Array `images` mit Leben zu füllen.**

   Die Funktion `loadImages()` (Bilder laden) erzeugt das Array mit den Bilddaten. Rufen Sie `loadImages()` aus `init()` heraus auf.

4. **Legen Sie eine Schleife an, die die einzelnen Elemente des Array `imgFiles` durchläuft.**

   Sie legen ein Bildobjekt an, um den einzelnen Dateinamen zu entsprechen. Dies bedeutet, dass beide Arrays gleich lang sein müssen.

5. **Legen Sie für jeden Dateinamen ein neues Bildobjekt an.**

   Verwenden Sie das Konstrukt `new Image()`, um ein Bildobjekt anzulegen, das die Bilddaten repräsentiert, die mit einem bestimmten Dateinamen verbunden werden.

6. **Binden Sie das Bildobjekt an das Array `images()`.**

   Dieses Array enthält nun alle Bilddaten.

7. **Passen Sie `animate()` so an, dass aus dem Array `images()` gelesen wird.**

   Die Funktion `animate()` liest nun aus dem Array `images()`. Da die Bilddaten in das Array vorgeladen worden sind, sollte die Wiedergabe ruckelfreier erfolgen.

 Das Vorladen der Bilder beschleunigt die Animation nicht. Es verzögert nur den Start der Animation, bis alle Bilder in den Cache geladen worden sind, was die Wiedergabe glatter (ruckelfreier) ablaufen lässt. Leider spielen einige Browser die Animation ab, bevor das Laden der Bilder abgeschlossen ist, aber die Technik hat dennoch ihre Vorteile.

Selbst wenn Sie Animationen nicht mögen, können Sie aus dieser Technik Nutzen ziehen. Sie können die `setInterval()`-Technik für jeden Code verwenden, der Wiederholungen bewirkt. Hierzu gehören auch das dynamische Anzeigen von Menüs oder anderen Elementen einer Seite. Bevor CSS zur bevorzugten Technik wurde, verwendeten dynamische Menüs fast immer JavaScript-Animationen.

Mit zusammengesetzten Bildern arbeiten

Eine andere beliebte Vorgehensweise, um trickfilmartige Animationen zu erhalten, ist, alle Bilder in einer einzigen Grafikdatei zusammenzufassen und CSS-Techniken einzusetzen, um nur einen Teil des Bildes anzuzeigen. Abbildung 8.8 zeigt Ihnen, was ich meine.

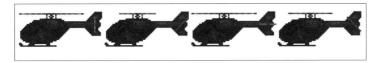

Abbildung 8.8: Das zusammengesetzte Bild des Helikopters

Diese Bilddatei enthält mehrere Bilder eines Hubschraubers. Jedes Teilbild zeigt eine andere Position des Haupt- und des Heckrotors. Die Seite `zusammengesetzt.html` stellt zwar dieses Bild dar, aber immer nur einen Bildteil gleichzeitig. Der Teil des Bildes, der angezeigt wird, ändert sich schnell, wodurch alles wie eine Animation aussieht. Diese Technik hat Vorteile:

✔ Ein einzelnes Bild lässt sich effizienter laden als mehrere einzelne Bilder.

✔ Das ganze Bild wird auf einmal geladen, was Verzögerungen verhindert, zu denen es beim Laden vieler Bilder naturgemäß kommt.

✔ Sie können deshalb sehr komplexe Bilder mit mehreren Animationen kombinieren.

Der geladene HTML-Code sieht wie Abbildung 8.9 aus (wobei Sie natürlich im Original sehen, wie sich die Rotoren des Hubschraubers drehen).

Das Bild vorbereiten

Das Vorbereiten eines Bildes, das auf diese Art genutzt werden soll, bedarf einiger Sorgfalt. Sie müssen für die Animation einen Plan haben:

✔ **Fügen Sie alle Einzelbilder in einer Datei zu einem Gesamtbild zusammen.** Verwenden Sie ein Bildbearbeitungsprogramm wie Gimp oder Photoshop.

✔ **Achten Sie darauf, dass alle Teilbilder die gleiche Größe haben.** Ihr Leben wird einfacher, wenn alle Bilder eine einheitliche Größe haben. Alle Hubschrauberbilder sind 64 Pixel hoch und 132 Pixel breit.

Abbildung 8.9: Das Bild wird im Bildbereich verschoben, um den Animationseffekt zu bewirken.

- ✔ **Positionieren Sie alle Bilder gleich weit auseinander.** Alle Bilder haben einen Abstand von 132 Pixeln.
- ✔ **Ordnen Sie die Bilder in Zeilen oder Spalten an.** Wenn Sie nur eine einzige Animation haben, platzieren Sie sie in einer Zeile oder einer Spalte, um Ihre Berechnungen zu vereinfachen. Sie können mehrere Bilder für komplexere Animationen kombinieren (zum Beispiel für eine Folge von Laufzyklen in mehrere Richtungen).

Das Bild, das in diesem Beispiel verwendet wird, stammt von einer Sprite-Bibliothek, die bei Erscheinen dieses Buches unter `www.widgetworx.com/widgetworx/portfolio/spritelib.html` zu finden ist. Bei dieser Website handelt es sich um eine ausgesprochen gute Adresse für Open Source-Spielegrafik. Ich habe das Bild ein wenig geändert, damit ich es in diesem Beispiel verwenden kann.

HTML und CSS einrichten

Wie bei vielen Animationsbeispielen ist der HTML-Code auch hier kaum der Rede wert. Sie benötigen nur ein `div` mit einem `id`-Attribut:

```
<body onload = "init()">
  <h1>Demo eines zusammengesetzten Bildes</h1>
    <div id = "chopper">
    </div>

</body>
```

Wie Sie sehen, gibt es im `div` noch nicht einmal ein Bild. Das Bild wird über die Eigenschaft `background-image` (Hintergrundbild) durch CSS platziert und geändert.

Auch das CSS ist ziemlich einfach gehalten:

```
<style type = "text/css">
  #chopper {
    background-image: url("heli.gif");
    height: 64px;
    width: 128px;
    background-position: 0px 0px;
  }
</style>
```

Das CSS führt eine Reihe wichtiger Aufgaben aus:

1. **Es weist das Bild zu.**

   Das gesamte Bild wird als Hintergrundbild zugewiesen.

2. **Es ändert die Größe von div.**

   Die Größe von `div` wird so angepasst, dass sie der Größe eines Teilbildes entspricht. Wenn Sie sich an dieser Stelle den HTML-Code anschauen, stellen Sie fest, dass das `div` wie ein ganz normales Bild aussieht, das das erste Teilbild des Hubschraubers anzeigt.

3. **Es legt die Startposition des Hintergrundes fest.**

   Es wird nur der erste Hubschrauber angezeigt, aber das gesamte Bild (mit vier Hubschraubern) ist an das `div` gebunden worden. Ich habe CSS verwendet, um das Bild zu verschieben, wodurch unterschiedliche Einzelbilder im sichtbaren Bereich des `div`s erscheinen. Die Startposition ist `0xp 0px`, was bedeutet, dass die obere linke Ecke des Bildes an der oberen linken Ecke des `div`s ausgerichtet wird.

Die gesamte Animation des Hubschraubers mag wie überflüssiger Kram aussehen. Vielleicht fragen Sie sich auch, warum ich Sie damit langweile, wenn ich doch einfach ein animiertes GIF verwenden könnte. Die Antwort hat mit Kontrolle zu tun. Ich kann diese Alternativen verwenden, und manchmal sind sie sogar die bessere Wahl. Wenn Sie wissen, wie Sie die Animation direkt durch JavaScript steuern können, sind Sie in der Lage, Dinge zu veranstalten, zu denen Sie ansonsten nicht in der Lage wären, zum Beispiel das Ändern der Animationsgeschwindigkeit oder das Einfrieren der Animation bei einem bestimmten Frame.

Das JavaScript schreiben

Die Strategie sieht grundsätzlich so aus, dass eine ganz normale Animationsschleife abläuft, wobei sich jedoch die Position vom `div` des Hintergrundbildes bei jedem Frame (Einzelbild) ändert. Zum zweiten Frame der Animation kommt es bei Pixel 132. Wenn Sie also den Hintergrund nach links um 132 Pixel verschieben, sehen Sie den zweiten Frame. Ich habe die Positionen der einzelnen Frames in einem Array gespeichert, das `offset` heißt. Das Programm ähnelt in vielen Dingen dem vorherigen Code für die Bildüberlagerung.

Globale Variablen einrichten

Fangen Sie mit den globalen Variablen an, die von der Anwendung benutzt werden:

```
var offsetList = new Array(0, -132, -264, -396);
var frame = 0;
var chopper;
```

1. **Legen Sie ein Array `offsetList` an.**

   Dieses Array nimmt die Koordinaten auf, die benötigt werden, um die einzelnen Bilder der Liste anzuzeigen. Verwenden Sie ein Bildbearbeitungsprogramm, um die Positionen zu überprüfen.

2. **Erstellen Sie die Variable `frame`.**

   Dieser Integerwert gibt an, welcher Frame der Animation aktuell angezeigt wird. Er wird als Index des Arrays verwendet, um die verschiedenen Frames der Animation wiederzugeben.

3. **Legen Sie eine Variable an, die `div` aufnimmt.**

   Die Variable `chopper` (ein *Chopper* ist ein Hubschrauber) enthält einen Verweis auf `div`. Wenn der Stil der Variablen `chopper` geändert wird, ändert sich auch das sichtbare Bild.

Eine »init()«-Funktion anlegen

Die Initialisierungsfunktion richtet die Animation ein.

```
function init(){
  chopper = document.getElementById("chopper");
  setInterval("animate()", 100);
} // Ende init
```

Die Funktion `init()` wird durch das `onload`-Ereignis des Seitenkörpers aufgerufen. Sie hat zwei Aufgaben:

1. **Erstellen einer Referenz auf `chopper div`.**

   Denken Sie daran, dass das `div` erst dann existiert, wenn der Seitenkörper fertig geladen worden ist. Aus diesem Grund müssen Sie die Variable `chopper` in einer Funktion mit Leben füllen. Der ideale Platz hierfür ist die Funktion `init()`.

2. **Verwenden Sie `setInterval()`, um eine Animationsschleife zu erstellen.**

   Das Programm ruft die Funktion `animate()` alle 100 Millisekunden (oder zehnmal pro Sekunde) auf.

Das Sprite animieren

Die eigentliche Animation geht einfacher als ihre Vorbereitung.

```
function animate(){
  frame++;
  if (frame >= offsetList.length){
    frame = 0;
  } // Ende if

  offset = offsetList[frame] + "px 0px";
  chopper.style.backgroundPosition = offset;
} // Ende animate
```

Damit die Animation auch wirklich funktioniert, folgen Sie diesen Schritten:

1. **Zählen Sie den Zähler der Frames hoch.**

   Dieser Schritt zeigt an, dass Sie zum nächsten Frame gehen.

2. **Prüfen Sie nach, ob sich der Frame im Zählbereich befindet.**

   Die Variable `frame` wird als Index für das Array `offsetList` verwendet. Sie müssen also dafür sorgen, dass sie kleiner als die Länge des Arrays bleibt. Wenn sie zu groß wird, können Sie ihren Wert auf 0 zurücksetzen.

3. **Erstellen Sie einen `offset`-Wert.**

   Der `offset`-Wert wird aus dem Array `offsetList` gebildet. (Als *Offset* bezeichnet man im Computerwesen eine Versatzadresse.) Beachten Sie, dass das Array nur den X-Wert enthält. Verknüpfen Sie dies mit `"px 0xp"`, um einen Offset zu erstellen, mit dem CSS etwas anfangen kann. (Schauen Sie sich wegen der Hintergrundposition das originale CSS an, um zu sehen, um welches Format es hier geht.)

4. **Weisen Sie den `offset`-Wert der Variablen `chopper` zu.**

   Verwenden Sie das Attribut `backgroundPosition` des Attributes `style`, um die Position des Hintergrundbildes dynamisch zu ändern.

Verschieben und überlagern

Sie können Bewegungseffekte mit Bildüberlagerungen kombinieren, damit sich ein Bild im Rahmen einer Animation über den Bildschirm bewegt. Abbildung 8.10 versucht, diesen Effekt wiederzugeben, aber Sie müssen einen Browser einsetzen, um alles richtig sehen zu können.

Um dieses Programm auf die Beine zu stellen, müssen Sie nicht viel Neues machen. Es handelt sich dabei um eine Kombination der Techniken, die Sie im Verlauf dieses Kapitels bereits eingesetzt haben. Abbildung 8.11 zeigt die Liste mit den Bildern, die verwendet werden, damit Freya läuft. (Ich habe die Pfeile in Abbildung 8.10 hinzugefügt, damit Sie sehen können, in welche Richtung die Bewegung geht.)

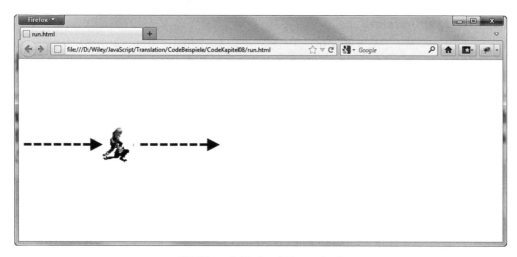

Abbildung 8.10: Lauf, Freya, lauf!

Abbildung 8.11: Dies sind die laufenden Bilder von Reiner's Tilesets.

Das HTML-Framework anlegen

Auch hier gibt es nur sehr wenig HTML.

```
<!DOCTYPE html PUBLIC "-//W3C//DTD XHTML 1.0 Strict//EN"
"http://www.w3.org/TR/xhtml1/DTD/xhtml1-strict.dtd">
<html lang="EN" dir="ltr" xmlns="http://www.w3.org/1999/xhtml">
  <head>
    <meta http-equiv="content-type" content="text/xml;
          charset=iso-8859-1" />
    <title>run.html</title>
    <script type = "text/javascript"
            src  = "run.js">
    </script>
  </head>
```

```
<body onload = "init()">
  <div id = "sprite"
       style = "position: absolute;
                top: 100px;
                left: 100px;">
    <img src = "freya/run0.gif"
         id = "image"
         alt = "running image" />
  </div>
</body>
</html>
```

Wenn Sie eine sich bewegende Animation durch Bildüberlagerung erstellen möchten, folgen Sie diesen Schritten:

1. **Importieren Sie das Skript.**

   Sie können die Skripte lokal anlegen (wie ich es im vorherigen Beispiel getan habe), aber immer dann, wenn das Skript komplexer wird, findet es besser seinen Platz in einer externen Datei.

2. **Rufen Sie init() auf.**

   Die meisten Animationen verlangen nach einer init()-Methode, die über body.onload() aufgerufen wird, und diese Animation hier bildet da keine Ausnahme.

3. **Benennen Sie das Sprite.**

   Bei dem Sprite handelt es sich um ein div, das sich bewegen soll. Aus diesem Grund benötigt es als Eigenschaften eine absolute Position, top und left, die als lokale Stile (<style>) definiert werden.

4. **Benennen Sie das Bild.**

   Sie wollen das Sprite im Bild animieren. Die einzige Eigenschaft, die Sie hier ändern müssen, ist scr, weshalb hier keine lokalen Stile benötigt werden.

Den Code anlegen

Der JavaScript-Code ist bekannt, weil alle Elemente bei früheren Programmen ausgeborgt werden können. Hier ist der gesamte Code für run.js (das von run.html verwendet wird):

```
//run.js

var frame = 0;
var imgList = new Array(
  "freya/run0.gif",
  "freya/run1.gif",
  "freya/run2.gif",
  "freya/run3.gif",
```

```
  "freya/run4.gif",
  "freya/run5.gif",
  "freya/run6.gif",
  "freya/run7.gif"
);

var sprite;
var spriteImage;
var MAX_X = 500;

function init(){
  sprite = document.getElementById("sprite");
  spriteImage = document.getElementById("image");

  setInterval("animate()", 100);
} // Ende init

function animate(){
  updateImage();
  updatePosition();
} // Ende animate

function updateImage(){
  frame++;
  if (frame > imgList.length){
    frame = 0;
  } // Ende if
  spriteImage.src = imgList[frame];
} // Ende updateImage

function updatePosition(){
  sprite = document.getElementById("sprite");
  var x = parseInt(sprite.style.left);
  x += 10;
  if (x > MAX_X){
    x = 0;
  } // Ende if
  sprite.style.left = x + "px";
} // Ende function
```

Globale Variablen definieren

Im Code gibt es ein paar globale Variablen, die aus dem vorherigen Abschnitt übernommen worden sind:

✔ frame: Die Nummer des Frames. Hierbei handelt es sich um eine Ganzzahl von 0 bis 11, die für das Array imgList() als Index dient.

- ✓ imgList: Ein Array aus Dateinamen der Bilder für die Animation.
- ✓ sprite: Das div, das auf dem Bildschirm bewegt wird.
- ✓ spriteImage: Das img-Element von sprite. Hierbei handelt es sich um das Bild, das überlagert wird.
- ✓ MAX_X: Eine Konstante, die den Maximalwert von X enthält. In diesem Programm findet die Bewegung nur in eine Richtung statt, weshalb die einzige Begrenzung, um die ich mich kümmern muss, MAX_X ist. Wenn sich das Sprite in andere Richtungen bewegte, hätte ich auch Konstanten für die anderen Begrenzungen hinzufügen müssen.

Die Daten initialisieren

Die Funktion init() führt ihre normalen Aufgaben aus: Einrichten der Sprite-Variablen und Aufrufen der Funktion animate() in einem vorgegebenen Intervall.

```
function init(){
  sprite = document.getElementById("sprite");
  spriteImage = document.getElementById("image");

  setInterval("animate()", 100);
} // Ende init
```

 Wenn Sie Bilder verschieben und überlagern, müssen Sie ab und an das Animationsintervall und die zurückgelegte Entfernung der einzelnen Frames anpassen, damit die Animation echt aussieht. Ansonsten kann es zu dem Eindruck kommen, dass das Sprite mit Rollerblades unterwegs ist und nicht läuft.

Das Bild animieren

Hier gibt es tatsächlich zwei Arten von Animation, die gleichzeitig ablaufen. Aus diesem Grund übergibt die Funktion animate() ihren Job in der Tradition des Kapselns an zwei andere Funktionen:

```
function animate(){
  updateImage();
  updatePosition();
} // Ende animate
```

Das Bild aktualisieren

Die Funktion updateImage() (Bild aktualisieren) übernimmt die Aufgabe, die Bilder zu überlagern:

```
function updateImage(){
  frame++;
```

```
if (frame > imgList.length){
   frame = 0;
} // Ende if
spriteImage.src = imgList[frame];
} // Ende updateImage
```

Das Sprite verschieben

Das Sprite wird in der Funktion updatePosition() verschoben:

```
function updatePosition(){
  sprite = document.getElementById("sprite");
  var x = parseInt(sprite.style.left);
  x += 10;
  if (x > MAX_X){
     x = 0;
  } // Ende if
  sprite.style.left = x + "px";
} // Ende function
```

Ich weiß, was Sie denken: Sie können das hier dazu verwenden, um ein richtig cooles Spiel herzustellen. Stimmt! Sie können mit JavaScript Spiele produzieren, aber dabei kann es Ihnen passieren, dass Sie schon bald auf die Design-Begrenzungen von JavaScript stoßen. Ich bevorzuge als Sprachen für die Entwicklung von Spielen Flash und Python.

Teil III

Zu AJAX aufsteigen

»Okay, ich glaube, ich habe vergessen zu erwähnen, dass es hier eine Webverwaltungsfunktion gibt, die uns automatisch alarmiert, wenn es auf der Website von ›Das Aquarium‹ einen zerbrochenen Link gibt.«

In diesem Teil ...

Ab und zu taucht eine Technologie auf, die droht, alles zu ändern. AJAX ist so eine Technologie. Sie erfahren in diesem Teil, was es damit auf sich hat, und warum AJAX eine so tolle Sache ist. Sie erfahren außerdem, wie Sie Ihre eigenen AJAX-Anfragen manuell herstellen können, und dann erledigen Sie mit der leistungsstarken jQuery-Bibliothek Web-2.0-Arbeiten.

Kapitel 9 beschreibt beispielhaft die Einzelheiten von AJAX – wie es funktioniert, wie bedeutungslos das Akronym ist und eigentlich alles, was sonst noch ansteht. Sehen Sie, wie Sie eine AJAX-Verbindung manuell anlegen können (wobei Sie danach wie jeder andere auch für diese Arbeiten eine Bibliothek verwenden).

Kapitel 10 stellt die schicke jQuery-Bibliothek vor. Dieser kostenlose Baukasten vereinfacht AJAX enorm und erweitert JavaScript um aufregende neue Möglichkeiten. Erfahren Sie, wie Sie jQuery in Ihre Seiten einbinden können, und fangen Sie an, mit diesem unglaublichen Werkzeug zu arbeiten.

Kapitel 11 zeigt, wie Sie die coolen Animationsfunktionen von jQuery nutzen können. Sie bringen Elemente dazu, Verstecken zu spielen, ins Nichts zu gleiten, sich abzublenden und animiert zu werden. Da kommt richtig Spaß auf.

Kapitel 12 stellt das wunderbare jQuery-Werkzeug für Benutzeroberflächen vor. Es erlaubt Ihnen, schöne CSS-Themen zu erstellen und einzusetzen. Sie erfahren weiterhin, wie Sie jedes Element auf einer Seite dazu bringen können, dass es gezogen, irgendwo abgelegt und/oder in seiner Größe verändert werden kann.

Kapitel 13 beschreibt die Benutzerschnittstelle von jQuery genauer, wobei hier ganz besonders auf die Elemente eingegangen wird, die die Benutzerfreundlichkeit verbessern. Sie erfahren, wie leicht es ist, Ausklappmenüs und Oberflächen mit Registerkarten zu erstellen, und Sie erhalten eine Einführung in automatische Kalender, sortierbare Listen, Rollbalken und benutzerdefinierte Dialogfelder.

Kapitel 14 erklärt, wie jQuery bei erweiterten AJAX-Funktionen besonders bei der Arbeit mit Daten helfen kann. Sie erhalten zunächst einen Überblick über die herkömmliche serverseitige Programmierung mit PHP. Dann erfahren Sie, wie AJAX diesen Prozess vereinfacht, und wie Sie Daten über spezielle Formate wie XML und JSON verwalten können.

Die Grundlagen von AJAX

In diesem Kapitel

▸ AJAX verstehen

▸ HTTP-Abfragen mit JavaScript ausführen

▸ Ein XMLHttpRequest-Objekt erstellen

▸ Eine synchrone AJAX-Abfrage anlegen

▸ Daten von einer AJAX-Abfrage erhalten

▸ Mit asynchronen AJAX-Abfragen umgehen

*W*enn Sie den Trends im Web folgen, haben Sie zweifelsfrei auch von AJAX gehört. Diese Technologie hat viel Interesse erweckt. Je nachdem, wem Sie zuhören, heißt es entweder, dass AJAX das Internet revolutioniert, oder Sie hören, dass es sich dabei nur um einen aufgeblasenen Luftballon handelt. Ich zeige Ihnen in diesem Buch, was AJAX wirklich ist, wie Sie es einsetzen und eine besondere AJAX-Bibliothek verwenden können, um den Turbo in Ihre Webseiten zu packen.

AJAX: Die Rückkehr nach Troja

Okay, AJAX ist keine Fortsetzung der Ilias (auch wenn das echt Klasse wäre). Da ich nun aber Ihre Aufmerksamkeit gewonnen habe, sollten wir über AJAX – diese mächtige und sehr reale Webtechnologie – sprechen. Das erste Ding, um das wir uns kümmern müssen, ist herauszufinden, was AJAX genau ist und was nicht. Es ist ...

✔ **... keine Programmiersprache.** Es handelt sich bei AJAX nicht um eine weitere Sprache, die Sie pauken müssen.

✔ **... nicht neu.** Der größte Teil der AJAX-Technologien ist nicht wirklich neu. Nur die Art, wie sie genutzt werden, macht den Unterschied aus.

✔ **... nicht wirklich anders.** AJAX hat weitgehend mit dem zu tun, was Sie im übrigen Teil des Buches vorfinden. Hier geht es um das Anlegen gefälliger Webseiten, die mit dem Benutzer interagieren.

Jetzt wundern Sie sich vielleicht, warum AJAX so für Aufregung sorgt. AJAX ist eigentlich eine ziemlich einfache Sache, aber es hat das Potenzial, unsere Art, wie wir über Webentwicklung denken, zu ändern. Im Folgenden habe ich aufgelistet, was AJAX wirklich ist und macht:

✔ **Direkte Kontrolle der Client-Server-Kommunikation:** AJAX ist in der Lage, diese Beziehung direkter zu verwalten, statt auf die automatische Kommunikation zwischen Client und Server zu vertrauen, die es zwischen Websites und serverseitigen Programmen gibt.

✔ **Verwendung des XMLHttpRequest-Objektes:** Hierbei handelt es sich um ein besonderes Objekt, das zwar seit einiger Zeit im DOM aller wichtigen Browser vorhanden ist, aber bisher wenig genutzt wird. Eine echte Neuerung von AJAX war es, (vielleicht unbeabsichtigt) kreative Anwendungsmöglichkeiten für diese bisher verborgene Funktion zu finden.

✔ **Eine engere Verbindung zwischen clientseitiger und serverseitiger Programmierung:** Bisher kümmerten sich clientseitige Programme (normalerweise JavaScript) um ihren Kram, und serverseitige Programme (PHP) werkelten vor sich hin, ohne die andere Seite besonders gut zu kennen. AJAX hilft dabei, die beiden Seiten der Programmierung besser zusammenarbeiten zu lassen.

✔ **Bereitstellung einer Reihe von Bibliotheken, die diese Kommunikation erleichtern:** Die Verwendung von AJAX ist nicht allzu schwer, aber es gibt eine Menge Einzelheiten zu beachten. Es gibt inzwischen mehrere großartige Bibliotheken, die es einfacher machen, AJAX-Technologien zu nutzen. Diese Bibliotheken stehen sowohl für clientseitige Sprachen (wie JavaScript) als auch für serverseitige Sprachen (wie PHP) zur Verfügung. Als zusätzlichen Bonus enthalten diese Bibliotheken häufig Funktionen, die das Programmieren mit JavaScript erleichtern und leistungsfähiger machen.

Stellen Sie sich vor, dass Sie online mit einem Einkaufswagen unterwegs sind.

In einem typischen System (vor AJAX) wird eine vollständige Webseite auf den Computer des Benutzers heruntergeladen. Es mag nur einen eingeschränkten, auf JavaScript basierenden Datenaustausch in beide Richtungen geben, aber alles, was mit einer Datenanforderung zu tun hat, muss zurück an den Server gesendet werden. Wenn Sie sich beispielsweise auf einer Einkaufsseite aufhalten und mehr Informationen zu dem pelzgefütterten Goldfischglas haben wollen, das Ihnen ins Auge sticht, müssen Sie auf eine Schaltfläche Weitere Informationen oder so ähnlich klicken. Dadurch senden Sie eine Anfrage an den Server, der für Sie eine ganz neue Webseite zusammenbaut, die Ihrer Anfrage entspricht.

Das System legt jedes Mal, wenn Sie anfragen, auf die Schnelle eine vollständig neue Seite an. Client und Server pflegen über eine große Entfernung eine innige Beziehung.

Wenn Sie früher versucht haben, den Inhalt Ihrer Webseite zu verwalten, mussten Sie jede Seite neu laden – was sehr viel Zeit kostete. Mit AJAX können Sie die Inhalte von Seiten aktualisieren, ohne eine Seite neu laden zu müssen. Der Server sendet nicht mehr eine Antwort, die eine komplette Seite enthält, um ein paar Wörter zu aktualisieren, sondern er verschickt nur noch die Wörter, um die es Ihnen geht.

Wenn Sie einen Einkaufswagen nutzen, bei dem AJAX aktiviert ist, klicken Sie einfach auf das Goldfischglas. Es geht eine AJAX-Anfrage an den Server, die die Informationen über das Goldfischglas erhält. Und nun beginnt der gute Teil: Diese Informationen erscheinen sofort auf der aktuellen Seite, ohne dass diese vollständig neu aufgebaut werden muss.

AJAX-Technologie erlaubt Ihnen, eine Anfrage an den Server zu senden, der dann nur einen kleinen Teil der Seite ändert. Wenn Sie AJAX einsetzen, können Sie ein großes Bündel kleiner Anfragen gleichzeitig absetzen, statt sich mit wenigen Anfragen zufrieden geben zu müssen, die einen Neuaufbau der Seiten verlangen und alle Aktivitäten ausbremsen.

Die Webseite ruft dadurch beim Benutzer den Eindruck hervor, es mit einer Anwendung zu tun zu haben. Und das ist der große Anreiz, den AJAX bietet: Es erlaubt, dass Webanwendungen selbst dann wie Desktop-Anwendungen handeln, wenn die Webanwendungen komplizierte Dinge (wie zum Beispiel Zugriffe auf externe Datenbanken) zu erledigen haben.

Die erste größere Anwendung, die auf AJAX setzte, war Googles Mailprogramm, und es hat die Leute richtiggehend aufgerüttelt, weil Google Mail im Browser wie eine richtige Anwendung erscheint.

AJAX ausgeschrieben

Technisch ausgerichtete Menschen lieben einprägsame Abkürzungen. Es gibt für sie nichts Anregenderes, als einen Begriff zu erfinden. *AJAX* ist so ein Begriff, der mittlerweile zu einem Selbstläufer geworden ist. Wie so viele Abkürzungen aus dem Computerumfeld handelt es sich auch hier um ein Spaßwort, das eigentlich nicht viel aussagt. AJAX steht für *Asynchronous JavaScript And XML*. Ich vermute, dass diese Begriffe gewählt worden sind, um eine markante Abkürzung anbieten zu können, und nicht, um genau zu sein oder zu beschreiben, wie AJAX arbeitet.

A steht für asynchron

Eine asynchrone Transaktion ist (zumindest im AJAX-Verständnis) eine, bei der mehr als eine Sache gleichzeitig passieren kann. Sie können beispielsweise einen AJAX-Aufruf haben, der eine Anfrage ausführt, während der Rest Ihres Formulars abgearbeitet wird. AJAX-Anfragen müssen nicht zwingend asynchron ablaufen, was sie aber normalerweise tun. (Es ist in Ordnung, wenn Ihnen diese Abläufe nicht ganz klar sind. Es ist für das Verständnis von AJAX nicht überlebensnotwendig, aber Vokale machen sich in Abkürzungen immer gut.)

Wenn es um Webentwicklung geht, bedeutet asynchron, dass Sie so viele verschiedene Anfragen senden und empfangen können, wie Sie wollen – und zwar unabhängig voneinander. Die Übertragung der Daten kann jederzeit beginnen, ohne dass dadurch die Übertragung anderer Daten beeinflusst wird. Sie können ein Formular haben, das den Inhalt jedes einzelnen Feldes in einer Datenbank speichert. Oder Sie haben Drop-down-Listen, die eine neue Drop-down-Liste erstellen, die wiederum auf dem basiert, was Sie gerade in den ersten Drop-down-Listen ausgewählt haben.

Ich zeige Ihnen in diesem Kapitel, wie Sie sowohl die synchrone als auch die asynchrone Version von AJAX einrichten können.

J steht für JavaScript

Wenn Sie einen AJAX-Aufruf absetzen wollen, schreiben Sie einfach JavaScript-Code, der ein Formular simuliert. Sie haben dann die Möglichkeit, auf ein spezielles Objekt zuzugreifen, das im DOM ausgeblendet ist (das `XMLHttpRequest`-Objekt), und seine Methoden zu verwenden, um die Anfrage an den Benutzer zu senden. Ihr Programm handelt selbst dann wie ein Formular, wenn es eigentlich kein Formular gibt. Wenn Sie also AJAX-Code schreiben, greifen

Sie in Wirklichkeit auf JavaScript zu. Natürlich könnten Sie jede beliebige clientseitige Programmiersprache einschließlich Flash und (mit Abstrichen) Java verwenden, die mit dem DOM reden kann. JavaScript ist aber der vorherrschende »Partner«, weshalb es auch Bestandteil der Abkürzung ist.

A steht für das englische ... and?

Hier wird etwas ganz schön strapaziert, wenn *and* (das bedeutet *und* auf Deutsch) in eine Abkürzung aufgenommen wird, aber andererseits hört sich AJX nicht so cool an wie AJAX.

Und X steht für ... ?

Das X bedeutet eigentlich XML, das eine Möglichkeit bietet, um Daten von und zum Server zu senden.

Da es sich bei dem Objekt, das wir verwenden, um das `XMLHttpRequest`-Objekt handelt, macht es Sinn, dass es XML haben will. Es kann das gerne verlangen, aber in Wirklichkeit ist dieses Objekt in der Lage, mit *jeder* Art von Textdaten umzugehen. Sie können AJAX verwenden, um alles Mögliche zu empfangen:

- ✔ **Reiner Text:** Manchmal möchten Sie vom Server nur etwas Text holen. Vielleicht eine Textdatei, die den täglichen Angebotspreis oder so ähnlich enthält.

- ✔ **Formatiertes HTML:** Auf dem Server kann es Text geben, der dort als HTML/XHTML-Code gespeichert ist, und Sie verwenden AJAX, um diese Seitenteile in den Browser zu laden. Damit erhalten Sie eine ausgezeichnete Möglichkeit, eine Seite über eine Reihe kleinerer Segmente zusammenzusetzen. Sie können diese wiederverwendbaren Teile einer Seite (zum Beispiel Überschriften oder Menüs) nutzen, ohne sie auf dem Server duplizieren zu müssen.

- ✔ **XML-Daten:** XML eignet sich vorzüglich dafür, Daten umherzuschicken (dafür ist es schließlich erfunden worden). Sie könnten eine Anfrage an ein Programm senden, die zu einer Datenbank geht, dort eine Abfrage ausführt und das Ergebnis als XML zurückgibt.

- ✔ **JSON-Daten:** Es hat sich ein Standard etabliert, der JSON heißt (JavaScript Object Notation; wird in Kapitel 5 vorgestellt) und immer stärker zu einer Alternative zu XML für die Übertragung von Daten wird. JSON weist einige interessante Vorteile auf.

Ich bleibe in diesem Kapitel beim guten alten Text und bei HTML. Kapitel 14 beschreibt Mechanismen für das Arbeiten in AJAX mit XML und JSON.

Grundlegende AJAX-Verbindungen herstellen

AJAX nutzt einige ziemlich technische Teile des Webs auf eine Weise, die für Sie vielleicht völlig neu ist. Lesen Sie den Rest dieses Kapitels, und Sie wissen, was AJAX macht, ohne von den Einzelheiten erschlagen zu werden. Niemand macht heute mehr alles manuell! (Außer denjenigen, die AJAX-Bibliotheken oder Bücher über die Verwendung von AJAX schreiben.) Ich zeige Ihnen in Kapitel 10 eine Bibliothek, die fast die gesamte Arbeit für Sie übernimmt. Wenn Sie mir das nicht glauben, überfliegen Sie dieses Kapitel und kommen Sie dann später wieder hierher zurück, wenn Sie wissen wollen, wie das alles zusammengehört.

Das Programm `basicAJAX.html`, das Abbildung 9.1 zeigt, ist ein Beispiel für AJAX bei der Arbeit.

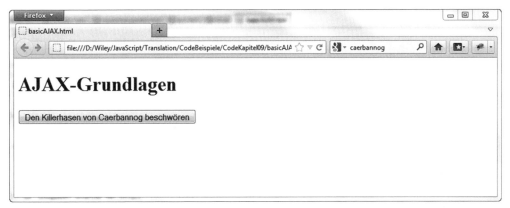

Abbildung 9.1: Klicken Sie auf die Schaltfläche, und Sie lernen die Magie von AJAX kennen.

 Wenn Sie diese Datei auf Ihre eigene Maschine herunterladen, wird sie mit ziemlicher Sicherheit nicht laufen. AJAX benötigt einen Webserver! Die AJAX-Beispiele laufen nicht ohne einen solchen Server, der ruhig lokal sein kann. AJAX funktioniert im Allgemeinen nicht mit `file://`-URLs, sondern nur mit echten `HTTP[S]`-URLs.

Wenn der Benutzer auf die Schaltfläche klickt, erscheint ein kleines Meldungsfenster, wie es Abbildung 9.2 zeigt.

 Wenn Ihnen die Beschriftungen aus Abbildung 9.2 nichts sagen, müssen Sie sich Monty Pythons Film *Die Ritter der Kokosnuss* ausleihen. Der Film ist Kult, das können Sie mir glauben.

Es ist sehr einfach, JavaScript dazu zu bringen, ein Dialogfeld auftauchen zu lassen, aber interessant ist hier, woher der Text stammt. Die Daten waren als Textdatei auf dem Server gespeichert, und es wurde die ganze Seite geladen.

 Sie könnten nun natürlich geltend machen, dass HTML-Frames es ermöglichen, Daten vom Server zu holen, aber in XHTML ist von Frames strikt abzuraten, weil sie eigentlich immer Probleme bereiten. Sie können einen Frame verwenden, um Daten vom Server zu laden, aber Sie können mit Daten, die auf Frames basieren, nichts von den tollen Sachen machen, die Sie mit AJAX anstellen können. Und selbst wenn Frames erlaubt wären, ist AJAX meistens die viel bessere Lösung.

Abbildung 9.2: Dieser Text stammt vom Server.

Dieses Beispiel verwendet einige Verkürzungen, damit es verständlicher wird:

- **Es ist nicht ganz asynchron.** Das Programm hält kurz an, während es die Daten bekommt. Sie als Benutzer merken das nicht, aber dies kann zu einem ernsthaften Nachteil werden. Aber ich habe dieses Beispiel für den Anfang bewusst relativ einfach gehalten, um es später zu einer asynchronen Version zu erweitern.

- **Es lässt sich nicht Browser-übergreifend einsetzen.** Die AJAX-Technologie, die ich hier verwende, funktioniert problemlos ab IE 7 und mit allen Versionen von Firefox (und den meisten anderen kompatiblen Standardbrowsern). Wenn Sie wirklich Browser-übergreifende Kompatibilität erreichen wollen, empfehle ich die Verwendung von jQuery oder einer anderen Bibliothek (die in Kapitel 10 beschrieben werden).

Schauen Sie sich den Code an, der eigentlich ziemlich vernünftig aussieht:

```
<!DOCTYPE html PUBLIC
"-//W3C//DTD XHTML 1.0 Strict//EN"
"http://www.w3.org/1999/xhtml">
<html lang = "EN" xml:lang = "EN" dir = "ltr">
<head>
<meta http-equiv="content-type" content="text/xml;
    charset=iso-8859-1" />
<title>basicAJAX.html</title>
<script type = "text/javascript">
//<![CDATA[
function getAJAX(){
  var request = new XMLHttpRequest();
```

```
      request.open("GET", "hase.txt", false);
      request.send(null);
      if (request.status == 200){
         //wir haben eine Antwort erhalten
         alert(request.responseText);
      } else {
         //etwas lief schief
         alert("Fehler- " + request.status + ": " + request.statusText);
      } // Ende if
   } // Ende function
//]]>

</script>

</head>
<body>
<h1>AJAX-Grundlagen</h1>

<form action = " ">
   <p>
      <button type = "button"
          onclick = "getAJAX()">
      Den Killerhasen von Caerbannog beschwören
   </button>
   </p>
</form>


</body>
</html>
```

Das HTML-Formular anlegen

Ein HTML-Fomular ist nicht zwingende Voraussetzung für AJAX, aber hier gibt es ein sehr einfaches, das eine Schaltfläche enthält. Beachten Sie, dass das Formular nicht an den Server gebunden ist. Hier der Code:

```
<form action = " ">
   <p>
      <button type = "button"
          onclick = "getAJAX()">
      Den Killerhasen von Caerbannog beschwören
   </button>
   </p>
</form>
```

Die Schaltfläche ist an eine JavaScript-Funktion gebunden, die `getAJAX()` heißt.

Sie benötigen nichts anderes als eine Struktur, die eine JavaScript-Funktion auslöst.

AJAX ist keine komplexe Technologie, aber es hat viel mit anderen Technologien zu tun. Es kann also sein, dass Sie sich mit den Kapiteln über JavaScript beschäftigen müssen, wenn Sie auf diesem Gebiet nicht sicher sind. Obwohl die Beispiele hier kein PHP verlangen, enthalten sie doch serverseitige Reaktionen wie bei PHP. Aus diesem Grund beschäftigen sich häufig Personen mit AJAX, die sowohl JavaScript als auch PHP kennen. Ich gebe in Kapitel 14 einen kurzen Überblick über PHP und darüber, wie es zusammen mit AJAX verwendet wird.

Ein »XMLHttpRequest«-Objekt erstellen

Den Schlüssel zu AJAX bildet ein besonderes Objekt, das `XHTMLHttpRequest`-Objekt heißt. Alle größeren Browser enthalten es, und wenn Sie wissen, wie es im Code verwendet wird, funktioniert auch AJAX. Sie können dieses Objekt einfach mit dem Schlüsselwort `new` anlegen:

```
var request = new XMLHttpRequest();
```

Internet Explorer 5 und 6 (lachen Sie nicht, die sind teilweise immer noch im Einsatz) gehen einen ganz anderen Weg, um das `XMLHttpRequest`-Objekt aufzurufen: eine Technologie mit dem Namen *ActiveX*. Wenn Sie auch diese älteren Browser unterstützen wollen, verwenden Sie eine der Bibliotheken, die in Kapitel 10 vorgestellt werden.

Die Zeile erstellt eine Instanz des `XMLHttpRequest`-Objektes. Sie verwenden Methoden und Eigenschaften dieses Objektes (aus Tabelle 9.1), um eine Anfrage an den Server zu steuern.

AJAX ist wirklich nichts anderes als HTTP, das Protokoll, das Ihr Browser und der Server die ganze Zeit über verwenden, um miteinander zu kommunizieren. Sie können eine AJAX-Anfrage so sehen: Stellen Sie sich vor, dass Sie einen Korb haben, an dessen Griff ein Ballon und eine lange Strippe befestigt sind. Während Sie durch die Stadt gehen, können Sie den Korb unter bestimmten Fenstern loslassen, damit er aufsteigt. Das Fenster (der Server) packt etwas in den Korb, und Sie können die Strippe aufwickeln, um den Korb zurückzuholen.

Bestandteil	Beschreibung	Korb-Analogie
`open(Protokoll, URL,Synchronisierung)`	Öffnet eine Verbindung zur angegebenen Datei auf dem Server	Steht unter einem bestimmten Fenster
`send(Parameter)`	Löst die Transaktion mit den angegebenen Parametern (oder null) aus	Gibt den Korb frei, hängt aber an der Strippe
`status`	Gibt den HTTP-Statuscode zurück, der vom Server zurückgeliefert wird (200 bedeutet erfolgreich)	Prüft auf Fehlercodes (»Fenster geschlossen«, »Ballon geplatzt«, »Strippe gerissen« oder »Alles toll«)

9 ➤ Die Grundlagen von AJAX

Bestandteil	Beschreibung	Korb-Analogie
statusText	Die Textform des HTTP-Status	Textform des Statuscodes, eine Übersetzung des numerischen Fehlercodes in Textform
responseText	Text der Antwort der Transaktion	Erhält die Inhalte des Korbs
readyState	Beschreibt den aktuellen Status der Transaktion (4 bedeutet abgeschlossen)	Ist der Korb leer, geht er nach oben, kommt er herunter oder ist er hier und bereit?
onReadyStateChange	Ereignisbehandlung. Binden Sie eine Funktion an diesen Parameter, und wenn sich readyState ändert, wird diese Funktion automatisch aufgerufen.	Was soll ich machen, wenn sich der Status des Korbs ändert? Soll ich beispielsweise etwas unternehmen, wenn ich den Korb zurückerhalte?

Tabelle 9.1: Nützliche Bestandteile des XMLHttpRequest-Objektes

 Machen Sie sich über die Einzelheiten in der Tabelle nicht allzu viele Gedanken. Ich beschreibe die Dinge im Text, wenn Sie sie benötigen. Außerdem betreffen einige Elemente nur asynchrone Verbindungen, weshalb Sie vielleicht niemals auf sie zugreifen werden.

Eine Verbindung zum Server öffnen

Das XMLHttpRequest-Objekt kennt einige nützliche Methoden. Eine der wichtigsten ist open(). Und so wird sie eingesetzt:

request.open("GET", "hase.txt", false;

Die Methode open() öffnet eine Verbindung zum Server. Sobald dies geschehen ist, ist diese Art von Verbindung identisch mit einer, die dadurch zustande kommt, dass der Benutzer auf eine Verknüpfung klickt oder ein Formular abschickt. Die Methode open() kann drei Parameter aufnehmen:

✔ **Die Methode request:** Die Methode request beschreibt, wie der Server die Anfrage ausführen soll. Übliche Werte sind GET und POST. Wie diese Werte verwendet werden, wird in Kapitel 14 beschrieben.

✔ **Einen Datei- oder Programmnamen:** Bei dem zweiten Parameter handelt es sich um den Namen einer Datei oder eines Programms auf dem Server. Die Datei oder das Programm liegen normalerweise auf dem Server in demselben Verzeichnis wie die Seite.

✔ **Einen Synchronisierungstrigger:** AJAX kann in einem synchronen oder in einem asynchronen Modus ausgeführt werden. (Ich weiß, ich weiß, das müsste dann SJAX und AJAX heißen, aber belassen wir es bei dem bekannten Namen.) Es ist am Anfang einfacher, die synchrone Form zu verstehen, weshalb ich auch damit begonnen habe. Das nächste Beispiel (und alle weiteren in diesem Buch) verwenden die asynchrone Vorgehensweise.

Ich verwende in diesem Beispiel `GET`, um vom Server im synchronen Modus eine Datei zu laden, die `hase.txt` heißt.

Anfrage und Parameter senden

Wenn Sie erst einmal eine Anfrage geöffnet haben, müssen Sie sie an den Server senden. Diese Aufgabe wird von der Methode `send()` übernommen. Sie stellt Ihnen auch einen Mechanismus zur Verfügung, um Daten an den Server zu senden. Dies alles macht aber nur dann Sinn, wenn die Anfrage an ein PHP-Programm (oder ein anderes Programm auf dem Server) geht. Da ich nur ein ganz normales Textdokument anfordere, sende ich den Wert `null` an den Server:

`request.send(null);`

Dies ist eine synchrone Verbindung. Aus diesem Grund hält das Programm hier an, bis der Server die angeforderte Datei sendet. Wenn der Server nicht antwortet, hängt sich die Seite auf. (Das ist dann der Grund, warum die normale Vorgehensweise so aussieht, dass asynchrone Verbindungen verwendet werden.) Da es sich hier aber nur um ein Testprogramm handelt, können Sie eigentlich davon ausgehen, dass alles klappt und weiterläuft.

Wenn wir zur Korb-Analogie zurückkehren, lässt die Methode `send()` den Korb frei, der daraufhin nach oben zum Fenster schwebt. Bei einer synchronen Verbindung gehen wir davon aus, dass der Korb gefüllt wird und automatisch wieder herunterkommt. Zum nächsten Schritt kommt es erst, wenn der Korb sich wieder auf dem Boden befindet. (Wenn aber etwas schiefgeht, kommt es nicht zu diesem nächsten Schritt, weil der Korb eben nicht zurückkehrt.)

Den Status überprüfen

Die nächste Codezeile wird erst ausgeführt, wenn der Server irgendeine Antwort zurückgegeben hat. Jeder HTTP-Anfrage folgt ein numerischer Code. Normalerweise überprüft Ihr Browser diesen Code automatisch, und Sie bekommen ihn nicht zu sehen. Gelegentlich treffen Sie beim Browsen im Web auf einen HTTP-Fehlercode wie 404 (Datei nicht gefunden) oder 500 (interner Serverfehler). Wenn der Server in der Lage ist, auf die Anfrage zu antworten, übergibt er den Statuscode 200. (In einem normalen Browser werden Sie einen 200er Statuscode niemals zu sehen bekommen, weil dieser Code aussagt, dass die Seitenanforderung erfolgreich beantwortet worden ist und Sie die Seite sehen.) Das `XMLHttpRequest`-Objekt hat eine Eigenschaft, die `status` heißt und den HTTP-Statuscode zurückgibt. Bei einem Status von 200 war alles in Ordnung, und Sie können weitermachen. Bei einem anderen Statuswert sind irgendwo Probleme aufgetaucht.

Der HTTP-Antwortcode

So wie Sie einen Brief mit einem Vermerk zurückbekommen, wenn die Adresse falsch war, sendet auch der Server zusammen mit Ihrer Anfrage eine Statusmeldung zurück. Sie erhalten einen Überblick über alle Statuscodes im Original auf der Webseite des World Wide Web Consortiums unter www.w3.org/Protocols/rfc2616/rfc2616-sec10.html oder auf Deutsch bei Wikipedia (http://de.wikipedia.org/wiki/HTTP-Statuscode). Zu den wichtigsten Codes gehören:

- ✔ **200 = OK:** Dieser Code zeigt einen Erfolg an. Alles war in Ordnung, und die Antwort ist an Sie zurückgesendet worden.

- ✔ **400 = Bad Request (fehlerhafte Anfrage):** Dies ist ein Fehlercode der Clientseite. Er bedeutet, dass auf der Benutzerseite etwas schiefgelaufen ist. Die Anfrage war schlecht ausgeformt und konnte nicht verstanden werden.

- ✔ **404 = Not Found (nicht gefunden):** Dies ist ein Fehlercode der Clientseite. Die Seite, die der Benutzer angefordert hat, existiert nicht oder konnte nicht gefunden werden.

- ✔ **408 = Request Timeout (Zeitüberschreitung der Anfrage):** Dies ist ein Fehlercode der Clientseite. Der Server hat aufgegeben, darauf zu warten, dass der Computer des Benutzers endlich mit der Anfrage fertig wird.

- ✔ **500 = Internal Server Error (interner Serverfehler):** Dies ist ein Fehlercode der Serverseite. Er bedeutet, dass auf dem Server ein Fehler aufgetreten ist und der Server die Anfrage nicht ausführen konnte.

Sie wollen natürlich sicher sein, dass der Status der Anfrage erfolgreich ist, bevor Sie den Code ablaufen lassen, der von der Anfrage abhängt. Sie könnten nun alle Statuscodes abfragen, aber bei diesem einfachen Beispiel möchte ich nur sicher sein, dass `status` den Wert 200 hat:

```
if (request.status == 200){
  //wir haben eine Antwort erhalten
  alert(request.responseText);
} else {
  //etwas lief schief
  alert("Fehler- " + request.status + ": " + request.statusText);
} // Ende if
```

Die Eigenschaft `request.status` enthält die Antwort des Servers. Wenn der Wert 200 ist, möchte ich mit den Ergebnissen etwas tun. In diesem Fall zeige ich einfach den Text in einem Meldungsfenster an. Wenn die Anfrage zu etwas anderem als 200 führt, verwende ich die Eigenschaft `statusText`, um herauszufinden, was schiefgelaufen ist, und leite diese Information über ein Meldungsfenster an den Benutzer weiter.

Die Eigenschaft `request.status` hat Ähnlichkeit mit dem Schauen in den Korb, wenn er zurückkommt: Der Container könnte die angeforderten Daten enthalten, oder es gibt dort eine Notiz (zusammen mit den Zeilen: »Es tut mir leid, aber das Fenster ist geschlossen. Ich konnte Ihre Anforderung nicht erfüllen.«). Wenn nichts erfolgreich zurückgegeben wurde, gibt es auch nichts, das auszuführen ist.

Natürlich könnte ich mit den Daten viel mehr machen. Wenn sie bereits als HTML-Code formatiert sind, kann ich die DOM-Tricks mit `innerHTML` nutzen, die in Kapitel 6 beschrieben werden, um den Code irgendwo auf meiner Seite auszugeben. Wenn ich es mit anders formatierten Daten zu tun habe (zum Beispiel XML oder JSON), kann ich sie mit JavaScript ändern und mit ihnen machen, was ich will. Die dafür benötigte Technik wird in Kapitel 14 beschrieben.

Und nun alle zusammen: Wir wollen die asynchrone Verbindung sehn!

Die synchrone AJAX-Verbindung, die im vorherigen Abschnitt beschrieben wird, ist nicht schwer zu verstehen, hat aber einen großen Nachteil: Die Seite des Clients *hält die Ausführung vollständig an*, während sie auf eine Antwort vom Server wartet. Das scheint auf den ersten Blick kein allzu großes Problem zu sein, aber es ist eines. Wenn jetzt Aliens den Webserver angreifen, baut der die Verbindung nicht mehr auf, und der Rest der Seite wird niemals aktiviert. Der Browser des Benutzers hängt sich auf unbestimmte Zeit auf. In den meisten Fällen ist der Benutzer gezwungen, den Browserprozess mit [Strg]+[Alt]+[Entf] (oder einer ähnlichen Vorgehensweise bei anderen Betriebssystemen) abzuschießen. Also sollte diese Art von Fehler möglichst vermieden werden.

Aus diesem Grund gehen die meisten AJAX-Aufrufe asynchron vor. Hier der große Unterschied: Wenn Sie eine asynchrone Anfrage senden, führt der Client den Rest der Seite weiter aus. Wenn der Aufruf ausgeführt worden ist, verarbeitet eine Ereignisbehandlung das Ereignis. Wenn der Server ausfällt, hängt sich der Browser nicht auch (wenn auch die Seite nicht das macht, was Sie sich eigentlich vorgestellt haben).

Mit anderen Worten, die Eigenschaft `readyState` ist wie das Beobachten des Korbes. Der Korb kann noch leer vor Ihnen stehen, weil Sie noch nichts unternommen haben. Er kann nach oben zum Fenster schweben oder er wird gefüllt und ist wieder auf dem Weg nach unten, damit Sie seinen Inhalt nutzen können. Ihr Interesse gilt aber im Moment nur dem letzten Zustand (fertig), weil dies bedeutet, dass Sie die Daten nutzen können.

Ich habe keine Abbildung vorgesehen, die die asynchrone Version zeigt, weil ein Benutzer keinen Unterschied zu einer synchronen Verbindung erkennt. Achten Sie darauf, den Code auf Ihren eigenen Webserver abzulegen und zunächst dort zu prüfen.

Die asynchrone Version sieht auf dem Frontend genau so aus wie die synchrone, aber ihr Code ist ein wenig anders strukturiert:

```
<!DOCTYPE html PUBLIC
"-//W3C//DTD XHTML 1.0 Strict//EN"
"http://www.w3.org/TR/xhtml1/DTD/xhtml1-strict.dtd">
```

```html
<html lang = "EN" xml:lang = "EN" dir = "ltr">
<head>
<meta http-equiv="content-type" content="text/xml; charset=utf-8" />

<title>asynch.html</title>
<script type = "text/javascript">
//<![CDATA[

var request;   //mach das request-Objekt zu
               //einer globalen Variablen

function getAJAX(){
  request = new XMLHttpRequest();
  request.open("GET", "hase.txt");
  request.onreadystatechange = checkData;
  request.send(null);
} // Ende function

function checkData(){
  if (request.readyState == 4) {
    // wenn der Status beendet wurde
    if (request.status == 200) {
      // wenn der Versuch erfolgreich war
      alert(request.responseText);
    } // Ende if
  } // Ende if
} // Ende checkData

//]]>

</script>

</head>

<body>
<h1>Asynchrone AJAX-Übertragung</h1>
<form action = " ">
  <p>
    <button type = "button"
            onclick = "getAJAX()">
      Den Killerhasen von Caerbannog beschwören
    </button>
  </p>
</form>
</body>
</html>
```

Das Programm einrichten

Die allgemeine Einrichtung des Programms erfolgt wie die des vorherigen AJAX-Beispiels. Der HTML-Code erzeugt eine einfache Schaltfläche, die die Funktion getAJAX() aufruft.

Im JavaScript-Code gibt es nun zwei Funktionen. Die Funktion getAJAX() richtet die Anfrage ein, während eine zweite Funktion (checkData()) auf die Anfrage reagiert. Bei einem asynchronen AJAX-Modell ist es normal, Anfrage und Reaktion in zwei verschiedenen Funktionen unterzubringen.

Beachten Sie, dass ich das XMLHttpRequest-Objekt – das Objekt request – in einer globalen Variablen untergebracht habe, indem es außerhalb einer Funktion definiert wurde. Ich versuche normalerweise, globale Variablen zu vermeiden, aber in diesem Fall ist eine solche sinnvoll, weil es zwei verschiedene Funktionen gibt, die das request-Objekt benötigen. Werfen Sie einen Blick auf Kapitel 5, wenn Sie eine Auffrischung über die Vor- und Nachteile globaler Variablen benötigen.

Die Funktion »getAJAX« anlegen

Die Funktion getAJAX richtet die Kommunikation mit dem Server ein und führt sie aus.

```
function getAJAX(){
    request = new XMLHttpRequest();
    request.open("GET", "hase.txt");
    request.onreadystatechange = checkData;
    request.send(null);
} // Ende function
```

Der Code ist recht überschaubar. Und das machen Sie:

1. **Legen Sie das Objekt request an.**

   Das Objekt request ist identisch mit dem aus dem ersten Beispiel.

2. **Rufen Sie die Methode open() des Objekts request auf, um eine Verbindung zu öffnen.**

   Beachten Sie, dass ich dieses Mal auf den Synchronisierungsparameter verzichtet habe, was (standardmäßig) zu einer asynchronen Verbindung führt.

3. **Weisen Sie eine Ereignisbehandlung zu, um die Antwort abfangen zu können.**

   Sie können Ereignisbehandlungen wie im DOM verwenden. In diesem Fall hier, weise ich das request-Objekt an, eine Funktion mit dem Namen checkData aufzurufen, wenn sich der Status der Anfrage ändert.

Sie können nicht einfach einen Parameter an eine Funktion senden, wenn Sie sie über diesen Mechanismus aufrufen. Aus diesem Grund habe ich request zu einer globalen Variablen gemacht.

4. **Senden Sie die Anfrage.**

   Die Methode `send()` beginnt wie zuvor mit der Ausführung. Da es sich nun um eine asynchrone Verbindung handelt, wird der Rest der Seite weiterhin ausgeführt. Sobald sich der Status der Seite ändert (weil es hoffentlich eine erfolgreiche Übermittlung gegeben hat), wird die Funktion `checkData()` aktiviert.

Die Antwort auslesen

Nun benötigen Sie natürlich eine Funktion, die mit der Antwort umgehen kann, wenn diese vom Server zurückkommt. Dies wird durch eine Prüfung des Fertig-Status der Antwort erledigt. Jede HTTP-Anfrage hat einen Fertig-Status, bei dem es sich um einen einfachen Wert handelt, der beschreibt, in welchem Status sich die Anfrage gerade befindet. Es gibt viele Fertig-Status, aber der einzige, der uns interessiert, ist 4, weil dies bedeutet, dass die Anfrage abgeschlossen worden ist.

Auf die Plätze, fertig, readyState!

Die Eigenschaft `readyState` des `request`-Objekts gibt den Fertig-Zustand der Anfrage *(Request)* an. Er kann fünf Werte annehmen:

- ✔ **0 = Uninitialized (nicht initialisiert):** Das `request`-Objekt ist angelegt, die Methode `open()` aber noch nicht aufgerufen worden.
- ✔ **1 = Loading (lädt):** Das `request`-Objekt ist angelegt worden, die Methode `open()` wurde aufgerufen, nicht aber die Methode `send()`.
- ✔ **2 = Loaded (geladen):** Das `request`-Objekt ist angelegt worden, die Methode `open()` wurde aufgerufen, die Methode `send()` wurde aufgerufen, aber es steht noch keine Antwort zur Verfügung.
- ✔ **3 = Interactive (interaktiv):** Das `request`-Objekt ist angelegt worden, die Methode `open()` wurde aufgerufen, die Methode `send()` wurde aufgerufen, die Antwort kommt Stück für Stück vom Server, es ist aber noch nicht alles erhalten worden.
- ✔ **4 = Completed (abgeschlossen):** Das `request`-Objekt ist angelegt worden, die Methode `open()` wurde aufgerufen, die Methode `send()` wurde aufgerufen, die Antwort ist vollständig empfangen worden und das `request`-Objekt ist mit seiner Aufgabe, anzufordern und zu antworten, fertig.

Jedes Mal, wenn Sie die Eigenschaft `readyState` der Anfrage ändern, wird die Funktion aufgerufen, die Sie mit `readyStateChanged` verbunden haben. Bei einem typischen AJAX-Programm geschieht dies viermal pro Transaktion. Zu keinem Zeitpunkt werden die Daten gelesen, solange die Transaktion noch nicht abgeschlossen wurde (was erst dann der Fall ist, wenn `readyState` den Wert 4 angenommen hat).

Die grundlegende Strategie beim Prüfen einer Antwort sieht so aus, dass Sie den Fertig-Status in der Eigenschaft `request.readyState` prüfen. Wenn der Fertig-Status 4 und der HTTP-Status 200 anzeigen, sind Sie dick im Geschäft, und das Formular kann verarbeitet werden.

Hier der Code:

```
function checkData(){
  if (request.readyState == 4) {
    // wenn der Status beendet wurde
    if (request.status == 200) {
      // wenn der Versuch erfolgreich war
      alert(request.responseText);
    } // Ende if
  } // Ende if
} // Ende checkData
```

Auch hier gilt, dass Sie mit dem empfangenen Text machen können, was Sie wollen. Ich gebe ihn einfach nur aus, aber die Daten könnten auch in eine Seite eingebaut oder auf andere Art verarbeitet werden.

JavaScript und AJAX durch jQuery verbessern

10

In diesem Kapitel

▶ Die jQuery-Bibliothek herunterladen und einbinden

▶ Eine AJAX-Anfrage mit jQuery ausführen

▶ Komponentenselektoren verwenden

▶ Ereignissen Komponenten hinzufügen

▶ Mit jQuery ein einfaches System für die Verwaltung von Inhalten anlegen

---

*J*avaScript bietet erstaunliche Möglichkeiten. Es kann sinnvoll für sich allein eingesetzt werden, und wenn Sie AJAX hinzufügen, wird es unglaublich leistungsfähig. Aber JavaScript kann einem auch den letzten Nerv töten. Es gibt vieles, an das Sie denken müssen, und es kann sehr mühsam sein, plattformübergreifend arbeiten zu müssen. Einige Aufgaben (wie AJAX) sind ein wenig komplexer und verlangen viele Schritte. Und unabhängig davon haben Sie immer mit der Kompatibilität der Browser zu kämpfen.

Als Retter bieten sich hier AJAX-Bibliotheken an, und insbesondere die Bibliothek *jQuery* ist ein leistungsfähiges Werkzeug, um AJAX zu erweitern. Dieses Kapitel erklärt, was Sie mit JavaScript-Bibliotheken anfangen können, und führt Sie in die beliebtesten Bibliotheken ein.

Eine Einführung in JavaScript-Bibliotheken

Irgendwann fingen Webprogrammierer an, häufig genutzte Funktionen in wiederverwendbaren Bibliotheken zusammenzustellen. Diese Bibliotheken wurden im Laufe der Zeit immer leistungsfähiger, und einige von ihnen sind inzwischen zu festen Bestandteilen der Webentwicklung geworden.

Während diese Bibliotheken immer leistungsfähiger wurden, erweiterten sie nicht nur die Möglichkeiten von AJAX, sondern die Entwickler der Bibliotheken fügten auch Funktionen für die Programmierung mit JavaScript/DOM hinzu, die es bis dahin nur in den traditionellen Programmiersprachen gab. Viele dieser Bibliotheken erlauben eine neue grafische Ästhetik und bieten erweiterte technische Möglichkeiten. Es ist tatsächlich so, dass die meisten Anwendungen, die als Teil von Web 2.0 betrachtet werden, zumindest teilweise diesen Bibliotheken entstammen.

Was ist Web 2.0?

Ich bin meistens sehr zurückhaltend, wenn es darum geht, Web 2.0 zu erwähnen, weil dieser Name mit Vorsicht zu genießen ist. Es gibt tatsächlich mindestens drei Wege, um Web 2.0 zu beschreiben (falls so etwas wirklich existiert).

Für einige ist Web 2.0 eine Designvorgabe (viele weiße Flächen, einfache Farbschemata und abgerundete Ecken). Ich glaube, dass die grafischen Trends woanders hingehen, und dass andere Aspekte von Web 2.0 einen weitaus größeren Einfluss haben.

Die technischen Bestandteile von Web 2.0 (starke Verwendung von AJAX und Bibliotheken, damit das Webprogrammieren mehr dem herkömmlichen Programmieren entspricht) sind viel wichtiger als die grafischen. Sie ermöglichen es, Webanwendungen auf fast dieselbe Art wie Desktop-Anwendungen zu erstellen.

Ich persönlich glaube, dass die größten Veränderungen bei den Kommunikationsmustern zu finden sind. Im Web 2.0 fließt die Kommunikation nicht mehr von oben nach unten, sondern sie entspricht mehr einem Dialog von Benutzern einer Site oder eines Systems. Obwohl auch die grafischen und die technischen Aspekte wichtig sind, sind die veränderten Beziehungen zwischen den Erzeugern und den Nutzern von Daten sicherlich viel tief greifender.

Die Aspekte, die das Design und die Kommunikation betreffen, sind faszinierend, aber dieses Buch hat die Aufgabe, sich auf die technischen Bestandteile zu konzentrieren. Und wenn Sie dann irgendwann in der Lage sind, wirklich mit den Technologien von Web 2.0 umzugehen, können Sie immer noch entscheiden, wie Sie die Technologien grafisch und sozial umsetzen wollen. Ich bin gespannt, wie dann Ihre Ergebnisse aussehen.

Es gibt eine Vielzahl leistungsstarker JavaScript/AJAX-Bibliotheken. Alle erleichtern das Arbeiten mit JavaScript, und jede von ihnen hat ihre eigenen Lernanforderungen. Keine der Bibliotheken schreibt für Sie Code, aber eine gute Bibliothek ist in der Lage, Ihnen etwas Schufterei abzunehmen, damit Sie stattdessen kreativ an Ihren Programmen arbeiten können. JavaScript-Bibliotheken lassen Sie auf einem höheren Niveau programmieren als reines JavaScript. Dadurch werden Sie in die Lage versetzt, in kürzerer Zeit aufwändigere Seiten zu erstellen.

Es gibt mehrere wichtige JavaScript/AJAX-Bibliotheken. Hier einige der bekanntesten:

✔ **DOJO (www.dojotoolkit.org):** Eine sehr leistungsfähige Bibliothek, zu der eine Reihe von Widgets für Benutzeroberflächen (wie die in Visual Basic und Java) und AJAX-Funktionen gehören.

Bei einem Widget handelt es sich beispielsweise um eine Schaltfläche, einen Kalenderwähler, einen Fortschrittsbalken, Menüs und vieles mehr.

✔ **MochiKit (http://mochikit.com):** Ein ganz netter Satz einfacherer JavaScript-Funktionen, mit denen Sie die JavaScript-Programmierung verbessern können. Dadurch wird

JavaScript in die Lage versetzt, durch einen interaktiven Interpreter mehr wie die Sprache Python zu handeln.

✔ **Prototype (www.prototypejs.org):** Eine der ersten AJAX-Bibliotheken, die einen gewissen Bekanntheitsgrad erreichte. Unterstützt AJAX ausgezeichnet und enthält Erweiterungen für Schnittstellenobjekte der Benutzeroberfläche (durch die Erweiterung Scriptaculous).

✔ **YUI Yahoo! Interface Library (http://developer.yahoo.com/yui):** Dies ist die Bibliothek, die von Yahoo! für alle AJAX-Anwendungen verwendet wird. Yahoo! hat diese Bibliothek als Open Source freigegeben.

✔ **jQuery (http://jquery.com):** jQuery ist zu einer der bekanntesten JavaScript- und AJAX-Bibliotheken geworden. Es ist die Bibliothek, auf die ich in diesem Buch zugreife.

jQuery kennenlernen

Dieses Buch konzentriert sich auf die Bibliothek jQuery. Obwohl es viele ausgezeichnete JavaScript-/AJAX-Bibliotheken gibt, wurde jQuery schnell zu einer der bekanntesten. Für die Beliebtheit von jQuery gibt es viele Gründe:

✔ **Es ist eine sehr leistungsstarke Bibliothek.** Das jQuery-System kann alle möglichen beeindruckenden Dinge, um Ihnen das Schreiben von JavaScript zu erleichtern.

✔ **Die Bibliothek ist ein Leichtgewicht.** Sie müssen einen Verweis auf die Bibliothek in jede Datei aufnehmen, die auf sie zugreift. Die gesamte Bibliothek ist nur 97 KB groß, und sie beeinflusst die Geschwindigkeit beim Herunterladen kaum.

✔ **Sie unterstützt einen flexiblen Auswahlmechanismus.** jQuery vereinfacht und erweitert auf großartige Weise document.getElementById, das im Zentrum der DOM-Bedienung steht.

✔ **Sie unterstützt Animationen hervorragend.** Sie können jQuery verwenden, um Elemente erscheinen zu lassen, abzublenden, zu verschieben und zu bewegen.

✔ **Sie macht AJAX-Abfragen zu einem alltäglichen Ding.** Es ist unglaublich, wie einfach AJAX mit jQuery ist.

✔ **Sie hat einen erweiterten Ereignismechanismus.** JavaScript unterstützt Ereignisse nur eingeschränkt. jQuery fügt ein leistungsstarkes Werkzeug hinzu, um so gut wie jedes Element um eine Ereignisbehandlung zu erweitern.

✔ **Sie unterstützt plattformübergreifendes Arbeiten.** Die Bibliothek jQuery versucht, sich für Sie um Dinge zu kümmern, die mit der Browserkompatibilität zu tun haben. Dadurch können Sie das Thema, welcher Browser von einem Anwender benutzt wird, viel gelassener angehen.

✔ **Sie unterstützt Widgets für Benutzeroberflächen.** jQuery hat eine leistungsstarke Bibliothek für Benutzeroberflächen im Gepäck, zu der auch Werkzeuge gehören, die HTML nicht kennt (zum Beispiel Widgets für das Ziehen und Ablegen).

✔ **Sie ist extrem erweiterbar.** jQuery hat eine Plugin-Bibliothek, die alle möglichen optionalen Funktionen unterstützt. Hierzu gehören zum Beispiel neue Widgets und Werkzeuge wie eine Audio-Integration, Bildergalerien, Menüs und vieles mehr.

✔ **Sie führt neue Programmierideen ein.** jQuery ist ein großartiges Werkzeug, um wirklich interessante Ideen wie funktionales Programmieren oder verkettbare Objekte kennenzulernen. Ich erkläre dies, sobald wir darauf treffen.

✔ **Sie ist kostenlos und Open Source.** Es gibt diese Bibliothek unter einer Open Source-Lizenz, was bedeutet, dass Sie sie kostenlos nutzen dürfen, und Sie können sich intensiv mit ihr beschäftigen und sie gegebenenfalls sogar ändern.

✔ **Sie ist ziemlich »typisch«.** Wenn Sie sich entschließen, eine andere AJAX-Bibliothek zu verwenden, können Sie vieles von dem, was Sie in jQuery kennengelernt haben, auf die andere Bibliothek übertragen.

jQuery installieren

jQuery lässt sich problemlos installieren und einsetzen. Gehen Sie einfach zur Website `http://jquery.com` und laden Sie die aktuelle Version herunter (1.7.1 zum Zeitpunkt der Übersetzung dieses Buches). Speichern Sie die `.js`-Datei (`jquery-1.7.1.min.js`) in Ihrer Arbeitsumgebung.

Eventuell können Sie unter verschiedenen Dateiversionen wählen. Ich empfehle die Minimalversion. Damit diese Datei so klein wie möglich wurde, ist in ihr jedes überflüssige Zeichen (einschließlich Leerzeichen und Zeilenumbrüche) entfernt worden. Diese Datei ist sehr kompakt und dadurch schwer zu lesen. Sie können auch die nicht minimierte Version herunterladen, wenn Sie den Code lesen möchten, aber Sie sollten immer nur die Minimalversion in den Code einbinden.

Das ist eigentlich alles, was zu tun ist. Laden Sie die Datei herunter und platzieren Sie sie in Ihrem Arbeitsverzeichnis.

Um die Bibliothek in Ihre Seiten einzubinden, verknüpfen Sie sie einfach als JavaScript-Datei:

```
<script type = "text/javascript"
        src = "jquery-1.7.1.min.js"></script>
```

Achten Sie darauf, dass Sie dieses Skript in Ihren Code einbinden, bevor Sie anderen Code schreiben oder einbinden, der dann auf jQuery verweist.

jQuery von Google importieren

Auch wenn es wahnsinnig einfach ist, jQuery herunterzuladen, so gibt es noch einen weiteren sehr guten Weg, um jQuery (und andere AJAX-Bibliotheken) ihren Seiten hinzuzufügen, ohne etwas herunterladen zu müssen. Google hat Versionen verschiedener wichtiger Bibliotheken (einschließlich jQuery) öffentlich zugänglich gemacht, auf die Sie direkt zugreifen können.

Diese Methode hat interessante Vorteile:

✔ **Sie müssen keine Bibliothek installieren.** Alle Bibliotheksdateien bleiben auf den Google-Servern.

✔ **Die Bibliothek wird automatisch aktualisiert.** Sie haben immer Zugriff auf die neueste Version der Bibliothek, ohne etwas am Code ändern zu müssen.

✔ **Die Bibliothek könnte schneller geladen werden.** Wenn eine Ihrer Seiten zum ersten Mal die Bibliothek auf den Google-Servern ausliest, müssen Sie warten, bis sie vollständig heruntergeladen worden ist, aber danach befindet sich die Bibliothek im *Cache* (einer Art Arbeitsspeicher des Browsers), was dazu führt, dass weitere Zugriffe auf die Bibliothek sofort ausgeführt werden.

Und so wird's gemacht:

```
<script type = "text/javacript"
    src="http://www.google.com/jsapi"></script>
<script type = "text/javacript">
  //<[CDATA[
  // Laden Sie jQuery
  google.load("jquery", "1");
  // hierhin kommt Ihr Code
  //]]>

</script>
```

Im Grunde läuft das Laden von jQuery von Google in zwei Schritten ab:

1. **Laden Sie die Google-API von Google.**

   Verwenden Sie das erste `<script>`-Tag, um auf den Google-AJAX-API-Server zu verweisen. Damit erhalten Sie Zugriff auf die Funktion `google.load()`.

2. **Rufen Sie `google.load()` auf, um jQuery zu laden.**

   Der erste Parameter ist der Name der Bibliothek, die Sie laden wollen. Der zweite Parameter ist die Versionsnummer. Wenn Sie diesen Parameter leer lassen, erhalten Sie immer die neueste Version. Wenn Sie eine Nummer angeben, erhalten Sie von Google Zugriff auf die neueste Variation dieser Versionsnummer. In meinem Beispiel hätte ich gerne die neueste Variante von Version 1, aber auf keinen Fall Version 2. Auch wenn diese Version zurzeit noch nicht existiert, gehe ich davon aus, dass sie größere Änderungen enthalten wird, und ich möchte keine Überraschungen erleben.

Beachten Sie, dass Sie keine Dateien lokal installieren müssen, um den Google-Ansatz nutzen zu können.

jQuery mit Aptana verwenden

Der Editor Aptana ist erstaunlich. Eine seiner beeindruckendsten Funktionen ist die Art, wie er Ihnen dabei hilft, AJAX-Anwendungen mit verschiedenen Bibliotheken anzulegen. Er hat eine interne Unterstützung für jQuery, auf die Sie wirklich problemlos zugreifen können. Folgen Sie diesen Schritten, um in Aptana ein jQuery-Projekt anzulegen:

1. **Installieren Sie jQuery in Aptana Studio 3 (wenn Sie mit einer früheren Version von Aptana arbeiten, überspringen Sie diesen Schritt).**

    Wählen Sie COMMANDS|BUNDLE DEVELOPMENT|INSTALL BUNDLE. Es öffnet sich das Dialogfeld SELECT BUNDLE TO INSTALL, in dem Sie JQUERY auswählen (siehe Abbildung 10.1).

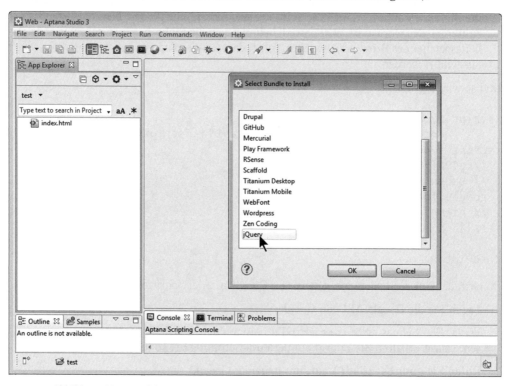

Abbildung 10.1: Wählen Sie JQUERY aus, um die Bibliothek in Aptana zu installieren.

Wenn Sie das Menü COMMANDS öffnen, sehen Sie, dass Sie nun auch auf JQUERY zugreifen können (siehe Abbildung 10.2).

2. **Erstellen Sie ein neues Standard-Webprojekt (NEW WEB PROJECT).**

    Viele Entwickler ignorieren den Projektmechanismus in Aptana und legen einfach nur einzelne Dateien an. Das Projektwerkzeug erlaubt Ihnen, eine Reihe von Dateien zu gruppieren. Achten Sie in Aptana 3 darauf, die Standard-Webvorlage (BASIC WEB TEMPLATE) auszuwählen (über die Schaltfläche NEXT), bevor Sie auf FINISH klicken.

    Wenn Sie mit Aptana Studio in der Version 3 arbeiten, machen Sie mit Schritt 4 weiter.

10 ▶ JavaScript und AJAX durch jQuery verbessern

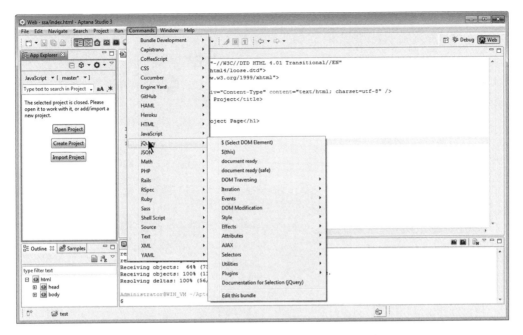

Abbildung 10.2: Greifen Sie über das Menü COMMANDS auf jQuery zu.

3. **Wenn Sie mit Aptana in einer älteren Version als 3 arbeiten, wird automatisch der WEB PROJECT WIZARD (Projektassistent) aufgerufen, wenn Sie das neue Webprojekt anlegen.**

   Er lässt die automatische Einbindung einer AJAX-Bibliothek zu (siehe Abbildung 10.3). Machen Sie mit Schritt 5 weiter.

4. **Binden Sie in Aptana 3 jQuery ein, indem Sie über PROJECT|PROPERTIES das Dialogfeld PROPERTIES BUILD FOR '*PROJEKTNAME*' öffnen.**

   Aktivieren Sie im linken Fensterelement PROJECT BUILD PATH und im rechten Fensterelement JQUERY 1.6.2 (siehe Abbildung. 10.4; zum Zeitpunkt der Übersetzung dieses Buches unterstützte Aptana 3 die neueste Version von jQuery noch nicht standardmäßig).

5. **Werfen Sie einen Blick auf das neue Projekt.**

   Aptana erstellt für das Projekt eine Verzeichnisstruktur.

6. **Fügen Sie der Seite `index.html` ein `script`-Tag hinzu.**

   Sobald Sie das Attribut `src` schreiben, hilft Ihnen die Autovervollständigung dabei, die jQuery-Dateien hinzuzufügen.

7. **Nun werden im Editor jQuery-Funktionen unterstützt.**

   Sobald Sie JavaScript-Code schreiben, erhalten Sie über die Autovervollständigung auch die Hinweise auf die jQuery-Funktionen, wie sie Bestandteil von JavaScript sind.

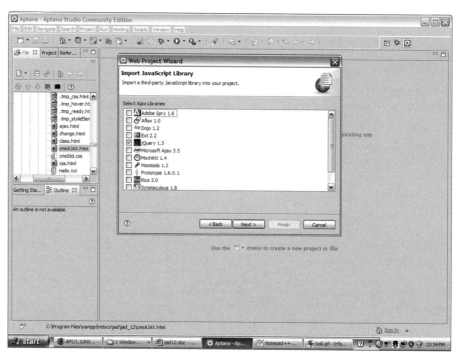

Abbildung 10.3: Aptana Version 2 hat eine integrierte Unterstützung für jQuery.

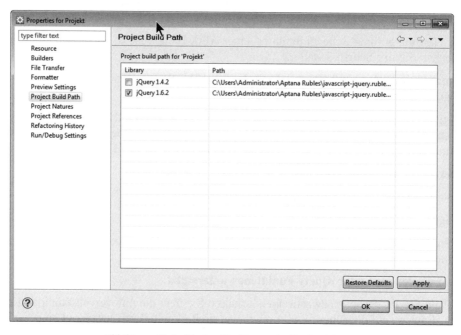

Abbildung 10.4: Binden Sie jQuery in Ihr Projekt ein.

8. **Denken Sie daran, dass Sie nun in einem Projekt arbeiten.**

    Aptanas Projektmechanismus sorgt dafür, dass Sie eine Dateigruppe (einschließlich der jQuery-Bibliothek) speichern, die Sie dann auch als Einheit wieder öffnen.

 Diese vielen Möglichkeiten, mit jQuery zu arbeiten, können einen schon durcheinanderbringen. Verwenden Sie die Technik, mit der Sie am besten klarkommen. Ich ziehe die Einbindung des lokalen Codes der Google- oder der Aptana-Lösung vor, weil ich sie als einfacher empfinde und sie auch dann funktioniert, wenn ich offline arbeite. Bei kleineren Projekten (wie diesen Beispielen hier) mag ich weder das Volumen der Aptana-Lösung noch den Zwang, bei Google online zu sein. Ich verweise deshalb in diesem Kapitel auf die lokale Version der jQuery-Datei, die nicht immer der neuesten Version entsprechen muss.

Die erste jQuery-Anwendung schreiben

Ich zeige Ihnen als Einführung in jQuery, wie Sie eine Anwendung erstellen, die sich auch in JavaScript/DOM anlegen lässt. Die folgenden Abschnitte führen Sie in leistungsfähige Funktionen von jQuery ein. Abbildung 10.5 stellt `change.html` bei der Arbeit vor, aber das Interessante befindet sich (wie eigentlich immer) unter der Motorhaube.

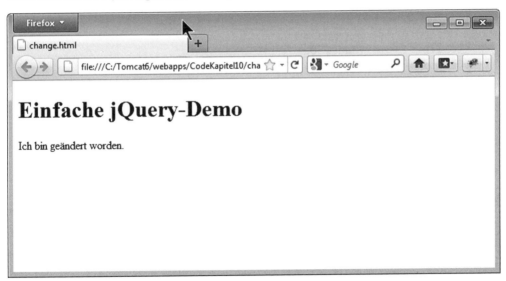

Abbildung 10.5: Der Inhalt der Seite wird durch jQuery geändert.

Die Seite einrichten

Auf den ersten Blick sieht die jQuery-Anwendung nicht viel anders aus als jeder andere HTML/JavaScript-Code, den Sie bisher geschrieben haben, aber es gibt einen kleinen Unterschied beim JavaScript-Code.

Schauen Sie sich einmal an, wie jQuery diesen JavaScript-Code vereinfacht:

```
<!DOCTYPE html PUBLIC "-//W3C//DTD XHTML 1.0 Strict//EN"
"http://www.w3.org/TR/xhtml1/DTD/xhtml1-strict.dtd">
<html lang="EN" dir="ltr" xmlns="http://www.w3.org/1999/xhtml">
<head>
  <meta http-equiv="content-type" content="text/xml;
        charset=iso-8859-1" />

  <title>change.html</title>
  <script type = "text/javascript"
          src = "jquery-1.7.1.min.js"></script>

  <script type = "text/javascript">
    //<![CDATA[
    function aendereMich(){
      $("#output").html("Ich bin geändert worden.");
    }

    //]]>
  </script>
</head>
<body onload = "aendereMich()">
    <h1>Einfache jQuery-Demo</h1>
    <div id = "output">
      Hat dies etwas geändert??
    </div>
</body>
</html>
```

Wenn Sie jQuery bereits kennen, werden Sie vielleicht darüber entsetzt sein, wie ich in diesem Beispiel body onload einsetze. jQuery sorgt für eine wunderbare Alternative zum onload-Mechanismus, aber ich möchte nur eine der großartigen, neuen Ideen gleichzeitig vorstellen. Das nächste Beispiel handelt von der jQuery-Alternative zu body onload und erklärt, warum dies eine echte Verbesserung ist.

Die grundlegenden Funktionen von change.html liefern keine Überraschungen:

- **Der HTML-Code hat ein div mit dem Namen output.** Dieses div fragt zu Beginn: »Hat dies etwas geändert?« Der Code sollte diesen Inhalt ändern.

- **Der HTML-Code ruft eine Funktion mit dem Namen aendereMich() auf, wenn der Seitenkörper fertig geladen ist.** Dies ist ein Mechanismus, der bei der DOM-Programmierung häufig verwendet wird (wobei ich aber im nächsten Abschnitt einen neuen Weg zeige, um einen solchen Aufruf zu verarbeiten).

✔ **Es gibt einen Verweis auf die jQuery-Bibliothek.** Jede Seite, die jQuery verwendet, muss die Bibliothek über einen der Mechanismen laden, die weiter vorn in diesem Kapitel beschrieben werden.

✔ **Die Funktion `aendereMich()` schaut ziemlich verrückt aus.** Wenn Sie das Programm starten, können Sie sagen, was es macht. Der Code erhält eine Referenz auf output div und ändert seine Eigenschaft innerHTML, um einen neuen Wert (Ich bin geändert worden.) wiederzugeben. Die Syntax ist vollständig neu. Die gesamte Funktionalität ist in einer Codezeile zusammengefasst worden.

Das jQuery-Knotenobjekt

Das Geheimnis der Leistungsfähigkeit von jQuery ist das ihm zugrunde liegende Datenmodell. jQuery geht seinen eigenen Weg, um mehr Leistung aus dem DOM-Modell herauszuholen als das standardmäßige Objektmodell. Wenn Sie verstanden haben, wie das funktioniert, haben Sie den Schlüssel zu einer leistungsfähigen Programmierung mit jQuery in der Hand.

Bei einem jQuery-*Knoten* handelt es sich um ein besonderes Objekt, das ein ganz normales DOM-Element um Funktionalitäten erweitert. Jedes Element auf einer Webseite (jede Verknüpfung, jedes div, jeder Kopfbereich oder was auch immer) kann zu einem jQuery-Knoten gemacht werden. Sie können auch eine Liste mit jQuery-Knoten anlegen, die auf Tag-Typen basiert, wodurch Sie zum Beispiel eine Liste mit allen Absätzen auf einer Seite oder allen Objekten mit einem bestimmten Klassennamen erhalten. Das jQuery-Objekt verfügt über sehr nützliche Methoden wie die Methode html(), die verwendet wird, um die Eigenschaft innerHTML eines Objektes zu ändern.

Der jQuery-Knoten baut auf dem grundlegenden DOM-Knoten auf, was dazu führt, dass er aus jedem DOM-Element heraus erstellt werden kann. Er fügt wirklich neue Funktionen hinzu. Dies ist ein gutes Beispiel für die objektorientierte Philosophie.

Es gibt viele Wege, um ein jQuery-Objekt anzulegen, von denen der einfachste der über die Funktion $() ist. Sie können in der Funktion einen Identifizierer unterbringen (ähnlich dem in CSS), um das jQuery-Objekt auf der Grundlage eines Elements anzulegen. So erzeugt zum Beispiel

```
var jQoutput = $("#output");
```

eine Variable mit dem Namen jQoutput, die ein jQuery-Objekt enthält, das auf dem Ausgabe-Element (*Output*-Element) basiert. Dies ähnelt

```
var DOMoutput = document.getElementById("output");
```

Die Vorgehensweise mit jQuery ist ein wenig deutlicher, und es wird kein Verweis auf ein DOM-Objekt benötigt (wie bei der getElementById-Technik). Dafür wird ein neues Objekt angelegt, das jQuery-Objekt genannt wird und ein erweitertes DOM-Objekt ist. Machen Sie sich darüber keine Gedanken. Wenn Sie im Moment Schwierigkeiten haben sollten, das zu verstehen, warten Sie ein wenig ab, weil sich alles aufklärt, wenn Sie damit arbeiten.

Da `jQoutput` ein jQuery-Objekt ist, verfügt es über leistungsfähige Methoden. Sie können den Inhalt des Objekts über die Methode `html()` ändern. Die beiden folgenden Anweisungszeilen entsprechen sich:

```
//jQuery-Version
jQoutput.html("Ich bin geändert worden");
//normales JS/DOM
DOMoutput.innerHTML = "Ich bin geändert worden";
```

jQuery verlangt von Ihnen nicht, für jedes Objekt eine Variable anzulegen, weshalb der Code in der Funktion `aendereMich()` so aussehen kann:

```
//Eine Variable anlegen und modifizieren
var jQoutput = $("#output");
jQoutput.html("Ich bin geändert worden");
```

Oder Sie verkürzen den Code so:

```
$("#output").html("Ich bin geändert worden");
```

Diese letzte Version ist diejenige, die ich für das Programm gewählt habe. Es ist allgemein üblich, mit dem `$()`-Mechanismus auf ein Element zu verweisen und eine Methode sofort auf diesem Objekt auszuführen (so wie ich es hier getan habe).

Eine Initialisierungsfunktion anlegen

Viele Seiten verlangen eine Initialisierungsfunktion. Dabei handelt es sich um eine Funktion, die frühzeitig ausgeführt wird und den Rest der Seite einrichtet. Der Mechanismus `body onload` wird oft in DOM/JavaScript verwendet, damit Seiten geladen werden, sobald das Dokument mit dem Laden beginnt. Ich beschreibe diese Technik in Kapitel 8. Obwohl `body onload` einen guten Job erledigt, gibt es bei dieser herkömmlichen Technik einige Probleme:

- **Der HTML-Code muss geändert werden.** Tatsächlich ist es so, dass der JavaScript-Code vollständig vom HTML getrennt sein sollte. Sie sollten Ihr HTML nie ändern müssen, damit es mit JavaScript zusammenarbeitet.

- **Der zeitliche Ablauf ist nicht ganz in Ordnung.** Code, den es in `body onload` gibt, wird erst dann ausgeführt, wenn die gesamte Seite angezeigt wird. Es wäre besser, wenn der Code registriert wird, nachdem das DOM geladen wurde, aber vor dem Anzeigen der Seite.

»$(document).ready()« verwenden

jQuery kennt eine großartige Alternative zu `body onload`, die die oben genannten Nachteile nicht aufweist.

10 ▶ JavaScript und AJAX durch jQuery verbessern

Werfen Sie einen Blick auf den Code von fertig.html, um zu sehen, wie dieser arbeitet:

```
<!DOCTYPE html PUBLIC "-//W3C//DTD XHTML 1.0 Strict//EN"
"http://www.w3.org/TR/xhtml1/DTD/xhtml1-strict.dtd">
<html lang="EN" dir="ltr" xmlns="http://www.w3.org/1999/xhtml">
<head>
  <meta http-equiv="content-type" content="text/xml;
        charset=iso-8859-1" />

  <title>fertig.html</title>
  <script type = "text/javascript"
          src = "jquery-1.7.1.min.js"></script>

  <script type = "text/javascript">
    //<![CDATA[
    $(document).ready(aendereMich);

    function aendereMich(){
      $("#output").html("Ich bin geändert worden.");
    }

    //]]>
  </script>
</head>
<body>
      <h1>Den Mechanismus »document.ready« verwenden</h1>
      <div id = "output">
       Hat sich etwas geändert?
      </div>
</body>
</html>
```

Dieser Code ähnelt in vielen Punkten dem von change.html, aber er nutzt jQuery-Techniken, um den Initialisierungscode auszuführen:

- ✔ **Das <body>-Tag hat kein Attribut onload mehr.** Dies ist bei der Programmierung mit jQuery allgemein üblich. Der HTML-Code hat keine direkten Verknüpfungen mehr zum JavaScript, da jQuery es zulässt, dass sich der JavaScript-Code direkt mit der Webseite verbindet.

- ✔ **Die Initialisierungsfunktion wird über die Funktion $(document).ready() angelegt.** Diese Technik weist den Browser an, eine Funktion auszuführen, wenn das DOM das Laden beendet hat (wodurch ein Zugriff auf alle Elemente des Formulars möglich ist), aber bevor die Seite angezeigt wird (wodurch dem Benutzer gleich das ausgeführte Formular angezeigt wird).

✔ **$(document) macht aus dem gesamten Dokument ein jQuery-Objekt.** Das gesamte Dokument kann zu einem jQuery-Objekt gemacht werden, indem in der Funktion $() document angegeben wird. Beachten Sie, dass Sie in diesem Fall keine Anführungszeichen verwenden dürfen.

✔ **Die hier angegebene Funktion wird automatisch ausgeführt.** In diesem besonderen Fall möchte ich die Funktion aendereMich() ausführen, weshalb ich sie als Parameter der Methode ready() verwende. Beachten Sie, dass ich auf aendereMich() wie auf eine Variable verweise, weshalb es hier weder Anführungszeichen noch Klammern gibt. (Schauen Sie sich Kapitel 8 an, um mehr über die Verwendung von Funktionen als Variablen zu erfahren.)

Sie könnten noch auf andere Stellen stoßen (besonders bei der Ereignisbehandlung), an denen jQuery eine Funktion als Parameter erwartet. Eine solche Funktion wird gerne auch als *Rückruffunktion* (oder *Callback*-Funktion) bezeichnet, weil sie aufgerufen wird, nachdem es zu einem Ereignis gekommen ist. Sie werden vielleicht auch auf Rückruffunktionen stoßen, die auf Tastaturereignisse, Mausbewegungen und dem Vervollständigen von AJAX-Anfragen antworten.

Alternativen zu »document.ready« entdecken

Programmierer setzen an dieser Stelle für document.ready gerne Abkürzungen ein, weil es üblich ist, Initialisierungscode ablaufen zu lassen. Sie können

```
$(document).ready(aendereMich);
```

auch zu

```
$(aendereMich);
```

verkürzen.

Wenn der Code nicht innerhalb einer Funktion definiert wird, und wenn aendereMich eine Funktion auf der Seite ist, startet jQuery die Funktion automatisch so, als ob document.ready ausgeschrieben wäre.

Sie können aber auch direkt eine anonyme Funktion anlegen:

```
$(document).ready(function(){
  $("#output").html("Ich wurde geändert");
});
```

Ich bin der Meinung, dass diese Methode ziemlich umständlich ist, aber jQuery-Code verwendet häufig diese Technik.

Das jQuery-Objekt erkunden

Das jQuery-Objekt ist interessant, weil es aus einer Vielzahl von DOM-Elementen heraus erstellt werden kann, und weil es diese Elemente um wunderbare neue Funktionen erweitert.

Den Stil eines Elements ändern

Wenn Sie in der Lage sind, das CSS eines Elements dynamisch zu ändern, lässt sich viel damit anfangen. jQuery erleichtert diesen Vorgang enorm. Wenn Sie ein jQuery-Objekt haben, können Sie die Methode `css` verwenden, um beliebige CSS-Attribute des Objekts hinzuzufügen oder zu ändern. Werfen Sie einen Blick auf `stilElemente.html`, das Abbildung 10.6 als Beispiel zeigt.

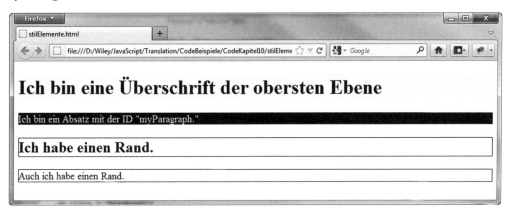

Abbildung 10.6: Die Stile hier werden dynamisch von jQuery-Funktionen zugewiesen.

Dieser Code zeigt an, wie kurz jQuery-Code sein kann:

```
<!DOCTYPE html PUBLIC "-//W3C//DTD XHTML 1.0 Strict//EN"
 "http://www.w3.org/TR/xhtml1/DTD/xhtml1-strict.dtd">
<html lang="EN" dir="ltr" xmlns="http://www.w3.org/1999/xhtml">
<head>
  <meta http-equiv="content-type" content="text/xml;
        charset=iso-8859-1" />
  <script type = "text/javascript"
          src = "jquery-1.7.1.min.js"></script>

  <script type = "text/javascript">
    //<![CDATA[
    $(init);

    function init(){
      $("h1").css("backgroundColor", "yellow");
```

```
            $("#myParagraph").css({"backgroundColor":"black",
                               "color":"white"});

            $(".bordered").css("border", "1px solid black");
        }
      //]]>
    </script>
    <title>stilElemente.html</title>
  </head>
  <body>
          <h1>Ich bin eine Überschrift der obersten Ebene</h1>
      <p id = "myParagraph">
        Ich bin ein Absatz mit der ID "myParagraph."
      </p>

      <h2 class = "bordered">
        Ich habe einen Rand.
      </h2>

      <p class = "bordered">
        Auch ich habe einen Rand.
      </p>
  </body>
</html>
```

In diesem Programm gehen einige interessante Dinge vor sich. Werfen Sie einen Blick auf den HTML-Code.

- ✔ **Er enthält ein <h1>-Tag.** Ich bin mir bewusst, dass das nicht sonderlich aufregend ist, aber ich verwende dieses Tag, um zu zeigen, wie Elemente über DOM-Typen adressiert werden.

- ✔ **Ein Textabsatz hat die ID myParagraph (meinAbsatz).** Dieser Absatz wird verwendet, um darzulegen, wie ein Element über seine ID adressiert wird.

- ✔ **Zwei Elemente haben die Klasse bordered (umrandet).** Beim Arbeiten mit dem normalen DOM können Sie nicht so einfach allen Elementen einer bestimmten Klasse Code zuweisen.

- ✔ **Es gibt für einige Elemente benutzerdefiniertes CSS, aber CSS ist nirgendwo definiert worden.** Der jQuery-Code ändert das CSS dynamisch.

Die Funktion init() wird als die Funktion erkannt, die ausgeführt werden soll, wenn das Dokument bereit ist. Ich verwende in dieser Funktion die leistungsstarke Methode css, um das CSS der einzelnen Elemente dynamisch zu ändern. Ich komme gleich noch einmal auf CSS zurück, aber zunächst möchte ich Ihnen zeigen, wie die verschiedenen Elemente adressiert werden.

jQuery-Objekte auswählen

jQuery bietet Ihnen mehrere Möglichkeiten an, um aus DOM-Objekten jQuery-Objekte zu machen. Sie verwenden in jQuery im Allgemeinen dieselben Regeln wie in CSS:

- ✔ **DOM-Objekte werden wie gewohnt angesprochen.** Sie können in $(" ") jedes DOM-Element einbinden, um alle gleichartigen Elemente anzusprechen. Verwenden Sie beispielsweise $("h1"), um auf alle h1-Objekte zu verweisen, oder $("p") für alle Absätze (*p* ist die Abkürzung für *paragraph*, das hier im Sinne von *Textabsatz* gebraucht wird).

- ✔ **Verwenden Sie den Identifizierer #, um eine bestimmte ID anzusprechen.** Dies arbeitet auf genau dieselbe Weise wie CSS. Wenn Sie ein Element mit der ID meinDing haben, verwenden Sie diesen Code: $("#meinDing").

- ✔ **Verwenden Sie den Identifizierer . (Punkt), um die Mitglieder einer Klasse anzusprechen.** Auch in diesem Fall verwenden Sie denselben Mechanismus wie in CSS, wodurch beispielsweise alle Elemente, denen die Klasse bordered zugewiesen wurde, über diesen Code geändert werden können: $(".bordered").

- ✔ **Sie können sogar komplexe Identifizierer verwenden.** Sie können komplexe CSS-Identifizierer wie $("li img") verwenden. In diesem Beispiel werden über den Identifizierer nur Bilder *(images)* angesprochen, die sich in einem Listenelement befinden.

Diese Auswahlmethoden (die alle der berühmten CSS-Notation entnommen worden sind) machen Ihren Code so unglaublich flexibel. Sie sind nun in der Lage, Elemente im JavaScript-Code einfach anhand derselben Regeln auszuwählen, die Sie zum Identifizieren von Elementen in CSS verwenden.

Die Stile modifizieren

Nachdem Sie ein Objekt oder einen Objektsatz identifiziert haben, können Sie jQuery-Methoden anwenden. Eine sehr leistungsfähige und leicht anzuwendende Methode ist style(). Die Grundform dieser Methode kennt zwei Parameter: eine Stil-Regel und einen Stil-Wert. Um zum Beispiel für alle h1-Objekte gelb als Hintergrundfarbe festzulegen, verwende ich diesen Code:

```
$("h1").css("backgroundColor", "yellow");
```

Wenn Sie eine Stil-Regel auf eine Objektsammlung (wie alle h1-Objekte oder alle Objekte der Klasse bordered) anwenden, wird dieselbe Regel sofort allen Objekten zugewiesen.

Eine noch leistungsfähigere Variation der Stil-Regel erlaubt es Ihnen, mehrere CSS-Stile auf einmal zuzuweisen. Dabei wird als Argument ein einzelnes Objekt in der JSON-Notation genommen (*JSON* heißt *JavaScript Object Notation* und wird in Kapitel 5 beschrieben):

```
$("#meinAbsatz").css({"backgroundColor":"black",
           "color":"white"});
```

Dieses Beispiel verwendet ein JSON-Objekt, das als eine Reihe von Regel/Wert-Paaren definiert worden ist. Wenn Sie eine Auffrischung in JSON benötigen, schauen Sie sich Kapitel 5 an.

Objekte um Ereignisse erweitern

Die jQuery-Bibliothek erweitert JavaScript um noch eine extrem leistungsfähige Möglichkeit. Sie erlaubt Ihnen, einfach Ereignisse an jedes jQuery-Objekt zu binden. Werfen Sie einen Blick auf schweben.html, das Abbildung 10.7 zeigt und das als Beispiel dienen soll.

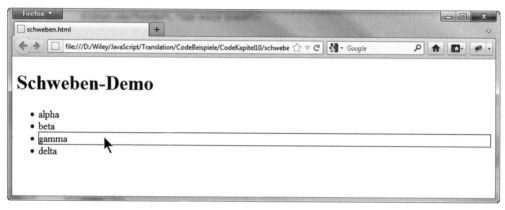

Abbildung 10.7: Um ein Element der Liste erscheint ein Rand, wenn die Maus über dem Element schwebt.

Wenn Sie den Mauszeiger auf ein Element der Liste bewegen, erscheint um dieses Element herum ein Rahmen. (Wenn der Mauszeiger über einem Objekt schwebt, wird das im Englischen *to hover* genannt.) Dieser Effekt kann in normalem DOM/JavaScript nur unter Schwierigkeiten erzielt werden, aber mit jQuery lässt er sich problemlos gestalten.

Ein »hover«-Ereignis hinzufügen

Schauen Sie sich den Code an, um zu sehen, wie er arbeitet.

```
<!DOCTYPE html PUBLIC "-//W3C//DTD XHTML 1.0 Strict//EN"
"http://www.w3.org/TR/xhtml1/DTD/xhtml1-strict.dtd">
<html lang="EN" dir="ltr" xmlns="http://www.w3.org/1999/xhtml">
<head>
  <meta http-equiv="content-type" content="text/xml;
        charset=iso-8859-1" />

  <script type = "text/javascript"
          src  = "jquery-1.7.1.min.js"></script>
```

```
<script type = "text/javascript">
  //<![CDATA[
  $(init);

  function init(){
    $("li").hover(border, noBorder);
  } // Ende init

  function border(){
    $(this).css("border", "1px solid black");
  }

  function noBorder(){
    $(this).css("border", "0px none black");
  }
    /*
     alternative Vorgehensweise mit anonymen Funktionen

     $("li").hover(
       function(){
         $(this).css("border", "1px solid black");
       },
       function(){
         $(this).css("border", "0px none black");
       }
     );
     */

  //]]>
</script>

<title>schweben.html</title>
</head>
<body>
        <h1>Schweben-Demo</h1>
    <ul>
      <li>alpha</li>
      <li>beta</li>
      <li>gamma</li>
      <li>delta</li>
    </ul>
</body>
</html>
```

Der HTML-Code könnte nicht einfacher sein: eine unsortierte Liste. Auch das JavaScript ist nicht viel komplizierter.

Es besteht aus drei einzeiligen Funktionen.

- ✔ `init()`: Diese Funktion wird aufgerufen, wenn das Dokument bereit ist. Sie macht alle Listenelemente zu jQuery-Objekten und bindet an sie das `hover`-Element. `hover` akzeptiert zwei Parameter. Das erste ist eine Funktion, die aufgerufen wird, wenn die Maus über dem Objekt schwebt. Beim zweiten Parameter handelt es sich um eine Funktion, die aufgerufen wird, wenn die Maus das Objekt wieder verlässt.
- ✔ `border()`: Diese Funktion zieht einen Rahmen um das aktuell ausgewählte Element. Der Identifizierer `$(this)` wird verwendet, um das aktuelle Objekt zu bestimmen. In diesem Beispiel verwende ich die `css`-Funktion, um einen Rahmen um das Objekt zu zeichnen.
- ✔ `noBorder()`: Ähnelt stark der Funktion `border()`, entfernt aber einen Rahmen, der das aktuell ausgewählte Objekt umgibt.

Ich verwende in diesem Beispiel drei verschiedene Funktionen. Viele jQuery-Programmierer ziehen es vor, anonyme Funktionen (die manchmal auch *Lambda*-Funktionen genannt werden) zu verwenden, um die gesamte Funktionalität in einer Zeile zusammenzufassen:

```
$("li").hover(
  function(){
    $(this).css("border", "1px solid black");
  },
  function(){
    $(this).css("border", "0px none black");
  }
);
```

Beachten Sie, dass dies technisch gesehen nur eine Codezeile ist. Anstatt auf zwei Funktionen zu verweisen, die bereits angelegt worden sind, lege ich die Funktionen dann an, wenn sie benötigt werden. Jede Funktionsdefinition ist für die Methode `hover()` ein Parameter.

jQuery-Ereignisse

jQuery unterstützt eine Reihe von Ereignissen. Jeder jQuery-Knoten kann mit diesen Ereignissen umgehen:

- ✔ `change`: Der Inhalt des Elements wird geändert.
- ✔ `click`: Der Benutzer klickt auf das Element.
- ✔ `dblClick`: Der Benutzer führt auf einem Element einen Doppelklick aus.
- ✔ `focus`: Der Benutzer wählt das Element aus.
- ✔ `keyDown`: Der Benutzer drückt eine Taste, während das Element den Fokus hat.
- ✔ `hover`: Der Mauszeiger befindet sich über dem Element – eine zweite Funktion kann aufgerufen werden, wenn der Mauszeiger das Element wieder verlässt.
- ✔ `mouseDown`: Eine Maustaste wird über einem Element gedrückt.
- ✔ `select`: Der Benutzer markiert Text in einem Eingabefeld für Text.

Wenn Sie wissenschaftlich mit Computern zu tun haben, könnten Sie der Meinung sein, dass dies kein perfektes Beispiel für eine Lambda-Funktion sei, und Sie hätten Recht. Hier ist es wichtig, sich zu merken, dass sich einige Ideen der funktionalen Programmierung (wie Lambda-Funktionen) in die etablierte AJAX-Programmierung eingeschlichen haben, und das ist eine aufregende Entwicklung. Wenn Sie einfach nur »Lambda« murmeln und dann den Raum verlassen, wird jeder Sie für einen schrulligen Computerwissenschaftler halten. Was könnte amüsanter sein?

Auch wenn ich anonyme Funktionen für sehr bequem halte, finde ich, dass es einfacher ist, Code mit benannten Funktionen zu lesen. Aus diesem Grund greife ich letztendlich doch immer wieder auf vollständig benannte Funktionen zurück.

Klassen auf die Schnelle ändern

jQuery unterstützt eine weitere wunderbare Funktion. Sie können einen CSS-Stil definieren und dann diese Stile dynamisch einem Element hinzufügen oder von ihm entfernen. Abbildung 10.8 zeigt eine Seite, die die Fähigkeit hat, die Umrandung eines Listenelements dynamisch zu modifizieren.

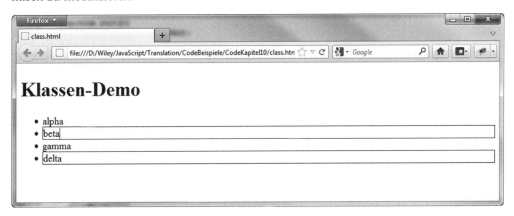

Abbildung 10.8: Klicken Sie auf ein Element der Liste, um seine Umrandung anzuzeigen oder auszublenden.

Der Code für `class.html` zeigt, wie einfach es ist, so etwas hinzuzufügen:

```
<!DOCTYPE html PUBLIC "-//W3C//DTD XHTML 1.0 Strict//EN"
"http://www.w3.org/TR/xhtml1/DTD/xhtml1-strict.dtd">
<html lang="EN" dir="ltr" xmlns="http://www.w3.org/1999/xhtml">
<head>
  <meta http-equiv="content-type" content="text/xml;
        charset=utf-8" />
  <style type = "text/css">
    .bordered {
      border: 1px solid black;
```

```
        }
    </style>
    <script type = "text/javascript"
            src = "jquery-1.7.1.min.js"></script>

    <script type = "text/javascript">
    //<![CDATA[
    $(init);

    function init(){
      $("li").click(toggleBorder);
    } // Ende init

    function toggleBorder(){
      $(this).toggleClass("bordered");
    }
    //]]>
    </script>

    <title>class.html</title>
</head>
<body>
    <h1>Klassen-Demo</h1>
    <ul>
        <li>alpha</li>
        <li>beta</li>
        <li>gamma</li>
        <li>delta</li>
    </ul>

</body>
</html>
```

Und so wird dieses Programm hergestellt:

1. **Beginnen Sie mit einer einfachen HTML-Seite.**

   Der gesamte interessante Kram geschieht in CSS und in JavaScript, weshalb die Inhalte der Seite im Moment nicht so wichtig sind.

2. **Legen Sie eine Klasse an, die Sie hinzufügen oder entfernen wollen.**

   Ich lege eine CSS-Klasse mit dem Namen `bordered` an, die einfach nur einen Rahmen um das Element zieht.

3. **Bauen Sie eine `init()`-Methode ein.**

   Wie Sie inzwischen wissen, benötigen die meisten jQuery-Anwendungen irgendeine Initialisierung. Aus diesem Grund nenne ich die erste Funktion normalerweise `init()`.

4. **Rufen Sie immer dann die Funktion** `toggleBorder()` **auf, wenn der Benutzer ein Element der Liste anklickt.**

   Die Methode `init()` richtet einfach nur eine Ereignisbehandlung ein. Jedes Mal, wenn ein Element ein `click`-Ereignis erhält (also angeklickt wird), sollte die Funktion `toggleBorder()` aktiviert werden.

5. **Die Funktion** `toggleBorder()` **schaltet den Rahmen ein und aus (was letztendlich auch die Übersetzung des Funktionsnamens ist).**

   jQuery kennt mehrere Methoden, um die Klasse eines Elements zu beeinflussen. `addClass()` weist dem Element eine Klasse zu, `removeClass()` entfernt eine Klasse vollständig von einem Element und `toggleClass()` schaltet die Klasse (durch Hinzufügen, wenn sie noch nicht vorhanden ist, beziehungsweise Entfernen, wenn es sie bereits gibt) ein oder aus.

AJAX-Anfragen mit jQuery erledigen

Der zentrale Zweck einer AJAX-Bibliothek wie jQuery ist, AJAX-Anfragen zu vereinfachen. Es ist kaum zu glauben, wie leicht dies mit jQuery erledigt werden kann. Abbildung 10.9 zeigt `ajax.html`, eine Seite mit einer einfachen AJAX-Anfrage.

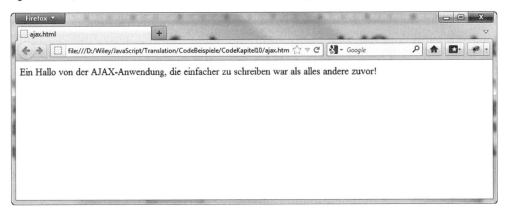

Abbildung 10.9: Die Textdatei wird über einen AJAX-Aufruf angefordert.

Eine Textdatei mit AJAX einbinden

Das Programm `ajax.html` ähnelt in seiner Funktion stark dem Programm `asynch.html`, das in Kapitel 9 beschrieben wird, aber der Code ist viel klarer:

```
<!DOCTYPE html PUBLIC "-//W3C//DTD XHTML 1.0 Strict//EN"
"http://www.w3.org/TR/xhtml1/DTD/xhtml1-strict.dtd">
<html lang="EN" dir="ltr" xmlns="http://www.w3.org/1999/xhtml">
```

```
<head>
  <meta http-equiv="content-type" content="text/xml;
        charset=iso-8859-1" />
  <title>ajax.html</title>
  <script type = "text/javascript"
          src = "jquery-1.7.1.min.js"></script>

  <script type = "text/javascript">
    //<![CDATA[
    $(document).ready(getAJAX);

    function getAJAX(){
      $("#output").load("hallo.txt");
    }
    //]]>
  </script>

</head>

<body>
  <div id = "output"></div>
</body>
</html>
```

Der HTML-Code ist sehr sauber (so, wie Sie es eigentlich auch von jQuery-Beispielen erwarten können). Es legt einfach ein leeres `div` mit dem Namen `output` an.

Der JavaScript-Code ist nicht viel komplexer. Eine Standardfunktion `$(document).ready` ruft die Funktion `getAJAX()` auf, sobald das Dokument bereit ist. Die Funktion `getAJAX()` legt einfach einen jQuery-Knoten auf der Grundlage von `output div` an und lädt über eine normale AJAX-Anfrage die Datei `hallo.txt`.

 Dieses Beispiel verwendet AJAX. Wenn es nicht funktionieren sollte, müssen Sie sich vielleicht noch einmal damit beschäftigen, wie AJAX arbeitet. Ein Programm, das AJAX verwendet, sollte immer auf einem Webserver und nicht nur als lokale Datei laufen. Darüber hinaus sollte die Datei, die ausgelesen wird, immer auf dem Server liegen, auf dem sich das Programm befindet, dass die AJAX-Anfrage absetzt.

Ich behandele anspruchsvollere AJAX-Techniken in Kapitel 14. Der Mechanismus `load()` ist für Standardsituationen gedacht, bei denen es ausreicht, einen Text oder Stücke eines HTML-Codes in eine Seite zu laden.

CMS für Arme mit AJAX

AJAX und jQuery können sehr nützlich sein, wenn es darum geht, gut funktionierende Websites ohne serverseitige Programmierung zu erstellen. Oft ist es so, dass eine Website auf einer Reihe kleinerer Elemente basiert, die ausgetauscht und/oder wiederverwendet werden können. So etwas nennt man auch ein CMS (Content-Management-System). Sie können AJAX verwenden, um ein Framework anzulegen, das es Ihnen erlaubt, Webinhalte einfach wiederzuverwenden und zu ändern.

Ein Beispiel hierfür ist `cmsAJAX.html`, das Abbildung 10.10 zeigt.

Abbildung 10.10: Diese Seite wird in Wirklichkeit dynamisch mit AJAX und jQuery erstellt.

Obwohl die Seite nichts zeigt, was einen Benutzer schockieren könnte, so liefert ein Blick auf den Code doch einige Überraschungen:

```
<!DOCTYPE html PUBLIC "-//W3C//DTD XHTML 1.0 Strict//EN"
"http://www.w3.org/TR/xhtml1/DTD/xhtml1-strict.dtd">
<html lang="EN" dir="ltr" xmlns="http://www.w3.org/1999/xhtml">
  <head>
    <meta http-equiv="content-type" content="text/xml;
          charset=utf-8" />
```

```html
      <title>CMS-Standardvorlage</title>
      <link rel = "stylesheet"
            type = "text/css"
            href = "cmsStd.css" />
      <script type = "text/javascript"
              src = "jquery-1.7.1.min.js"></script>
      <script type = "text/javascript">
        //<![CDATA[
        $(init);

        function init(){
          $("#heading").load("head.html");
          $("#menu").load("menu.html");
          $("#content1").load("story1.html");
          $("#content2").load("story2.html");
          $("#footer").load("footer.html");
        };
        //]]>
      </script>
   </head>

   <body>
      <div id = "all">
         <!-- Dieses div zentriert ein Layout mit fester Breite -->
         <div id = "heading">
         </div><!-- Ende heading div -->

         <div id = "menu">
         </div> <!-- Ende menu div -->

         <div class = "content"
              id = "content1">
         </div> <!-- Ende content div -->

         <div class = "content"
              id = "content2">
         </div> <!-- Ende content div -->

         <div id = "footer">
         </div> <!-- Ende footer div -->

      </div> <!-- Ende all div -->
   </body>
</html>
```

Der Code enthält diese interessanten Dinge:

- **Die Seite hat keinen Inhalt!** Alle `div`s sind leer. Nichts von dem Text, den Abbildung 10.10 zeigt, gibt es in diesem Dokument, denn alles wird dynamisch aus kleineren Dateien geholt.

- **Die Seite besteht aus leeren benannten `div`s.** Die Seite besteht nicht aus Inhalten, sondern aus Platzhaltern.

- **Alle Inhalte befinden sich in separaten Dateien.** Im Verzeichnis gibt es sehr einfache HTML-Dateien, die jeweils kleinere Teile der Seite enthalten. So sieht zum Beispiel `story1.html` aus:

```
<h2>HTML / XHTML CSS All in One for Dummies</h2>
<p>
This book begins at the very beginning, teaching you how to build great
web pages with XHTML and CSS. You'll learn how to build standards-compli-
ant pages, and how to dress them up with CSS. You also learn how to add in-
teractivity with JavaScript, how to harness the power of server-side pro-
gramming with PHP, and how to build databases with MySQL. All the tools
necessary are included free on the CD-ROM.
</p>
<p><em>
<a href = 'http://www.aharribooks.net/xfd'>
http://www.aharrisbooks.net/xfd</a>
</em></p>
```

- **Die Methode `init()` läuft bei `document.ready` los.** Wenn das Dokument bereit ist, führt die Seite die Methode `init()` aus.

- **`init()` verwendet AJAX-Aufrufe, um Inhalte dynamisch zu laden.** Hier finden Sie nichts als eine Reihe von jQuery-`load()`-Methoden.

Diese Vorgehensweise sieht nach viel Arbeit aus, aber sie weist einige sehr interessante Merkmale auf. Wenn Sie eine große Site mit mehreren Seiten aufbauen, möchten Sie normalerweise das grafische Erscheinungsbild nur einmal anlegen und dann immer und immer wieder als Vorlage verwenden. Und Sie haben sicherlich auch einige Elemente (wie das Menü und den Seitentitel), die über mehrere Seiten hinweg gleich bleiben. Sie könnten natürlich ein Standarddokument anlegen, das Sie für jede Seite kopieren, aber das führt schnell zu einem Durcheinander. Was geschieht, wenn Sie anhand der Vorlage 100 Seiten erstellt haben und dann feststellen, dass Sie das Menü erweitern oder die Überschrift ändern müssen? Sie müssten diese Änderung dann auf 100 verschiedenen Seiten vornehmen.

Der Vorteil der Vorgehensweise mit Vorlagenstilen ist, dass Code wiederverwendet wird. Die Verwendung externer Stile erlaubt es Ihnen, eine Formatvorlage auf Hunderte von Seiten anzuwenden, eine Vorlage ohne Inhalt zu entwerfen und Code in kleineren Dateien abzulegen, die Sie ebenfalls wiederverwenden können. Alle 100 Seiten verweisen auf dieselbe Menüdatei. Wenn Sie dann das Menü ändern müssen, ändern Sie eine einzige Datei, und alles andere ändert sich mit.

Und so gehen Sie diese Vorgehensweise an:

1. **Legen Sie für Ihre gesamte Site eine einzige Vorlage an.**

   Legen Sie die HTML-Basis an und erstellen Sie CSS, um das generelle Aussehen der gesamten Site festzulegen. Kümmern Sie sich im Moment nicht um Inhalte. Legen Sie nur Platzhalter für die Komponenten Ihrer Seite an. Achten Sie darauf, dass jedes Element eine ID erhält, und schreiben Sie das CSS, damit die Dinge so positioniert werden, wie Sie es sich vorstellen.

2. **Fügen Sie die Unterstützung von jQuery hinzu.**

   Legen Sie eine Verknüpfung zur jQuery-Bibliothek an und erstellen Sie eine Standard-`init()`-Methode. Sorgen Sie für Code, um die Teile der Seite mit Leben zu füllen, die gleichartig sind. (Ich verwende die Vorlage, die hier gezeigt wird, genau so, wie sie ist.)

3. **Duplizieren Sie die Vorlage.**

   Wenn Sie sehen, wie Ihre Vorlage funktioniert, machen Sie von ihr für jede Seite Ihrer Site eine Kopie.

4. **Passen Sie die einzelnen Seiten an, indem Sie die Funktion `init()` ändern.**

   Der einzige Teil der Seite, der sich ändert, ist die Funktion `init()`. All Seiten sind mit Ausnahme dieser jeweils angepassten `init()`-Funktion identisch, da diese Funktion pro Seite unterschiedliche Inhalte lädt.

5. **Laden Sie mit AJAX individuelle Inhalte in `divs`.**

   Benutzen Sie die Funktion `init()`, um in die einzelnen `divs` Inhalte zu laden. Legen Sie die Inhalte als kleine Dateien an, um neue Seiten zu erzeugen.

Dies ist ein sehr guter Weg, um Inhalte zu verwalten, aber Sie haben dadurch noch kein vollwertiges Content-Management-System vor sich. Komplexere Content-Management-Systeme verwenden anstelle von Dateien Datenbanken, um Inhalte zu verwalten. Sie benötigen serverseitige Programmierung (wie PHP) und normalerweise eine Datenbank (wie mySQL), um diese Art von Arbeit zu erledigen. Ich stelle diese Themen in Kapitel 14 vor.

jQuery animieren 11

In diesem Kapitel

▶ Animationen vorbereiten

▶ Elemente mit jQuery verbergen und anzeigen

▶ Elemente ein- und ausblenden

▶ Einem Bildübergang eine Rückruffunktion hinzufügen

▶ Objektverkettung verstehen

▶ Elemente modifizieren

▶ Auswahlfilter verwenden

Die jQuery-Bibliothek vereinfacht die Codierung mit JavaScript. Einer der größten Vorteile von jQuery ist die Art, wie Sie Funktionen hinzufügen können, die mit normaler Programmierung in JavaScript und DOM (dem Document Object Model) nur schwer zu verwirklichen sind. Dieses Kapitel zeigt Ihnen, wie sich Ihre Programme dadurch verbessern lassen, dass bestimmte Objekte erkannt und herumbewegt werden können und in der Lage sind, zu erscheinen, zu gleiten und zu verschwinden.

Animationen vorbereiten

Damit Ihre Animationskarriere mit jQuery beginnen kann, werfen Sie einen Blick auf `hideShow.html`, das dafür zuständig ist, etwas zu verbergen *(hide)* oder anzuzeigen *(show)* und in Abbildung 11.1 dargestellt wird.

Das Programm `hideShow.html` sieht auf den ersten Blick sehr einfach aus, aber es macht einige wirklich interessante Dinge. Die Überschriften der zweiten Ebene sind in Wirklichkeit Schaltflächen. Wenn Sie auf eine davon klicken, passiert etwas:

✔ **Die Schaltfläche Anzeigen lässt ein bisher verborgenes Element erscheinen.** Abbildung 11.2 zeigt den neuen Inhalt.

✔ **Die Schaltfläche Verbergen sorgt dafür, dass der Inhalt wieder verschwindet.** Das Verhalten der Schaltfläche Verbergen erklärt sich aus ihrem Namen. Wenn der Inhalt angezeigt wird, führt ein Klicken auf diese Schaltfläche dazu, dass er sofort verschwindet.

✔ **Die Schaltfläche Ein-/Ausschalten schaltet die Sichtbarkeit des Inhalts um.** Wenn der Inhalt sichtbar ist, verbirgt ihn ein Klicken auf die Schaltfläche, und wenn er verborgen ist, wird er durch Klicken auf die Schaltfläche angezeigt.

✔ **Die Schaltfläche Nach unten gleiten sorgt dafür, dass der Inhalt von oben in die Seite hineingleitet.** Der Übergang von oben nach unten funktioniert wie ein Fensterrollo, das nach unten gezogen wird und den Inhalt sichtbar werden lässt.

Abbildung 11.1: Am Anfang zeigt die Seite nichts an.

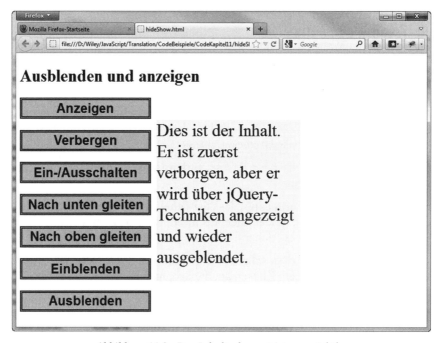

Abbildung 11.2: Das Inhaltselement ist nun sichtbar.

✔ **Die Schaltfläche NACH OBEN GLEITEN lässt den Inhalt nach oben gleiten.** Diese Animation sieht wie ein Fensterrollo aus, das nach oben gezogen wird und den Inhalt unsichtbar werden lässt.

✔ **Die Schaltfläche EINBLENDEN sorgt dafür, dass das Element praktisch aus dem Nichts heraus erscheint.** Diese Animation hat viel Ähnlichkeit mit Filmeffekten. Sie können auch hier – wie beim Gleiten – die Geschwindigkeit kontrollieren, in der das Bild erscheint.

Es wird eine besondere Funktion aufgerufen, wenn das Einblenden abgeschlossen ist. Ich rufe in diesem Beispiel eine Funktion mit dem Namen `present` auf. Dabei handelt es sich um eine Rückruffunktion, die ich gleich näher erklären werde.

✔ **Die Schaltfläche AUSBLENDEN sorgt dafür, dass sich das Element richtiggehend auflöst und die Farbe des Hintergrundes annimmt.** (Der umgekehrte Vorgang findet beim Einblenden statt.) Diese Technik verändert gezielt die Transparenz des Elements, das dadurch nach und nach verschwindet.

Hier ein paar Einzelheiten, die Sie sich merken sollten:

✔ **Sie können vorgeben, wie schnell die Animation Bildübergänge abspielt.** (Die Bildübergänge werden auch als *Transition* bezeichnet.) So wird beispielsweise im Programm `hideShow` das Gleiten nach unten langsam abgespielt, wohingegen es beim Gleiten nach oben schneller geht. Sie können auch genau angeben, wie viele Millisekunden (1.000-stel einer Sekunde) das Abspielen dauern soll.

✔ **Jede Transition kann eine Rückruffunktion haben.** Eine Rückruffunktion ist eine Funktion, die ausgelöst wird, wenn die Transition abgeschlossen worden ist.

Gut, das Beispiel mit `hideShow` hängt von Animationen ab, die sich in einem statischen Buch nicht so gut wiedergeben lassen. Seien Sie so gut und laden Sie sich den Code unter www.downloads.fuer-dummies.de von der Webseite des Buches herunter. Denken Sie daran, dass Sie diesen Code dann am besten auf einem eigenen Webserver einrichten.

Die Animationen, die in diesem Beispiel gezeigt werden, lassen sich immer dann gut verwenden, wenn es darum geht, Teile einer Seite, zum Beispiel Menüs, gezielt ein- oder auszublenden. Sie könnten Ihre Menüstruktur als verschachtelte Listen speichern und nur die Teile davon anzeigen, deren Hauptstruktur gerade benötigt wird. Andere gerne genutzte Einsatzmöglichkeiten dieser Technologie sind kurze Hinweise, die sich erweitern lassen und zusätzliche Informationen anzeigen, wenn der Benutzer darauf klickt oder den Mauszeiger darüber schweben lässt. Diese Technik wird im Allgemeinen bei Blogs und Sites mit Nachrichten verwendet, um den Benutzern zunächst die Möglichkeit zu geben, eine Vielzahl von Themen zu sehen.

Die Bibliothek jQuery unterstützt von Haus aus Transitionen, was es sehr einfach macht, diese Effekte hervorzurufen. Schauen Sie sich einmal das ganze Programm `hideShow.html` an, bevor wir uns mit seinen Einzelheiten beschäftigen:

```
<!DOCTYPE html PUBLIC "-//W3C//DTD XHTML 1.0 Strict//EN"
"http://www.w3.org/TR/xhtml1/DTD/xhtml1-strict.dtd">
```

```
<html lang="EN" dir="ltr" xmlns="http://www.w3.org/1999/xhtml">
<head>
  <meta http-equiv="content-type" content="text/xml;
      charset=iso-8859-1" />
  <style type = "text/css">
  #content {
    width: 300px;
    height: 200px;
    font-size: 200%;
    background-color: yellow;
    position: absolute;
    left: 300px;
    top: 100px;
  }
  h2 {
    width: 10em;
    border: 5px double black;
    background-color: lightgray;
    text-align: center;
    font-family: sans-serif
  }
  </style>

  <script type = "text/javascript"
          src = "jquery-1.3.2.min.js"></script>

  <script type = "text/javascript">
    //<![CDATA[
    $(init);

    function init(){
      //styleContent();
      $("#content").hide();
      $("#show").click(showContent);
      $("#hide").click(hideContent);
      $("#toggle").click(toggleContent);
      $("#slideDown").click(slideDown);
      $("#slideUp").click(slideUp);
      $("#fadeIn").click(fadeIn);
      $("#fadeOut").click(fadeOut);
    } // Ende init

    function showContent(){
      $("#content").show();
    } // Ende showContent
```

```
      function hideContent(){
        $("#content").hide();
      } // Ende hideContent

      function toggleContent(){
        $("#content").toggle();
      } // Ende toggleContent

      function slideDown(){
        $("#content").slideDown("medium");
      } // Ende slideDown

      function slideUp(){
        $("#content").slideUp(500);
      } // Ende slideUp

      function fadeIn(){
        $("#content").fadeIn("slow", present);
      } // Ende fadeIn

      function fadeOut(){
        $("#content").fadeOut("fast");
      } // Ende fadeOut.

      function present(){
        alert("Hier bin ich.");
      } // Ende present
      //]]>
    </script>
    <title>hideShow.html</title>
</head>
<body>
  <h1>Ausblenden und anzeigen</h1>
  <h2 id = "show">Anzeigen</h2>
  <h2 id = "hide">Verbergen</h2>
  <h2 id = "toggle">Ein-/Ausschalten</h2>
  <h2 id = "slideDown">Nach unten gleiten</h2>
  <h2 id = "slideUp">Nach oben gleiten</h2>
  <h2 id = "fadeIn">Einblenden</h2>
  <h2 id = "fadeOut">Ausblenden</h2>

  <p id = "content">
    Dies ist der Inhalt. Er ist zuerst verborgen,
    aber er wird über jQuery-Techniken angezeigt
    und wieder ausgeblendet.
  </p>

</body>
</html>
```

Dieses Beispiel sieht lang und kompliziert aus, wenn Sie es in einem Stück betrachten, aber wenn Sie es in kleinere Teile aufbrechen, ist es nicht schwer zu verstehen. Die folgenden Abschnitte helfen dabei, sich mit diesem Beispiel vertraut zu machen.

Den Grundstein mit HTML und CSS legen

Es gibt in diesem Beispiel nur wenig HTML, wie das eigentlich immer der Fall ist, wenn Sie mit jQuery entwickeln. Es besteht aus einer Überschrift der Ebene eins, einer Reihe von Überschriften der Ebene zwei und einem Textabsatz. Die Überschriften der Ebene zwei werden in diesem Beispiel zu Schaltflächen gemacht. Ich verwende einen CSS-Stil, damit die `<h2>`-Tags mehr wie Schaltflächen aussehen (indem ich einen Rahmen und eine Hintergrundfarbe hinzugefügt habe). Jede Schaltfläche hat ein `id`-Attribut erhalten, damit ich später jQuery-Ereignisse hinzufügen kann.

Wenn ich möchte, dass die `h2`-Elemente wie Schaltflächen aussehen und handeln, warum habe ich sie dann nicht über `button`-Tags angelegt? (*Button* ist der englische Ausdruck für *Schaltfläche*.) Das ist eine sehr gute Frage. `button`-Tags sind natürlich semantisch eindeutiger, wenn es um das Anlegen einer Schaltfläche geht. Ich konzentriere mich aber in diesem Beispiel auf jQuery und halte den HTML-Code so einfach wie möglich. Mit jQuery können Sie *jedes* Element wie eine Schaltfläche handeln lassen, und genau das wollte ich zeigen. Benutzer gehen nicht davon aus, dass `h2`-Elemente angeklickt werden können. Aus diesem Grund müssen Sie etwas mit der Formatierung machen (so wie ich das getan habe), damit die Benutzer erkennen, dass sie das Element anklicken können. Zum Vergleich verwenden die anderen beiden Beispiele in diesem Kapitel HTML-Schaltflächen.

Ein weiterer interessanter HTML-Bestandteil ist `content div`. In diesem Beispiel ist es nicht wirklich wichtig, was sich darin befindet, aber ich habe ein wenig CSS hinzugefügt, damit der Inhalt besser erkannt wird, wenn er auftaucht. Der wichtigste Teil des HTML-Codes ist aus der Sicht der Programmierung die Einbindung des `id`-Attributes. Dieses Attribut macht es einem jQuery-Skript leichter, eine Komponente so zu ändern, dass sie verschiedene Wege hat, um zu verschwinden und wieder zu erscheinen. Beachten Sie, dass HTML und CSS nichts unternehmen, um den Inhalt zu verbergen. Der wird nämlich ausschließlich über jQuery-Code ausgeblendet (und zurückgeholt).

Die Seite mit Startwerten versehen

Die Initialisierungssequenz bereitet die Bühne vor und weist eine Reihe von Ereignisbehandlungen zu:

```
$(init);

function init(){
  //styleContent();
  $("#content").hide();
```

```
    $("#show").click(showContent);
    $("#hide").click(hideContent);
    $("#toggle").click(toggleContent);
    $("#slideDown").click(slideDown);
    $("#slideUp").click(slideUp);
    $("#fadeIn").click(fadeIn);
    $("#fadeOut").click(fadeOut);
} // Ende init
```

Das Muster für ein Arbeiten mit jQuery sollte inzwischen bekannt sein:

1. **Richten Sie eine Initialisierungsfunktion ein.**

   Verwenden Sie den Mechanismus `$(document).ready()`, der in Kapitel 12 beschrieben wird, oder die hier verwendete Abkürzung, um eine Initialisierungsfunktion festzulegen.

2. **Blenden Sie `content div` aus.**

   Wenn der Benutzer das erste Mal auf die Seite trifft, sollte `content div` ausgeblendet sein.

3. **Weisen Sie jeder h2-Schaltfläche eine Ereignisbehandlung zu.**

   Dieses Programm besteht aus einer Reihe von kleineren Funktionen. Die Funktion `init()` bindet jede Funktion an die entsprechende Schaltfläche. Beachten Sie, wie ich bei der Benennung der Funktionen und Schaltflächen vorgegangen bin, damit alle Verbindungen einfach nachvollzogen werden können.

Mit Rückruffunktionen arbeiten

Wenn Sie sich den JavaScript- und den jQuery-Code von `hideShow.html` anschauen, fällt Ihnen vielleicht ein Muster auf. Die Funktion `init()` fügt einigen Elementen der Seite Ereignisbehandlungen hinzu. Die Ereignisbehandlungen legen die Namen verschiedener Funktionen fest. Beim Rest des JavaScript-Codes handelt es sich einfach nur um die Definitionen dieser Funktionen.

Diese Technik wird bei der Programmierung mit jQuery bevorzugt. Wenn Sie ein Ereignis definieren, möchten Sie häufig auch eine Funktion festlegen, die aufgerufen werden soll, wenn das Ereignis ausgelöst wird. Eine solche Funktion wird als Rückruffunktion bezeichnet. Manchmal lesen Sie als Bezeichnung auch die teilweise englische Bezeichnung *Callback-Funktion*.

In diesem Kontext wird der Name der Funktion als Variable behandelt. Aus diesem Grund können Sie auf die Anführungszeichen verzichten, die normalerweise bei Verweisen auf Funktionen erforderlich sind.

Den Inhalt anzeigen und verbergen

Alle Effekte auf der Seite, die Abbildung 11.1 zeigt, basieren auf dem Anzeigen und Verbergen von content div. Die Methoden hide() und show() demonstrieren, wie jQuery-Animationen vorgehen:

```
function showContent(){
  $("#content").show();
} // Ende showContent

function hideContent(){
  $("#content").hide();
} // Ende hideContent
```

Beide Funktionen arbeiten im Prinzip gleich:

1. **Identifizieren von content div.**

   Legen Sie auf der Grundlage von content div einen jQuery-Knoten an. Wenn Sie weitere Informationen zum Anlegen von jQuery-Knotenobjekten benötigen, schauen Sie sich bitte Kapitel 10 an.

2. **Den Knoten anzeigen oder verbergen**

   Das jQuery-Objekt hat eingebaute Methoden für das Anzeigen und Verbergen.

Die Sichtbarkeit ein- und ausschalten

Das jQuery-Objekt unterstützt zusätzlich zu show() und hide() die Methode toggle(). Diese Methode schaut sich den aktuellen Status des Elements an und ändert ihn. Wenn das Element gerade verborgen ist, wird es durch ein Klicken auf die Schaltfläche sichtbar, und umgekehrt. Die Funktion toggleContent() (Inhalt umschalten) zeigt, wie diese Methode funktioniert:

```
function toggleContent(){
  $("#content").toggle();
} // Ende toggleContent
```

Ein Element gleiten lassen

jQuery unterstützt etwas, das Sie als *Vorhangeffekt* bezeichnen können und das es Ihnen ermöglicht, das Erscheinen und Verschwinden eines Elements zu animieren. Die allgemeine Vorgehensweise ist ähnlich wie bei hide() oder show(), wobei der Effekt aber eine zusätzliche Pointe enthält:

```
function slideDown(){
  $("#content").slideDown("medium");
} // Ende slideDown
```

```
function slideUp(){
  $("#content").slideUp(500);
} // Ende slideUp
```

Die Methode slideDown() lässt ein Element wie ein Rollo am Fenster erscheinen, das nach unten gezogen wird. Die Methode slideUp() lässt ein Element auf ähnliche Weise wieder verschwinden. Die Funktionen haben einen Geschwindigkeitsparameter, der angibt, wie schnell die Animation vonstatten gehen soll. Die Geschwindigkeit wird über einen String-Wert ("fast", "medium" oder "slow") oder einen numerischen Wert in Millisekunden (1.000-stel einer Sekunde) festgelegt. Ein Wert 500 bedeutet 500 Millisekunden oder eine halbe Sekunde. Wenn Sie auf den Geschwindigkeitsparameter verzichten, wird der Standardwert "medium" genommen.

Auch die Methoden show(), hide() und toggle() akzeptieren einen Geschwindigkeitsparameter. Bei diesen Funktionen schrumpfen und wachsen die Objekte in der angegebenen Geschwindigkeit.

Es gibt noch eine Methode slideToggle(), die die Sichtbarkeit des Elements umschaltet und dabei die gleitende Animationstechnik verwendet.

Ein Element ein- und ausblenden

Eine andere Art von Animation ermöglicht die fade-Methode. Diese Technik passt die Deckkraft des Elements an. Der Code sollte Ihnen inzwischen bekannt vorkommen:

```
function fadeIn(){
  $("#content").fadeIn("slow", present);
} // Ende fadeIn

function fadeOut(){
  $("#content").fadeOut("fast");
} // Ende fadeOut

function present(){
  alert("Hier bin ich.");
} // Ende present
```

fadeIn() und fadeOut() arbeiten wie die Techniken mit hide() und slide(). Die Techniken des Ein- oder Ausblendens passen die Lichtdurchlässigkeit eines Elements an und entfernen es dann, während slide() und show() die Objektgröße ändern.

Ich habe die Funktion fadeIn() um ein Element erweitert. Wenn Sie in der Methode fadeIn() (oder in einer der anderen Animationsmethoden, die in diesem Abschnitt beschrieben werden) als zweiten Parameter einen Funktionsnamen angeben, wird diese Funktion zu einer Rückruffunktion. Das bedeutet, dass sie aufgerufen wird, wenn die Animation abgeschlossen ist. Wenn Sie auf die Schaltfläche EINBLENDEN klicken, wird content div langsam eingeblendet, und wenn es vollständig sichtbar ist, wird die Funktion present() aufgerufen. Diese Funktion macht in diesem Beispiel nicht viel – sie lässt einfach nur ein Meldungsfenster erscheinen –, aber sie kann genommen werden, um eine Art Anleitung für Benutzer bereitzustellen, nachdem ein Element sichtbar geworden ist.

Wenn ein Element bereits sichtbar ist, wird die Rückruffunktion sofort ausgelöst.

Die Position eines Elements mit jQuery ändern

Die Bibliothek jQuery enthält außerdem Funktionen, um die Merkmale von Elementen zu ändern. Zu diesen Merkmalen gehört auch die Position, die das Element auf einer Seite einnimmt. Die Seite animieren.html, die in Abbildung 11.3 angezeigt wird, stellt einige der interessanten Animationstechniken dar.

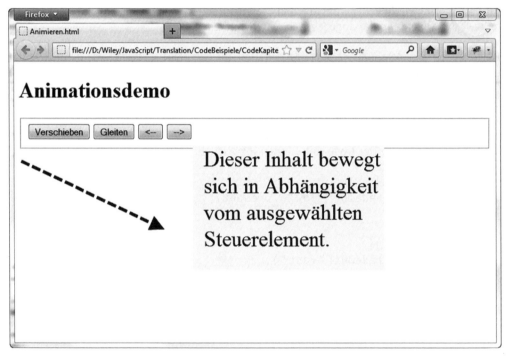

Abbildung 11.3: Klicken Sie auf die Schaltflächen, und das Element bewegt sich. (Ich habe den Pfeil hinzugefügt, um Bewegung anzudeuten.)

 Sie können sich sicherlich denken, worauf ich hinweisen möchte, nicht wahr? Dieses Programm bewegt Dinge. Dies können Sie in einem Buch nicht sehen. Laden Sie also die Webseite in Ihren Browser. Glauben Sie mir, aber es macht viel mehr Spaß, so etwas in Aktion zu erleben.

Diese Seite (animieren.html) zeigt, wie ein jQuery-Objekt verschoben werden kann, indem sein CSS geändert wird. Außerdem stellt sie nicht nur eine wichtige jQuery-Technik dar, die *Objektverkettung* genannt wird, sondern auch eine sehr nützliche Animationsmethode, die es Ihnen erlaubt, gleitende Bewegungen über einen gewissen Zeitraum hinweg zu erzeugen. Werfen Sie zunächst einen Blick auf den gesamten Code, bevor wir uns mit seinen Einzelheiten beschäftigen:

```
<!DOCTYPE html PUBLIC "-//W3C//DTD XHTML 1.0 Strict//EN"
"http://www.w3.org/TR/xhtml1/DTD/xhtml1-strict.dtd">
<html lang="EN" dir="ltr" xmlns="http://www.w3.org/1999/xhtml">
<head>
  <meta http-equiv="content-type" content="text/xml;
        charset=iso-8859-1" />

  <style type = "text/css">
  #content {
    width: 300px;
    height: 200px;
    font-size: 200%;
    background-color: yellow;
    position: absolute;
    left: 300px;
    top: 100px;
    padding-left: .5em;
  }
  </style>

  <script type = "text/javascript"
          src = "jquery-1.3.2.min.js"></script>

  <script type = "text/javascript">
    //<![CDATA[
    $(init);

    function init(){
      $("#move").click(move2);
      $("#glide").click(glide);
      $("#left").click(left);
      $("#right").click(right);
    } // Ende init

    function move2(){
      $("#content").css("left", "50px");
      $("#content").css("top", "100px");
    } // Ende move2
```

```
    function move(){
      $("#content").css("left", "50px")
      .css("top", "100px");
    } // Ende move

    function glide(){
      //Zum Ausgangspunkt verschieben
      $("#content").css("left", "50px")
      .css("top", "100px");

      //an die neue Position gleiten
      $("#content").animate({
        "left": "400px",
        "top": "200px"
      }, 2000);
    } // Ende glide

    function left(){
      $("#content").animate({"left": "-=10px"}, 100);
    } // Ende left

    function right(){
      $("#content").animate({"left": "+=10px"}, 100);
    } // Ende right
    //]]>
  </script>

  <title>Animieren.html</title>
</head>
<body>
<h1>Animationsdemo</h1>
<form action = " ">
  <fieldset>
    <button type = "button"
            id = "move">
      Verschieben
    </button>
    <button type = "button"
            id = "glide">
      Gleiten
    </button>

    <button type = "button"
            id = "left">
      &lt;--
    </button>
```

```
    <button type = "button"
            id = "right">
      -->
    </button>

  </fieldset>
</form>

<p id = "content">
  Dieser Inhalt bewegt sich in Abhängigkeit vom ausgewählten
  Steuerelement.
</p>
</body>
</html>
```

Das HTML-Framework anlegen

Der HTML-Code bildet immer den Grundstein eines jeden JavaScript-Programms. Die Seite `animieren.html` ähnelt der Seite `hideShow.html` (die weiter vorn in diesem Kapitel vorgestellt wird), aber hier habe ich mich entschlossen, ein richtiges Formular mit Schaltflächen für die Steuerung zu erstellen. Schaltflächen sind einfach zu bedienen, aber es ist mühseliger, sie zu codieren, weil sie sich nicht nur in einem Formularelement, sondern auch innerhalb eines Blockelements befinden müssen. Außerdem erfordern sie viel mehr Code als `h2`-Elemente.

Beachten Sie, dass ich in der Bezeichnung einer der Schaltflächen `&lt` verwende. (Sie finden dies am Ende des Listings `animieren.html`.) Dieses HTML-Attribut zeigt das Symbol »kleiner als« an. Hätte ich das eigentliche Symbol (<) verwendet, wäre der Browser davon ausgegangen, dass ich ein neues HTML-Tag begonnen hätte, und er wäre mehr als verwirrt worden.

Alle Schaltflächen haben `id`-Attribute, aber ich habe an sie keine Funktionen mit dem Attribut `onclick` gebunden. Wenn Sie jQuery verwenden, macht es Sinn, sich auf eine jQuery-Vorgehensweise einzulassen und die jQuery-Ereignistechniken zu verwenden.

Das andere wichtige HTML-Element ist das `content div`. Dieses Element ist wieder einmal nichts als ein einfacher Platzhalter, dem ich aber CSS-Formatierungen hinzugefügt habe, damit es einfacher zu erkennen ist, wenn es sich auf der Seite bewegt. Es ist wichtig, dass Sie dieses Element mit einer absoluten Positionierung einrichten, da diese im Code dynamisch geändert wird.

Die Ereignisse einrichten

Bei der Initialisierung geht es um das Einrichten der Ereignisbehandlungen für die verschiedenen Schaltflächen. Beginnen Sie mit einer `init()`-Funktion, die aufgerufen wird, wenn das Dokument bereit ist. Diese Funktion enthält für die verschiedenen Ereignisse Rückruffunktionen (wie `move` und `glide`), die den Verkehr zu den richtigen Funktionen weiterleiten.

```
function init(){
  $("#move").click(move2);
  $("#glide").click(glide);
  $("#left").click(left);
  $("#right").click(right);
} // Ende init
```

Wie üblich macht es die Namensgebung nicht schwer zu erkennen, was abläuft (wobei *move* verschieben, *glide* gleiten, *left* links und *right* rechts bedeuten).

Verkettungen

jQuery unterstützt eine wirklich tolle Funktion, die *Knotenverkettung* genannt wird und die es Ihnen erlaubt, mehrere Schritte in einer Codezeile unterzubringen. Dadurch wird es viel einfacher, Code zu schreiben, und Sie haben die Möglichkeit, einem einzelnen Element oder einer Gruppe von Elementen auf einen Schlag mehrere Dinge zuweisen zu können. Schauen Sie sich als Beispiel dafür die Funktion `move()` von `animieren.html` an.

Die `move`-Funktion hat keine wirklich einschneidenden Auswirkungen. Sie macht eigentlich nichts weiter, als mit der `css()`-Methode, die in Kapitel 10 beschrieben wird, die Position des Elements zu ändern. Am Ende ist also die Position nichts als ein CSS-Attribut? Nun, ganz so einfach ist es nicht. Die Position eines Elements wird in Wirklichkeit in *zwei* Attributen – `top` (oben) und `left` (links) – abgelegt. Wenn Sie sich zum ersten Mal mit einer `move`-Funktion beschäftigen, könnte das Ergebnis so aussehen:

```
function move(){
  $("#content").css("left", "50px");
  $("#content").css("top", "100px");
} // Ende move
```

Obwohl dieser Ansatz sicherlich funktioniert, enthält er doch ein kleines, aber feines Problem: Diese Funktion verschiebt das Element in zwei unabhängigen Schritten. Obwohl die meisten Browser schnell genug sind, um zu verhindern, dass dies zu einem Thema wird, erlaubt die Verkettung von Knoten, dass Sie jQuery-Schritte zu einer einzigen Befehlszeile zusammenfassen.

Als Nebeneffekt liefern fast alle jQuery-Methoden ein jQuery-Objekt zurück. Deshalb ändert die Zeile

```
$("#content").text("geändert")
```

nicht nur den Text des Inhaltsknotens (`content`), sondern erzeugt gleichzeitig einen neuen Knoten. Sie können diesen Knoten bei Bedarf an eine Variable wie diese binden:

```
var neuerKnoten = $("#content").text("geändert")
```

Die meisten jQuery-Programmierer hängen nun neue Funktionalitäten an das Ende des zuvor definierten Knotens, wie zum Beispiel:

```
$("#content").text("geändert").click(halloSie);
```

Diese neue Zeile nimmt den Knoten, der von `$("#content")` angelegt wurde, und ändert seinen Textwert. Danach nimmt es diesen neuen Knoten (den mit dem geänderten Text) und fügt ihm ein `click`-Ereignis hinzu. Auf diese Weise legen Sie einen immer komplexeren Knoten an, indem Sie Knoten miteinander verketten.

Es kann schwierig sein, diese Knotenverkettungen zu lesen, weil sie zu sehr viel Code in einer physischen Zeile führen können. JavaScript stört sich nicht an Zeilenumbrüchen, weil es das Semikolon verwendet, um das Ende einer logischen Zeile zu bestimmen. Sie können die komplexe Befehlszeile so ändern, dass sie, wie in folgendem Beispiel, in Ihrem Texteditor über mehrere Zeilen geht:

```
$("#content")
  .text("geändert")
  .click(halloSie);
```

Beachten Sie, dass es nur in der letzten Zeile ein Semikolon gibt. Das gesamte Beispiel bildet ein *logisches* Ereignis, das über drei Zeilen geht.

Die Funktion »move()« durch Verkettung anlegen

Die Objektverkettung erleichtert das Anlegen der `move`-Funktion, die dann gleichzeitig die Eigenschaften `left` und `top` von `content` ausführt:

```
function move(){
  $("#content").css("left", "50px")
    .css("top", "100px");
} // Ende move
```

Diese Funktion verwendet die Methode `css()`, um die Eigenschaft `left` in `50px` zu ändern. Das sich daraus ergebende Objekt erhält einen zweiten `css()`-Methodenaufruf, um die Eigenschaft `top` in `100px` zu ändern. Für den Benutzer sieht es so aus, als ob die Eigenschaften `top` und `left` gleichzeitig geändert würden.

Mit »animate()« eine zeitabhängige Animation anlegen

Der Einsatz der Methode `css()` ist ein ausgezeichneter Weg, um ein Element über den Bildschirm zu bewegen, aber diese Bewegung läuft unmittelbar ab. jQuery unterstützt eine leistungsfähige Methode mit dem Namen `animate()`, die es Ihnen erlaubt, jedes DOM-Merkmal über einen Zeitraum hinweg zu ändern. Die `glide`-Schaltfläche von `animieren.html` verschiebt `content div` ruckelfrei in zwei Sekunden von (50,100) nach (400,200).

```
function glide(){
  //an den Ausgangspunkt verschieben
  $("#content").css("left", "50px")
  .css("top", "100px");

  //an die neue Position gleiten
  $("#content").animate({
    "left": "400px",
    "top": "200px"
  }, 2000);
} // Ende glide
```

Die Funktion beginnt damit, dass sie das Element unverzüglich an seinen Ausgangspunkt verschiebt. Dafür werden `css()`-Methoden eingesetzt. Dann verwendet die Funktion die Methode `animate()`, um die Animation zu steuern. Diese Methode kann bis zu drei Parameter haben:

- ✔ **Ein JSON-Objekt, das die Attribute beschreibt, die animiert werden sollen:** Bei dem ersten Parameter handelt es sich um ein Objekt in der JSON-Notation, das Attribut/Wert-Namenspaare beschreibt. In diesem Beispiel weise ich jQuery an, das Attribut `left` von seinem aktuellen Wert in `400px` und den Wert von `top` in `200px` zu ändern. In dieses JSON-Objekt kann jeder numerische Wert eingebunden werden, der sich durch das DOM ändern lässt. Statt eines numerischen Wertes können Sie auch `"hide"`, `"show"` oder `"toggle"` verwenden, um eine Aktion anzugeben. Wenn Sie mehr über JSON-Objekte wissen möchten, schauen Sie sich Kapitel 5 an.

- ✔ **Ein Geschwindigkeitsattribut:** Der Geschwindigkeitsparameter wird auf dieselbe Weise definiert wie bei den `fade`- und `slide`-Animationen. Es gibt drei vordefinierte Geschwindigkeiten: `"slow"` (langsam), `"medium"` (mittelschnell) und `"fast"` (schnell). Die Geschwindigkeit kann auch in Millisekunden angegeben werden (dabei bedeutet `2000` zwei Sekunden).

- ✔ **Eine Rückruffunktion:** Dieser optionale Parameter beschreibt eine Funktion, die aufgerufen werden soll, wenn die Animation abgeschlossen ist. Ich beschreibe den Einsatz von Rückruffunktionen weiter vorn in diesem Kapitel im Abschnitt »Ein Element ein- und ausblenden«.

Nur ein Stückchen verschieben: Relative Bewegung

Sie können den Animierungsmechanismus dafür verwenden, ein Objekt relativ zu seiner aktuellen Position zu verschieben. Die Pfeiltasten und die zu ihnen gehörenden Funktionen führen diese Aufgaben aus:

```
function left(){
  $("#content").animate({"left": "-=10px"}, 100);
} // Ende left
```

```
function right(){
  $("#content").animate({"left": "+=10px"}, 100);
} // Ende right
```

Auch diese Funktionen verwenden die Methode `animate()`, wobei es im Positionierungsparameter einen kleinen Unterschied zu beachten gibt. Die Modifikatoren += und -= zeigen an, dass ich etwas auf einen Wert addiere oder von ihm abziehe und keine absolute Position vorgebe. Sie können dem JSON-Objekt natürlich so viele Parameter hinzufügen, wie Sie wollen, aber für den Anfang reichen diese hier.

Beachten Sie, dass die Bewegung nur geringfügig (zehn Pixel) ist und deshalb relativ schnell ausgeführt werden sollte. Jeder Bewegungsschritt dauert 100 Millisekunden.

Die jQuery-Methode `animation()` unterstützt noch eine Option: *Dehnen*. Der Begriff *Dehnen* bezieht sich auf die relative Geschwindigkeit der Animation während ihrer Lebensdauer. Wenn Sie die Animationen der Seite animieren.html aufmerksam beobachten, erkennen Sie, dass die Bewegung langsam beginnt (es wird das »Anfahren« gedehnt), dann die Geschwindigkeit hält und sich am Ende wieder verlangsamt (das Anhalten dehnt). Dies sorgt in der Animation für einen natürlicheren Ausdruck. jQuery-Animationen verwenden standardmäßig etwas, das als `swing`-Stil bezeichnet wird (langsam an den Enden und schnell in der Mitte, wie ein Kind auf einer Schaukel, die auf Englisch *swing* heißt). Wenn Sie eine durchgehend gleichbleibende Geschwindigkeit vorziehen, können Sie als vierten Parameter `"linear"` angeben, und die Animation arbeitet mit einer Geschwindigkeit, die sich nicht ändert. Sie können auch Plugins installieren, die diese Technik erweitern.

Elemente auf die Schnelle ändern

Eine dritte großartige Möglichkeit, eine Seite zu ändern, die die jQuery-Bibliothek unterstützt, ist die Fähigkeit, Inhalte dynamisch hinzuzufügen und zu entfernen. Der Schlüssel zu dieser Funktion ist ein weiteres der extrem leistungsstarken Werkzeuge von jQuery: die flexible Auswahlmaschine. Sie haben bereits gesehen, wie Sie jQuery-Knoten auswählen können, indem Sie die Standardselektoren der CSS-Stile verwenden. Sie haben aber auch die Möglichkeit, auf zahlreiche Attribute zuzugreifen, um Knoten zu verändern. Die Seite inhalteAendern.html führt vor, wie leistungsfähig diese Werkzeuge sind (siehe Abbildung 11.4).

Natürlich erlauben es die Schaltflächen, dass ein Benutzer die Seite dynamisch ändert. Wenn Sie auf die Schaltfläche TEXT HINZUFÜGEN klicken, wird im Inhaltsbereich Text hinzugefügt, wie Abbildung 11.5 zeigt.

Die Schaltfläche VERVIELFÄLTIGEN ist interessant, weil sie erlaubt, eine Kopie eines Elements herzustellen und diese irgendwo in der Dokumentenhierarchie zu platzieren. Wenn Sie einige Male auf die Schaltfläche VERVIELFÄLTIGEN klicken, erhalten Sie eine Seite wie die in Abbildung 11.6.

Es gibt die Möglichkeit, ein bestehendes Element von einem HTML-Element umhüllen zu lassen. Die Schaltfläche DEN BEREICH UMHÜLLEN nimmt ein `div` (mit einem roten Rand) und umhüllt damit jedes Element. Sie können diese Schaltfläche mehrfach anklicken, um jedes Element mehrfach zu umhüllen, wie Abbildung 11.7 zeigt.

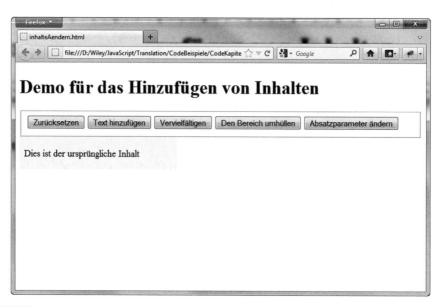

Abbildung 11.4: Der Grundzustand von inhalteAendern *sieht eigentlich nach nichts aus.*

Klicken Sie hier, um dem Inhaltsbereich weiteren Text hinzuzufügen.

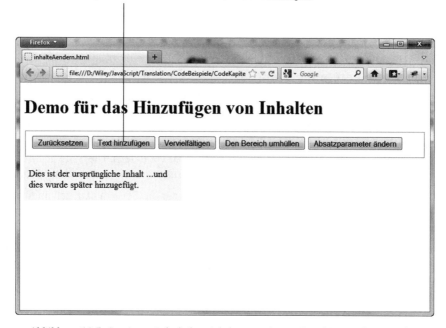

Abbildung 11.5: In einem Inhaltsbereich kann weiterer Text hinzugefügt werden.

Abbildung 11.6: Ich habe den ursprünglichen Inhalt mehrfach kopiert.

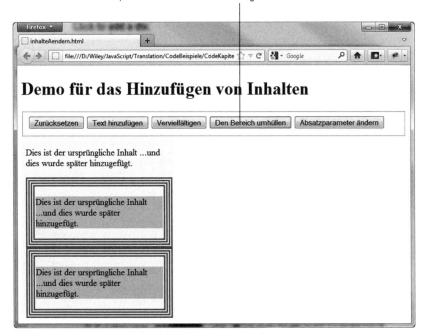

Abbildung 11.7: Nun sind alle kopierten Elemente mit einem rot umrandeten Bereich umhüllt worden.

Ab und an ist es notwendig, bei Listen und Tabellen abwechselnd die Stile zu ändern, damit die Elemente besser lesbar werden. jQuery bietet einen einfachen Weg an, um jedes zweite Element einer Gruppe auszuwählen und ihm einen Stil zuzuweisen. Die Schaltfläche ABSATZPARAMETER ÄNDERN aktiviert Code, der alle ungeraden Kopien in weißen Text mit einem grünen Hintergrund verwandelt. Abbildung 11.8 zeigt, wie so etwas aussieht.

Zum Schluss noch die Schaltfläche ZURÜCKSETZEN, die alle Änderungen, die durch die anderen Schaltflächen hervorgerufen worden sind, wieder zurücksetzt.

Der Code von `inhalteAendern.html` scheint kompliziert zu sein, aber er folgt den allgemeinen Mustern der jQuery-Programmierung, die ich weiter vorn in diesem Kapitel zeige. Werfen Sie, wie immer, zunächst einen Blick auf den gesamten Code, bevor wir uns mit seinen Einzelheiten beschäftigen.

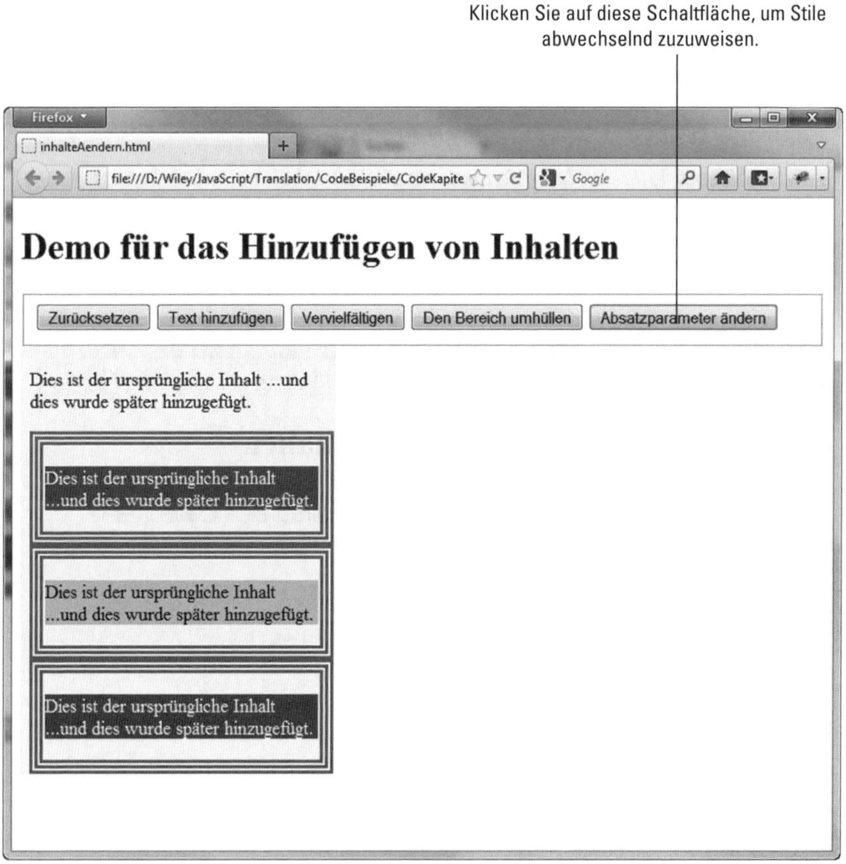

Abbildung 11.8: Alle ungeraden Absätze haben einen neuen Stil erhalten.

```
<!DOCTYPE html PUBLIC "-//W3C//DTD XHTML 1.0 Strict//EN"
"http://www.w3.org/TR/xhtml1/DTD/xhtml1-strict.dtd">
<html lang="EN" dir="ltr" xmlns="http://www.w3.org/1999/xhtml">
<head>
  <meta http-equiv="content-type" content="text/xml;
        charset=iso-8859-1" />

  <style type = "text/css">
  #content {
    width: 300px;
    background-color: yellow;
    left: 300px;
    top: 100px;
    padding-left: .5em;
    border: 0px none black;
  }

  div {
    border: 3px solid red;
    padding: 2px;
  }
  </style>

  <script type = "text/javascript"
          src = "jquery-1.3.2.min.js"></script>

  <script type = "text/javascript">
    //<![CDATA[
    $(init);

    function init(){
      $("#reset").click(reset);
      $("#addText").click(addText);
      $("#wrap").click(wrap);
      $("#clone").click(clone);
      $("#oddGreen").click(oddGreen);
    } // Ende init

    function reset(){
      //alles bis auf den ursprünglichen Inhalt entfernen
      $("p:gt(0)").remove();
      $("div:not(#content)").remove();
      //Den Text auf seinen ursprünglichen Inhalt
      //zurücksetzen
      $("#content").html("<p>Dies ist der ursprüngliche Inhalt</p>");
    } // Ende reset
```

```
      function addText(){
        $("p:first").append(" ...und dies wurde später hinzugefügt.");
      } // Ende addContent

      function wrap(){
        $("p:gt(0)").wrap("<div></div>");
      } // Ende wrap

      function clone(){
       $("p:first").clone()
       .insertAfter("p:last")
       .css("backgroundColor", "lightblue");
      } // Ende clone

      function oddGreen(){
        //abwechselnd (ungerade) Textabsatzelemente
        //grün unterlegen
        $("p:odd").css("backgroundColor", "green")
        .css("color", "white");
      } // Ende oddGreen
      //]]>
    </script>
    <title>inhalteAendern.html</title>
  </head>
  <body>
    <h1>Demo für das Hinzufügen von Inhalten</h1>
    <form action = "">
      <fieldset>
        <button type = "button"
                id = "reset">
          Zurücksetzen
        </button>

        <button type = "button"
                id = "addText">
          Text hinzufügen
        </button>

        <button type = "button"
                id = "clone">
          Vervielfältigen
        </button>

        <button type = "button"
                id = "wrap">
          Den Bereich umhüllen
```

```
        </button>

        <button type = "button"
                id = "oddGreen">
          Absatzparameter ändern
        </button>
      </fieldset>
    </form>

    <div id = "content">
      <p>
        Dies ist der ursprüngliche Inhalt
      </p>
    </div>
  </body>
</html>
```

Ich gebe zu, dass dieses Programm eine Menge Code enthält, aber wenn Sie daran denken, welche Funktionalität in der Seite steckt, ist das wohl nicht zu viel des Guten. Schauen Sie sich die einzelnen Bestandteile an, und alles macht Sinn.

Die Seitengrundlage erstellen

Fangen Sie wie üblich damit an, den HTML-Code zu untersuchen. Der Basiscode für diese Seite bereitet das Spielfeld vor.

1. **Erstellen Sie ein Formular mit Schaltflächen.**

   Dieses Formular wird zum Steuerpult. Fügen Sie für jede Funktion, die Sie haben möchten, eine Schaltfläche hinzu. Achten Sie darauf, dass jede Schaltfläche eine ID erhält, aber Sie müssen keine `onclick`-Funktion vorgeben, weil die entsprechenden Aufgaben von der Funktion `init()` übernommen werden.

2. **Legen Sie einen Prototyp von `content div` an.**

   Legen Sie ein `div` an, das den Namen `content` (Inhalt) erhält, und fügen Sie diesem `div` einen Textabsatz hinzu.

   Es ist sehr wichtig, dass Sie die grundlegende HTML-Struktur sehr sorgfältig anlegen. Die Bearbeitungs- und Markierungstricks, mit denen Sie in diesem Kapitel experimentieren, hängen davon ab, dass Sie die Struktur der Anfangsseite wirklich verstehen. Sie müssen verstehen, wie die Seite eingerichtet wird, damit Sie verstehen, wie Sie sie verändern können. Wenn schon Ihre Standard-XHTML-Seite (die Seite ganz ohne JavaScript/jQuery-Code) nicht läuft, ist es unwahrscheinlich, dass Ihr Code so funktioniert, wie Sie es erwarten.

Den Code mit Startwerten versehen

Der Initialisierungsabschnitt ist ziemlich übersichtlich gehalten. Richten Sie eine `init()`-Funktion ein und verwenden Sie sie, um alle Schaltflächen mit Ereignisbehandlungen zu versehen:

```
function init(){
  $("#reset").click(reset);
  $("#addText").click(addText);
  $("#wrap").click(wrap);
  $("#clone").click(clone);
  $("#oddGreen").click(oddGreen);
} // Ende init
```

Text hinzufügen

Es ist sehr einfach, einer Komponente Text hinzuzufügen. Die Methode `append()` hängt Text an das Ende eines jQuery-Knotens. Tabelle 11.1 gibt einen Überblick über verschiedene Methoden, um einem Knoten Text hinzuzufügen.

Methode	Beschreibung
append(Text)	Fügt am Ende des ausgewählten Elements/der ausgewählten Elemente Text (oder HTML) hinzu.
prepend(Text)	Fügt zu Beginn des ausgewählten Elements/der ausgewählten Elemente Text (oder HTML) hinzu.
insertAfter(Text)	Fügt hinter dem ausgewählten Element (außerhalb des Elements) Text hinzu
insertBefore(Text)	Fügt vor dem ausgewählten Element (außerhalb des Elements) Text hinzu

Tabelle 11.1: Einem jQuery-Knoten Inhalte hinzufügen

 Es gibt noch weitere Methoden, aber ich bin der Meinung, dass diese hier die nützlichsten sind. Denken Sie daran, sich unter `http://docs.jquery.com` die offizielle Dokumentation anzuschauen, um die anderen Optionen kennenzulernen.

```
function addText(){
  $("p:first").append(" ...und dies wurde später hinzugefügt.");
} // Ende addContent
```

Die Methode `append()` fügt im Element dem Ende des bereits vorhandenen Textes neuen Text hinzu, wodurch dieser Bestandteil des Textabsatzes wird, den `content div` enthält.

Der interessantere Teil dieses Codes ist der Selektor. Er könnte so aussehen:

```
$("p").append(" ...und dies wurde später hinzugefügt.");
```

Dies fügt den Text dem Ende des Textabsatzes hinzu. Der Standardtext hat nur einen Textabsatz, was eine solche Schreibweise sinnvoll macht. Wenn es mehrere Textabsätze gibt (was häufig der Fall ist), wählt der Selektor p alle Textabsätze aus und fügt allen Textabsätzen gleichzeitig den Text hinzu. Indem ich p:first angebe, setze ich auf einen besonderen *Filter*, um genau festzulegen, um welchen Textabsatz es geht. Viele Beispiele auf dieser Seite verwenden jQuery-*Filter*, weshalb ich sie an anderer Stelle in diesem Kapitel noch genauer beschreibe. Im Moment sollten Sie sich nur merken, dass p:first den ersten Textabsatz meint. Natürlich gibt es auch noch p:last und viele mehr. Lesen Sie weiter...

Kopieren geht über Studieren

Sie können alle jQuery-Knoten kopieren. Ein solcher Vorgang wird bei jQuery klonen und die entsprechende Methode clone() genannt. Dieses Klonen stellt eine genaue Kopie des Knotens her, ohne das Original dabei zu ändern. Der geklonte Knoten ist auf dem Bildschirm nicht sogleich sichtbar. Sie müssen ihn irgendwo platzieren und verwenden dafür in der Regel eine dieser Methoden: append(), prepend(), insertBefore() oder insertAfter().

Werfen Sie einen Blick auf die Funktion clone(), um zu sehen, wie sie arbeitet:

```
function clone(){
  $("p:first").clone()
  .insertAfter("p:last")
  .css("backgroundColor", "lightblue");
} // Ende clone
```

1. **Wählen Sie den ersten Textabsatz aus.**

   Der erste Textabsatz ist derjenige, den ich kopieren möchte. (Im Moment gibt es nur einen einzigen, aber das wird sich schnell ändern.)

2. **Verwenden Sie die Methode clone(), um eine Kopie zu erstellen.**

   Auch wenn dieser Schritt eine Kopie herstellt, so ist diese noch lange nicht sichtbar. Verwenden Sie die Verkettung, um mit der Kopie etwas Interessantes anzustellen. (Ich erkläre die Verkettung weiter vorn in diesem Kapitel im Abschnitt »Verkettungen«.)

3. **Fügen Sie der Seite das neue Element hinter dem letzten Textabsatz hinzu.**

   Bei dem Identifizierer p:last handelt es sich um den letzten Textabsatz, wodurch insertAfter("p:last") bedeutet, dass der neue Textabsatz im Dokument hinter den letzten verfügbaren Textabsatz platziert wird.

4. **Ändern Sie das CSS.**

   Nur zur Übung: Weiten Sie die css()-Methode über eine Verkettung auf das neue Element aus und ändern Sie die Hintergrundfarbe in Hellblau. Damit soll Ihnen nur noch einmal ins Gedächtnis gerufen werden, dass Sie einem Knoten durch Verkettung weitere Anweisungen hinzufügen können.

Beachten Sie, dass sich die Textabsätze auch weiterhin innerhalb von content div befinden. Ich hätte sie über einen sorgfältigen Einsatz von Selektoren überall platzieren können, aber das hatte ich nicht vor.

Es ist schwierig, Änderungen an einer Seite auf der Spur zu bleiben, da eine Standard-View-Source-Anweisung den *ursprünglichen* Quellcode und nicht den Code anzeigt, der durch Ihre Zauberei mit jQuery geändert wurde. jQuery ändert den HTML-Code Ihrer Seite im Arbeitsspeicher, während die Textdatei, die Ihre Seite enthält, davon nicht berührt wird. Wenn Ihre Seite nicht das macht, was Sie erwarten, müssen Sie sich den Quellcode im Skript anschauen, um herauszufinden, was da vor sich geht. Der Schlüssel zu einer Fehlersuche, die frei von Kopfschmerzen ist, sind Plugins für Firefox. Die Symbolleiste für Web-Entwickler enthält ein wunderbares Werkzeug mit dem Namen SEITENQUELLTEXT ANZEIGEN (das Sie im Menü EXTRAS|WEB-ENTWICKLER finden können). Es zeigt den Quelltext der Seite so an, wie er gerade im Arbeitsspeicher vorliegt. Wenn Sie es vorziehen, eine Seite mit Firebug zu untersuchen, steht dem nichts im Wege. Beide Werkzeuge werden in Kapitel 1 beschrieben.

Beachten Sie, dass beim Klonen der Inhalt des ersten Textabsatzes zusammen mit allen aktuellen Inhalten und den Informationen über vorhandene Stile in das neue Element kopiert werden. Wenn Sie den Textabsatz klonen, ihm danach Inhalte hinzufügen und ihn dann wieder klonen, enthält der erste Klon den Standardtext, während der zweite Klon auch den hinzugefügten Text zeigt. Wenn Sie das CSS eines Elements ändern und das Element dann klonen, erbt der Klon auch alle Stilmerkmale des ursprünglichen Knotens.

Das ist eine Hülle

Es kann vorkommen, dass Sie ein Objekt in einem anderen Element (oder zweien) einbetten wollen. So umgibt zum Beispiel die Schaltfläche DEN INHALT UMHÜLLEN der Seite inhaltAendern jeden geklonten Textabsatz mit einem <div></div>-Paar. Ich habe in meinem CSS das <div>-Tag so definiert, dass ein roter Rand dazugehört. Wenn Sie die Schaltfläche wiederholt anklicken, werden alle Textabsätze mit roten Rändern umgeben. Um einen solchen Effekt mit normalem DOM und JavaScript zu erzielen, müssten Sie sich sehr viel Mühe geben, aber mit jQuery bereitet es überhaupt kein Problem.

```
function wrap(){
  $("p:gt(0)").wrap("<div></div>");
} // Ende wrap
```

Es sollte nicht schwierig sein, die Methode wrap() zu verstehen. Wenn Sie damit ein Container-Tag füttern, hüllt sie diesen Container um den ausgewählten Knoten *(to wrap* bedeutet *umhüllen)*. Sie können auch mehrere Elemente verwenden. Wenn Sie einen Textabsatz in eine aus nur einem Element bestehende Liste einbinden wollen, könnten Sie so etwas wie das hier verwenden:

```
$("p").wrap("<ul><li></li></ul>");
```

Der sich daraus ergebende Code würde jeden Textabsatz mit einer ungeordneten Liste und einem Listenelement umgeben.

Aber lassen Sie uns zur Funktion `wrap()` zurückkehren. Ich habe mich entschlossen, nicht jeden Textabsatz mit einem `div` zu umhüllen. Dies soll nur mit den geklonten Absätzen geschehen. (Das mache ich hauptsächlich, um Ihnen weitere coole Auswahlfilter zeigen zu können.) Der Selektor `p:gt(0)` bedeutet: »Wähle alle Textabsätze aus, deren Index größer als null ist.« Mit anderen Worten bedeutet dies, dass der erste Textabsatz ignoriert werden soll, die folgenden Methoden aber auf alle anderen Textabsätze anzuwenden sind. Es gibt auch einen Weniger-als-Filter (`:lt`), der ein Element vor einem bestimmten Index isoliert, und einen Gleichheitsfilter (`:eq`), der ein Element mit einem bestimmten Index isoliert.

Stile abwechseln lassen

Bei langen Listen oder Tabellen wird gerne dafür gesorgt, dass die Zeilen abwechselnd eine andere Hintergrundfarbe erhalten. Es ist ausgesprochen mühselig, so etwas mit normalem CSS oder JavaScript zu erreichen. Inzwischen sollte es Sie nicht überraschen zu erfahren, dass jQuery-Selektoren daraus eine richtig einfache Aufgabe machen.

```
function oddGreen(){
  //abwechselnd (ungerade) Textabsatzelemente grün
  //unterlegen
  $("p:odd").css("backgroundColor", "green")
  .css("color", "white");
} // Ende oddGreen
```

Der Selektor `:odd` wählt nur Elemente aus, die einen ungeraden (englisch *odd*) Index haben, und gibt einen jQuery-Knoten zurück, der über Verkettungen auch noch weiter verändert werden kann. Sie können natürlich auch einen `:even`-Selektor für gerade nummerierte (englisch *even-numbered*) Knoten verwenden. Beim Rest des Codes handelt es sich um eine einfache CSS-Formatierung.

Die Seite zurücksetzen

Wenn Sie eine Seite so stark verändern können, müssen Sie auch in der Lage sein, die Seite wieder in ihren ursprünglichen Zustand zu versetzen. Dies kann schnell und einfach durch eine jQuery-Funktion erreicht werden:

```
function reset(){
  //alles bis auf den ursprünglichen Inhalt entfernen
  $("p:gt(0)").remove();
  $("div:not(#content)").remove();
  //Den Text auf seinen ursprünglichen Inhalt
  //zurücksetzen
  $("#content").html("<p>Dies ist der ursprüngliche Inhalt</p>");
} // Ende reset
```

Diese Funktion greift auf viele der jQuery-Tricks und Auswahlmöglichkeiten zu, die in diesem Kapitel schon gezeigt wurden.

1. **Entfernen Sie alles bis auf den ersten Textabsatz.**

   Jeder Textabsatz mit einem Index, der größer als null ist, ist ein Klon, weshalb er verschwinden muss. Die Methode remove() entfernt (das heißt *remove* auf Deutsch) alle jQuery-Knoten, die dem ausgewählten Selektor zugeordnet sind.

2. **Entfernen Sie alle divs bis auf den ursprünglichen Inhalt.**

   Ich könnte erneut den Selektor :gt verwenden, aber ich habe es vorgezogen, auf einen anderen interessanten Selektor zuzugreifen, nämlich auf :not. Dieser Selektor bedeutet: »Entferne jedes div, bei dem es sich nicht um das primäre content div handelt.« Der Einsatz dieses Selektors entfernt alle divs, die von der wrap-Funktion angelegt wurden.

3. **Setzen Sie das ursprüngliche content div auf seinen Standardtext zurück.**

   Versetzen Sie den Standardtext wieder in seinen ursprünglichen Zustand, und die Aufgabe ist erledigt.

Wenn ich ehrlich bin, benötige ich eigentlich nur die letzte Codezeile. Wenn Sie das HTML von content div ändern, werden dort die aktuellen Inhalte durch etwas anderes ersetzt. Aus diesem Grund sind die ersten beiden Zeilen in diesem Umfeld in dieser Situation nicht wirklich notwendig. Nichtsdestotrotz ist es aber sinnvoll zu wissen, wie Elemente im Bedarfsfall entfernt werden.

Noch mehr Selektoren und Filter

Die Selektoren und Filter von jQuery sind sehr leistungsfähig. Tabelle 11.2 beschreibt weitere Filter und wie Sie sie einsetzen können.

Filter	Beschreibung
:header	Jedes Überschriften-Tag (h1, h2, h3)
:animated	Jedes Element, das aktuell animiert ist
:contains(Text)	Jedes Element, das den angegebenen Text enthält
:empty	Das Element ist leer.
:parent	Dieses Element enthält ein anderes Element.
:attribute=Wert	Dieses Element hat ein Attribut mit dem angegebenen Wert.
:Input, :text, :radio, :image, :button und so weiter	Passt zum angegebenen Typ eines oder mehrerer Elemente (sehr nützlich bei Elementen eines Formulars, die Variationen des Eingabe-Tags sind).

Tabelle 11.2: Beliebte jQuery-Filter

Beachten Sie, dass dies keine repräsentative Liste ist. Schauen Sie sich auf jeden Fall unter http://docs.jquery.com die originale Dokumentation an, um eine Liste mit allen Filtern zu erhalten.

Das jQuery User Interface Toolkit

In diesem Kapitel

▶ Die Benutzeroberfläche von jQuery erkunden

▶ Die Benutzeroberfläche installieren

▶ Datumswähler, Dialogfelder und Symbole hinzufügen

▶ Elemente ziehen und ablegen

▶ Mit Rollbalken arbeiten

▶ Einen Sortiermechanismus anlegen

▶ Eine aufklappbare Seite erstellen

▶ Eine auf Registerkarten beruhende Oberfläche anlegen

Die Bibliothek jQuery ist ein erstaunliches Werkzeug für die Vereinfachung der Programmierung mit JavaScript. Die Bibliothek ist so beliebt und leistungsfähig, dass Entwickler immer neue Funktionen hinzufügen, um sie noch nutzbringender zu machen. Zu den wichtigsten dieser Funktionen zählt das Framework der jQuery-Benutzeroberfläche. (Dieses Werkzeug heißt *jQuery User Interface*, wobei *User Interface* im Alltag gerne als *UI* abgekürzt wird zum Beispiel zu jQuery UI. Ein User Interface ist eine Benutzeroberfläche oder Benutzerschnittstelle.) Dieses Werkzeug erweitert die Webentwicklung um Funktionen wie:

✔ **Neue Elemente für Benutzeroberflächen:** HTML lässt einige wichtige Werkzeuge vermissen, die zu einer modernen Benutzeroberfläche gehören. Die meisten der aktuellen grafischen Sprachen enthalten heutzutage standardmäßig eine Unterstützung von Modulen wie Rollbalken, Datumswähler und Werkzeuge für Registerkarten. Diese und weitere Funktionen werden durch das jQuery UI hinzugefügt.

✔ **Eine erweiterte Wechselwirkung zwischen Benutzer und Seite:** Benutzer erhalten über die jQuery-Widgets neue und aufregende Möglichkeiten, mit Ihrer Seite in eine Wechselwirkung einzutreten. Indem Sie das UI Toolkit verwenden, können Benutzer problemlos Elemente auswählen, bewegen und irgendwo auf der Seite ablegen, und sie können Teile der Seite entfalten und wieder schrumpfen lassen.

✔ **Flexible Themenvorlagen:** jQuery UI enthält einen Mechanismus für Vorlagen, der das Aussehen und Verhalten Ihrer Elemente steuert. Sie können aus Dutzenden von vorinstallierten *Themen* wählen oder ein Werkzeug verwenden, um Ihre gestalterische Freiheit auszuleben. Sie können diese Vorlagenbibliothek wiederverwenden, um das Aussehen der anderen Elemente Ihrer Seiten (nicht nur der durch die Bibliothek gestalteten) zu verwalten.

✔ **Eine vollständige Bibliothek mit Symbolen:** jQuery enthält eine Symbolbibliothek, die Sie für Ihre Webentwicklung verwenden dürfen. Dort gibt es Pfeile, Schaltflächen und viele andere Dinge, die Sie so anpassen können, dass sie zu Ihrer Vorlage passen.

✔ **Ein klares, modernes Aussehen:** Sie können mit jQuery UI auf einfache Weise zukunftsorientierte grafische Entwürfe realisieren. Es werden abgerundete Ecken und viele andere grafische Spezialeffekte unterstützt.

✔ **Die Leistungsfähigkeit von jQuery:** Das jQuery UI wird den unglaublichen Funktionen der jQuery-Sprache als jQuery-Erweiterung hinzugefügt.

✔ **Open Source:** Das jQuery UI ist (wie jQuery selbst) ein Open Source-Projekt mit einer sehr aktiven Community. Sie können seine kostenlose Bibliothek an Ihre Bedürfnisse anpassen.

Einen Blick auf den ThemeRoller werfen

Die Webseite zu jQuery UI (http://jqueryui.com) ist ein guter Ort, um die neuesten Informationen zu jQuery zu finden. Außerdem befindet sich hier das großartige Werkzeug ThemeRoller. Abbildung 12.1 zeigt die Startseite dieser Website, die viele der exzellenten Funktionen von jQuery vorstellt.

Bevor Sie ThemeRoller verwenden, um Themen zu ändern, sollten Sie das Werkzeug nutzen, um sich mit den Elementen der Benutzeroberfläche (des User Interfaces) vertraut zu machen. In der Abbildung 12.1 sind mehrere sinnvolle Werkzeuge zu erkennen:

✔ **Ziehharmonika-Effekt:** Auf dem oberen linken Bereich der Seite gibt es drei Segmente (SECTION 1, SECTION 2 und SECTION 3). Wenn Sie auf die Bezeichnung eines Bereichs klicken, erweitert sich dieser Bereich beziehungsweise zieht sich wieder zusammen. Dieser Bereich wird über die englische Bezeichnung für Ziehharmonika *Accordion* angesprochen.

✔ **Schieberegler:** Schieberegler oder Rollbalken sind notwendige Elemente einer Benutzeroberfläche, die es dem Benutzer ermöglichen, einen numerischen Wert mithilfe eines einfachen grafischen Werkzeugs auszuwählen. Sie haben viele Möglichkeiten, jQuery-Schieberegler so anzupassen, dass Eingaben einfach und fehlerfrei getätigt werden können.

✔ **Datumswähler:** Es ist schwierig, Benutzer dazu zu bringen, Datumswerte sauber einzugeben. Der äußerst sinnvolle Datumswähler lässt auf der Seite automatisch einen Kalender erscheinen und gibt dem Benutzer die Möglichkeit, im Kalender zu »blättern«, um ein Datum auszuwählen.

✔ **Fortschrittsbalken:** Sie sollten Ihren Code immer so entwerfen, dass es nur zu geringen Verzögerungen kommt. Wenn aber ein Teil Ihres Programms Zeit benötigt, um vollständig ausgeführt zu werden, ist ein Fortschrittsbalken eine gute Erinnerung daran, dass etwas geschieht.

✔ **Registerkarten:** Accordion ist ein Weg, um Teile einer Seite ein- oder auszublenden. Eine andere beliebte Technik ist der Einsatz von Registerkarten. Sie können diesen Mechanismus verwenden, um ohne viel Aufwand ein leistungsfähiges Dokument mit diversen Registerkarten anzulegen.

Wenn Sie in der Seite nach unten scrollen, können Sie weitere interessante Werkzeuge sehen. Abbildung 12.2 zeigt einige von ihnen bei der Arbeit.

12 ➤ Das jQuery User Interface Toolkit

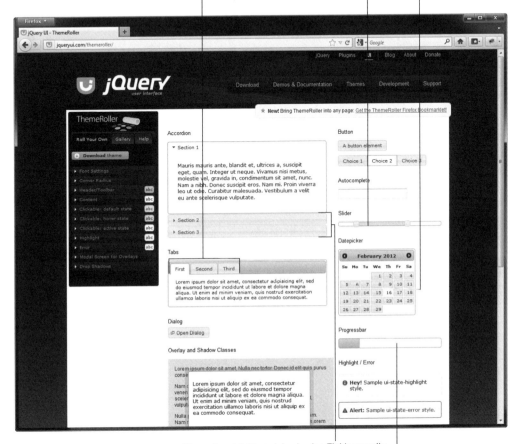

Abbildung 12.1: ThemeRoller lässt Sie auf viele jQuery UI-Elemente schauen und deren Aussehen ändern.

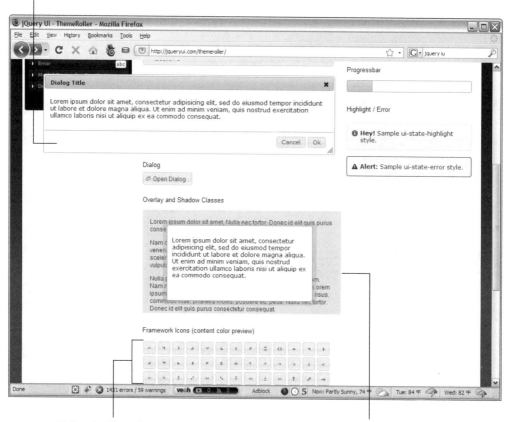

Abbildung 12.2: Und noch mehr aufregende Widgets

Den Themenpark besuchen

So beeindruckend die Widgets von jQuery UI auch sein mögen, so sind sie doch nur ein Teil der Geschichte. jQuery unterstützt das Konzept der *Themen*, bei denen es sich eigentlich nur um einen Satz grafischer Regeln handelt. Ein Thema ist letztendlich ein komplexes CSS-Dokument (und einige ihm zugeordnete Grafikdateien), das entworfen worden ist, um zusammen mit der UI-Bibliothek verwendet zu werden. Begeben Sie sich wieder an den Kopf der ThemeRoller-Seite und schauen Sie sich die linke Spalte an. Wenn Sie auf die Registerkarte GALLERY klicken (jawohl, selbst ThemeRoller verwendet Registerkarten des jQuery UIs), erscheint eine Liste mit vordefinierten Themen. Abbildung 12.3 zeigt die ThemeRoller-Seite, nachdem ihr ein anderes Thema zugewiesen wurde.

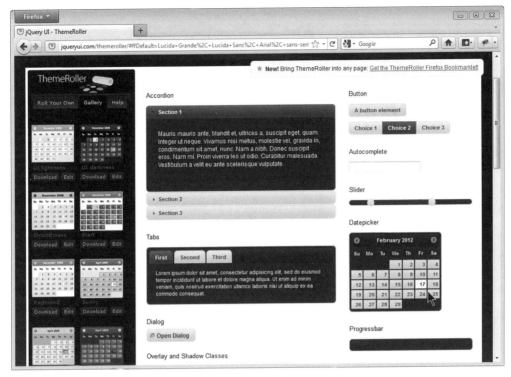

Abbildung 12.3: Nun verwendet ThemeRoller das Thema EGGPLANT.

Die standardmäßig vorhandenen Themen sind beeindruckend, aber natürlich können Sie auch Ihre eigenen Themen anlegen. Auch wenn Sie das CSS jederzeit manuell bearbeiten können, so ist der Hauptgrund für die Existenz von ThemeRoller der, Ihnen diese Bearbeitung wesentlich zu erleichtern.

Wenn Sie zur Registerkarte ROLL YOUR OWN gehen, sehen Sie eine ähnliche Auswahlmöglichkeit, die Sie verwenden können, um auf verschiedene Themen zuzugreifen. Sie können Schriftarten ändern, abgerundete Ecken auswählen, sich für verschiedene Farbschemata entscheiden und vieles mehr machen. Sie können mit diesen Optionen herumspielen und Ihren eigenen grafischen Stil erstellen. Dann speichern Sie dieses Thema ab und verwenden es in Ihrem eigenen Projekt.

Elemente ziehen und ablegen

Es ist an der Zeit, wieder etwas anzulegen. Beim ersten Beispiel, das ich Ihnen zeige, handelt es sich um eine einfache Anwendung, bei der jemand ein Seitenelement mit der Maus auswählt und verschiebt. Ich habe Ihnen zwar in Kapitel 8 erklärt, wie Sie JavaScript und das Document Object Model (DOM) nutzen können, um so etwas zu machen, aber Sie werden erkennen, dass es viel einfacher ist, denselben Effekt über das jQuery UI zu erreichen. Abbildung 12.4 zeigt die Seite in Aktion.

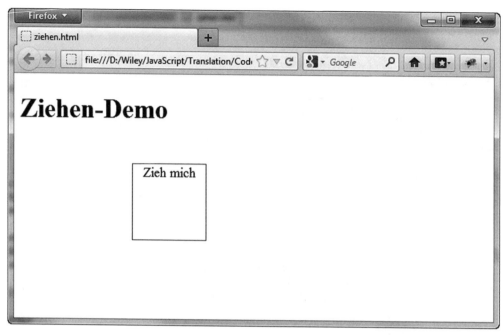

Abbildung 12.4: Der Benutzer kann das Textfeld auf der Seite irgendwohin ziehen.

Dieses Beispiel ist ein guter Ausgangspunkt dafür, wie Sie die jQuery UI-Bibliothek verwenden können, weil es mit ihr einfach ist, ein Projekt ans Laufen zu bekommen. Häufig ist der schwierigste Teil beim Schreiben von jQuery UI-Anwendungen das Herstellen der Verbindung zur Bibliothek. Wenn Sie das geschafft haben (und *so* schwierig ist es nun auch nicht), ist der Rest der Programmierung ein (nun gut, nicht immer ganz so einfacher) Scherz. Werfen Sie einen Blick auf den folgenden Code, um zu sehen, wovon ich schreibe:

```
<!DOCTYPE html PUBLIC "-//W3C//DTD XHTML 1.0 Strict//EN"
"http://www.w3.org/TR/xhtml1/DTD/xhtml1-strict.dtd">
<html lang="EN" dir="ltr" xmlns="http://www.w3.org/1999/xhtml">
<head>
  <meta http-equiv="content-type" content="text/xml;
        charset=iso-8859-1" />
  <style type = "text/css">
  #dragMe {
    width: 100px;
    height: 100px;
    border: 1px solid blue;
    text-align: center;
  }

  </style>
```

```
<script type = "text/javascript"
        src = "jquery-1.3.2.min.js"></script>
<script type = "text/javascript"
        src = "jquery-ui-1.7.2.custom.min.js"></script>
<script type = "text/javascript">
  $(init);
  function init(){
    $("#dragMe").draggable();
  }
</script>
<title>ziehen.html</title>
</head>

<body>
  <h1>Ziehen-Demo</h1>
  <div id = "dragMe">
    Zieh mich
  </div>

</body>
</html>
```

Die grundlegende Idee hinter diesem Programm stimmt vollständig mit den jQuery-Konzepten überein, die ich in Kapitel 13 beschreibe. Die Seite verwendet einfachen HTML-Code. Eine Initialisierungsfunktion erstellt gezielt einen jQuery-Knoten und macht ihn funktionsfähig. Das ist alles.

Ein Beispiel für ThemeRoller

ThemeRoller gewährt Ihnen einen guten Überblick über die jQuery UI-Bibliothek und dient gleichzeitig als Beispiel dafür, wohin das Web geht. Sie treffen hier weniger auf eine Webseite als auf eine Anwendung, die zufällig mit Webtechnologien geschrieben worden ist. Beachten Sie, dass die Funktionalität der Seite (das dynamische Ändern von Stilen) viele Tricks von jQuery und dem jQuery UI verwendet: beispielsweise Registerkarten, Ziehharmonika-Effekte und Dialogfelder. Diese Art der Programmierung zeigt sicherlich die Richtung, in die die Anwendungsentwicklung im Web geht. Und es sieht so aus, als ob Anwendungen, die diese Art von Benutzeroberfläche und AJAX für die Datenkommunikation und die Datenspeicherung verwenden, noch für längere Zeit ziemlich wichtig sein werden.

Hier die grundlegenden Schritte:

1. **Legen Sie ein HTML-Dokument an.**

    Sie können ein Standarddokument verwenden. Ich habe ein div erstellt, das die ID dragMe (ziehMich) erhalten hat und bei dem es sich um das div handelt, das ich ziehbar machen möchte. (Sie können natürlich jedes Element ziehbar machen, das Sie mit jQuery auswählen können.)

2. **Fügen Sie die Standardbibliothek von jQuery hinzu.**

   Das erste `<script>`-Tag importiert die Standardbibliothek von jQuery. Die UI-Bibliothek verlangt, dass zuerst jQuery geladen wird.

   Die zum Zeitpunkt der Übersetzung dieses Buches aktuelle jQuery-Bibliothek trägt die Versionsnummer 1.7.1. Wenn Sie wollen, laden Sie sich die aktuelle Version von der jQuery-Website (www.jquery.com) herunter und passen Sie den Code der Übungsbeispiele dementsprechend an. Sie finden diese Version der Bibliothek übrigens auch bei den Demodaten, die Sie von der Webseite dieses Buches (www.downloads.fuer-dummies.de) herunterladen können. Alle Demos laufen aber auch fehlerfrei mit der dort bereits integrierten älteren Version der jQuery-Bibliothek.

3. **Fügen Sie einen Verweis auf die jQuery UI-Bibliothek hinzu.**

   Ein zweites `<script>`-Tag importiert die jQuery UI-Bibliothek. (Schauen Sie sich auch den nächsten Abschnitt »Die Bibliothek herunterladen« an, um Einzelheiten darüber zu erfahren, wie Sie diese Bibliothek erhalten können. Schon jetzt vorab eine Information: Die zum Zeitpunkt der Übersetzung dieses Buches aktuelle Version dieser Bibliothek trägt die Nummer 1.8.17. Wenn Sie diese Bibliothek verwenden wollen, müssen Sie den Beispielcode dementsprechend anpassen.)

4. **Legen Sie eine Initialisierungsfunktion an.**

   Verwenden Sie die Standardtechniken von jQuery, um für Ihre Seite eine Initialisierungsfunktion anzulegen. (Wie immer habe ich meine `init()` getauft.)

5. **Legen Sie einen ziehbaren Knoten an.**

   Verwenden Sie Standardauswahltechniken von jQuery, um die Elemente zu isolieren, die ziehbar werden sollen. Verwenden Sie die Methode `draggable()`, damit das Element gezogen werden kann.

6. **Testen Sie.**

   Ob Sie mir das nun glauben oder nicht, aber mehr gibt es wirklich nicht zu tun. So lange alles sauber eingerichtet worden ist, kann Ihr Element von einem Benutzer mit der Maus auf der Seite an eine andere Stelle gezogen werden.

Die Bibliothek herunterladen

Es ist nicht schwer, jQuery UI-Code zu schreiben, aber Zugang zu den Teilen zu bekommen, die Sie benötigen, kann ein wenig verwirrend sein. Die jQuery UI-Bibliothek ist viel größer als das Standard-jQuery-Paket, weshalb Sie vielleicht nur das einbinden wollen, was Sie wirklich benötigen. Bei früheren Versionen vom jQuery UI waren Sie gezwungen, das gesamte Paket herunterzuladen. Nach dem Entpacken der ZIP-Datei befanden sich die verschiedenen Elemente in separaten JavaScript-Dateien. Es wurden dann ein halbes Dutzend verschiedene

`<script>`-Tags benötigt, um die unterschiedlichen Elemente im Skript unterzubringen. Schlimmer noch war, dass es Abhängigkeiten gab, was dazu führte, dass Sie darauf achten mussten, dass bestimmte Pakete installiert waren, bevor Sie andere Pakete nutzen konnten – was alles wiederum dazu führte, dass es richtiggehend kompliziert war, eine einfache Bibliothek zu nutzen.

Natürlich können Sie auch heute noch die gesamte jQuery UI-Bibliothek herunterladen, aber glücklicherweise ist der Prozess seit einiger Zeit viel einfacher geworden. Wenn Sie mit der Arbeit an einem Projekt beginnen, wählen Sie ein grafisches Thema aus (oder erstellen eines), übernehmen die Widgets und Werkzeuge, die Sie haben wollen und laden eine benutzerdefinierte Form der Bibliothek herunter, die auf Ihre Bedürfnisse hin maßgeschneidert ist. Wenn Sie so vorgehen, wird Ihr Code viel einfacher, weil Sie unabhängig davon, wie viele Oberflächenwerkzeuge und Widgets Sie verwenden, für die Benutzeroberfläche nur auf eine JavaScript-Bibliothek verweisen müssen (wobei Sie aber nicht vergessen dürfen, zuerst eine Verknüpfung zur standardmäßigen jQuery-Bibliothek aufzubauen).

Setzen Sie diese Technik auch ein, um mehrere Themen anzulegen, damit Sie problemlos das Aussehen Ihres Programms ändern können, indem Sie die Themendatei austauschen.

Die Größe eines Themas ändern

Dieser Abschnitt stellt zwei wichtige Ideen dar, die im jQuery UI-Paket stecken:

- ✔ **In der Größe veränderbare Elemente:** Der Benutzer kann oben oder am rechten Rand eines Elements ziehen, um dessen Größe zu ändern. Um die Größe eines Elements änderbar zu machen, gehen Sie so ähnlich vor, wie um es ziehbar zu machen.
- ✔ **Themen:** jQuery enthält eine Reihe anpassbarer grafischer Stile.

Sie können Abbildung 12.5 entnehmen, dass die Seite einen fest umrissenen grafischen Stil hat. Die Elemente haben unterschiedliche Schriftarten und verschiedenfarbige Hintergründe, und auch die Überschriften sind mit einem besonderen grafischen Stil angelegt worden. Auch wenn diese Stile die Erde nicht zum Erbeben bringen (es handelt sich schließlich nur um CSS), ist das Neue hier, dass sie über das Thema definiert werden. Sie können einfach ein anderes (manuell erstelltes oder im ThemeRoller gefundenes) Thema auswählen, und die grafische Darstellung aller Elemente spiegelt das neue Thema wieder. Themen sorgen bei Ihrer Website für eine neue Abstraktionsebene, die es erleichtert, den allgemeinen grafischen Stil zu ändern, wodurch Sie das CSS nicht mehr manuell anpassen müssen.

Abbildung 12.6 zeigt die Seite, nachdem die Größe des Elements Ändere meine Größe geändert wurde. Sie können sehen, dass auch der Rest des Elements an die Größenänderung angepasst wurde.

Der folgende Code macht deutlich, dass es sich bei den meisten grafischen Effekten in Abbildung 12.6 um einfache CSS-Codierung handelt, während die Größenänderung eine Zauberei von jQuery UI ist.

Das Widget kann in seiner Größe geändert werden, indem Sie an seinem oberen oder unteren Rand ziehen.

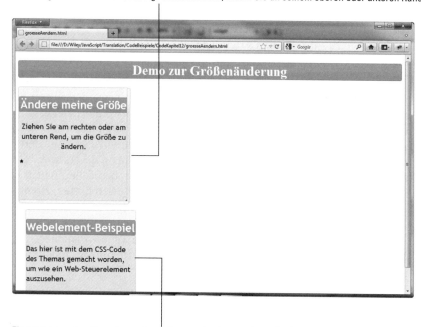

Ein ganz normales div, das so formatiert wurde, dass es dasselbe Format wie das Widget verwendet.

Abbildung 12.5: Ein Benutzer kann die Größe dieses wunderbaren Elements ändern.

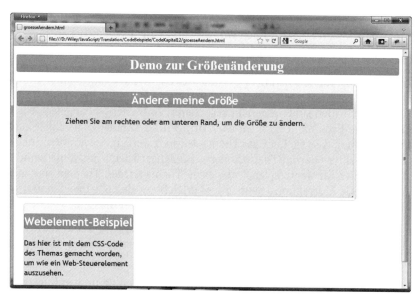

Abbildung 12.6: Wenn die Größe des Elements geändert wird, passen sich die übrigen formatierten Teile des Elements dieser Änderung an.

```html
<!DOCTYPE html PUBLIC "-//W3C//DTD XHTML 1.0 Strict//EN"
"http://www.w3.org/TR/xhtml1/DTD/xhtml1-strict.dtd">
<html lang="EN" dir="ltr" xmlns="http://www.w3.org/1999/xhtml">
<head>
  <meta http-equiv="content-type" content="text/xml;
        charset=iso-8859-1" />
  <link rel = "stylesheet"
        type = "text/css"
        href = "jquery-ui-1.7.2.custom.css" />

  <style type = "text/css">
  h1 {
    text-align: center;
  }
  #resizeMe {
    width: 300px;
    height: 300px;
    text-align: center;
  }

  #sample {
    width: 300px;
    height: 250px;
    margin: 1em;
  }

  </style>
  <script type = "text/javascript"
          src = "jquery-1.3.2.min.js"></script>
  <script type = "text/javascript"
          src = "jquery-ui-1.7.2.custom.min.js"></script>
  <script type = "text/javascript">
    //<![CDATA[
    $(init);
    function init(){
      $("#resizeMe").resizable();
      themify();
    } // Ende init

    function themify(){
      //den Elementen themenbasiertes CSS
      //hinzufügen
      $("div").addClass("ui-widget")
        .addClass("ui-widget-content")
        .addClass("ui-corner-all");
      $(":header").addClass("ui-widget-header")
```

```
        .addClass("ui-corner-all");
      $("#resizeMe").append('<span class = "ui-icon ui-icon-star"></
      span>');
      }
      //]]>
    </script>
    <title>groesseAendern.html</title>
  </head>

<body>
  <h1>Demo zur Größenänderung</h1>
  <div id = "resizeMe">
    <h2>Ändere meine Größe</h2>
    <p>
      Ziehen Sie am rechten oder am unteren Rand, um die Größe zu ändern.
    </p>

  </div>

  <div id = "sample">
    <h2>Widget-Beispiel</h2>
    <p>
      Das hier ist mit dem CSS-Code des Themas gemacht
      worden, um wie ein Web-Widget auszusehen.
    </p>

  </div>


</body>
</html>
```

Das HTML und das Standard-CSS untersuchen

Wie üblich bildet das HTML, das in dem Codebeispiel des letzten Abschnitts verwendet wird, den Grundstein der gesamten Seite. Es ist gradlinig und zeigt die allgemeine Struktur der Seite an. Das HTML besteht nur aus drei zentralen Elementen: einer Überschrift und zwei divs. Jedes div enthält seine eigene Überschrift der Ebene zwei und einen Textabsatz. Die divs haben IDs erhalten, damit sie einfacher zu formatieren sind.

Außerdem habe ich in dem Beispiel einen grundlegenden CSS-Abschnitt eingebaut, um das generelle Layout der Seite bearbeiten zu können. Da ich wollte, dass die Widgets eine bestimmte Anfangsgröße haben, verwendete ich normales CSS, um dies zu erreichen.

Dateien importieren

jQuery-Anwendungen verlangen, dass die JavaScript-Codebibliotheken importiert werden. Ich importiere in dieser (und den meisten anderen) jQuery UI-Anwendung diese drei Dateien:

✔ **Die zentrale jQuery-Bibliothek:** Diese unentbehrliche Basisbibliothek von jQuery wird als normale JavaScript-Datei importiert, wie ich es in Kapitel 11 beschreibe.

✔ **Die jQuery UI-Bibliothek:** Auch bei dieser Datei handelt es sich um eine Standard-JavaScript-Bibliothek. Um eine angepasste Version dieser Datei zu erhalten, schauen Sie sich weiter vorn in diesem Kapitel den Abschnitt »Die Bibliothek herunterladen« an.

✔ **Die CSS-Themendatei:** Wenn Sie mit ThemeRoller ein Thema erstellen, erhalten Sie eine CSS-Datei. Bei dieser Datei handelt es sich um Ihr Thema. Da dies eine CSS-Datei und kein JavaScript-Code ist, verwenden Sie das link-Tag, um sie an Ihre Seite zu binden.

Nicht alle jQuery UI-Beispiele benötigen ein Thema, aber in der Regel ist das der Fall. Wie Sie in diesem Beispiel sehen, rufen Themen auch noch andere wirklich gute Effekte hervor. Aus diesem Grund lohnt es sich eigentlich immer, eine CSS-Themendatei einzubinden, wenn Sie jQuery UI verwenden.

Ein in seiner Größe änderbares Element herstellen

Überraschenderweise ist, wie der folgende Code zeigt, das Anlegen des in seiner Größe änderbaren Elements der einfachste Teil dieses Projekts:

```
function init(){
  $("#resizeMe").resizable();
  themify();
} // Ende init
```

Dies ist eine bei jQuery UI übliche Vorgehensweise. Folgen Sie diesen Schritten:

1. **Beginnen Sie mit der Initialisierungsfunktion.**

   Dieses Beispiel beginnt wie jeder gute jQuery-Code mit einer standardmäßigen Initialisierung.

2. **Machen Sie ein Element in seiner Größe änderbar.**

   Definieren Sie resizeMe div *(resize me* bedeutet *ändere meine Größe)* als jQuery-Knoten und verwenden Sie die Methode resizable(), um das Element in seiner Größe änderbar zu machen. Mehr müssen Sie mit dem Element nicht machen.

3. **Rufen Sie eine zweite Funktion auf, um die Elemente mit einer Themenformatierung zu versehen.**

   Auch wenn jQuery-Themen für den Einsatz der Methode zur Größenänderung nicht zwingend erforderlich sind, so verbessern Themen doch das Aussehen des Elements.

Elementen Themen hinzufügen

Das jQuery-Werkzeug *ThemeRoller* hilft Ihnen, Ihre Elemente auf einfache Weise zu schmücken, indem Sie CSS verwenden. Sie können ThemeRoller verwenden, um problemlos neue Themen anzulegen oder bestehende Themen abzuändern. Auf diese Weise können Sie anspruchsvolle Darstellungsformen für Ihre Site anlegen, ohne gezwungen zu sein, mehr als minimalen CSS-Code zu schreiben. Viele Elemente der jQuery-Oberfläche (wie die Werkzeuge Ziehharmonika und Registerkarten, die an anderer Stelle in diesem Kapitel beschrieben werden) verwenden automatisch das aktuelle CSS-Thema. Weiterhin können Sie das Thema natürlich auch auf Ihre eigenen Elemente anwenden, um ein einheitliches Aussehen der Site zu gewährleisten.

Themen sind nichts anderes als ein Satz vordefinierter CSS-Klassen. Um einem Element ein CSS-Thema zuzuweisen, reicht es aus, dem Objekt eine besondere Klasse hinzuzufügen. Sie können beispielsweise einen Textabsatz wie das bereits definierte `ui-widget` aussehen lassen, indem Sie diesen Code hinzufügen:

```
<div class = "ui-widget">
Mein div sieht nun wie ein Widget aus.
</div>
```

Da das Hinzufügen von Klassen in HTML ein Prinzip des semantischen Designs verletzt, können Sie diese Arbeit wirkungsvoller in JavaScript erledigen, indem Sie auf jQuery zurückgreifen:

```
function themify(){
  // den Elementen themenbasiertes CSS hinzufügen
  $("div").addClass("ui-widget")
  .addClass("ui-widget-content")
  .addClass("ui-corner-all");
  $(":header").addClass("ui-widget-header")
  .addClass("ui-corner-all");
  $("#resizeMe").append('<span class = "ui-icon ui-icon-star"></span>');
}
```

Die Funktion `themify()` fügt den Elementen auf meiner Seite alle Themen hinzu, indem sie das CSS verwendet, das durch das Thema definiert wurde. Ich habe die Möglichkeiten von jQuery genutzt, um den Vorgang zu vereinfachen.

1. **Sorgen Sie dafür, dass alle `div`s erkannt werden, indem Sie jQuery verwenden.**

   Um alle `div`s der Seite wie Widgets zu formatieren, verwenden Sie jQuery, um die Elemente zunächst einmal zu identifizieren.

2. **Fügen Sie allen `div`s die Klasse `ui-widget` hinzu.**

   Diese Klasse wird im Thema definiert. Sie ist bei allen jQuery-Themen vorhanden, wobei sich aber spezifische Merkmale (wie zum Beispiel Farben und Schriftgröße) von Thema zu

Thema unterscheiden. Dadurch können Sie ein Thema auslagern, um sein Erscheinungsbild zu ändern, und der Code läuft problemlos weiter. Die Klasse `ui-widget` legt fest, dass aus einem Element ein Widget wird.

3. **Fügen Sie `ui-widget-counter` hinzu.**

   An die `divs` müssen zwei Klassen gebunden werden. Ich benutze die Verkettungsoption, um festzulegen, dass `divs` auch Mitglieder der Klasse `ui-widget-content` sein sollen. Diese Klasse gibt an, dass der Inhalt des Widgets (und nicht die Klasse selbst) formatiert werden soll.

4. **Sorgen Sie für abgerundete Ecken.**

   Zum Standard des grafischen Designs von Web 2.0 gehören heutzutage abgerundete Ecken. Dieser Effekt lässt sich extrem einfach dadurch erreichen, dass Sie jQuery verwenden: Fügen Sie einfach jedem Element, das abgerundete Ecken haben soll, die Klasse `ui-corner-all` hinzu.

5. **Lassen Sie alle Überschriften mit dem Stil `widget-header` übereinstimmen.**

   Zu den jQuery-Themen gehören auch attraktive Stile für Überschriften. Sie können alle Überschriften-Tags (von `<h1>` bis `<h6>`) dazu bringen, diese Themen zu übernehmen. Verwenden Sie den Filter `header`, um alle Überschriften zu identifizieren, und weisen Sie diesen Überschriften die Klassen `ui-widget-header` und `ui-corner-all` zu.

Das jQuery UI-Paket unterstützt einige interessante Klassen, wie Tabelle 12.1 zeigt:

Klasse	Verwendet bei	Was sie macht
`ui-widget`	Äußerer Container des Widgets	Lässt ein Element wie ein Widget aussehen
`ui-widget-header`	Überschriftenelement	Weist ein bestimmtes Überschriften-Erscheinungsbild zu
`ui-widget-content`	Widget	Weist einem Element und den vom Element abhängigen Objekten den Inhaltsstil eines Widgets zu
`ui-state-default`	Klickbare Elemente	Zeigt den standardmäßigen (nicht angeklickten) Zustand an
`ui-state-hover`	Klickbare Elemente	Zeigt den Zustand bei darüber schwebendem Mauszeiger an
`ui-state-focus`	Klickbare Elemente	Zeigt den Zustand eines Elements an, wenn es über die Tastatur den Fokus erhalten hat
`ui-state-active`	Klickbare Elemente	Zeigt den Zustand eines Elements an, wenn es angeklickt worden ist
`ui-state-highlight`	Jedes Widget oder Element	Legt fest, dass ein Element hervorgehoben wird

Klasse	Verwendet bei	Was sie macht
`ui-state-error`	Jedes Widget oder Element	Erlaubt ein Hervorheben von Fehlern, ohne dass andere Elemente geändert werden (wird hauptsächlich bei der Gültigkeitsprüfung von Formularen verwendet)
`ui-state-disabled`	Jedes Widget oder Element	Zeigt an, dass das Widget deaktiviert ist
`ui-corner-all`, `ui-corner-tl` (usw.)	Jedes Widget oder Element	Fügt Elementen eine Eckengröße hinzu; die Ecken werden über `tl`, `tr`, `bl`, `br`, `top`, `bottom`, `left` und `right` festgelegt.
`ui-widget-shadow`	Jedes Widget	Weist einem Widget eine Schattierung zu

Tabelle 12.1: Vom jQuery UI-Paket unterstützte Klassen

Beachten Sie, dass es in den UI-Themen noch weitere Klassen gibt. Die in Tabelle 12.1 vorgestellten Klassen sind die am häufigsten verwendeten. Schauen Sie sich die aktuelle jQuery UI-Dokumentation an, um mehr darüber zu erfahren.

Ein Symbol hinzufügen

Beachten Sie das kleine Sternchen, das sich in Abbildung 12.6 im Element `resizeMe` befindet. Alle jQuery-Themen unterstützen einen Satz mit Standardsymbolen, bei denen es sich um kleine Bilder handelt (16 Pixel im Quadrat). Zu diesen Symbolen gehören nicht nur Pfeile, sondern auch Bilder, die normalerweise in Menüs und Symbolleisten (zum Beispiel als SPEICHERN, ÖFFNEN oder NEUE DATEI) Verwendung finden. Einige jQuery UI-Elemente greifen automatisch auf Symbole zu, aber Sie sind in der Lage, die Bildchen auch direkt zuzuweisen.

Folgen Sie diesen Schritten, wenn Sie in Ihren Programmen ein Symbol verwenden wollen:

1. **Binden Sie ein jQuery UI-Thema ein.**

   Die Symbole sind Teil des Themenpakets. Binden Sie die CSS-Formatvorlage, die zu dem Thema gehört, in Ihre Seite ein (wie in Kapitel 10 beschrieben).

2. **Sorgen Sie dafür, dass auf die Bilder zugegriffen werden kann.**

   Wenn Sie ein Themenpaket herunterladen, enthält es ein Verzeichnis mit Bildern. Die Bilder, die sich in diesem Verzeichnis befinden, werden verwendet, um benutzerdefinierte Hintergründe und Symbole anzulegen. Das CSS erwartet, dass das Verzeichnis `images` heißt und sich in demselben Ordner wie die CSS-Datei befindet. Dieses Verzeichnis sollte Bilder enthalten, deren Namen mit `ui-icons` beginnen. Diese Bilder enthalten alle notwendigen Symbole. Wenn auf die Bilderdatei mit den Symbolen nicht zugegriffen werden kann, werden die Symbole auch nicht angezeigt.

3. **Legen Sie dort ein `<span>`-Tag an, wo das Symbol erscheinen soll.**

   Platzieren Sie ein leeres `span`-Element dort, wo das Symbol im HTML-Code erscheinen soll. Sie können es entweder direkt in HTML unterbringen, oder Sie fügen es über jQuery hinzu. Ich ziehe es vor UI-Elemente über jQuery hinzuzufügen, um den HTML-Code so ursprünglich wie möglich zu lassen.

4. **Binden Sie die Klasse `ui-icons` an das `span`.**

   Dieser Schritt weist jQuery an, das `span` als Symbol zu behandeln. Die `span`-Inhalte sind ausgeblendet, und das `span` wird so angepasst, dass es das Bild eines Symbols aufnehmen kann, das 16 Pixel im Quadrat groß ist.

5. **Erweitern Sie die Bindung um eine zweite Klasse, um das entsprechende Symbol genau zu bezeichnen.**

   Schauen Sie sich die ThemeRoller-Seite an, um zu sehen, welche Symbole (dort *Icons* genannt) zur Verfügung stehen. Wenn Sie den Mauszeiger auf der Seite über einem Symbol schweben lassen, wird der Klassenname sichtbar, der zu dem Symbol gehört.

Sie können den Code direkt in HTML eingeben:

```
<p id = "meinPara">
  Dies ist mein Text
  <span class = "ui-icon ui-icon-star"></span>
</p>
```

Oder Sie verwenden jQuery, um Ihrem Element den entsprechenden Code hinzuzufügen:

```
$("#meinPara").append('<span class = "ui-icon ui-iconstar"></span>');
```

Ziehen, ablegen und zurückrufen

jQuery-Elemente sehen nicht nur gut aus, sie verfügen auch über interessante Funktionalitäten. Die meisten jQuery UI-Objekte können auf bestimmte Effekte antworten. Schauen Sie sich als Beispiel die Seite `ziehenAblegen.html` an, die Abbildung 12.7 darstellt.

Wenn Sie ein Element auf dem Ziel ablegen, ändern sich die Farbe und der Inhalt des Ziels, was Abbildung 12.8 zeigt.

Das Programm zeigt, wie jQuery die Aufgabe vereinfacht, mit mehreren Elementen zu arbeiten.

Werfen Sie wieder einen Blick auf das gesamte Programm, bevor Sie sich mit dessen Einzelheiten beschäftigen:

```
<!DOCTYPE html PUBLIC "-//W3C//DTD XHTML 1.0 Strict//EN"
 "http://www.w3.org/TR/xhtml1/DTD/xhtml1-strict.dtd">
<html lang="EN" dir="ltr" xmlns="http://www.w3.org/1999/xhtml">
<head>
  <meta http-equiv="content-type" content="text/xml;
        charset=iso-8859-1" />
  <link rel = "stylesheet"
        type = "text/css"
        href = "jquery-ui-1.7.2.custom.css" />
```

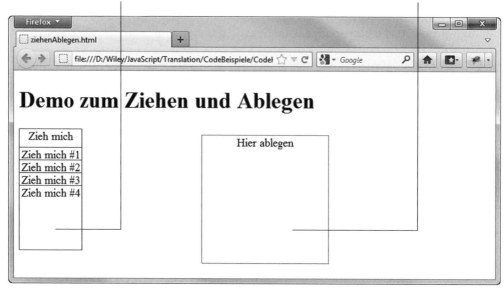

Abbildung 12.7: Diese Seite enthält eine Gruppe von Elementen, die gezogen werden können, und ein Ziel.

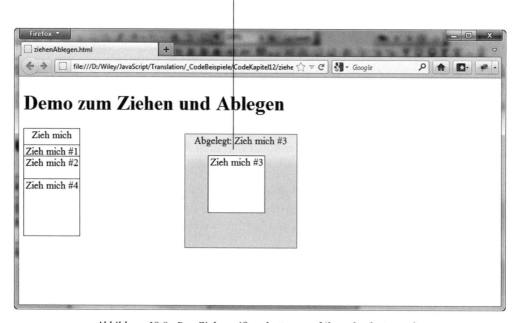

Abbildung 12.8: Das Ziel »weiß«, ob etwas auf ihm abgelegt wurde.

```
<style type = "text/css">
.dragMe {
  width: 100px;
  height: 100px;
  border: 1px solid blue;
  text-align: center;
  background-color: white;
  position: absolute;
  z-index: 100;
}
#target {
  width: 200px;
  height: 200px;
  border: 1px solid red;
  text-align: center;
  position: absolute;
  left: 300px;
  top: 100px;
  z-index: 0;
}
</style>
<script type = "text/javascript"
        src = "jquery-1.3.2.min.js"></script>
<script type = "text/javascript"
        src = "jquery-ui-1.7.2.custom.min.js"></script>
<script type = "text/javascript">
//<![CDATA[
  $(init);

  function init(){
    //Klone von dragMe erstellen
    cloneDragMe();

    //alle dragMe-Elemente ziehbar machen
    $(".dragMe").draggable();

    //das Ziel ablegbar machen
    $("#target").droppable();

    //Ereignisse an das Ziel binden
    $("#target").bind("drop", changeTarget);
    $("#target").bind("dropout", resetTarget);

  } // Ende init
```

```
      function cloneDragMe(){
        for (i = 1; i <=4; i++){
          zValue = (101 + i) + " ";
          yPos = 100 + (i * 20) + "px";

          $("div:first").clone()
           .insertAfter("div:first")
           .css("top", yPos)
           .css("zIndex", zValue)
           .append(" #" + i);
        } // Ende for-Schleife
      } // Ende cloneDragMe

      function changeTarget(event, ui){
        $("#target").addClass("ui-state-highlight")
         .html("Abgelegt: ")
         .append(ui.draggable.text());
      } // Ende changeTarget

      function resetTarget(event, ui){
          $("#target").removeClass("ui-state-highlight")
           .html("Hier ablegen");
      } // Ende reset
      //]]>
    </script>
    <title>ziehenAblegen.html</title>
  </head>

<body>
  <h1>Demo zum Ziehen und Ablegen</h1>
  <div class = "dragMe">
    Zieh mich
  </div>
  <div id = "target">
    Hier ablegen
  </div>
</body>
</html>
```

Die Seitengrundlage anlegen

Wie das bei jQuery eigentlich immer der Fall ist, ist der HTML-Code der Seite unheimlich einfach. Dort gibt es beispielsweise nur ein dragMe-Element. (*Drag me* heißt *zieh mich*.) Es ist einfacher, in HTML nur ein einziges Element anzulegen, von dem dann mit jQuery und JavaScript so viele Kopien hergestellt werden, wie Sie benötigen, als alle Elemente manuell in reinem HTML anzulegen. Weiterhin gibt es auf der Seite ein einzelnes target-Objekt. (*Target* heißt übersetzt *Ziel*.) Ich habe ein Basis-CSS (Rahmen) hinzugefügt, damit das Element leichter zu erkennen ist, und habe alle Elemente absolut positioniert, damit ich ihre Ausgangsposition steuern kann. Beachten Sie, dass ich an das Ziel eine ID gebunden habe (obwohl es auf der Seite nur ein einziges Ziel gibt), und dass ich aus dragMe eine Klasse gemacht habe (um gegebenenfalls auf der Seite mit mehreren ziehbaren Elementen arbeiten zu können).

Die Seite mit Startwerten versehen

Der Initialisierungsvorgang muss sorgfältig vorgenommen werden, aber es sollte nicht zu schwer sein, ihm zu folgen. Die zentrale Erweiterung betrifft die Fähigkeit, gezielt auf Ereignisse zu antworten:

```
$(init);

function init(){
  //Klone von dragMe erstellen
  cloneDragMe();

  //alle dragMe-Elemente ziehbar machen
  $(".dragMe").draggable();

  //das Ziel ablegbar machen
  $("#target").droppable();

  //Ereignisse an das Ziel binden
  $("#target").bind("drop", changeTarget);
  $("#target").bind("dropout", resetTarget);

} // Ende init
```

Folgen Sie diesen Schritten:

1. **Legen Sie vom Element dragMe Kopien an.**

   Dieser Schritt ist nicht so wichtig. (Ich habe ihn übrigens erst hinzugefügt, nachdem ich ein einzelnes Element getestet hatte.) Wenn Sie aber mehrere Kopien eines ziehbaren Elements haben wollen, verwenden Sie eine Methode, um den Vorgang zu kapseln.

2. **Machen Sie alle dragMe-Elemente ziehbar.**

   Verwenden Sie bei allen Elementen der Klasse dragMe die jQuery-Methode draggable().

3. **Richten Sie das Ziel als ablegbares Element ein.**

   Die Methode droppable() bereitet ein Element so vor, dass es immer dann Ereignisse empfangen kann, wenn ein ziehbares Element auf ihm abgelegt wird. Beachten Sie, dass es zunächst nichts bringt, wenn Sie etwas nur ablegbar machen. Interessant wird es erst dann, wenn Sie Ereignisse an ein Element binden.

4. **Binden Sie das Ablegen-Ereignis an das Ziel.**

   An ablegbare Elemente können, wie an jedes andere jQuery-Objekt, Ereignisse gebunden werden. Der Mechanismus zum Anbinden eines Ereignisses an ein UI-Element unterscheidet sich nun aber von den standardmäßigen jQuery-Mechanismen für Ereignisse, bei denen es für jedes Ereignis eine benutzerdefinierte Funktion geben muss. Verwenden Sie die Methode `bind()`, um eine Funktion anzugeben, die immer dann aufgerufen wird, wenn ein bestimmtes Ereignis eintritt. Wenn der Benutzer ein ziehbares Element auf dem Ziel ablegt (das `drop`-Ereignis), rufen Sie die Funktion `changeTarget()` (Ziel ändern) auf.

5. **Binden Sie ein dropout-Ereignis an das Ziel.**

   Sie können ein weiteres Ereignis, `dropout`, einbinden, zu dem es immer dann kommen soll, wenn der Benutzer alle ziehbaren Elemente vom Ziel entfernt hat. Ich habe das Beispielprogramm angewiesen, die Funktion `resetTarget()` aufzurufen, wenn dieses Ereignis ausgelöst wird.

Sie treffen oft auf Programmierer, die diesen Vorgang abkürzen. Manchmal werden die Funktionen anonym im Aufruf `bind` definiert oder die Ereignisfunktionen werden als JSON-Objekte direkt an der Zuweisung der Methode `droppable()` gebunden. Wenn Sie sich damit auskennen, setzen Sie ruhig eine dieser Techniken ein. Ich habe mich für meine Vorgehensweise entschieden, weil sie meiner Meinung nach diejenige ist, die man am einfachsten verstehen kann.

Das Ablegen

Wenn der Benutzer an einem `dragMe`-Element zieht und es auf dem Ziel ablegt, ändert sich dessen Hintergrundfarbe, und das Programm zeigt den Text des Elements an, das abgelegt wurde. Es ist nicht schwer, diesen Code nachzuvollziehen:

```
function changeTarget(event, ui){
  $("#target").addClass("ui-state-highlight")
  .html("Abgelegt: ")
  .append(ui.draggable.text());
} // Ende changeTarget
```

Folgen Sie diesen Schritten, um auf ein `drop`-Ereignis zu reagieren:

1. **Legen Sie eine Funktion an, die zum drop-Ereignis passt.**

   Das `drop`-Ereignis ist an die Funktion `changeTarget` gebunden, die Sie deshalb anlegen müssen.

2. **Nehmen Sie zwei Parameter auf.**

   Gebundene Ereignisfunktionen benötigen zwei Parameter. Der erste ist ein Objekt, das das Ereignis (wie bei der regulären DOM-Programmierung) kapselt. Bei dem zweiten Parameter handelt es sich um ein Element, das `ui` genannt wird und Informationen über die Benutzeroberfläche kapselt. Sie verwenden das `ui`-Objekt, um herauszufinden, welches ziehbare Element auf dem Ziel abgelegt wurde.

3. **Heben Sie das Ziel farbig hervor.**

   Sie sollten anzeigen, dass sich der Status des Ziels geändert hat. Sie können ein CSS direkt (über jQuery) ändern, oder Sie verwenden jQuery-Themata, um eine vordefinierte Klasse für das farbige Hervorheben anzuwenden. Ich habe mich für die jQuery-Thementechnik entschieden und füge dem `target`-Objekt einfach die Klasse `ui-state-highlight` hinzu.

4. **Ändern Sie den Text, um auf den neuen Zustand hinzuweisen.**

   Normalerweise sollten Sie etwas unternehmen, um anzuzeigen, was abgelegt wurde. Wenn es beispielsweise um eine Einkaufsanwendung geht, fügen Sie einem Array ein Element hinzu, damit Sie sich merken, was der Benutzer kaufen will. Ich habe in diesem Beispiel einfach nur den Text des Ziels geändert, um anzuzeigen, dass das Element abgelegt wurde.

5. **Verwenden Sie `ui.draggable`, um Zugriff auf das Element zu erhalten, das abgelegt wurde.**

   Das ui-Objekt enthält Informationen über die Benutzeroberfläche. Das Attribut `ui.draggable` ist ein Link zu dem ziehbaren Element, das die aktuelle Funktion auslöst. Es handelt sich dabei um ein jQuery-Element, weshalb Sie bei ihm jede beliebige jQuery-Methode einsetzen können. Ich hole in diesem Fall den Text aus dem ziehbaren Objekt heraus und hänge ihn an das Ende des Textes im Zielelement.

Ablegen kann Spaß machen

Für den Umgang mit der `dropout`-Bedingung wird eine weitere Funktion benötigt. Zu dieser Bedingung kommt es, wenn sich ziehbare Elemente nicht mehr auf dem Ziel befinden. Ich habe die Funktion `resetTarget()` (Ziel zurücksetzen) an dieses Ereignis gebunden.

```
function resetTarget(event, ui){
  $("#target").removeClass("ui-state-highlight")
    .html("Hier ablegen");
} // Ende reset
```

1. **Entfernen Sie die Klasse vom Ziel, die für dessen Hervorhebung verantwortlich ist.**

   Die Themenklassen sind schnell entfernt. Entfernen Sie die Hervorhebungsklasse, und das Ziel kehrt zu seinem ursprünglichen Erscheinungsbild zurück.

2. **Setzen Sie den HTML-Text zurück.**

   Nachdem nun das Ziel leer ist, setzen Sie den HTML-Text zurück, damit er den Benutzer wieder auffordert, ein neues Element abzulegen.

Elemente klonen

Sie können das Programm auch einfach (mit nur einer Kopie der Klasse `dragMe`) ablaufen lassen, aber Ziehen und Ablegen wird häufig mit mehreren Elementen verwendet. So möchten Sie Benutzern vielleicht die Möglichkeit geben, verschiedene Symbole von einem Katalog in einen Einkaufswagen zu ziehen. Die Basisbibliothek von jQuery stellt die gesamte Funktionalität zur Verfügung, die benötigt wird, um so viele Kopien eines Elements herzustellen, wie Sie wollen. Es ist keine großartige Sache, ein Element mit der jQuery-Methode `clone()` zu vervielfältigen. Der Teil des Codes, der etwas aufwändiger ist, wird eigentlich nur benötigt, um die verschiedenen Elemente sauber anzuzeigen:

```
function cloneDragMe(){
  for (i = 1; i <=4; i++){
    zValue = (101 + i) + "";
    yPos = 100 + (i * 20) + "px";

    $("div:first").clone()
      .insertAfter("div:first")
      .css("top", yPos)
      .css("zIndex", zValue)
      .append(" #" + i);
  } // Ende for-Schleife
} // Ende cloneDragMe
```

Folgen Sie diesen Schritten, wenn Sie mehrere Kopien des ziehbaren Elements anlegen wollen:

1. **Legen Sie eine for-Schleife an.**

   Jedes Mal, wenn Sie etwas machen, das sich wiederholt, ist eine `for`-Schleife das für diesen Job geeignete Werkzeug. Um vier Klone herzustellen, die so von 1 bis 4 durchnummeriert werden, wie es das Beispiel zeigt, greifen Sie auf eine Variable mit dem Namen `i` zu, die von 1 bis 4 geht.

2. **Legen Sie für das Element eine Variable zValue an.**

   Die CSS-Eigenschaft `zIndex` wird verwendet, um abzubilden, wie sich Elemente überlappen. Je höher der Wert der Eigenschaft ist, desto näher scheinen die Elemente dem Benutzer zu sein. Ich habe in diesem Beispiel jedem Element ein `zOrder` von mehr als 100 gegeben, um sicherzustellen, dass auch jedes Element über dem Ziel erscheint. (Wenn Sie `zIndex` nicht festlegen, kann es passieren, dass gezogene Elemente unter dem Ziel platziert werden und nicht sichtbar sind. Die Variable `zValue` wird auf `zIndex` abgebildet.)

3. **Bestimmen Sie die Y-Position des Elements.**

   Ich möchte, dass eine Kopie des `dragMe`-Elements nach der anderen immer ein wenig tiefer als das vorherige Element platziert wird. Indem `i` mit 20 multipliziert wird, sorgen Sie dafür, dass jedes Element vom vorherigen durch 20 Pixel getrennt ist. Fügen Sie 100 Pixel hinzu, um den neuen Stapel aus Elementen in die Nähe seines Ursprungs zu verschieben.

4. **Klonen Sie das erste Element.**

   Verwenden Sie die Methode `clone()`, um das erste `div` zu klonen. (Verwenden Sie den Filter `:first`, um anzugeben, welches `div` Sie kopieren wollen.)

5. **Denken Sie daran, die neuen geklonten Elemente einzufügen.**

   Das geklonte Element existiert so lange nur im Arbeitsspeicher, bis es irgendwo der Seite hinzugefügt wird. Ich habe mich entschlossen, das Element direkt hinter dem ersten Element zu platzieren.

6. **Legen Sie die Position des oberen Randes über die Variable yPos fest.**

   Verwenden Sie die Variable yPos, die Sie zuvor in der Funktion erstellt haben, um die vertikale Position des neuen Elements festzulegen. Verwenden Sie die Methode css(), um der CSS-Regel left des Elements diese Variable zuzuweisen.

7. **Legen Sie zIndex fest.**

   Die von Ihnen erstellte Variable zValue wird als CSS-Wert abgebildet. In diesem Fall geschieht dies durch die Eigenschaft zIndex.

8. **Fügen Sie dem Text des Elements den Index hinzu.**

   Verwenden Sie die Methode append(), um an das HTML des Elements den Wert von i zu hängen. Auf diese Weise können Sie feststellen, welches Element welches ist.

Die Benutzerfreundlichkeit mit jQuery verbessern

In diesem Kapitel

▶ Eine Ziehharmonika-Seite anlegen

▶ Eine auf Registerkarten beruhende Oberfläche erstellen

▶ Mit Rollbalken arbeiten

▶ Auswählbare Elemente verwalten

▶ Einen Mechanismus für das Sortieren anlegen

▶ Dialogfelder verwenden

Die jQuery UI erweitert Ihre Webseiten um außergewöhnliche Möglichkeiten. Zu den interessantesten Werkzeugen gehören *Widgets*, bei denen es sich um Elemente der Benutzeroberfläche handelt, die es unter dem standardmäßigen HTML nicht gibt. Einige dieser Elemente ergänzen HTML, indem sie einfachere Möglichkeiten für die Dateneingabe bereitstellen. So kann es beispielsweise ziemlich schwierig sein, Benutzer dazu zu bringen, Datumsangaben auf eine bestimmte Weise einzugeben. Die Schnittstelle des Widgets `datePicker` (Datumswähler) kann von Programmierern leicht eingebunden und von Benutzern problemlos verwendet werden. Eine andere wichtige Klasse von Werkzeugen, für die das jQuery UI sorgt, hilft dabei, mit komplexen Seiten umzugehen, indem Inhalte so lange ausgeblendet werden, bis Sie sie benötigen.

Designs mit vielen Elementen

Das Thema, wie mit der Komplexität von Seiten umgegangen werden kann, beherrscht seit Jahren die Webentwicklung. Und so, wie die Seiten immer länger und komplexer wurden, wurde auch die Navigation auf ihnen immer schwieriger. Frühere Versionen von HTML boten für dieses Problem nur wenige Lösungen an. Frames waren beliebt, weil Programmierer Navigationsinformationen in einem und Inhalte in einem anderen Frame unterbringen konnten. Aber Frames führten auch zu Problemen bei der Bedienbarkeit einer Seite, weshalb sie mittlerweile aus der Beliebtheitsskala verschwunden sind. Auch wenn dynamisches HTML und AJAX technologisch ein perfekter Ersatz zu sein scheinen, kann die Umsetzung des Vorhabens besonders dann schwierig sein, wenn es um Zuverlässigkeit beim browserübergreifenden Arbeiten geht.

Das jQuery UI stellt zwei wirklich gute Werkzeuge für die Verwaltung großer Seiten zur Verfügung:

✔ **Accordion (Ziehharmonika):** Erstellt eine große Seite, von der es aber immer nur Teile anzeigt.

✔ **Tabs (Registerkarten):** Wandelt eine große Seite in eine Seite mit einer Menüstruktur aus Registerkarten um.

Diese Werkzeuge sind unglaublich einfach zu bedienen, und sie erweitern die Entwicklungsmöglichkeiten Ihrer Seiten extrem. Beide Werkzeuge helfen, die Arbeit mit dem DOM (Document Object Model) und mit AJAX zu vereinfachen, die Sie haben, um eine große Seite mit dynamischen Inhalten zu erstellen.

Das Widget Accordion

Einige der leistungsfähigsten jQuery-Werkzeuge sind extrem einfach zu bedienen. Das Widget Accordion ist zu einem der beliebtesten Teile aus dem Angebot des jQuery UI geworden. Werfen Sie in Abbildung 13.1 einen Blick auf `accordion.html`, um zu sehen, wie es funktioniert.

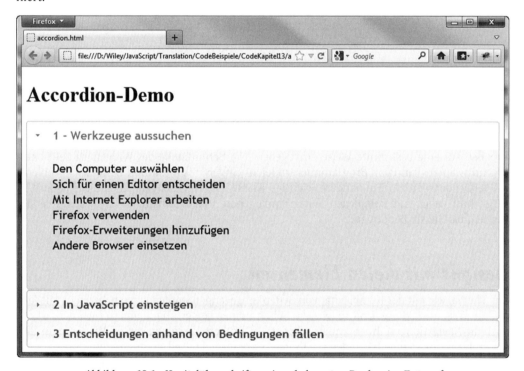

Abbildung 13.1: Kapitelüberschriften eines bekannten Buches im Entwurf

Wenn Sie sich Abbildung 13.1 anschauen, sehen Sie einen Entwurf der ersten drei Kapitel dieses Buches. Die Einzelheiten des ersten Kapitels sind sichtbar, während die Details der anderen Kapitel ausgeblendet sind. Wenn Sie auf die Überschrift von Kapitel 2 klicken, sehen Sie den Bildschirm aus Abbildung 13.2, in der das Inhaltsverzeichnis von Kapitel 1 ausgeblendet und das von Kapitel 2 erweitert worden ist.

Abbildung 13.2: Das Inhaltsverzeichnis von Kapitel 1 ist minimiert, das von Kapitel 2 wird angezeigt.

Diese tollen Effekte sorgen dafür, dass sich ein Benutzer auf einen bestimmten Teil einer größeren Umgebung konzentrieren kann, während die allgemeine Grundstruktur sichtbar bleibt. Dies wird Ziehharmonika- oder Akkordeon-Effekt genannt, weil die Teile einer Seite »auseinandergezogen« und wieder »zusammengeschoben« werden, ohne dass dabei ihre Position im Ganzen verloren geht. (Da dieses Werkzeug immer mit seinem englischen Namen *Accordion* angesprochen wird und auch nur unter diesem Namen zu finden ist, werden wir es von nun an auch nur noch so bezeichnen. Und statt vom »Schieben« sollten wir auch besser vom Auseinanderklappen oder Einklappen einer Seite reden, wenn dadurch der Effekt der Namensgebung dieses Werkzeugs nicht mehr ganz so deutlich wird.) Das Einklappen von Inhalten ist zu einem wichtigen Werkzeug geworden, das zuerst durch die Systemleiste des Mac-Betriebssystems bekannt geworden ist.

Mit jQuery ist es überhaupt kein Problem, den Ziehharmonika-Effekt zu erreichen:

```
<!DOCTYPE html PUBLIC "-//W3C//DTD XHTML 1.0 Strict//EN"
"http://www.w3.org/TR/xhtml1/DTD/xhtml1-strict.dtd">
<html lang="EN" dir="ltr" xmlns="http://www.w3.org/1999/xhtml">
<head>
  <meta http-equiv="content-type" content="text/xml;
        charset=iso-8859-1" />
  <link rel = "stylesheet"
```

```html
            type = "text/css"
            href = "jquery-ui-1.7.2.custom.css" />

    <script type = "text/javascript"
            src = "jquery-1.3.2.min.js"></script>
    <script type = "text/javascript"
            src = "jquery-ui-1.7.2.custom.min.js"></script>
    <script type = "text/javascript">
      //<![CDATA[

      $(init);

      function init(){
        $("#accordion").accordion();
      }
      //]]>
      </script>

    <title>accordion.html</title>
</head>
<body>
<h1>Accordion-Demo</h1>

<div id = "accordion">
    <h2><a href = "#">1 - Werkzeuge aussuchen</a></h2>
        <ul>
           <li>Den Computer auswählen</li>
           <li>Sich für einen Editor entscheiden</li>
           <li>Mit Internet Explorer arbeiten</li>
           <li>Firefox verwenden</li>
           <li>Firefox-Erweiterungen hinzufügen</li>
           <li>Andere Browser einsetzen</li>
        </ul>
    <h2><a href = "#">2 In JavaScript einsteigen</a></h2>
        <ul>
           <li>Das erste JavaScript-Programm schreiben</li>
           <li>Eine Einführung in Variablen</li>
           <li>Verweise</li>
           <li>String-Objekte verstehen</li>
           <li>Variablentypen verwalten</li>
        </ul>
      <h2><a href = "#">3 Entscheidungen anhand von Bedingungen
             fällen</a></h2>
         <ul>
           <li>Mit Zufallszahlen arbeiten</li>
           <li>Mit <em>if</em> Abläufe steuern</li>
```

```
        <li>Die Klausel <em>else</em></li>
        <li>Mit <em>switch</em> komplexe Verzweigungen aufbauen</li>
        <li>Verschachtelte <em>if</em>- Anweisungen</li>
     </ul>
</div>
</body>
</html>
```

Wenn Sie sich den Code anschauen, können Sie feststellen, dass er hauptsächlich aus HTML besteht. Es ist nicht schwer, den Ziehharmonika-Effekt zu erreichen – folgen Sie einfach diesen Schritten:

1. **Importieren Sie die üblichen Verdächtigen.**

   Importieren Sie die JavaScript-Dateien von jQuery und jQuery UI und eine CSS-Themendatei. (Eine Auffrischung hierzu finden Sie in Kapitel 12.) Sorgen Sie auch dafür, dass das CSS auf das Verzeichnis mit den Abbildungen zugreifen kann, in dem sich die Symbole und Hintergründe befinden, da das CSS einige dieser Bilder benötigt.

2. **Legen Sie Ihre HTML-Seite ganz normal an.**

   Legen Sie eine HTML-Seite an und kümmern Sie sich um die Abschnitte, die Sie einklappen wollen. Normalerweise sollte es für jedes dieser Elemente ein Überschriften-Tag derselben Ebene geben (ich habe Überschriften der Ebene zwei gewählt).

3. **Erstellen Sie ein `div`, das den gesamten einklappbaren Inhalt enthält.**

   Packen Sie den gesamten einklappbaren Inhalt in ein einziges `div`, das eine `id` erhält. Sie werden dieses `div` in ein passendes jQuery-Element umwandeln.

4. **Platzieren Sie um jede Überschrift, die Sie einklappbar machen wollen, ein Ankerelement.**

   Umfassen Sie jede Überschrift, die Sie als einklappbare Überschrift verwenden wollen, ein Anker-Tag (`<a href = "#"></a>`). Das Zeichen # zeigt an, dass der Anker dieselbe Seite aufruft und von der jQuery UI-Engine als Platzhalter benutzt wird. Sie können den Anker direkt im HTML- oder über jQuery-Code hinzufügen.

5. **Erstellen Sie eine jQuery-`init()`-Funktion.**

6. **Wenden Sie auf das `div` die Methode `accordion()` an.**

   Verwenden Sie jQuery, um das `div` zu identifizieren, das einklappbare Inhalte enthält, und wenden Sie `accordion()` an:

   ```
   function init(){
     $('#accordion').accordion();
   }
   ```

Das Accordion-Werkzeug teilt die Seite anhand der Überschriftenelemente in Abschnitte ein. Schlagen Sie in der Dokumentation von jQuery UI nach, um Einzelheiten über weitere Möglichkeiten zu erfahren. Es besteht die Möglichkeit, Abschnitte auch von anderen Elementen begrenzen zu lassen, die dafür sorgen, dass alle Elemente zur selben Zeit einklappen, und die für andere interessante Effekte sorgen.

Eine Oberfläche mit Registerkarte anlegen

Eine andere wichtige Technik bei der Webentwicklung ist eine Oberfläche mit Registerkarten. (Eine solche Registerkarte heißt im Computerenglisch *Tab*.) Ein Benutzer kann dann den Inhalt eines Bereichs dadurch ändern, dass er eine von mehreren Registerkarten auswählt. Abbildung 13.3 zeigt ein Beispiel.

Abbildung 13.3: Eine andere Möglichkeit, sich mit dem Inhaltsverzeichnis und seiner Planung zu beschäftigen.

Bei einer Oberfläche mit Registerkarten ist immer nur ein Element gleichzeitig sichtbar, aber alle Registerkarten können gesehen werden. Eine solche Oberfläche lässt sich etwas besser kalkulieren als das Accordion, weil die Registerkarten immer an Ort und Stelle bleiben (was bei den Überschriften des Accordions nicht der Fall ist). Die Registerkarten ändern die Farbe, um anzuzeigen, welche von ihnen gerade aktiv ist, und eine Registerkarte ändert ihren Zustand, wenn ein Benutzer den Mauszeiger darüber schweben lässt. Wenn Sie auf eine Registerkarte klicken, wird der zentrale Inhaltsbereich des Widgets durch den entsprechenden Inhalt ersetzt. Abbildung 13.4 zeigt Ihnen, was geschieht, wenn der Benutzer auf KAPITEL 3 klickt.

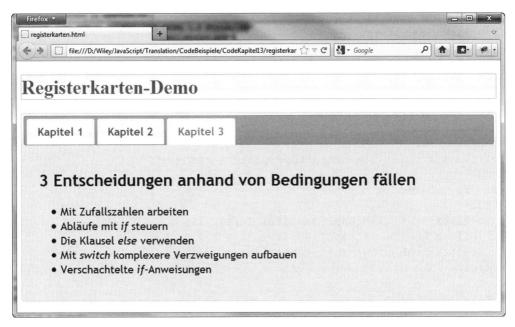

Abbildung 13.4: Das Klicken auf eine Registerkarte ändert den zentralen Inhalt und das Erscheinungsbild der Registerkarte.

Registerkarten lassen sich, wie das Accordion, wirklich leicht erzeugen. Schauen Sie sich diesen Code an:

```
<!DOCTYPE html PUBLIC "-//W3C//DTD XHTML 1.0 Strict//EN"
"http://www.w3.org/TR/xhtml1/DTD/xhtml1-strict.dtd">
<html lang="EN" dir="ltr" xmlns="http://www.w3.org/1999/xhtml">
<head>
  <meta http-equiv="content-type" content="text/xml;
        charset=iso-8859-1" />
  <link rel = "stylesheet"
        type = "text/css"
        href = "jquery-ui-1.7.2.custom.css" />

  <script type = "text/javascript"
          src = "jquery-1.3.2.min.js"></script>
  <script type = "text/javascript"
          src = "jquery-ui-1.7.2.custom.min.js"></script>
  <script type = "text/javascript">
    //<![CDATA[

    $(init);
```

```html
      function init(){
        $("#tabs").tabs();
      }
      //]]>
      </script>

   <title>registerkarten.html</title>
</head>
<body>
<h1 class = "ui-state-default">Registerkarten-Demo</h1>

<div id = "tabs">
   <ul>
     <li><a href = "#chap1">Kapitel 1</a></li>
     <li><a href = "#chap2">Kapitel 2</a></li>
     <li><a href = "#chap3">Kapitel 3</a></li>
   </ul>

   <div id = "chap1">
      <h2>1 - Die Werkzeuge zusammenstellen</h2>
        <ul>
           <li>Den Computer wählen</li>
           <li>Sich für einen Editor entscheiden</li>
           <li>Mit Internet Explorer arbeiten</li>
           <li>Firefox verwenden</li>
           <li>Firefox-Erweiterungen hinzufügen</li>
           <li>Andere Browser verwenden</li>
        </ul>
   </div>

   <div id = "chap2">
   <h2>2 Mit JavaScript loslegen</h2>
       <ul>
          <li>Das erste JavaScript-Programm schreiben</li>
          <li>Eine Einführung in Variablen</li>
          <li>Verkettungen verwenden</li>
          <li>String-Objekte verwenden</li>
          <li>Variablentypen verwalten</li>
       </ul>
   </div>

   <div id = "chap3">
      <h2>3 Entscheidungen anhand von Bedingungen fällen</h2>
        <ul>
           <li>Mit Zufallszahlen arbeiten</li>
           <li>Abläufe mit <em>if</em> steuern</li>
```

```
            <li>Die Klausel <em>else</em> verwenden</li>
            <li>Mit <em>switch</em> komplexere Verzweigungen aufbauen</li>
            <li>Verschachtelte <em>if</em>-Anweisungen</li>
         </ul>
      </div>
   </div>
</body>
</html>
```

Der Mechanismus, eine Oberfläche zu erstellen, die auf Registerkarten basiert, ähnelt stark der Vorgehensweise beim Accordion. Folgen Sie diesen Schritten:

1. **Fügen Sie alle benötigten Dateien hinzu.**

   Sie benötigen, wie bei den meisten jQuery-Effekten, jQuery und jQuery UI und eine CSS-Themendatei. Außerdem müssen Sie Zugriff auf das Verzeichnis `images` haben, in dem die Hintergrundbilder liegen.

2. **Legen Sie das HTML wie üblich an.**

   Wenn Sie sowieso gut aufgebaute Webseiten anlegen, haben Sie sich schon stark der Webseitenorganisation genähert, die Sie für Registerkarten benötigen.

3. **Legen Sie ein `div` an, das alle Daten auf den Registerkarten enthält.**

   Dies ist das Element, mit dem Sie die ganzen Kunststücke mit jQuery veranstalten.

4. **Platzieren Sie die Bereiche der hauptsächlichen Inhalte in benannten `div`s.**

   Bringen Sie jedes Stückchen Inhalt, das auf der Seite angezeigt werden soll, in einem `div` unter und geben Sie ihm eine beschreibende `id`. Bringen Sie jedes `div` im Registerkarten-`div` unter. (Wenn das hier Sie ein wenig verwirren sollte, schauen Sie sich den vorstehenden Code an, um zu sehen, wie das funktioniert.)

5. **Fügen Sie dem Inhalt eine Liste mit lokalen Links hinzu.**

   Legen Sie ein Menü aus Links an und platzieren Sie es an den Anfang des `div`s mit den Registerkarten. Jeder Link sollte ein lokaler sein, der auf eines der `div`s verweist. Mein Index sieht zum Beispiel so aus:

   ```
   <ul>
      <li><a href = '#chap1'>Kapitel 1</a></li>
      <li><a href = '#chap2'>Kapitel 2</a></li>
      <li><a href = '#chap3'>Kapitel 3</a></li>
   </ul>
   ```

6. **Legen Sie eine Initialisierungsfunktion an.**

   Verwenden Sie die ganz normalen jQuery-Techniken.

7. **Rufen Sie am zentralen `div` die Methode `tabs()` auf.**

   Es ist unglaublich, aber eine Zeile jQuery-Code erledigt die ganze Arbeit!

Registerkarten und AJAX

Es gibt einen viel einfacheren Weg, um mit der jQuery-Registerkartenoberfläche zu arbeiten. Statt den ganzen Code in einer Datei unterzubringen, sollten Sie den HTML-Code eines jeden Kartenelements in einer eigenen HTML-Datei platzieren. Sie können dann eine vereinfachte Form des Registerkartenmechanismus verwenden, um die verschiedenen Codeteile automatisch über AJAX-Aufrufe zu importieren. Ein Beispiel hierfür ist der Code von `AJAXreg.html`:

```
<!DOCTYPE html PUBLIC "-//W3C//DTD XHTML 1.0 Strict//EN"
"http://www.w3.org/TR/xhtml1/DTD/xhtml1-strict.dtd">
<html lang="EN" dir="ltr" xmlns="http://www.w3.org/1999/xhtml">
<head>
  <meta http-equiv="content-type" content="text/xml;
        charset=iso-8859-1" />
  <link rel = "stylesheet"
        type = "text/css"
        href = "jquery-ui-1.7.2.custom.css" />

  <script type = "text/javascript"
          src = "jquery-1.3.2.min.js"></script>
  <script type = "text/javascript"
          src = "jquery-ui-1.7.2.custom.min.js"></script>
  <script type = "text/javascript">
    //<![CDATA[

    $(init);

    function init(){
      $("#tabs").tabs();
    }
    //]]>
    </script>

  <title>AJAXreg.html</title>
</head>
<body>
  <h1>AJAX-Tabs</h1>
  <div id = "tabs">
     <ul>
        <li><a href = "chap1.html">Kapitel 1</a></li>
        <li><a href = "chap2.html">Kapitel 2</a></li>
        <li><a href = "chap3.html">Kapitel 3</a></li>
     </ul>
  </div>
</body>
</html>
```

Anmerkung: Von der Seite AJAXreg.html gibt es keine Abbildung, weil sie für den Benutzer genau wie die von registerkarten.html (in Abbildung 13.4) aussieht.

Diese Version des Codes enthält keine wirklichen Inhalte. Stattdessen bildet jQuery die Struktur mit den Registerkarten ab und verwendet Verweise, um AJAX-Anfragen abzusetzen, die die Inhalte laden. Als Standard ist festgelegt, dass die Seite mit dem Inhalt der ersten Registerkarte geöffnet wird (chap1.html). Und so sieht der Code von chap1.html aus:

```
<h2>1 - Die Werkzeuge zusammenstellen</h2>
  <ul>
    <li>Den Computer w&auml;hlen</li>
    <li>Sich f&uuml;r einen Editor entscheiden</li>
    <li>Mit Internet Explorer arbeiten</li>
    <li>Firefox verwenden</li>
    <li>Firefox-Erweiterungen hinzufügen</li>
    <li>Andere Browser verwenden</li>
  </ul>
```

Wie Sie sehen, ist chap1.html ein einfaches Stückchen Code. Er muss nicht den vollständigen Umfang einer Webseite (wie doctype und header) aufweisen, weil er nur als Teil einer größeren Seite importiert wird.

Diese Technik ist wunderbar, weil Sie dadurch ganz einfach ein modulares System aufbauen können – Sie können diese Codeseiten unabhängig voneinander erstellen und in eine größere Seite einbinden. Dadurch erhalten Sie eine gute Grundlage für ein Content-Management-System.

Die Benutzerfreundlichkeit verbessern

Obwohl die UI-Widgets gut aussehen und es Spaß macht, sie zu benutzen, ist ein weiterer wichtiger Aspekt dieser Werkzeuge, dass sie die Benutzerfreundlichkeit verbessern können. Webseiten werden häufig verwendet, um von den Benutzern Informationen zu erhalten. Und dabei stellt sich oft heraus, dass es schwierig sein kann, bestimmte Informationen auf die richtige Weise zu erhalten. Zu den Elementen des UI gehören auch Werkzeuge, die Ihnen bei genau diesem Problem helfen. Die Seite UItools.html, die Abbildung 13.5 zeigt, stellt einige dieser Techniken dar.

Auf dieser Seite geschieht viel, und die Oberfläche mit ihren Registerkarten bringt Ordnung in das Ganze und sorgt dafür, dass sich der Benutzer immer nur auf eine Aktion konzentriert. Mit Registerkarten versehene Oberflächen können das Leben Ihrer Benutzer erleichtern.

Diese Seite ist ein wenig lang, weil sie aus vielen Abschnitten besteht. Ich stelle deshalb den Code in Teilstücken vor, damit er einfacher zu überblicken ist. Laden Sie sich unbedingt den vollständigen Code von der Webseite dieses Buches herunter (www.downloads.fuer-dummies.de).

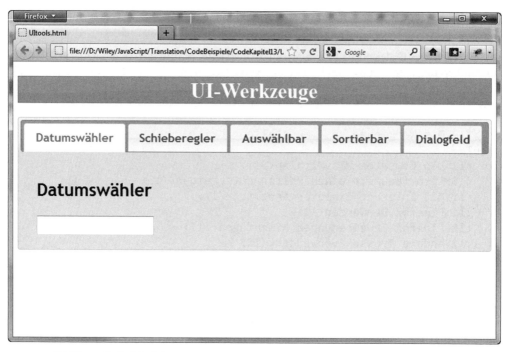

Abbildung 13.5: Die Seite UItools.html *nutzt eine Oberfläche mit Registerkarten, um Eingabemöglichkeiten zu zeigen.*

Hier der zentrale HTML-Code, um Ihnen die allgemeine Struktur der Seite zu zeigen:

```
<h1>UI-Werkzeuge</h1>
<div id = "tabs">
  <ul>
    <li><a href = "#datePickerTab">Datumswähler</a></li>
    <li><a href = "#sliderTab">Schieberegler</a></li>
    <li><a href = "#selectableTab">Auswählbar</a></li>
    <li><a href = "#sortableTab">Sortierbar</a></li>
    <li><a href = "#dialogTab">Dialogfeld</a></li>
  </ul>
```

Ein zentrales div mit dem Namen tabs enthält eine Liste mit Verweisen auf die verschiedenen divs, die in unserem Fall die Beispieldaten enthalten. Ich beschreibe jedes div weiter hinten in diesem Kapitel in eigenen Abschnitten. Auch diese Seite importiert jQuery, jQuery UI und das Themen-CSS. Der größte Teil des jQuery-Codes steht in der Methode init():

```
function init(){
  $("h1").addClass("ui-widget-header");
```

```
$("#tabs").tabs();
$("#datePicker").datepicker();

$("#slider").slider()
    .bind("slide", reportSlider);

$("#selectable").selectable();

$("#sortable").sortable();

$("#dialog").dialog();

//Dialog für die Initialisierung schließen
$("#dialog").dialog("close");

} // Ende init
```

Die Einzelheiten der Funktion `init()` werden in den nächsten Abschnitten beschrieben.

Das Datum

Stellen Sie sich vor, dass Sie ein Programm schreiben, in dem ein Geburtsdatum oder eine andere Datumsinformation benötigt wird. Es kann zu einem echten Problem werden, Datumsinformationen von Benutzern zu erhalten, weil beim Datum viele Schreibweisen existieren. Benutzer können zum Beispiel Ziffern, Monatsnamen oder Abkürzungen verwenden, um einen Monat anzugeben. Einige verwenden das Format Tag.Monat.Jahr, andere Jahr-Monat-Tag. Dann kann das Jahr über die Eingabe von zwei oder vier Ziffern dargestellt werden. Hinzu kommt, dass es für viele schwierig zu sein scheint, ein Datum einzugeben, ohne vor einem Kalender zu sitzen.

Das Dialogfeld *Date Picker* (Datumswähler) ist eines der coolsten Elemente der gesamten jQuery UI-Bibliothek. Wenn Sie einem Textfeld die Funktionalität von `datepicker()` zuweisen, wird das Textfeld zu einem Datumswähler. Wenn ein Benutzer das Datumsfeld auswählt, erscheint automatisch ein Kalender wie der, den Abbildung 13.6 zeigt.

Nachdem ein Benutzer im Kalender ein Datum ausgewählt hat, wird es in einem Standardformat in das Textfeld übernommen – es gibt keinen besseren Weg, um Datumseingaben von Benutzern zu erhalten. Es gibt wenige Dinge, die einfacher sind, als einen Standarddatumswähler anzulegen. Folgen Sie diesen Schritten:

1. **Beginnen Sie mit einer jQuery UI-Seite.**

   Sie benötigen jQuery, jQuery UI und ein Thema, damit Sie `datePicker` nutzen können.

2. **Legen Sie ein Formular mit einem Textfeld an.**

   Hierfür eignet sich jedes standardmäßige Texteingabe-Element. Achten Sie darauf, dass das Element eine `id` erhält, damit Sie in JavaScript darauf verweisen können:

Abbildung 13.6: Das Element datePicker *verwandelt jedes Textfeld in einen Kalender. Wie Sie den Kalender auf Deutsch umschalten, lesen Sie am besten in der jQuery UI-Dokumentation nach.*

```
<div id = 'datePickerTab'>
  <h2>Datumswähler</h2>
  <input type = 'text'
         id = 'datePicker' />
</div>
```

3. **Isolieren Sie das Texteingabe-Element mit jQuery.**

   Machen Sie aus dem Eingabe-Element einen Standard-jQuery-Knoten.

4. **Fügen Sie die `datepicker()`-Funktionalität hinzu.**

   Verwenden Sie die Methode `datePicker()`, um den Textknoten in einen Datumswähler umzuwandeln. Der Rest des Wunders geschieht automatisch. Wenn der Benutzer den

Textbereich auswählt, wird dieser automatisch in einen Kalender umgewandelt. Wenn der Benutzer dann im Kalender ein Datum ausgewählt hat, wird das Element wieder in einen Textbereich zurückverwandelt, in dem sich das Datum im vorgegebenen Format befindet.

```
$('#datePicker').datepicker();
```

5. **Übernehmen Sie die Daten aus dem Formularelement auf die normale Weise.**

Wenn ein Benutzer ein Datum auswählt, wird es automatisch in das Textfeld übernommen. So weit es Ihr Programm betrifft, ist das Textfeld auch weiterhin ein ganz normales Textfeld. Übernehmen Sie das Datum so wie bei einem normalen Textfeld.

Bei dem Datumswähler handelt es sich um ein leistungsstarkes Werkzeug, das über viele zusätzliche Optionen verfügt. Schauen Sie sich die jQuery UI-Dokumentation an, um zu erfahren, wie Sie einen auswählbaren Datumsbereich, bestimmte Datumsformate und anderes nutzen können.

Zahlen mit einem Schieberegler auswählen

Ein anderes bekanntes Problem betrifft die Eingabe von Zahlen. Wenn Sie wollen, dass Benutzer numerische Informationen eingeben, müssen Sie dafür sorgen, dass es sich bei den Daten wirklich um Zahlen handelt, die sich dann auch noch in dem von Ihnen benötigten Wertebereich bewegen. Dass kann schwierig sein. Deshalb nutzen Programmierer gerne einen *Schieberegler* (der manchmal auch *Gleiter* genannt wird), um die numerische Eingabe zu vereinfachen. Abbildung 13.7 zeigt einen solchen Schieberegler in Aktion.

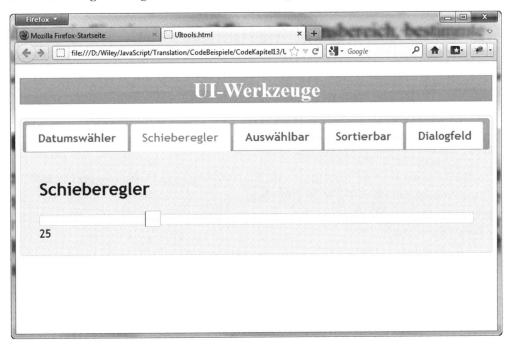

Abbildung 13.7: Einen Schieberegler verwenden, um eine Zahl mit der Maus auszuwählen

Der Schieberegler ist, wie viele jQuery-Objekte, einfach einzurichten. Hier der entsprechende HTML-Code (wobei Sie sich merken sollten, dass ein Schieberegler auf Englisch *Slider* heißt):

```
<div id = "sliderTab">
  <h2>Schieberegler</h2>
  <div id = "slider"></div>
  <div id = "slideOutput">0</div>
</div>
```

Bei der Registerkarte SCHIEBEREGLER handelt es sich um ein normales `div`. Dieses enthält zwei weitere `div`s. Das `slider div` ist leer. Es wird durch das entsprechende Element ersetzt, wenn jQuery aktiviert wird. Das andere `div` in diesem Abschnitt wird verwendet, um den aktuellen Wert des Slider-Objekts auszugeben.

Legen Sie das Slider-Element in der Funktion `init()` an, wobei Sie den jQuery-Code schon fast vorhersagen können:

```
$("#slider").slider();
```

Die Methode `slider()` verwandelt jedes jQuery-Element in einen Schieberegler, indem sie den Inhalt durch einen grafischen »Schieber« ersetzt.

Beachten Sie, dass Sie ein JSON-Objekt als Parameter hinzufügen können, um den Schieberegler mit verschiedenen Einstellungsmöglichkeiten zu versehen. Wenn Sie sich die Dateien zu diesem Buch heruntergeladen haben (unter www.downloads.fuer-dummies.de), sollten Sie sich auch das Programm `rgbSlider.html` anschauen, um ein Beispiel für benutzerdefinierte Schieberegler zu erhalten.

Sie können eine Rückrufmethode einrichten, die aufgerufen wird, wenn der Gleiter verschoben wird. In meinem Beispiel habe ich diesen Rückruf-Code mit dem Code verkettet, der den Gleiter an seine Ausgangsposition bringt:

```
$("#slider").slider()
.bind("slide", reportSlider);
```

Verwenden Sie die Methode `bind()`, um die Funktion `reportSlider` (die gleich beschrieben wird) an das `slider`-Ereignis zu binden.

Die Funktion `reportSlider()` liest den Wert des Schiebereglers aus und berichtet ihn für die Ausgabe an ein `div`:

```
function reportSlider(){
  var sliderVal = $("#slider").slider("value");
  $("#slideOutput").html(sliderVal);
} // Ende reportSlider
```

Um den Wert eines Schiebereglers auszulesen, identifizieren Sie den jQuery-Knoten und rufen erneut seine `slider()`-Methode auf. Dieses Mal übergeben Sie das Wort `value`, und

Sie erhalten den Wert des Schiebereglers. Sie können dann den Wert, so wie ich es getan habe, an eine Variable weitergeben und mit der Variablen das anfangen, was Sie wollen.

Auswählbare Elemente

Sie können auf eine Situation stoßen, bei der Benutzer aus einer Liste mit Elementen auswählen müssen. Das Widget `selectable` (auswählbar) bietet einen sinnvollen Weg, um eine ganz normale Liste mit dieser Funktionalität zu versehen. Benutzer können Elemente ziehen oder über Klicken bei gedrückt gehaltener [Strg]-Taste auswählen. Dabei werden automatisch besondere CSS-Klassen angewendet, um darauf aufmerksam zu machen, dass das Element markiert oder für eine Auswahl vorgesehen ist. Abbildung 13.8 stellt eine solche Auswahl dar.

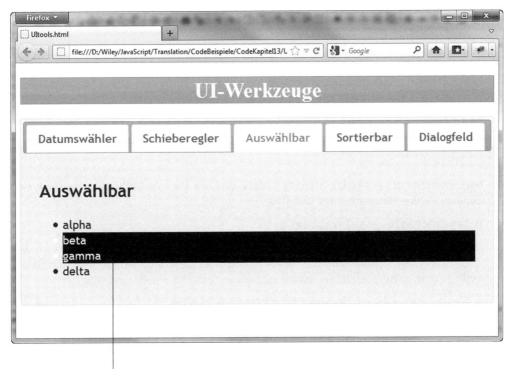

Wenn Sie die Maus über die Elemente ziehen, ändert sich deren Formatierung und lässt sie markiert aussehen.

Abbildung 13.8: Sie können Elemente mit der Maus auswählen.

Um ein auswählbares Element herzustellen, gehen Sie so vor:

1. **Beginnen Sie mit einer unsortierten Liste.**
2. **Legen Sie in HTML eine unsortierte Standardliste an. Geben Sie ul eine id, damit es identifiziert werden kann.**

   ```
   <div id = 'selectableTab'>
     <h2>Auswählbar</h2>
   ```

```
<ul id = 'selectable'>
  <li>alpha</li>
  <li>beta</li>
  <li>gamma</li>
  <li>delta</li>
</ul>
</
```

3. **Fügen Sie CSS-Klassen für den markierten und den unmarkierten Zustand hinzu.**

```
<style type = 'text/css'>
  h1 {
    text-align: center;
  }

  #selectable .ui-selecting {
    background-color: gray;
  }
  #selectable .ui-selected {
    background-color: black;
    color: white;
  }
</style>
```

4. **Definieren Sie in der Funktion `init()`, dass die Liste ein auswählbarer Knoten ist. Verwenden Sie die Standardsyntax von jQuery:**

   `$('#selectable').selectable();`

   Die Klasse `ui-selected` wird an alle Elemente gebunden, wenn diese markiert worden sind. Achten Sie darauf, dass Sie dieser Klasse irgendetwas CSS-mäßiges hinzufügen, weil es sonst unmöglich ist festzustellen, was ausgewählt wurde und was nicht.

Wenn Sie die ausgewählten Elemente weiterverwenden wollen, machen Sie einfach aus den Elementen eine jQuery-Gruppe, indem Sie die Klasse `ui-selected` verwenden:

`var selectedItems = $(".ui-selected");`

Eine sortierbare Liste anlegen

Manchmal möchten Sie, dass Benutzer in der Lage sind, die Reihenfolge einer Liste zu ändern, was einfach mit dem Widget `sortable` erledigt werden kann. Der obere Teil von Abbildung 13.9 zeigt die sortierbare Liste so, wie sie standardmäßig angezeigt wird. Der Benutzer kann sich Mitglieder der Liste »schnappen« und deren Reihenfolge ändern.

13 ➤ Die Benutzerfreundlichkeit mit jQuery verbessern

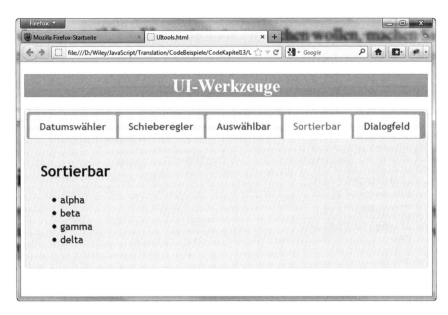

Abbildung 13.9: Benutzer können Elemente der Liste zum Beispiel nach oben ziehen, um die Liste neu zu sortieren.

Es ist nicht schwer, eine Liste sortierbar zu machen. Folgen Sie diesen Schritten:

1. **Legen Sie eine normale Liste an.**
2. **Fügen Sie eine id hinzu.**

    Normalerweise handelt es sich bei sortierbaren Elementen um Listen. Diese Liste hier ist eine ganz normale, die aber eine id erhalten hat:

    ```
    <div id = 'sortableTab'>
      <h2>Sortierbar</h2>
      <ul id = 'sortable'>
        <li>alpha</li>
        <li>beta</li>
        <li>gamma</li>
        <li>delta</li>
      </ul>
    </div>
    ```

3. **Wandeln Sie sie in einen sortierbaren Knoten um, indem Sie der Methode init() diesen Code hinzufügen:**

    ```
    $('#sortable').sortable();
    ```

Ein benutzerdefiniertes Dialogfeld anlegen

Obwohl JavaScript Dialogfelder bereithält (das Meldungsfeld alert und das Abfragefeld prompt), sehen sie nicht sonderlich schön aus und sind sehr unflexibel. Das jQuery UI enthält eine Technik, mit der Sie jedes div in ein virtuelles Dialogfeld umwandeln können. Das Dialogfeld übernimmt die Formatierung des Themas und kann in seiner Größe verändert und verschoben werden. Abbildung 13.10 zeigt ein solches Dialogfeld.

Abbildung 13.10: Dieses Dialogfeld ist ein jQuery UI-Knoten.

13 ▶ Die Benutzerfreundlichkeit mit jQuery verbessern

Es ist nicht schwer, das Dialogfeld anzulegen, aber Sie müssen in der Lage sein, es über Code ein- und wieder ausschalten zu können. Folgen Sie diesen Schritten:

1. **Erstellen Sie das `div`, das Sie als Dialogfeld verwenden möchten.**

   Erstellen Sie ein `div` und geben Sie ihm eine `id`, damit Sie es in einen Dialogfeldknoten umwandeln können. Fügen Sie das Attribut `title` hinzu, und der dort hinterlegte Titel wird als Titel des Dialogfeldes angezeigt.

   ```
   <div id = 'dialog'
        title = 'Mein Dialogfeld'>
     <p>
        Über die Dialogklasse können Sie ein
        verschiebbares, in seiner Größe änderbares
        und benutzerdefiniertes Dialogfeld erhalten,
        mit dem auch das installierte Seitenthema
        umgehen kann.
     </p>
   </div>
   ```

2. **Wandeln Sie das `div` in ein Dialogfeld um.**

   Verwenden Sie die Methode `dialog()`, um das `div` in der Funktion `init()` in einen jQuery-Dialogfeldknoten umzuwandeln:

   ```
   $('#dialog').dialog();
   ```

3. **Blenden Sie das Dialogfeld standardmäßig aus.**

   Normalerweise sollte ein solches Dialogfeld erst dann sichtbar werden, wenn es zu einem Ereignis kommt. In diesem Beispiel hier möchte ich, dass das Dialogfeld erst erscheint, wenn der Benutzer auf eine Schaltfläche klickt. Ich habe in der Funktion `init()` auch Code hinzugefügt, der das Dialogfeld wieder schließt.

4. **Schließen Sie das Dialogfeld.**

   Verweisen Sie auf den Dialogfeldknoten und rufen Sie in ihm wieder die Methode `dialog()` auf. Dieses Mal senden Sie nur den Wert `"close"` als Parameter, und das Dialogfeld schließt sich sofort.

5. **Klicken Sie auf das X, um das Dialogfeld zu schließen.**

   Das Dialogfeld hat ein kleines X-förmiges Symbol, das wie das Schließen-Symbol der meisten auf Windows basierenden Systeme aussieht. Benutzer können das Dialogfeld schließen, indem sie auf dieses Symbol klicken.

6. **Schreiben Sie Code, um das Öffnen und Schließen des Dialogfeldes zu bewerkstelligen.**

   Meine Schaltflächen zum Öffnen und Schließen rufen Funktionen auf, die das Verhalten des Dialogfeldes steuern. Hier ist zum Beispiel die Funktion, die an die Schaltfläche DIALOGFELD ÖFFNEN gebunden wurde:

   ```
   function openDialog(){
   $('#dialog').dialog('open');
   } // Ende openDialog
   ```

Mit AJAX-Daten arbeiten

In diesem Kapitel

▶ Die Vorteile der serverseitigen Programmierung verstehen

▶ PHP kennenlernen

▶ Ein Formular für eine standardmäßige PHP-Verarbeitung schreiben

▶ Virtuelle Formulare mit AJAX anlegen

▶ Interaktive AJAX-Anfragen absetzen

▶ Mit XML-Daten arbeiten

▶ Auf JSON-Daten antworten

AJAX und jQuery sind unglaublich nützlich, aber die wohl wichtigste Verwendungsmöglichkeit für AJAX ist sein Einsatz als eine Art Verbindungsglied zwischen der Webseite und Programmen, die auf dem Server geschrieben wurden. Sie erhalten in diesem Kapitel einen Überblick darüber, wie die Programmierung auf einem Webserver funktioniert. Zunächst schauen Sie sich die herkömmlichen serverseitigen Programme an, und dann erkläre ich, wie AJAX das Gleichgewicht ändert. Sie finden heraus, welche Daten hauptsächlich vom Server gesendet werden, und wie diese Daten mit jQuery und JavaScript ausgewertet werden können.

Ein Überblick über serverseitige Programmierung

Die JavaScript-Programmierung, die Sie im Verlauf dieses Buches kennengelernt haben, arbeitet primär auf dem Webbrowser – dem *Client*. Natürlich hat jede Webprogrammierung auch eine Beziehung zu der Maschine, die die Webseiten hostet – dem *Server*. Bei den bisherigen Beispielen war es so, dass die Webseite immer vom Server kam und die JavaScript-Programme, die in der Seite enthalten waren, dann auf der Clientmaschine ausgeführt wurden. Dieser Ansatz ist zwar sehr leistungsfähig, aber er hat so seine Grenzen. So kann clientseitiger Code keine Daten speichern und aus Sicherheitsgründen nicht auf externe Programme zugreifen.

Glücklicherweise gibt es eine Lösung. Sie können auch Programme schreiben, die auf dem Webserver liegen. Sie arbeiten etwas anders als clientseitige Programme. Ein serverseitiges Programm läuft auf dem Webserver, und wenn es fertig ist, liefert es eine ganz normale Webseite. Die Webseite wird dann an den Client gesendet, auf dem sie vom Browser umgesetzt wird.

 Serverseitige Programme werden ausgeführt, *bevor* die Daten an den Browser übermittelt werden, während clientseitige Programme *nach* der Datenübermittlung ausgeführt werden.

Sie können auf dem Server Dinge veranstalten, die auf dem Client nicht zulässig sind, wie das Speichern von Daten und den Zugriff auf externe Programme. Beides können clientseitige Programme nicht, was die serverseitige Programmierung zu einer perfekten Ergänzung der in diesem Buch beschriebenen clientseitigen Fähigkeiten macht.

Eine Einführung in PHP

Für die serverseitige Programmierung werden diverse Sprachen eingesetzt. Die bekanntesten sind PHP, Java und ASP.NET. Ich konzentriere mich bei den Beispielen dieses Buches auf PHP:

- ✔ **Es ist sehr beliebt.** PHP wird auf Tausenden von Webseiten verwendet und hat bei Programmierern eine riesengroße Anhängerschaft.

- ✔ **Es ist ziemlich leistungsfähig.** Obwohl es nicht ganz so leistungsfähig wie einige andere Sprachen ist, ist es stabil genug, um auch wirklich große Sites (wie Facebook und Flickr) zu unterstützen.

- ✔ **Es kostet wirklich nichts.** PHP ist eine Open Source-Sprache. Das bedeutet, dass es nichts kostet und abgeändert werden kann. Sie müssen auch keinen speziellen PHP-Editor kaufen, um PHP zu schreiben – der Texteditor, den Sie bereits benutzen, ist ideal.

- ✔ **Es ist überall verfügbar.** So gut wie jeder kommerzielle Server und viele kostenlose Server unterstützen PHP. Im Allgemeinen müssen Sie mehr dafür bezahlen, dass ein Server mit Java oder ASP.NET umgehen kann.

- ✔ **Es ist einfach zu erlernen.** Auch wenn PHP nicht mit JavaScript identisch ist, so gibt es doch viele Gemeinsamkeiten. Sie werden in der Lage sein, einen großen Teil Ihrer Programmierkenntnisse so auf PHP zu übertragen, dass Sie sich nur um wenige Dinge Gedanken machen müssen.

JavaScript können Sie auf einem einzelnen Computer ausprobieren, aber PHP funktioniert nur auf einem Webserver. Wenn Sie also mit PHP experimentieren wollen, müssen Sie Zugriff auf einen Webserver haben, auf dem PHP installiert ist. Hierfür gibt es zwei hauptsächliche Wege:

- ✔ **Holen Sie sich einen Online-Zugang.** Wenn Sie einen Hosting-Zugang für Ihre Webseiten haben, verfügen Sie eventuell bereits über eine Unterstützung von PHP. Sie müssen sich vielleicht um Ihre Zugriffsverwaltung kümmern, um herauszubekommen, ob es dort Einschränkungen oder Einzelheiten gibt, die Sie kennen sollten. Viele kostenlose Zugriffsmöglichkeiten enthalten auch PHP-Zugriffe, was es Ihnen möglich macht, PHP auszuprobieren, ohne dass Kosten auftreten. (Der Hosting-Dienst, den ich verwende, bietet ein recht gutes kostenloses PHP-Angebot. Schauen Sie sich einmal `http://freehostia.com` an.)

- ✔ **Installieren Sie einen eigenen Webserver.** Wenn Sie die Übungen auf Ihrem eigenen Computer ausführen wollen, können Sie Ihren eigenen Webserver installieren. Das erreichen Sie am besten durch eine vollständige Installation von XAMPP (`www.apachefriends.org/de/xampp.html`). Bei dem XAMPP-Paket handelt es sich um die vollständige Installation aller Werkzeuge, die Sie benötigen. Hierzu gehören ein Webserver (Apache), Programmiersprachen (PHP und Perl), ein Datenbankpaket (mySQL) und ein paar Gimmicks. Alles ist so konfiguriert worden, dass es zusammenarbeiten kann. XAMPP gibt es für alle größeren Betriebssysteme. Wenn Sie mit Linux arbeiten, werden Sie höchstwahrscheinlich bereits alles auf Ihrem Computer haben.

Beachten Sie, dass Sie PHP-Programme auf jedem beliebigen Computer mit demselben Texteditor schreiben können, den Sie für Ihre übrige Webprogrammierung verwenden, aber Sie können PHP-Programme nur testen, wenn sie direkt auf einem Webserver ausgeführt werden. Dies ist notwendig, weil der Webserver PHP ausführt, bevor der Benutzer die Seite sieht. Wenn es keinen Webserver gibt (oder wenn er nicht sauber eingerichtet ist), läuft der PHP-Code nicht.

Ein Formular für eine PHP-Verarbeitung schreiben

Der beste Weg, um herauszufinden, wie die serverseitige Programmierung (mit PHP) funktioniert, ist ein einfaches Beispiel. Abbildung 14.1 zeigt eine XHTML-Webseite mit einem Formular.

Abbildung 14.1: Diese Webseite enthält ein Formular.

Die Seite sieht nicht gerade Angst einflößend aus, aber sie enthält eine interessante Wendung. In diesem Formular gibt es keinen JavaScript-Code. Wenn der Benutzer auf die Schaltfläche klickt, wird eine Information an den Server gesendet, der ein neues Programm findet. Dieses Programm (`greetUser.php`) untersucht die Inhalte des Formulars und baut eine neue Seite zusammen, die als Antwort dient und in Abbildung 14.2 dargestellt wird.

Abbildung 14.2: Das Ergebnis einer serverseitigen Programmierung ist eine vollständig neue Seite.

Dieses Beispiel betont einen der zentralen Unterschiede zwischen einer Verarbeitung auf dem Client und einer Verarbeitung auf dem Server: Clientseitig (mit JavaScript) befindet sich der Code auf der Webseite und ändert dieselbe Seite. Bei der serverseitigen Programmierung (zum Beispiel mit PHP) sind das Formular mit der Anforderung und die Antwort zwei vollständig unterschiedliche Seiten. Zum typischen PHP-Code gehört das Anlegen einer von Grund auf neuen Seite, die das Ergebnis zurückliefert.

Fangen wir mit einem Blick auf den XHTML-Quellcode an:

```
<!DOCTYPE html PUBLIC "-//W3C//DTD XHTML 1.0 Strict//EN"
"http://www.w3.org/TR/xhtml1/DTD/xhtml1-strict.dtd">
<html lang="EN" dir="ltr" xmlns="http://www.w3.org/1999/xhtml">
<head>
    <meta http-equiv="content-type" content="text/xml;
           charset=iso-8859-1" />
  <title>nameForm.html</title>
</head>

<body>
  <h1>Typisches HTML-Formular</h1>
  <form action = "greetUser.php"
        method = "get">
    <fieldset>
      <input type = "text"
             name = "userName"
             value = "Andy" />
      <button type = "submit">
        Senden
      </button>
    </fieldset>
  </form>
</body>
</html>
```

Es gibt hier nichts Aufregendes, aber wenn Sie es gewöhnt sind, Formulare für JavaScript zu schreiben, erkennen Sie, dass es beim Schreiben von Formularen für die serverseitige Verarbeitung einige Unterschiede gibt:

1. **Es wird kein JavaScript benötigt.**

    Es ist möglich – aber nicht notwendig –, client- und serverseitige Programmierungstechniken zusammen zu nutzen (dies ist genau das Thema von AJAX). Bei diesem ersten Beispiel wird der gesamte Code auf dem Server verarbeitet.

2. **Bestimmen Sie im Attribut `action` des Formulars ein Zielprogramm.**

    Wenn Sie ein Formular erstellen, das mit JavaScript verwendet werden soll, ist das Attribut `action` leer, was anzeigt, dass die gesamte Verarbeitung auf der aktuellen Seite geschieht. Bei der serverseitigen Verarbeitung geben Sie in diesem Attribut den Namen des Programms an, das die Daten des Formulars ausliest (in diesem Fall `greetUser.php`).

3. **Legen Sie die Übertragungsmethode fest.**

   Es gibt zwei grundsätzliche Wege, um Daten an das empfangende Programm zu übertragen. Der Mechanismus get bettet Daten in die URL ein. Diese Technik kann für das Debuggen gut verwendet werden (da dabei die Daten sichtbar bleiben), aber sie ist untauglich bei großen Formularen. Die post-Technik ist bei großen Formularen vorzuziehen, da sie die Daten über einen weniger einsehbaren Mechanismus versendet.

4. **Fügen Sie dem Formularfeld ein Attribut name hinzu.**

   Bei der clientseitigen Programmierung verwenden Sie normalerweise das Attribut id, um Felder zu identifizieren. Die serverseitige Programmierung zieht als Identifizierer name vor. Sie können aber auch beide Attribute verwenden (was Sie übrigens häufig machen werden). In diesem Beispiel habe ich das Textfeld userName genannt.

5. **Binden Sie eine Schaltfläche vom Typ submit (übertragen, senden) ein.**

   Bei der clientseitigen Verarbeitung verwenden Sie normalerweise eine Standardschaltfläche. Die serverseitige Programmierung verlangt in der Regel eine Schaltfläche submit. Wenn der Benutzer auf diese Schaltfläche klickt, werden alle Daten des Formulars automatisch gepackt und an das Programm gesendet, das im action-Attribut des Formulars angegeben wird.

Wenn Sie nach dem Übermitteln an das Programm eine Fehlermeldung erhalten, achten Sie darauf, dass dessen Ausführung auch an der richtigen Stelle geschieht. Wenn die URL in Ihrem Browser mit file:// beginnt, ignorieren Sie den Server. Diese Art der Adressierung eignet sich gut bei der clientseitigen Programmierung, aber sie klappt nicht, wenn Sie es mit einem Server zu tun haben. Sie müssen eine Adresse haben, die mit http:// beginnt, damit die serverseitigen Programme sauber arbeiten.

Auf die Anfrage antworten

Wenn der Benutzer auf die submit-Schaltfläche von nameForm.html klickt, werden die Daten des Formulars gebündelt und an das Programm greetUser.php übermittelt. Wenn Sie sich den Code dieses Programms anschauen, wird er ihnen ziemlich bekannt vorkommen:

```
<!DOCTYPE html PUBLIC "-//W3C//DTD XHTML 1.0 Strict//EN"
"http://www.w3.org/TR/xhtml1/DTD/xhtml1-strict.dtd">
<html lang="EN" dir="ltr" xmlns="http://www.w3.org/1999/xhtml">
   <head>
      <meta http-equiv="content-type" content="text/xml;
            charset=iso-8859-1" />
      <title>greetUser.php</title>
</head>

<body>
  <h1>Rückmeldung Benutzerbegrüßung</h1>
  <?php
```

```
      $userName = $_REQUEST["userName"];
   print "<p>Hi, $userName!</p> ";
   ?>
</body>
</html>
```

Ein PHP-Programm sieht größtenteils wie eine XHTML-Seite aus, weil es größtenteils genau das ist. Die allgemeine Struktur ist wie XHTML. Es gibt nur einige wichtige Unterschiede:

1. **Der Dateiname muss auf .php enden.**

   Dies zeigt dem Server an, dass es sich bei der Seite nicht um normales HTML handelt, sondern dass sie den PHP-Interpreter durchlaufen muss, bevor sie an den Benutzer gesendet werden kann.

2. **Die Kennzeichnung <?php> dient als Umschalter auf die PHP-Syntax.**

   Beim größten Teil der Seite handelt es sich um Standard-XHTML (das auch CSS und JavaScript enthalten kann). Ungefähr auf der Mitte der Seite zeige ich an, dass ein Bereich des Codes von PHP abgearbeitet werden soll. Ich kündige dies durch das Symbol <?php an. (Sie treffen gelegentlich auf Variationen davon, die aber auch funktionieren.)

3. **Legen Sie eine Variable mit dem Namen $userName an.**

   PHP unterstützt wie JavaScript Variablen, wobei die Namen der PHP-Variablen immer mit einem Dollarzeichen ($) beginnen. Sie werden bald sehen, dass das sehr sinnvoll ist.

   ```
   $userName = $_REQUEST['userName'];
   ```

4. **Holen Sie sich den Wert des Feldes userName des ersten Formulars.**

   PHP kennt eine Struktur mit dem Namen $_REQUEST, bei der es sich um ein Paket mit all den Daten handelt, die vom Formular gesendet worden sind. Sie finden diese Daten im Feld userName, indem Sie nach $_REQUEST["userName"] suchen.

5. **Kopieren Sie die Daten des Formulars in eine PHP-Variable.**

   Nun habe ich eine Variable mit dem Namen $userName, die die Daten aus dem Feld userName des vorherigen Formulars enthält. Wiederholen Sie diesen Vorgang für jede Variable, die Sie abrufen wollen.

6. **Geben Sie die neuen Inhalte aus.**

   Die PHP-Anweisung print gibt Text an dem Ort aus, der von HTML angegeben wird. Im Wesentlichen bietet Ihnen dies die Möglichkeit, Teile der Seite auf die Schnelle anzupassen. Ich möchte einen Textabsatz mit einer Begrüßung hinzufügen. Beachten Sie, dass Sie bestrebt sein sollten, in Ihrer Ausgabe-Anweisung nur gültiges XHTML zu verwenden.

7. **Fügen Sie Variablen ein.**

   Beachten Sie, wie ich die Variable $userName direkt in die print-Anweisung eingebunden habe. Diese Technik wird auch *Interpolation* genannt. Wenn PHP einen Ausdruck erkennt, der mit einem Dollarzeichen beginnt und ausgegeben werden soll, weiß es, dass es auf eine Variable blickt, und ersetzt den Variablennamen durch den Inhalt der Variable.

8. **Beenden Sie den PHP-Abschnitt mit ?>.**

    Dieses Symbol zeigt das Ende der PHP-Verarbeitung an und bringt Sie zum XHTML-Modus zurück.

     Es ist klar, dass dies hier nur ein sehr oberflächlicher Überblick über PHP ist. PHP ist eine vollständige Sprache, die viel mehr Möglichkeiten bietet, als ich in diesem einfachen Beispiel zeigen kann. Wenn Sie mehr darüber wissen wollen, es gibt viele Bücher über PHP (zum Beispiel *PHP für Dummies* von Christian Baun, Wiley-VCH).

Anfragen im AJAX-Stil senden

Bisher gehörte in diesem Buch zum Arbeiten mit AJAX immer das Importieren einer vorformatierten HTML-Datei. Das ist zwar eine großartige Möglichkeit, AJAX einzusetzen, aber das wirklich Aufregende an AJAX ist, wie es die Beziehung zwischen Client und Server vertieft. Abbildung 14.3 zeigt eine Seite, die AJAXtest.html heißt, eine JavaScript-Funktion verwendet, um ein PHP-Programm aufzurufen, und die Ergebnisse in dieselbe Seite übernimmt.

Abbildung 14.3: Diese Seite erhält von PHP Daten, ohne dass es ein Formular gibt!

Die Daten senden

Die AJAX-Version dieses Programms ist deswegen interessant, weil sie kein Formular benötigt, dasselbe PHP-Programm wie nameForm.html verwendet und die Ergebnisse des PHP-Programms direkt in dieselbe Seite einbindet. Schauen wir uns den Code an:

```
<!DOCTYPE html PUBLIC "-//W3C//DTD XHTML 1.0 Strict//EN"
"http://www.w3.org/TR/xhtml1/DTD/xhtml1-strict.dtd">
<html lang="EN" dir="ltr" xmlns="http://www.w3.org/1999/xhtml">
<head>
  <meta http-equiv="content-type" content="text/xml;
        charset=iso-8859-1" />
```

```
<script type = "text/javascript"
        src = "jquery-1.3.2.min.js"></script>

<script type = "text/javascript">
  //<![CDATA[

  $(init);

  function init(){
    $.get("greetUser.php", { "userName": "Andy" },
    processResult);
  }

  function processResult(data, textStatus){
    $("#output").html(data);
  }
  //]]>
</script>

<title>AJAXTest.html</title>
</head>
<body>
<h1>AJAX-Test</h1>

<div id = "output">
 Dies ist die Standardausgabe
</div>

</body>
</html>
```

Dieses Programm verwendet eine jQuery-Funktion, um ein Formular zu imitieren. Es erzeugt sein eigenes virtuelles Formular und übergibt dies direkt an das PHP-Programm. Das PHP-Programm verarbeitet die Formulardaten und produziert die Textergebnisse, mit denen dann JavaScript direkt umgehen kann. Im Wesentlichen sind es JavaScript und jQuery, die die Serveranfragen direkt ausführen (statt dem Browser zu erlauben, dies automatisch zu tun). Auf diese Weise erhält der Programmierer mehr Kontrolle über die Programmausführung.

Und so funktioniert das:

1. **Fangen Sie mit einem XHTML-Framework an.**

    XHTML bildet, wie immer, das Rückgrat eines Webprogramms. Das XHTML hier ist ziemlich einfach: eine Überschrift und ein div für die Ausgabe. Beachten Sie, dass zu diesem Beispiel kein Formular gehört.

2. **Binden Sie die jQuery-Bibliothek ein.**

   Es besteht die Möglichkeit, mit AJAX ohne jQuery zu arbeiten, aber dafür gibt es keine Veranlassung. Die jQuery-Bibliothek erleichtert das Leben und ermöglicht browserübergreifende Dinge. Sie können, wenn Sie wollen, außerdem das jQuery UI und ein Thema einbinden, was aber nicht zwingend notwendig ist.

3. **Legen Sie, wie üblich, Startwerte fest.**

   Sobald dieses Programm läuft, holt es sich Daten vom Server. (Ich zeige Ihnen im nächsten Beispiel, wie dieser Vorgang interaktiver gestaltet wird.) Richten Sie ganz normal eine `init()`-Funktion ein, damit etwas ausgeführt wird, sobald die Seite geladen worden ist.

4. **Verwenden Sie die Funktion `get()`, um einen AJAX-Aufruf einzurichten.**

   jQuery kennt eine Reihe interessanter AJAX-Funktionen. So ist beispielsweise die Funktion `.ajax` ein sehr leistungsfähiges Werkzeug für den Umgang mit allen möglichen AJAX-Anfragen. Außerdem enthält jQuery einige Nutzenfunktionen, die bestimmte Anfragen stark vereinfachen. Die Funktion `get()`, die hier verwendet wird, richtet eine Anforderung ein, die wie ein Formular, das die Methode `get` verwendet, auf dem Server nachschaut. (Klar, natürlich gibt es auch eine Funktion `post()`, die wie ein `post`-Formular handelt.)

5. **Geben Sie das Programm für den Empfang der Anforderung an.**

   Normalerweise definiert eine AJAX-Anforderung ein Programm, das auf die Anfrage antworten soll. Ich greife hier auf `greetUser.php` zurück, das Programm, das schon von der einfachen Seite `nameForm.html` aufgerufen wurde.

6. **Übergeben Sie die Formulardaten als JSON-Objekt.**

   Kapseln Sie alle Daten, die Sie an das Programm senden wollen, als ein JSON-Objekt. (Eine Auffrischung zu JSON finden Sie in Kapitel 5.) Normalerweise handelt es sich dabei um Name/Wert-Paare. Ich gebe in diesem Beispiel den Feldnamen `userName` mit dem Wert `"Andy"` an.

7. **Geben Sie eine Rückruffunktion an.**

   Normalerweise möchten Sie mit dem Ergebnis eines AJAX-Aufrufs etwas machen. Verwenden Sie eine Rückruffunktion, um anzugeben, welche Funktion ausgeführt werden soll, wenn der AJAX-Aufruf abgeschlossen worden ist. Ich rufe in diesem Beispiel die Funktion `processResult()` (Ergebnis verarbeiten) auf, sobald der Server mit der Rückgabe der Formulardaten fertig ist.

Auf die Ergebnisse antworten

Das Serverprogramm `greetUser.php` wird von der Seite `AJAXTest.html` gestartet. `greetUser.php` geht davon aus, dass die Daten von einem ganz normalen Formular stammen. Das bedeutet, dass ich in der Lage bin, für die Zusammenarbeit mit der AJAX-Anfrage wieder genau das Programm zu nutzen, das ich im vorherigen Beispiel eingesetzt habe. Ich habe dabei den PHP-Code nicht neu erstellen müssen, weil er sich nicht geändert hat.

Zurück im HTML-Code benötige ich eine Funktion, um das Ergebnis der AJAX-Anfrage zu verarbeiten, nachdem es vom Server zurückgeliefert wurde. Ich habe die Funktion `processResult()` als Rückruffunktion bestimmt.

Werfen Sie einen Blick darauf:

```
function processResult(data, textStatus){
  $("#output").html(data);
}
```

Diese Funktion ist durch jQuery sehr einfach gehalten:

1. **Sie akzeptiert zwei Parameter.**

   AJAX-Rückruffunktionen akzeptieren zwei Parameter. Bei dem ersten handelt es sich um einen String, der als Ausgabe das enthält, was der Server gesendet hat (in diesem Fall die Begrüßung aus `processResult.php`). Der zweite Parameter enthält die Textversion des HTTP-Statusergebnisses. Der Status wird zum Beispiel dann benötigt, wenn Sie testen wollen, warum die AJAX-Anfrage erfolglos geblieben ist.

2. **Sie legt einen Ausgabebereich fest.**

   Ich habe aus dem `output div` einen jQuery-Knoten gemacht.

3. **Übergeben Sie die Daten an die Ausgabe.**

   Manchmal machen Sie mit AJAX-Ergebnissen mehr, aber im Moment sind meine Ergebnisse reines HTML, das ich direkt in das `div` kopieren kann.

Ein interaktiveres Formular anlegen

Obwohl AJAX ein Formular ersetzen kann, wird AJAX in der Regel zusammen mit einem normalen Formular verwendet, um Effekte hervorzurufen, die Sie ansonsten kaum erhalten können. So könnte es zum Beispiel ein Formular geben, das Informationen vervollständigt, indem der Rest der eingegebenen Daten anhand der bis dahin eingegebenen Informationen erraten wird. Während es recht einfach ist, eine interaktive Kommunikation auf dem Client zu erreichen, ist es viel schwieriger, so etwas bei einer serverseitigen Programmierung zu erzielen, weil der Server normalerweise bei jedem Durchlauf die gesamte Seite neu anlegt. Mit AJAX können Sie die schnelle Interaktion der clientseitigen Programmierung zusammen mit der Leistungsfähigkeit der serverseitigen Programmierung nutzen. Das Demoprogramm `interactive-Form.html`, das Abbildung 14.4 zeigt, stellt eine leichte Abwandlung dieses Konzepts dar.

Dieses Beispiel sorgt bei jedem Tastendruck für ein Hin und Zurück zum beziehungsweise vom Server. Das ist für so ein einfaches Beispiel (das auch mit normalem JavaScript erreicht werden kann) eigentlich des Guten zu viel, aber stellen Sie sich vor, was Sie damit alles erreichen können. Bei jedem Trip zum Server könnte das Programm meinen Namen auf einer Liste mit Hunderten von Namen gegenprüfen, und es könnte einen Hinweis geben, sobald es über genügend Zeichen verfügt. Ein Programm auf dem Server kann in riesigen Datenbanken eine Datensuche durchführen. Vielleicht ist Ihnen ein solcher Effekt bereits bei Seiten aufgefallen, die Sie besucht haben. Hierzu benötigen Sie ein wenig mehr Kenntnisse über serverseitige Programmierung und Datenbanken, als ich in diesem Buch vermitteln kann, aber Sie können an diesem Beispiel deutlich sehen, wie der AJAX-Teil funktioniert.

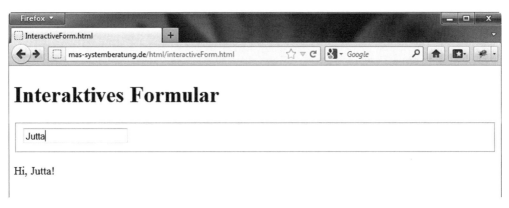

Abbildung 14.4: Sobald der Benutzer Daten eingibt, werden sie in die Ausgabe kopiert.

Ein AJAX-Formular erstellen

Sie können ein Formular für die Verwendung mit AJAX so erstellen, als wenn es ein ganz normales Formular wäre. Hier der Code für interactiveForm.html:

```
<!DOCTYPE html PUBLIC "-//W3C//DTD XHTML 1.0 Strict//EN"
"http://www.w3.org/TR/xhtml1/DTD/xhtml1-strict.dtd">
<html lang="EN" dir="ltr" xmlns="http://www.w3.org/1999/xhtml">
<head>
  <meta http-equiv="content-type" content="text/xml; charset=utf-8" />

  <script type = "text/javascript"
          src = "jquery-1.3.2.min.js"></script>

  <script type = "text/javascript">
    //<![CDATA[

    function getGreeting(){
      var userName = $("#userName").val();
      $.get("simpleGreet.php", { "userName": userName }, processResult);
    }

    function processResult(data, textStatus){
      $("#output").html(data);
    }
    //]]>
  </script>

  <title>InteractiveForm.html</title>
</head>
```

```
<body>
<h1>Interaktives Formular</h1>
  <form action = " ">
    <fieldset>
      <input type = "text"
             id = "userName"
             value = "Andy"
             onkeyup= "getGreeting()" />
    </fieldset>
  </form>
<div id = "output">
 Dies ist die Standardausgabe
</div>

</body>
</html>
```

Wenn Sie sich den XHTML-Code anschauen, fällt Ihnen vielleicht auf, dass das Formular eher für JavaScript als für eine serverseitige Verarbeitung eingerichtet ist:

1. **Es enthält jQuery.**

    Habe ich schon erwähnt, wie cool jQuery ist?

2. **Die Formularaktion kann leer sein.**

    Dieses Mal lesen Sie das Formular in JavaScript aus und erzeugen eine AJAX-Anfrage. Die Formularaktion kann leer sein (was sie auch sein sollte), denn Sie wollen ja, dass JavaScript und nicht der Browser die Anfrage absetzt.

3. **Sie müssen im Formular keine Übertragungsmethode festlegen.**

    So weit es das Formular betrifft, ist es ein clientseitiges Formular. Aus diesem Grund müssen Sie sich auch nicht darum kümmern, ob sein Inhalt als `get`- oder als `post`-Anforderung gesendet wird. (Darum kümmert sich der AJAX-Aufruf.)

4. **Das Element für die Eingabe hat ein `id`-Attribut, aber keinen Namen.**

    Das Element kann einen Namen haben, aber es ist nicht notwendig, weil der Server es nicht direkt verarbeitet. Sie verwenden das `id`-Attribut, um Zugriff auf dieses Element zu erhalten, und packen dann Ihr eigenes JSON-Objekt zusammen, das über AJAX an das PHP-Programm gesendet wird.

5. **Das Ereignis wird aufgerufen, wenn sich das Textfeld ändert.**

    Oft sind AJAX-Aufrufe dafür gedacht, automatisch ausgeführt zu werden, also ohne dass der Benutzer eine Schaltfläche für eine Übermittlung anklicken muss. Um diesen Effekt zu erzielen, können Sie die Ereignisbehandlung `onkeyup` verwenden. Diese Ereignisbehandlung ruft eine Funktion auf, wenn ein bestimmtes Element den Fokus hat und eine Taste gedrückt und wieder losgelassen wird.

Den JavaScript-Code schreiben

Der JavaScript-Code ist noch einfacher als sonst. Dieses Programm benötigt kein init(), weil es nichts zu initialisieren gibt. Höchstwahrscheinlich werden Sie es in der Praxis mit arbeitsintensiveren Projekten zu tun bekommen, zu denen auch eine Initialisierung (zum Beispiel mit jQuery UI-Elementen) gehören könnte, aber ich habe dieses Beispiel einfach gehalten, damit es übersichtlich bleibt.

Die Funktion getGreeting() holt sich Daten vom Formular und verwendet diese, um eine AJAX-Anfrage zu versenden:

```
function getGreeting(){
  var userName = $("#userName").val();
  $.get("simpleGreet.php", { "userName": userName }, processResult);
}
```

Die Funktion getGreeting() kapselt das Versenden des Formulars.

1. **Holen Sie sich den Wert im Feld userName.**

   Erstellen Sie aus dem Feld userName einen jQuery-Knoten und verwenden Sie die Methode val(), um den Wert des Feldes zu extrahieren.

2. **Speichern Sie den Wert in einer Variablen.**

   Legen Sie den Wert in einer Variablen ab, die ebenfalls userName heißt.

3. **Verwenden Sie die Methode get(), um einen AJAX-Aufruf einzurichten.**

   Die jQuery-Methode get() simuliert das Senden eines Formulars. (Natürlich gibt es auch eine Methode post(), falls Ihnen das lieber ist.)

4. **Geben Sie das Programm an, das auf die Daten antworten soll.**

   Bei diesem Beispiel verwende ich eine Abwandlung des Programms greetUser.php, die simpleGreet.php heißt. Schauen Sie sich den nächsten Abschnitt an, um zu erfahren, wie AJAX Ihren PHP-Code vereinfachen kann.

5. **Versenden Sie Formularfelder als ein JSON-Objekt.**

   Das virtuelle Formular (das in diesem Fall auf einem richtigen Formular beruht) hat ein Feld mit dem Namen userName. Ich sende ihm den Wert aus der Variablen userName.

6. **Legen Sie eine Rückruffunktion fest.**

   Die meisten AJAX-Aufrufe haben eine Rückruffunktion, die ausgeführt werden sollte, wenn die Datenübertragung abgeschlossen ist. In diesem Beispiel verwende ich die Funktion processResult().

Das Ergebnis verarbeiten

Die Verarbeitung ist in diesem Fall ziemlich einfach, weil ich nur das Ergebnis des PHP-Programms direkt in das `output div` kopieren möchte:

```
function processResult(data, textStatus){
  $("#output").html(data);
}
```

Der Parameter `data` enthält die Textdaten, die vom AJAX-Aufruf zurückgeliefert werden. Ich schnappe mir einfach den Text und leite ihn an das `output div` weiter.

PHP für AJAX vereinfachen

Ein besonders netter Zug von AJAX ist, dass es Ihre serverseitige Programmierung vereinfacht. Wenn Sie noch einmal einen Blick auf `greetUser.php` werfen, sehen Sie, dass dort eine vollständige XHTML-Seite angelegt wird. Die meisten PHP-Programme arbeiten auf diese Weise, bei der jedes Mal eine vollständige Seite erstellt wird. Nachdem Sie nun aber AJAX verwenden, muss das PHP-Ergebnis keine ganze Webseite mehr sein. PHP ist in der Lage, einfach nur einen kleinen HTML-Schnipsel zu erzeugen.

Schauen Sie sich `simpleGreet.php` an, und Sie sehen, dass es auf ein Minimum reduziert ist:

```
<?php
$userName = $_REQUEST["userName"];
print "<p>Hi, $userName!</p> ";
?>
```

Obwohl dieses Programm wie `greetUser.php` arbeitet, ist es ein wenig einfacher gestrickt. Es muss nichts weiter machen, als sich den Benutzernamen zu nehmen und ihn auszugeben. Die JavaScript-Funktion kümmert sich darum, dass der Code an der richtigen Stelle Ergebnisse zeigt. Ohne AJAX muss jedes PHP-Programm die gesamte Seite neu erstellen. Mit AJAX bleibt die HTML-Seite auf dem Client, und JavaScript setzt kleinere Anfragen an den Server ab. Das PHP ist einfacher, und die Codeübertragung ist im Allgemeinen weniger umfangreich und schneller, weil es weniger sich wiederholende Strukturinformationen gibt.

Mit XML-Daten arbeiten

Zum serverseitigen Arbeiten gehört normalerweise auch das Speichern von Daten, weil sich dies auf einem Server leichter erledigen lässt als auf einem Client. Es gibt viele Möglichkeiten, um Daten zu speichern: in reinen Textdateien, in HTML oder XHTML oder in speziellen Systemen, die *relationale Datenbanken* genannt werden (und bei denen es sich um ein besonderes System handelt, das es Ihnen erlaubt, Daten effizient abzulegen und abzufragen). Die Nutzung einer Datenbank ist sehr beliebt, weil eine solche Anwendung eine extrem leistungsfähige und flexible Lösung darstellt. Normale Programmierer verwenden ein PHP-Programm, um

Informationen von einer Webseite anzufordern. Dann verwenden Sie diese Informationen, um eine Anfrage an die Datenbank in einer besonderen Sprache mit dem Namen SQL (Structured Query Language; strukturierte Abfragesprache) zu stellen. Die Anfrage an die Datenbank wird an deren Verwaltungssystem gesendet, das an das PHP-Programm eine Art Ergebnissatz zurückliefert. Normalerweise legt das PHP-Programm dann eine HTML-Seite an, die wiederum an den Browser übergeben wird.

Datenbankverwaltung geht weit über das Thema dieses Buches hinaus. Aus diesem Grund müssten Sie sich im Falle eines Falles über Sekundärliteratur sachkundig machen.

Die Abläufe lassen sich mit AJAX vereinfachen, da das PHP-Programm keine ganze Webseite erstellen muss. Alles, was wirklich an das JavaScript-Programm zurückgegeben werden muss, sind die Ergebnisse der Datenabfrage. Normalerweise machen Sie dies, indem Sie ein besonderes Datenformat verwenden, damit das JavaScript-Programm es nicht so schwer hat, die Daten zu verwalten.

Eine Bewertung von XML

Das XML-Format ist zu einem wichtigen Werkzeug geworden, um Daten für die Übertragung zwischen Client und Server zu kapseln. Wenn Sie XHTML nutzen, kennen Sie im Prinzip auch XML. Bei XHTML handelt es sich um nichts anderes als HTML, das den strengeren XML-Standards folgt.

Nun ist XML aber doch mehr als nur XHTML. Es kann tatsächlich verwendet werden, um jede Art von Daten zu speichern. Werfen Sie deshalb einen Blick auf die folgende Datei (`pets.xml`; *Pets* ist die englische Bezeichnung für *Haustiere*):

```xml
<?xml version="1.0" encoding="utf-8" ?>
<pets>
  <pet>
    <animal>Katze</animal>
    <name>Lucy</name>
    <breed>Amerikanisches Kurzhaar</breed>
    <note>Sie hat mich erzogen</note>
  </pet>
  <pet>
    <animal>Katze</animal>
    <name>Homer</name>
    <breed>unbekannt</breed>
    <note>Nach einem weltbekannten Fagottisten benannt</note>
  </pet>
  <pet>
    <animal>Hund</animal>
    <name>Muchacha</name>
    <breed>Promenadenmischung</breed>
```

```
    <note>Einer der hässlichsten Hunde, die ich je getroffen habe</note>
  </pet>
</pets>
```

In XML können Feldnamen frei vergeben werden. Aus Gründen der Kompatibilität sind die englischen Feldnamen bei `pets.xml` beibehalten worden. (Gleiches gilt für die Datei `pets.json`, auf die weiter hinten in diesem Kapitel im Abschnitt »JSON verstehen« eingegangen wird.) Die Feldnamen bedeuten `animal` = Tier, `name` = Name, `breed` = Rasse und `note` = Anmerkung.

Wenn Sie einen Blick auf `pets.xml` werfen, können Sie feststellen, dass es wie HTML aussieht. HTML/XHTML-Tags sind sehr speziell (nur wenige sind zulässig), aber so gut wie alles kann zu einem XML-Tag werden, solange es ein paar einfachen (aber wohlbekannten) Regeln folgt:

1. **Beginnen Sie mit einem Dokumententyp.**

   Formale XML-Deklarationen besitzen häufig einen Dokumententyp, der so komplex wie die Deklaration des XHTML-Dokumententyps ist, aber Standard-XML-Daten verwenden normalerweise eine viel einfachere Definition:

   ```
   <?xml version='1.0' encoding='utf-8'?>
   ```

   Jedes Mal, wenn Sie auf ein eigenes XML-Format zugreifen (so wie ich das in diesem Beispiel gemacht habe), können Sie diesen generischen Dokumententyp verwenden.

2. **Legen Sie einen Container für alle Elemente an.**

   Die gesamte Struktur muss ein Container-Tag haben. Mein Tag heißt `pets`. Wenn Sie mehr als einen Container verwenden, hat das Programm gerne Schwierigkeiten, die XML-Daten zu lesen.

3. **Legen Sie die Basis-Datenknoten an.**

   In meinem einfachen Beispiel befindet sich jedes Haustier *(Pet)* in einem `pet`-Knoten. Jeder Knoten enthält dieselben Datenelemente (was aber keine notwendige Anforderung ist).

4. **Tags unterscheiden Groß- und Kleinschrift.**

   Verwenden Sie bei Ihren Tags einheitliche Namen. Bezeichnen Sie jedes Element über Binnenversalien oder einzelne Wörter.

5. **Sie können Attribute hinzufügen.**

   Sie können Ihren XML-Elementen Attribute wie in XHTML hinzufügen. Wie in XHTML sind Attribute Name/Wert-Paare, die von einem Gleichheitszeichen (=) getrennt werden. Der Wert muss immer in Anführungszeichen stehen.

6. **Verschachteln Sie Elemente wie in XHTML.**

   Achten Sie darauf, Elemente sorgfältig zu verschachteln (so wie Sie es bei XHTML tun).

Es gibt viele Wege, um eine XML-Datei zu erhalten. Die meisten Datenbanken können Daten im XML-Format exportieren. Öfter noch werden Datenbanken von PHP-Programmen ausgelesen, die dann für die Ausgabe einen langen XML-String erzeugen. Für diese einfache Einführung hier habe ich die XML-Datei in einem Texteditor geschrieben und als Datei gespeichert.

Sie können XML unabhängig davon mit JavaScript ändern, egal ob es direkt aus einer Datei stammt oder von einem PHP-Programm übergeben wird.

XML mit jQuery abändern

Im Prinzip kennen Sie XML-Daten, weil Sie mit den Werkzeugen arbeiten können, die Sie bereits für XHTML verwenden. Außerdem machen die jQuery-Funktionen, die Sie normalerweise verwenden, um Elemente auf XHTML-Seiten auszulesen, mit wenigen Änderungen genau das Gleiche wie unter XHTML. Sie können alle jQuery-Standardselektoren und alle Werkzeuge zur Verwaltung von XML-Dateien auf dieselbe Weise wie bei der Verwaltung einer HTML-Seite verwenden.

Die Seite `xmlLesen.html`, die Abbildung 14.5 zeigt, gibt ein JavaScript/jQuery-Programm wieder, das die Datei `pets.xml` ausliest und mit den Daten einige interessante Dinge anstellt. In diesem Fall holt es sich die Namen der Haustiere und steckt sie in eine unsortierte Liste, wie der folgende Code zeigt.

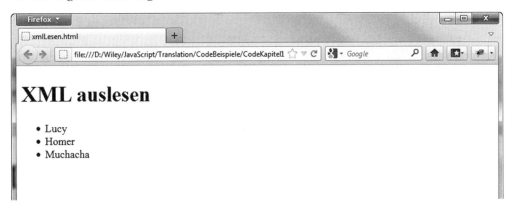

Abbildung 14.5: Die Namen der Haustiere kommen aus einer XML-Datei.

```
<!DOCTYPE html PUBLIC "-//W3C//DTD XHTML 1.0 Strict//EN"
"http://www.w3.org/TR/xhtml1/DTD/xhtml1-strict.dtd">
<html lang="EN" dir="ltr" xmlns="http://www.w3.org/1999/xhtml">
<head>
  <meta http-equiv="content-type" content="text/xml;
        charset=utf-8" />

  <script type = "text/javascript"
          src = "jquery-1.3.2.min.js"></script>
```

```
  <script type = "text/javascript">
    //<![CDATA[

    $(init);

    function init(){
      $.get("pets.xml", processResult);
    } // Ende init

    function processResult(data, textStatus){
      //die Ausgabe leeren
      $("#output").html("");
      //den Knoten "pets" suchen ...
      $(data).find("pet").each(printPetName);
    } // Ende processResult

    function printPetName(){
      //Den Text mit dem Namen aus dem aktuellen
      //Knoten isolieren
      thePet = $(this).find("name").text();

      // Umgeben Sie den Namen mit
      // Listenobjektelementen
      thePet = "<li>" + thePet + "</li>";

      //Der Liste ein Element hinzufügen
      $("#output").append(thePet);
    } // Ende printPetName
    //]]>
    </script>

  <title>xmlLesen.html</title>
</head>
<body>
<h1>XML auslesen</h1>

<ul id = "output">
 <li>Dies ist die Standardausgabe</li>
</ul>

</body>
</html>
```

HTML anlegen

Die Seite xmlLesen.html beginnt, wie die meisten jQuery-Programme, mit einem grundlegenden HTML-Framework. Dieses hier ist ganz besonders einfach: eine Überschrift und eine Liste. Die Liste hat ein id-Attribut (wodurch sie problemlos von jQuery erkannt werden kann) und ein einzelnes Element (das durch die Daten aus der XML-Datei ersetzt werden wird).

Die Daten erhalten

Die Funktion init() richtet eine AJAX-Anfrage ein:

```
function init(){
  $.get("pets.xml", processResult);
} // Ende init
```

Hier wird die Funktion get() verwendet, um Daten anzufordern:

1. **Verwenden Sie den jQuery-Mechanismus get(), um die Anfrage einzurichten.**

    Da ich nur eine statische Datei (und kein PHP-Programm) anfordere, ist die Funktion get() das beste AJAX-Werkzeug, um diese Anfrage einzurichten.

2. **Geben Sie die Datei oder das Programm an.**

    Normalerweise rufen Sie ein PHP-Programm auf, um Daten zu erhalten, aber in diesem Beispiel hole ich mir die Daten direkt aus der Datei pets.xml. Der get()-Mechanismus kann verwendet werden, um reine Text-, HTML- oder XML-Daten zu erhalten. Mein Programm erwartet XML-Daten, weshalb ich eine XML-Datei oder ein Programm aufrufe, das XML liefert.

3. **Richten Sie eine Rückruffunktion ein.**

    Wenn AJAX fertig ist, geben Sie eine Funktion an, die aufgerufen werden soll. In meinem Beispiel wird die die Funktion processResult() aufgerufen, nachdem die AJAX-Übermittlung abgeschlossen worden ist.

Die Ergebnisse verarbeiten

Die Funktion processResult() akzeptiert zwei Parameter: data und textStatus.

```
function processResult(data, textStatus){
  //die Ausgabe leeren
  $("#output").html("");
  //Die Knoten "pets" suchen...
  $(data).find("pet").each(printPetName);
} // Ende processResult
```

Die Funktion `processResult()` führt einige einfache Aufgaben durch:

1. **Sie leert output ul.**

   Bei dem Ausgabe-Element handelt es sich um eine unsortierte Liste (`ul`). Verwenden Sie deren `HTML()`-Methode, um das Standard-Listenobjekt zu leeren.

2. **Sie macht aus den Daten einen jQuery-Knoten.**

   Die Daten (die als Parameter übergeben werden) können in einen jQuery-Knoten umgewandelt werden. Verwenden Sie für solch einen Vorgang `$(data)`.

3. **Sie sucht die einzelnen pet-Knoten.**

   Sie verwendet die Methode `find()`, um die `pet`-Knoten in den Daten zu identifizieren.

4. **Sie gibt eine Anweisung an, die auf jedem Element ausgeführt wird.**

   Verwenden Sie die Methode `each()`, um anzugeben, dass Sie eine Funktion auf jedes einzelne `pet`-Element anwenden wollen. Im Grunde führt dies zu einer Schleife, die die Funktion einmal pro Element aufruft. Der `each`-Mechanismus ist ein Beispiel für ein Konzept, das *funktionale Programmierung* genannt wird. (Lassen Sie *dieses* Juwel einfach mal bei der nächsten Feier in Computerkreisen fallen.)

5. **Sie durchläuft die Funktion `printPetName()` einmal für jedes Element.**

   Bei der Funktion `printPetName()` handelt es sich um eine Rückruffunktion.

Den Namen des Haustiers ausgeben

Die Funktion `printPetName()` wird einmal pro `pet`-Element, das in den XML-Daten vorhanden ist, ausgegeben. Innerhalb dieser Funktion nimmt das Element `$(this)` auf das aktuelle Element wie auf einen jQuery-Knoten Bezug.

```
function printPetName(){
  //Den Text mit dem Namen aus dem aktuellen
  //Knoten isolieren
  thePet = $(this).find("name").text();

  //Umgeben Sie den Namen mit Listenobjektelementen
  thePet = "<li>" + thePet + "</li>";

  //Der Liste ein Objekt hinzufügen
  $("#output").append(thePet);
} // Ende printPetName
```

1. **Empfangen Sie den Namen des Haustieres.**

   Verwenden Sie die Methode `find()`, um das Namenselement des aktuellen `pet`-Knotens zu finden.

2. **Holen Sie sich den Text vom Knoten.**

   Der Name ist auch weiterhin ein jQuery-Objekt. Um den eigentlichen Text zu finden, verwenden Sie die Methode `text()`.

3. **Wandeln Sie den Text in ein Listenobjekt um.**

   Ich habe mich für eine einfache String-Verknüpfung entschieden, um den reinen Text des Tiernamens in ein Listenobjekt umzuwandeln.

4. **Fügen Sie das Tiernamen-Listenobjekt der Liste hinzu.**

   Für diese Aufgabe eignet sich perfekt die Methode `append()`.

Natürlich können Sie komplexere Dinge mit den Daten machen, aber hier geht es nur darum, wie Sie jQuery verwenden können, um die Daten auszulesen, die Sie benötigen, und sie dann in eine HTML-Ausgabe umzuwandeln.

Mit JSON-Daten arbeiten

Ein relativ neues Datenformat, das JSON heißt, ist unglaublich wichtig geworden. Einige gehen sogar so weit zu behaupten, dass JSON auf Dauer XML als Standard-Datenübertragungsformat für AJAX ersetzen könnte.

XML wurde eigentlich als Standardweg für die Übertragung von Daten mit AJAX angesehen (das X in AJAX steht tatsächlich für XML). Obwohl XML für menschliche Wesen (und Computerprogramme) leicht zu lesen ist, ist es ein wenig langatmig. Die ganzen Ende-Tags können ziemlich lästig werden und die Dateigröße des Datenblocks unnötig aufblähen. Auch wenn es nicht schwierig ist, auf der Clientseite mit XML zu arbeiten, müssen Sie sich an diese Sprache erst einmal gewöhnen.

JSON verstehen

AJAX-Programmierer wechseln verstärkt zu JSON (JavaScript Object Notation), das sie bevorzugt für die Datenübertragung verwenden. JSON ist nichts anderes als die JavaScript-Objektnotation, die in Kapitel 5 beschrieben und im Buch verwendet wird. JSON bietet viele interessante Vorteile:

✔ **Die Daten werden in reinem Textformat gesendet.** JSON-Daten können wie bei XML in einem reinen Textformat gesendet werden, das einfach zu übertragen, zu lesen und auszuwerten ist.

✔ **Die Daten stehen sofort zur Verfügung.** Clientprogramme werden normalerweise in JavaScript geschrieben. Da die Daten bereits im JavaScript-Format vorliegen, können sie sofort verwendet werden, ohne dass sie wie XML-Daten erst noch überarbeitet werden müssen.

✔ **Die Daten liegen etwas komprimierter als bei XML vor.** Die JavaScript-Notation benötigt keine Ende-Tags, wodurch sie ein wenig kleiner wird. Außerdem kann sie gegebenenfalls so geschrieben werden, dass noch mehr Platz eingespart wird (wobei dies dann auf Kosten der Lesbarkeit geht).

✔ **Viele Sprachen können damit umgehen.** Jede Sprache ist in der Lage, JSON-Daten als langen Text-String zu senden. Sie können dann auf die JSON-Daten die JavaScript-Funktion `eval()` anwenden, um die Daten in eine Variable umzuwandeln.

✔ **PHP kann von Haus aus mit JSON umgehen.** PHP 5.2 und später unterstützt die Funktion `json_encode()`, die ein PHP-Array (selbst ein sehr komplexes) in ein JSON-Objekt umwandelt.

✔ **jQuery kennt eine Methode getJSON().** Diese Methode funktioniert wie die Methoden `get()` und `post()`, wobei sie aber für den Empfang von JSON-Daten optimiert ist.

Wenn ein Programm die Funktion `eval()` verwendet, um einen Ergebnisstring in ein JSON-Objekt umzuwandeln, gibt es eine mögliche Sicherheitslücke: Jeder Code im String wird als JavaScript-Code behandelt, wodurch es Fieslingen möglich ist, bösartigen Code einzuschleusen. Achten Sie darauf, dass Sie JSON-Daten nur von vertrauenswürdigen Quellen annehmen.

Die pet-Daten, die in `pets.xml` beschrieben werden, sehen so aus, wenn sie als JSON-Variable angegeben werden:

```
{
  "Lucy": { "animal": "Katze",
            "breed": "Amerikanisches Kurzhaar Shorthair",
            "note": "Sie hat mich erzogen"},
  "Homer": { "animal": "Katze",
             "breed": "unbekannt",
             "note": "Benannt nach einem weltberühmten Fagottisten"},
  "Muchacha": { "animal": "Hund",
           "breed": "Promenadenmischung",
           "note": "Einer der hässlichsten Hunde, die ich je
                    getroffen habe"}
}
```

Beachten Sie, dass die Daten im JSON-Format kompakter vorliegen als in XML. Beachten Sie weiterhin, dass es keinen übergreifenden Variablentyp (wie `pets` bei den XML-Daten) geben muss, weil die gesamte Einheit als Variable behandelt wird. JSON nutzt die Flexibilität von JavaScript aus, wenn es um Objekte geht:

1. **Ein Objekt wird von geschweiften Klammern ({}) umgeben.**

   Das zentrale Objekt wird durch geschweifte Klammern gekennzeichnet.

2. **Das Objekt besteht aus Name/Wert-Paaren.**

   Ich verwende bei meinen Daten den Namen des Tieres als Schlüssel für den Knoten. Beachten Sie, dass der Schlüssel ein String-Wert ist.

3. **Die Inhalte eines Knotens können andere Knoten sein.**

   Jedes Tier enthält ein weiteres JSON-Objekt, das die Daten des Tieres enthält. Sie können JSON-Knoten (wie XML-Knoten) verschachteln, wodurch sie das Potenzial für komplexe Datenstrukturen haben.

4. **Das gesamte Element ist eine große Variable.**

   JavaScript sieht das gesamte Element als ein großes JavaScript-Objekt an, das in einer einzigen Variablen abgelegt werden kann. Dadurch wird es sehr einfach, auf dem Client mit JSON-Objekten zu arbeiten.

JSON-Daten mit jQuery auslesen

Sicherlich warten Sie schon darauf zu erfahren, dass es in jQuery Funktionen gibt, um den (sowieso schon einfachen) Vorgang des Verwaltens von JSON-Daten weiter zu vereinfachen.

Abbildung 14.6 zeigt `liesJson.html`, ein Programm, das JSON-Daten ausliest und das Ergebnis hübsch formatiert zurückgibt.

Abbildung 14.6: Dieses Programm erhält seine Daten von einer JSON-Anfrage.

Hier der vollständige Code von `liesJSON.html`:

```
<!DOCTYPE html PUBLIC "-//W3C//DTD XHTML 1.0 Strict//EN"
"http://www.w3.org/TR/xhtml1/DTD/xhtml1-strict.dtd">
```

```html
<html lang="EN" dir="ltr" xmlns="http://www.w3.org/1999/xhtml">
<head>
  <meta http-equiv="content-type" content="text/xml;
      charset=utf-8" />
  <style type = "text/css">
    dt {
      font-weight: bold;
      float: left;
      width: 7em;
      margin-left: 1em;
      clear: left;
    }
  </style>
  <script type = "text/javascript"
        src = "jquery-1.3.2.min.js"></script>

  <script type = "text/javascript">
    //<![CDATA[

    $(init);

    function init(){
      $.getJSON("pets.json", processResult);
    } // Ende init

    function processResult(data){
      $("#output").text("");
      for(petName in data){
        var pet = data[petName];
        $("#output").append("<h2>" + petName + "<h2>");
        $("#output").append("<dl>");
        for (detail in pet){
          $("#output").append("  <dt>" + detail + "</dt>");
          $("#output").append("  <dd>" + pet[detail] + "</dd>");
        } // Ende for
        $("#output").append("</dl>");

      } // Ende for
    } // Ende processResult

    //]]>
  </script>

  <title>liesJSON.html</title>
</head>
```

```
<body>
<h1>JSON lesen</h1>

<div id = "output">
 Dies ist die Standardausgabe
</div>

</body>
</html>
```

Das Framework bewältigen

Den Grundstein dieses Programms bildet ein Standard-XHTML und CSS. Hier die Einzelheiten:

1. **Legen Sie eine Basis-XHTML-Seite an.**

   Ein Großteil der Arbeit geschieht in JavaScript, weshalb alles, was Sie benötigen, ein h1 und ein output div sind.

2. **Legen Sie in output div einen Standardtext ab.**

   Legen Sie in output div einen beliebigen Text ab. Wenn AJAX nicht funktioniert, sehen Sie diesen Text. Wenn AJAX läuft, wird der Inhalt von output div durch eine Definitionsliste ersetzt.

3. **Fügen Sie für eine Definitionsliste CSS hinzu.**

   Ich möchte die Informationen über die einzelnen Haustiere als Definitionsliste ausgeben, wobei ich aber das Standardformat von <dl> nicht mag. Ich füge also mein eigenes CSS hinzu, um das Erscheinungsbild der Definitionsliste aufzupolieren. (Ich liebe es, wenn <dt> und <dd> in derselben Zeile stehen.

Die JSON-Daten empfangen

In der jQuery-Bibliothek gibt es eine besondere AJAX-Funktion, um JSON-Daten zu empfangen. Die Funktion getJSON() führt einen AJAX-Aufruf durch und erwartet im Gegenzug JSON-Daten.

```
$(init);

function init(){
   $.getJSON("pets.json", processResult);
} // Ende init
```

Es ist nicht schwierig, mit jQuery JSON-Daten zu erhalten:

1. **Richten Sie eine standardmäßige init()-Funktion ein.**

   Ich hole mir in diesem Beispiel die JSON-Daten, sobald die Seite geladen ist.

2. **Verwenden Sie die Funktion `getJSON()`.**

   Dieses Werkzeug erhält JSON-Daten vom Server.

3. **Holen Sie die Daten aus `pets.json`.**

   Normalerweise fordern Sie etwas von einem PHP-Programm an, das dann eine Art Datensuche startet und das Ergebnis als JSON-Objekt zurückliefert. Bei diesem einfachen Beispiel hole ich mir die Daten aus einer JSON-Datei, die ich mit einem Texteditor geschrieben habe.

4. **Geben Sie eine Rückruffunktion an.**

   Wie die meisten AJAX-Methoden erlaubt `getJSON()`, eine Rückruffunktion anzugeben, die ausgelöst wird, wenn die Übertragung der Daten an den Client abgeschlossen worden ist.

Die Ergebnisse verarbeiten

Die Daten, die von einer JSON-Anfrage zurückgeliefert werden, befinden sich bereits in einem gültigen JavaScript-Format, weshalb Sie nur noch einige `for`-Schleifen benötigen, um die Daten auszulesen. Hier der Ablauf:

```
function processResult(data){
  $("#output").text(" ");
  for(petName in data){
    var pet = data[petName];
    $("#output").append("<h2>" + petName + "<h2>");
    $("#output").append("<dl>");
    for (detail in pet){
      $("#output").append("  <dt>" + detail + "</dt>");
      $("#output").append("  <dd>" + pet[detail] + "</dd>");
    } // Ende for
    $("#output").append("</dl>");

  } // Ende for
} // Ende processResult
```

1. **Legen Sie die Rückruffunktion an.**

   Diese Funktion erwartet (wie die meisten AJAX-Anfragen) einen Parameter `data`. In diesem Fall soll das `data`-Objekt ein komplettes JSON-Objekt enthalten, das alle Daten der Anfrage kapselt.

2. **Leeren Sie den Ausgabebereich.**

   Ich will den Ausgabebereich durch eine Reihe von Definitionslisten ersetzen.

   ```
   $('#output').text('');
   ```

3. **Durchlaufen Sie in der Liste jedes `petName`-Element.**

   Diese spezielle `for`-Schleife findet jedes Element einer Liste. In diesem Fall nimmt sie sich den Namen eines jeden Haustieres, den sie im Datenelement findet.

4. **Extrahieren Sie die Haustiere *(pet)* als Variablen.**

   Die besondere Form der `for`-Schleife empfängt nicht wirklich die Haustiere, sondern den Schlüssel, der zu jedem Tier gehört. Verwenden Sie den Namen des Tieres, um das Tier selbst zu finden und es in einer Variablen unterzubringen, die die Form eines Arrays hat.

5. **Machen Sie aus dem Namen des Haustieres eine Überschrift.**

   Umgeben Sie den Namen des Tieres (`petName`) mit `<h2>`-Tags, um aus ihm eine Überschrift zu machen, und hängen Sie dies an die Ausgabe (`output`).

   `$('#output').append('<h2>' + petName + '<h2>');`

6. **Erstellen Sie für jedes Tier eine Definitionsliste.**

   Beginnen Sie die Liste mit einem `<dl>`-Tag. Sie können natürlich die Formatierung wählen, die Ihnen am besten gefällt, aber ich mag für diese Art von Name/Wert-Daten die Ausgabe als Definitionsliste.

   `$('#output').append('<dl>');`

7. **Empfangen Sie von pet die Detailnamen.**

   Das Haustier (`pet`) selbst ist ein JSON-Objekt. Verwenden Sie also eine zweite `for`-Schleife, um die Detailnamen (`Tier`, `Rasse` und `Anmerkung`) auszulesen.

   `for (detail in pet){`

8. **Legen Sie als Definitionsbegriff den Detailnamen fest.**

   Umgeben Sie jeden Detailnamen mit einem `<dt></dt>`.

   `$('#output').append('  <dt>' + detail + '</dt>');`

9. **Umgeben Sie den Definitionswert mit `<dd></dd>`.**

   Dieser Schritt sorgt dafür, dass der Definitionswert vernünftig formatiert wird.

   `$('#output').append('  <dd>' + pet[detail] + '</dd>');`

10. **Schließen Sie die Definitionsliste.**

    Nachdem die innere `for`-Schleife abgeschlossen worden ist, sind Sie mit dem Beschreiben eines der Tiere fertig. Schließen Sie also die Definitionsliste.

    `$('#output').append('</dl>');`

Wie Sie sehen können, ist es nicht schwer, mit JSON zu arbeiten. Das hat dazu geführt, dass es als Mechanismus für die Datenübertragung immer beliebter wurde.

Teil IV

Der Top-Ten-Teil

In diesem Teil ...

Der Top-Ten-Teil ist einer der zentralen Bestandteile der »... für Dummies«-Bücher, und ich habe mir einige der besten Leckerbissen bis zum Schluss aufgehoben.

Kapitel 15 hebt einige jQuery-Plugins hervor. Diese Werkzeuge erweitern JavaScript um erstaunliche Funktionen wie die Fähigkeit, Musikdateien auf Ihrer Website abspielen zu lassen, um Bildergalerien, um grafische Plugins und vieles mehr.

In Kapitel 16 finden Sie Adressen, wo Sie weitergehende Informationen erhalten über zusätzliche Bibliotheken, Online-Communitys, (auch deutschsprachige) Foren und großartige Referenzseiten.

(Nicht ganz) Zehn erstaunliche jQuery-Plugins

15

Die jQuery-Bibliothek allein ist schon erstaunlich genug, aber sie hat noch ein weiteres Ass im Ärmel: eine wunderbare Schnittstelle, die es einfach macht, der Bibliothek neue Plugins oder Erweiterungen hinzuzufügen.

Die Plugins erledigen viele Dinge, angefangen beim Aussehen Ihrer Seite über das Einbinden von Audio bis hin zum Vereinfachen bestimmter AJAX-Aufrufe. Dieses Kapitel enthält eine Sammlung von jQuery-Plugins, von denen ich glaube, dass sie nützlich sind. Und auf der jQuery-Site finden Sie noch viele mehr (`http://plugins.jquery.com`).

Die Plugins verwenden

Alle Plugins unterscheiden sich voneinander, aber wenn Sie sie verwenden wollen, ist die allgemeine Vorgehensweise bei allen identisch:

1. **Besuchen Sie die entsprechende Webseite.**

   Suchen Sie auf der zentralen Seite von jQuery nach einer Liste mit jQuery-Plugins (`http://plugins.jquery.com`). Sie können jedes Plugin von der jQuery-Site herunterladen oder Sie finden dort einen Link auf die Startseite des Plugins, auf der es dann normalerweise auch eine ausführliche Hilfe zum Plugin gibt.

2. **Laden Sie das Plugin herunter.**

   Bei den meisten Plugins handelt es sich um einfache JavaScript-Dateien. Häufig gibt es auch unterstützendes Material, zu dem dann eine Dokumentation, CSS-Dateien und Beispiele gehören. Achten Sie darauf, dass Sie die Dateien, die Sie benötigen, in Ihrem Arbeitsverzeichnis installieren.

3. **Legen Sie als Grundlage eine HTML-Seite an.**

   Schauen Sie in der Dokumentation nach, welche Elemente Sie benötigen. Die meisten jQuery-Plugins ändern oder ersetzen in der Webseite vorhandene Elemente.

4. **Fügen Sie eine `init()`-Funktion hinzu.**

   Die meisten jQuery-Funktionen (einschließlich der Plugins) benötigen eine Art von Initialisierungsfunktion.

5. **Rufen Sie die entsprechende jQuery-Funktion auf.**

   Die meisten Plugins erweitern jQuery um neue Funktionen. Meistens wenden Sie diese Funktionen so auf jQuery-Knoten an, wie Sie es auch bei einer normalen Verwendung von jQuery machen.

6. **Führen Sie individuelle Anpassungen durch.**

   Um alles verständlich zu halten, gebe ich in dieser Einleitung nur eine Einführung in die Plugins. Achten Sie darauf, die Dokumentation eines jeden Plugins sorgfältig zu lesen, um zu erfahren, wie Sie das Plugin anpassen können. Viele Plugins können viel mehr, als ich in diesem Kapitel aus Platzgründen beschreiben kann.

Ich stelle in diesem Kapitel nur die einfacheren und repräsentativeren Plugins vor. Ich habe auf eine Reihe von wirklich sinnvollen Plugins verzichtet, weil sie entweder eine besondere Lizenz verlangen (wie zum Beispiel das Plugin Google Map) oder die Unterstützung einer Datenbank oder PHPs haben müssen (wie das bei vielen der ausgesprochen guten AJAX-Plugins der Fall ist). Verbringen Sie einige Zeit auf der Website plugins.jquery.com, um die erstaunliche Vielfalt der verfügbaren Plugins kennenzulernen.

IPWEditor

Eine sehr beliebte AJAX-Technik sieht so aus, dass ein Teil einer Webseite bearbeitbar gemacht wird. Das Plugin inputEditor (www.spacebug.com/IPWEditor_In-Place_WYSIWYG_Editor) kombiniert zwei Ansätze dieses Themas, durch die sich normale Seiten problemlos in ein einfaches Content-Management-System verwandeln lassen. Werfen Sie zunächst einen Blick auf das Plugin editable (das es zusammen mit IPWEditor oder als einzelnes Programm gibt).

Einen einfachen Editor mit editable hinzufügen

Werfen Sie zunächst einen Blick auf den einfachen Editor in Abbildung 15.1.

Wenn Sie auf die Textzeile klicken, verwandelt sich diese in einen bearbeitbaren Textbereich. Der Benutzer kann seinen eigenen Text schreiben und auf die Schaltfläche FERTIG klicken, um den Text zu speichern. Abbildung 15.2 zeigt den Editor in Aktion.

Die hier vorgenommenen Änderungen sind nicht dauerhaft, aber Sie können problemlos eine AJAX-Funktion hinzufügen, um die neuen Daten an ein serverseitiges Skript zu senden, damit die Seite dauerhaft geändert wird.

Mit ziemlicher Sicherheit möchten Sie nicht, dass jeder die Seite ändern kann. Sie sollten eine Art Anmeldesystem haben, um dafür zu sorgen, dass nur autorisierte Personen Zugriff auf die Version der Seite haben, die bearbeitbar ist.

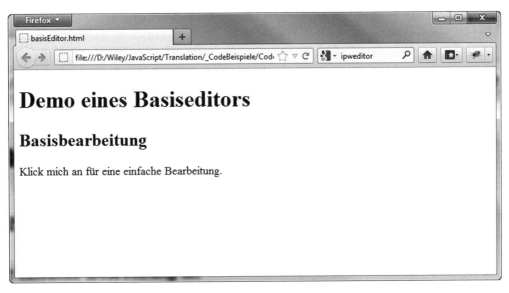

Abbildung 15.1: Diese Seite enthält etwas Verborgenes.

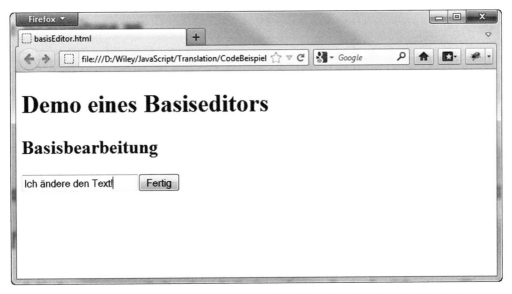

Abbildung 15.2: Der Editor erscheint automatisch und lässt den Benutzer die Seite ändern.

```
<!DOCTYPE html PUBLIC "-//W3C//DTD XHTML 1.0 Strict//EN"
"http://www.w3.org/TR/xhtml1/DTD/xhtml1-strict.dtd">
<html lang="EN" dir="ltr" xmlns="http://www.w3.org/1999/xhtml">
<head>
  <meta http-equiv="content-type" content="text/xml;
       charset=iso-8859-1" />

  <script type = "text/javascript"
          src = "jquery-1.3.2.js"></script>
  <script type = "text/javascript"
          src = "jquery.editable.wysiwyg-1.3.3.1.js"></script>
  <script type = "text/javascript">
    //<![CDATA[

    $(init);

    function init(){

      //einen einfachen Editor erstellen
      $("#basicEdit").editable({submit: 'Fertig'});
    }
    //]]>
    </script>

  <title>basisEditor.html</title>
</head>
<body>
<h1>Demo eines Basiseditors</h1>

<h2>Basisbearbeitung</h2>
<div id = "basicEdit">
Klick mich an für eine einfache Bearbeitung.
</div>


</body>
</html>
```

Und das müssen Sie machen, um den einfachen Editor einzubinden:

1. **Binden Sie das Skript `jquery.editable` oder das Skript `jquery.editable.wysiwyg` ein.**

    Die gesamte Funktionalität, die Sie für dieses Beispiel benötigen, wird im Plugin `jquery.editable` bereitgestellt. Das Plugin `jquery.editable.wysiwyg` enthält nicht nur dieses Skript, sondern auch einen viel anspruchsvolleren WYSIWYG-Editor.

2. **Erstellen Sie einen HTML-Bereich, in dem bearbeitet werden kann.**

   Ich bearbeite in diesem Beispiel ein `div`, das `basicEdit` genannt wird. In einem produktiven Beispiel machen Sie vielleicht jedes `div` oder jeden Textabsatz bearbeitbar.

3. **Wenden Sie die Funktion `editable` an.**

   Nachdem nun das Plugin `editable` zur Verfügung steht, können Sie einfach die gleichnamige Funktion auf alle jQuery-Elemente anwenden, die ein bearbeitbares Verhalten erhalten sollen.

4. **Legen Sie den Text auf der Schaltfläche fest.**

   Beim zweiten Parameter des Plugins handelt es sich um den Text, der auf der Schaltfläche erscheinen soll.

5. **Speichern Sie die Daten.**

   Das Beispiel hier macht nichts mit dem geänderten Text, es hat also nur eine stark eingeschränkte Funktionalität. In einer produktiven Version des Programms sollten Sie AJAX-Code schreiben, um den neuen Text zu nehmen und für eine Weiterverarbeitung und zum Speichern an ein serverseitiges Programm zu senden.

Fortgeschrittenere Bearbeitungsmöglichkeiten mit FCKedit

IPWEditor enthält ein einfaches Plugin (mit dem Namen `jquery editable plugin`) und ein anspruchsvolleres. Dieses zweite Plugin lässt einen anspruchsvolleren Editor erscheinen, der eine Oberfläche hat, die einer Textverarbeitung ähnelt. Wenn Sie sich schon ein wenig mit Content-Management-Systemen beschäftigt haben, ist die Chance groß, dass Sie die Oberfläche, die Abbildung 15.3 und 15.4 zeigt, bereits kennen.

Abbildung 15.3: Nun hat die Seite zwei bearbeitbare Bereiche.

Das erste Beispiel führt Sie wieder zu einem einfachen Editor, aber wenn Sie auf den zweiten Textabsatz klicken, erscheint ein viel umfangreicherer Editor, wie Abbildung 15.4 zeigt.

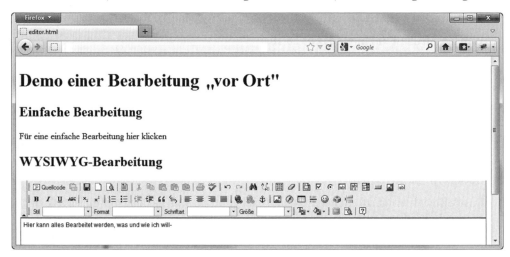

Abbildung 15.4: Dieser Editor hat große Ähnlichkeit mit einer Textverarbeitung.

Das WYSIWYG-Plugin erweitert die Funktionalität einer anderen sehr beliebten Bibliothek, die FCKedit (www.fckeditor.net) heißt. Dieser beliebte Editor wird in vielen Content-Management-Systemen verwendet. Er ist sehr leistungsfähig und leicht anzupassen. Die FCKedit-Bibliothek gehört zum Plugin IPWEditor. Das bearbeitbare WYSIWYG-Plugin erleichtert es, FCKedit in Ihre Seiten einzubinden. Hier der Code:

```
<!DOCTYPE html PUBLIC "-//W3C//DTD XHTML 1.0 Strict//EN"
"http://www.w3.org/TR/xhtml1/DTD/xhtml1-strict.dtd">
<html lang="EN" dir="ltr" xmlns="http://www.w3.org/1999/xhtml">
<head>
  <meta http-equiv="content-type" content="text/xml;
       charset=iso-8859-1" />

  <script type = "text/javascript"
          src = "jquery-1.3.2.js"></script>
  <script type = "text/javascript"
          src = "jquery.editable.wysiwyg-1.3.3.1.js"></script>
  <script type="text/javascript"
          src="fckeditor/fckeditor.js"></script>
  <script type = "text/javascript">
    //<![CDATA[

    $(init);

    function init(){
      //eine Instanz von fckeditor erstellen
```

```
        //(wird nur für die WYSIWYG-Version benötigt)

        var myFCKeditor = new FCKeditor('editor');
        myFCKeditor.BasePath = "./fckeditor/";

        //den einfachen Editor erstellen
        $("#basicEdit").editable({submit: 'done'});

        //die WYSIWYG-Version einrichten
        $("#wysiwygEdit").editable(
          {type: "wysiwyg",
           editor: myFCKeditor,
           onSubmit: finished,
           submit: "Fertig"
          });

      } // Ende init

      function finished(content){
        alert(content.current);
      } // Ende finished

      //]]>
      </script>

    <title>WYSIWYGeditor.html</title>
</head>
<body>
<h1>Demo einer Bearbeitung "vor Ort"</h1>

<h2>Einfache Bearbeitung</h2>
<div id = "basicEdit">
Für eine einfache Bearbeitung hier klicken
</div>

<h2>WYSIWYG-Bearbeitung</h2>
<div id = "wysiwygEdit">
Für eine vollständige Bearbeitung hier klicken
</div>

</body>
</html>
```

Der Code ist ein wenig aufwändiger als beim Standard-Plugin `editable`, weil die (darin enthaltene) Bibliothek FCKedit initialisiert werden muss.

Und so geht das:

1. **In Ihrem Arbeitsverzeichnis muss es den Ordner `fckeditor` geben.**

   Zu dieser Bibliothek gehört das herunterladbare `jquery.editable.wysiwyg`.

2. **Legen Sie eine Webseite mit bearbeitbaren Bereichen an.**

   Legen Sie eine normale XHTML-Seite an, wobei Sie aber an die Bereiche denken müssen, die bearbeitbar werden sollen.

3. **Binden Sie das Skript `fckeditor` ein.**

   Das Skript `fckeditor` ist eine `js`-Datei, die sich im Ordner `fckeditor` befindet. Binden Sie das Skript in Ihre Seite ein, damit diese Zugriff auf den Editor bekommt.

4. **Erstellen Sie eine Instanz der Klasse `fckeditor`.**

   Erstellen Sie in Ihrer Initialisierungsfunktion eine einzelne Variable `fckeditor`. Dadurch wird `fckeditor` initialisiert.

5. **Binden Sie den Pfad zu `fckeditor` ein.**

   Dies hilft `fckeditor` dabei, die Zusatzdateien im Unterverzeichnis zu finden.

6. **Wenden Sie die Funktion `editable()` auf die Elemente an, die bearbeitbar werden sollen.**

   Dies geschieht auf die gleiche Weise wie beim Plugin `editable`.

7. **Legen Sie als Typ `wysiwyg` fest.**

   Die `wysiwyg`-Version des Plugins `editable` erweitert die Möglichkeiten Ihres Editors.

8. **Weisen Sie den Editor zu.**

   Richten Sie den Parameter für den Editor so ein, dass er auf die Variable `fckeditor` verweist, die Sie in Schritt 4 angelegt haben.

9. **Legen Sie den Text auf der Übertragungsschaltfläche `submit` fest.**

   Wie im einfacheren `editable`-Bereich erscheint automatisch eine `submit`-Schaltfläche. Legen Sie gegebenenfalls einen eigenen Text für deren Oberfläche fest.

10. **Richten Sie gegebenenfalls eine Rückruffunktion ein.**

    Sie können auf die bearbeitbaren Objekte eine Rückruffunktion anwenden. Normalerweise führt diese Funktion eine Fehlerprüfung durch und sendet die neuen Inhalte über AJAX an ein serverseitiges Skript. Meine Version zeigt einfach nur die neuen Inhalte an.

Das Ergebnis einer Bearbeitung ist auch weiterhin HTML, bei dem es sich letztendlich um reinen Text handelt. Sie sollten vorsichtig bei Änderungen sein, die Sie Benutzern erlauben, weil böswillige Benutzer zu schweren Kopfschmerzen führen können.

jQuery-Cookies

Bei Cookies handelt es sich selbst dann um nützliche Webwerkzeuge, wenn sie missverstanden werden. Cookies sind einfache Textnachrichten, die entweder von Client- oder von Serverprogrammen auf dem Client abgelegt werden. Solche Daten unterliegen zwar starken Einschränkungen, können aber doch sehr sinnvolle Werkzeuge sein:

- ✔ **Jedes Cookie ist ein Name/Wert-Paar.** Sie können sich ein Cookie als Variable vorstellen, die Sie auf dem Client ablegen.

- ✔ **Cookies sind nichts als Textdaten.** Wenn Sie dort eine andere Datenart unterbringen wollen, müssen Sie diese zum Speichern in Text umwandeln.

- ✔ **Cookies werden in einer größeren Textdatei gespeichert.** Die verschiedenen Browser haben unterschiedliche Mechanismen, aber im Prinzip werden alle Cookies eines Benutzers eines Browsers in einer Textdatei gespeichert.

- ✔ **Cookies haben Größenbegrenzungen.** Der Versuch, zum Beispiel eine ganze Datenbank in einem Cookie zu speichern, scheitert. Üblicherweise werden hier Informationen über einen Anmeldezustand abgelegt, damit das System eine Anfrage an eine serverseitige Datenbank stellen kann.

- ✔ **Cookies werden hauptsächlich verwendet, um Zustandsdaten zu speichern.** Die häufigste Verwendung von Cookies ist, sich den Status zu merken, den ein Benutzer in einer Anwendung hat. Die eigentliche Verarbeitung findet in der Regel auf dem Server statt.

Es ist nicht schwer, Cookies zu verwalten, aber es gibt einige Werkzeuge, die diese Aufgabe noch weiter erleichtern. Es gibt ein interessantes Plugin mit dem Namen `jquery.cookies` (http://code.google.com/p/cookies), das diesen Job für Sie übernimmt.

Werfen Sie einen Blick auf `cookies.html`, das dieses Plugin verwendet:

```
<!DOCTYPE html PUBLIC "-//W3C//DTD XHTML 1.0 Strict//EN"
"http://www.w3.org/TR/xhtml1/DTD/xhtml1-strict.dtd">
<html lang="EN" dir="ltr" xmlns="http://www.w3.org/1999/xhtml">
<head>
  <meta http-equiv="content-type" content="text/xml;
      charset=utf-8" />

  <script type = "text/javascript"
       src = "jquery-1.3.2.min.js"></script>
  <script type = "text/javascript"
       src = "jquery.cookies.2.1.0.js"></script>
  <script type = "text/javascript">
    //<![CDATA[

    $(init);

    function init(){
```

```
      $.cookies.set("myCookie", "Hallo, Sie da!");
      $("#output").html($.cookies.get("myCookie"));
    }
    //]]>
    </script>

  <title>cookies.html</title>
</head>
<body>
<h1>Demo mit jQuery-Cookies</h1>

<div id = "output">
Standardinhalt
</div>

</body>
</html>
```

Die Abläufe sind vollkommen schmerzfrei:

1. **Binden Sie das Skript `jquery.cookies` ein.**

   Binden Sie wie immer jQuery und das Skript für dieses Plugin ein.

2. **Verwenden Sie die Funktion `$.cookies()`, um Cookies zu verwalten.**

   Diese Funktion kapselt den Inhalt der Cookies-Bibliothek.

3. **Verwenden Sie `$.cookies.set()`, um ein Cookie zu erzeugen und seinen Wert festzulegen.**

   Wenn kein Cookie existiert, wird es angelegt und ihm der vordefinierte Wert zugewiesen.

4. **Verwenden Sie `$.cookies.get()`, um den Wert des Cookies zu erhalten.**

   Bei der Funktion `get()` handelt es sich um einen einfachen Weg, um Daten von einem Cookie zu erhalten.

5. **Schauen Sie sich die Dokumentation an, um weitere Optionen kennenzulernen.**

   Die Cookies-Bibliothek enthält noch mehr Funktionen – einschließlich der Möglichkeiten zu prüfen, ob ein Browser Cookies akzeptiert, ob schon ein Cookie existiert, Cookies zu löschen und so weiter.

 Hierzu gibt es keine Abbildung, weil das Interessante unter der Oberfläche geschieht. Starten Sie `cookies.html`, um zu sehen, wie sich das Programm aktiv verhält.

flot

Manchmal müssen Ihre Webseiten Daten grafisch anzeigen. Sie können dafür jedes der verfügbaren leistungsfähigen grafischen Plugins verwenden. Eine sehr einfach zu bedienende und leistungsstarke Lösung heißt flot, das es unter http://code.google.com/p/flot gibt. Abbildung 15.5 zeigt dieses Werkzeug in Aktion.

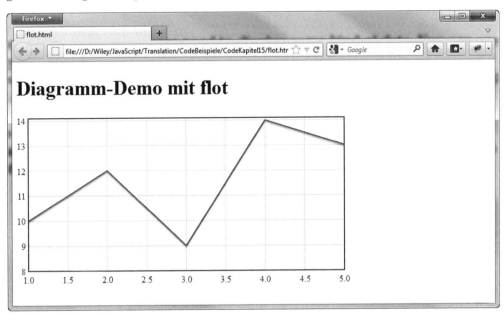

Abbildung 15.5: Dieses Diagramm ist automatisch über ein jQuery-Plugin erstellt worden.

Um mit flot ein Diagramm anzulegen, müssen Sie auf die entsprechenden Daten zugreifen können. Ich habe in diesem einfachen Beispiel das Datenmaterial selbst angelegt, aber normalerweise holen Sie sich die Daten aus einer Datenbank oder einer anderen Anwendung. Schauen Sie sich zunächst den Code an:

```
<!DOCTYPE html PUBLIC "-//W3C//DTD XHTML 1.0 Strict//EN"
"http://www.w3.org/TR/xhtml1/DTD/xhtml1-strict.dtd">
<html lang="EN" dir="ltr" xmlns="http://www.w3.org/1999/xhtml">
<head>
  <meta http-equiv="content-type" content="text/xml;
       charset=utf-8" />
  <style type = "text/css">
    #simpleChart{
      height: 300px;
      width: 600px;
    }
```

```
</style>
<script type = "text/javascript"
        src = "jquery-1.3.2.min.js"></script>
<script type = "text/javascript"
        src = "jquery.flot.js"></script>
<script type = "text/javascript">
  //<![CDATA[

  $(init);

  function init(){
    var myData = {
      data: [[1,10], [2,12], [3,9], [4, 14], [5, 13]],
      color: "red"
    };
    $.plot($("#simpleChart"), [myData]);
  }
  //]]>
  </script>

  <title>flot.html</title>
</head>
<body>
<h1>Diagramm-Demo mit flot</h1>

<div id = "simpleChart"></div>
</body>
</html>
```

Und hier die allgemeinen Abläufe:

1. **Importieren Sie die Bibliothek.**

    Es wird Sie kaum überraschen, dass Sie jQuery benötigen. Außerdem müssen Sie auf das Skript `jquery.flot` zugreifen. Beachten Sie, dass `flot` auch andere Skripte enthält, die Sie verfügbar machen müssen (auf jeden Fall `excanvas`, das für den Browser IE das Tag `<canvas>` simuliert).

2. **Legen Sie eine Seite an.**

    Die Seite verlangt wie üblich so gut wie nichts. Fügen Sie einfach nur ein leeres `div` hinzu, das zu Ihrem Diagramm wird.

3. **Erzeugen Sie die Daten.**

    Das Datenmaterial in `flot` besteht aus jQuery-Objekten. Jedes Objekt muss Daten enthalten, kann aber auch weitere Attribute haben.

4. **Beachten Sie, dass die Daten selbst ein 2D-Array bilden.**

   Jeder Datenpunkt ist ein Array aus zwei ganzzahligen Werten (Integerwerten), und der Datensatz bildet ein Array des Objekts.

5. **Sie können auch die Farbe und weitere Attribute der Daten festlegen.**

   Sie finden in der `flot`-Dokumentation noch viel mehr Parameter.

6. **Verwenden Sie die Funktion `$.plot()`, um das Diagramm zu zeichnen.**

   Beachten Sie, dass sich die Syntax hier von der unterscheidet, die Sie bisher kennengelernt haben. Verwenden Sie die jQuery-Funktion `$.plot()`, um auf dem jQuery-Knoten eine grafische Darstellung (das bedeutet *plot* auf Deutsch) anzulegen.

7. **Fügen Sie so viele Datensätze hinzu, wie Sie möchten.**

   Mein Beispiel enthält nur einen Datensatz, aber die Funktion `plot()` erwartet ein Array mit Werten, weshalb Sie problemlos weitere Daten hinzufügen können.

Tag-Cloud

In den letzten Jahren wurde es immer beliebter, eine grafische Darstellung oder Wege anzubieten, um Daten abzubilden. Ein solcher Mechanismus ist *Tag-Cloud*. Eigentlich macht dieses Werkzeug nichts anderes, als Wörter halbwegs zufällig zu positionieren. In einer typischen Tag-Cloud (Tag-Wolke) werden die Position, die Größe und die Farbe der Wörter verwendet, um die relative Wichtigkeit und Beziehung der Begriffe darzustellen. Abbildung 15.6 zeigt ein einfaches Beispiel einer Tag-Cloud. Der Text befindet sich ursprünglich in einer unsortierten Liste. Tag-Cloud ändert aufgrund bestimmter Bewertungskriterien Größe und Intensität der Elemente.

Abbildung 15.6: Die Tag-Cloud enthält die zentralen Punkte dieses Buches.

Das Plugin jquery tagcloud (http://code.google.com/p/jquerytagcloud) erleichtert das Anlegen eigener einfacher Tag-Clouds. Hier der Code:

```
<!DOCTYPE html PUBLIC "-//W3C//DTD XHTML 1.0 Strict//EN"
"http://www.w3.org/TR/xhtml1/DTD/xhtml1-strict.dtd">
<html lang="EN" dir="ltr" xmlns="http://www.w3.org/1999/xhtml">
<head>
  <meta http-equiv="content-type" content="text/xml;
       charset=utf-8" />
  <link rel = "stylesheet"
        type = "text/css"
        href = "jquery-ui-1.7.2.custom.css" />
  <script type = "text/javascript"
          src = "jquery-1.3.2.min.js"></script>
  <script type = "text/javascript"
          src = "jquery.tagcloud.min.js"></script>
  <script type = "text/javascript"
          src = "jquery.tinysort.min.js"></script>
  <script type = "text/javascript">
    //<![CDATA[

    $(init);

    function init(){
      $("#techList").tagcloud({height: 100,
                               width: 100});
    }
    //]]>
    </script>

  <title>tagCloud.html</title>
</head>
<body>
<h1>Demo von Tag-Cloud </h1>

<ul id = "techList">
  <li value = "4">HTML</li>
  <li value = "9">XHTML</li>
  <li value = "6">CSS</li>
  <li value = "10">JavaScript</li>
  <li value = "7">DOM</li>
  <li value = "9">AJAX</li>
  <li value = "4">PHP</li>
  <li value = "3">MySQL</li>
</ul>

</body>
</html>
```

Eine Tag-Cloud ist ein recht spaßiges Element:

1. **Importieren Sie die Bibliotheken.**

   Sie benötigen die Skripte `jquery` und `jquery.tagcloud`.

2. **Legen Sie eine Liste an.**

   Die Bibliothek `tagcloud` kann sowohl mit sortierten, als auch mit unsortierten Listen umgehen.

3. **Wenn Sie wollen, können Sie den Elementen der Liste numerische Werte hinzufügen.**

   Wenn Sie möchten, dass die Elemente unterschiedlich gewichtet werden, fügen Sie jedem von ihnen ein Attribut `value` hinzu. Die Elemente mit den niedrigeren Werten erhalten hellere Farben und werden in kleineren Buchstaben dargestellt. Größere Werte werden in dunkleren Farben und mit größeren Buchstaben wiedergegeben.

4. **Fügen Sie mit jQuery dem ul die Funktion `tagcloud()` hinzu.**

   Verwenden Sie die Standardmechanismen, um den jQuery-Knoten auf der Grundlage von `ul` in eine Tag-Cloud umzuwandeln.

Beachten Sie, dass das Attribut `value` nicht dem Standard-XHTML entspricht. Dies führt dazu, dass Ihre Seite bei einer Validierung nicht mehr als striktes XHTML durchgeht. Der Wert (`value`) wird meistens über JavaScript-Code zugewiesen. (Zählen Sie beispielsweise, wie oft ein Wort in einem Dokument auftaucht, und verwenden Sie die so gewonnene Zahl als Wert des Ausdrucks.) Da eine grundsätzliche Validierung der Seite vorgenommen wird, bevor es zu einer Ausführung des Codes kommt, sollten Sie keine Validierungsprobleme zu sehen bekommen.

Tablesorter

Oft ist es eine Aufgabe von AJAX-Programmen, Daten zu empfangen, die dann in einer HTML-Tabelle angezeigt werden. Das Plugin `tablesorter` (http://tablesorter.com/docs) gibt dem Benutzer die Möglichkeit, eine Tabelle zu sortieren, indem einfach auf den Tabellenkopf geklickt wird. Der obere Teil von Abbildung 15.7 zeigt eine Standard-HTML-Tabelle. Wenn der Benutzer auf die Überschrift `Vorname` klickt, wird die Tabelle alphabetisch nach den Vornamen sortiert, was der untere Teil von Abbildung 15.7 zeigt.

Klicken Sie erneut auf die Spaltenüberschrift `Vorname`, um die Sortierreihenfolge der Vornamen umzukehren. Das Standardverhalten des Plugins `tablesorter` erlaubt Ihnen, nach jeder Spaltenüberschrift zu sortieren. Dies ist der Code:

```
<!DOCTYPE html PUBLIC "-//W3C//DTD XHTML 1.0 Strict//EN"
 "http://www.w3.org/TR/xhtml1/DTD/xhtml1-strict.dtd">
<html lang="EN" dir="ltr" xmlns="http://www.w3.org/1999/xhtml">
<head>
  <meta http-equiv="content-type" content="text/xml;
        charset=utf-8" />
```

Sortieren einer Tabelle mit Tablesorter

Vorname	Nachname
Fred	Flintstone
Barney	Rubble
Scooby	Doo
George	Jetson

Sortieren einer Tabelle mit Tablesorter

Vorname	Nachname
Barney	Rubble
Fred	Flintstone
George	Jetson
Scooby	Doo

Abbildung 15.7: Eine einfache Tabelle

```
<link rel = "stylesheet"
      type = "text/css"
      href = "jquery-ui-1.7.2.custom.css" />

<script type = "text/javascript"
        src = "jquery-1.3.2.min.js"></script>
<script type = "text/javascript"
        src = "jquery.tablesorter.min.js"></script>
<script type = "text/javascript">
  //<![CDATA[

  $(init);

  function init(){
    $("#myTable").tablesorter();
  }
  //]]>
  </script>

  <title>tablesorter.html</title>
</head>
<body>
<h1>Sortieren einer Tabelle mit Tablesorter</h1>

<table id = "myTable"
       border = "1">
```

```
<thead>
  <tr>
    <th>Vorname</th>
    <th>Nachname</th>
  </tr>
</thead>

<tbody>
  <tr>
    <td>Fred</td>
    <td>Flintstone</td>
  </tr>

  <tr>
    <td>Barney</td>
    <td>Rubble</td>
  </tr>

  <tr>
    <td>Scooby</td>
    <td>Doo</td>
  </tr>

  <tr>
    <td>George</td>
    <td>Jetson</td>
  </tr>

</tbody>
</table>



</body>
</html>
```

Hier haben Sie es nur mit der üblichen Zauberei von jQuery zu tun:

1. **Importieren Sie die Skripte `jquery` und `jquery.tablesorter`.**

   Das Plugin `tablesorter` kann auch mit dem jQuery UI zusammenarbeiten, um dort Tabellen zu erhalten, die besser aussehen.

2. **Legen Sie eine Tabelle an.**

   Das Plugin verlangt, dass die Überschriften der Tabelle von einem `<thead></thead>`-Paar und der Tabellenkörper von `<body></body>` umgeben wird. Ansonsten können Sie Ihre Tabelle so anlegen, wie es Ihnen gefällt.

3. **Fügen Sie dem jQuery-Knoten der Tabelle `tablesorter()` hinzu.**

   Geben Sie in der Funktion `init()` die Tabelle als `tablesorter`-Knoten an, und Sie sind fertig.

Das Plugin `tablesorter` kennt Dutzende von Einstellungsmöglichkeiten, die es zu einem echten Kraftwerk machen. Sie finden seine offizielle Dokumentation unter `http://tablesorter.com/docs`.

Beachten Sie, dass `tablesorter` früher Bestandteil des jQuery UI war. Heute ist es ein eigenständiges Plugin.

Droppy

Drop-down-Menüs sind zu einem wichtigen Bestandteil von Webseiten geworden. Es gibt Hunderte von jQuery-Plugins, die sich mit dieser Funktion beschäftigen. Ich mag `droppy` (`http://onehackoranother.com/projects/jquery/droppy`), weil es so unkompliziert verwendet werden kann.

Abbildung 15.8 zeigt eine einfache Version von `droppy` im Einsatz.

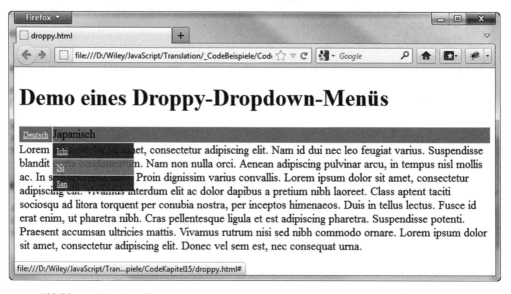

Abbildung 15.8: Das Plugin `droppy` macht aus einer Liste mit Links ein hübsches Menü.

Bei den meisten Navigationssystemen handelt es sich um hochgradig verschachtelte Listen mit Links. Das Plugin `droppy` nimmt einfach eine unsortierte Liste mit einem Haufen Links (die so tief verschachtelt sind, wie Sie wollen) und wandelt diese Liste in ein schön formatiertes Drop-down-Menü um.

Werfen Sie einen Blick auf den Code:

```html
<!DOCTYPE html PUBLIC "-//W3C//DTD XHTML 1.0 Strict//EN"
"http://www.w3.org/TR/xhtml1/DTD/xhtml1-strict.dtd">
<html lang="EN" dir="ltr" xmlns="http://www.w3.org/1999/xhtml">
<head>
  <meta http-equiv="content-type" content="text/xml;
        charset=iso-8859-1" />
  <link rel = "stylesheet"
        type = "text/css"
        href = "droppy.css" />
  <script type = "text/javascript"
          src = "jquery-1.3.2.min.js"></script>
  <script type = "text/javascript"
          src = "jquery.droppy.js"></script>
  <script type = "text/javascript">
    //<![CDATA[

    $(init);

    function init(){
      $("#nav").droppy();
    }
    //]]>
  </script>

  <title>droppy.html</title>
</head>
<body>
<h1>Demo eines Droppy-Drop-down-Menüs</h1>

<ul id = "nav">
  <li><a href = "#">Deutsch</a>
    <ul>
      <li><a href = "#">Eins</a></li>
      <li><a href = "#">Zwei</a></li>
      <li><a href = "#">Drei</a></li>
    </ul>
  </li>
  <li>Japanisch
    <ul>
      <li><a href = "#">Ichi</a></li>
      <li><a href = "#">Ni</a></li>
      <li><a href = "#">San</a></li>
    </ul>
  </li>
</ul>
```

```
<div>
Lorem ipsum dolor sit amet, consectetur adipiscing elit. Nam id dui -
nec leo feugiat varius. Suspendisse ...
//Der restliche Text aus der Abbildung ist im
//herunterladbaren Code enthalten.
</div>

</body>
</html>
```

Der allgemeine Ablauf sollte Ihnen mittlerweile bekannt sein, aber auch hier müssen Sie darauf nicht verzichten:

1. **Binden Sie die benötigten Skripte ein.**

    Dieses Plugin verlangt `jquery.js` und `jquery.droppy.js`. Außerdem wird eine (dazu gehörende) CSS-Datei mit dem Namen `droppy.css` benötigt.

2. **Legen Sie eine unsortierte Liste für die Navigation an.**

    Platzieren Sie in Ihrem HTML-Code an der Stelle eine unsortiert Liste, an der das Menü erscheinen soll (was normalerweise oben auf der Seite der Fall ist; `droppy` erzeugt horizontale Menüs).

3. **Machen Sie jedes Element der obersten Ebene zu einem Anker.**

    Das Plugin `droppy` verwendet die Anker-Tags `<a></a>` für die Formatierung, weshalb Sie darauf achten müssen, dass die Elemente der obersten Ebene (in meinem Beispiel die Namen der Sprachen) in Anker eingebettet werden. Es spielt keine Rolle, wohin der Anker geht, weshalb Sie ihn mit dem Zeichen # auf die Seite zurückverlinken können.

4. **Machen Sie auch jedes innere Element zu einem Link.**

    Normalerweise sind die inneren Elemente Links zu anderen Orten Ihres Systems (oder Verknüpfungen auf externe Seiten). In meinem Beispiel habe ich leere Links verwendet, wobei es aber wichtig ist, dass die Elemente Link-Elemente enthalten.

5. **Achten Sie darauf, dass Ihre Liste gültig ist.**

    Wenn Sie bei Ihren verschachtelten Links unsauber gearbeitet haben, kommt auf das Plugin eine harte Zeit zu, wenn es versucht herauszufinden, was Sie eigentlich wollen, und es wird mit ziemlicher Sicherheit nicht funktionieren.

6. **Legen Sie gegebenenfalls weitere Menü-Ebenen an.**

    Sie können die Navigationsstruktur so tief staffeln, wie Sie wollen.

7. **Passen Sie das CSS an.**

    Sie können die Datei `droppy.css` anpassen, damit die Menüs Ihren Geschmack treffen. Meistens geht es hier um Farben und Schriftarten, die zum allgemeinen Aussehen der Seite passen sollten, für die sie vorgesehen sind.

galleria

Bildergalerien sind ein anderes sehr beliebtes Thema für Plugins. Es gibt viele davon, mit denen Sie herumspielen können. Ich stelle galleria (http://devkick.com/lab/galleria) vor, weil dieses Plugin sehr beliebt und leistungsfähig ist und kein serverseitiges Skripting verlangt. Abbildung 15.9 zeigt dieses wunderbare Werkzeug in Aktion.

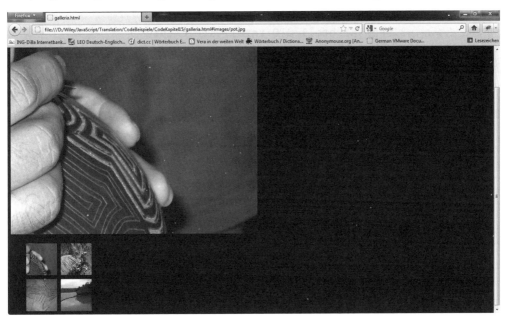

Abbildung 15.9: Das Plugin galleria macht automatisch aus einer Liste mit Bildern eine Galerie.

Die Bildergalerie verfügt schon im Standardzustand über großartige Funktionen:

- ✔ **Die Bilder werden vorgeladen.** Jedes Bild wird beim Initialisieren der Seite in den Arbeitsspeicher geladen, damit es keine Verzögerungen gibt, wenn der Benutzer zwischen den Bildern wechselt.
- ✔ **Das Werkzeug galleria erstellt automatisch Miniaturbilder.** Die Miniaturbilder werden automatisch erstellt und der Seite hinzugefügt.
- ✔ **Ein Bild wird im Ansichtsbereich vergrößert dargestellt, wenn Sie es anklicken.** Der größere Ansichtsbereich enthält eine vergrößerte Version des aktuellen Bildes.
- ✔ **Klicken Sie auf den Ansichtsbereich, um das nächste Bild zu sehen.** Dieses standardmäßige Verhalten gibt Ihnen die Möglichkeit, durch Klicken mit der Maus alle Bilder zu durchlaufen.
- ✔ **Die Ausgabe basiert auf CSS.** Verwenden Sie die eingebundene CSS-Datei, um die Darstellung Ihrer Seite zu verwalten. Hierzu gehört auch, wie und wo die Miniaturbilder erscheinen sollen, wie groß das angezeigte Bild ist und vieles mehr.

✔ **Es gibt viele Optionen.** Das Plugin `galleria` kann sehr gut angepasst werden. Es enthält viele erweiterte Einstellungsmöglichkeiten. Lesen Sie sich hierzu die Dokumentation des Plugins durch.

Was ich an `galleria` besonders schätze, ist, wie einfach es einzurichten ist. Werfen Sie einen Blick auf den Code:

```
<!DOCTYPE html PUBLIC "-//W3C//DTD XHTML 1.0 Strict//EN"
"http://www.w3.org/TR/xhtml1/DTD/xhtml1-strict.dtd">
<html lang="EN" dir="ltr" xmlns="http://www.w3.org/1999/xhtml">
<head>
  <meta http-equiv="content-type" content="text/xml;
        charset=iso-8859-1" />
  <style type = "text/css">
  body {
    color: white;
    background-color: black;
  }
  </style>

  <link rel = "stylesheet"
        type = "text/css"
        href = "galleria.css" />

  <script type = "text/javascript"
          src = "jquery-1.3.2.min.js"></script>
  <script type = "text/javascript"
          src = "jquery.galleria.js"></script>
  <script type = "text/javascript">
    //<![CDATA[

    $(init);

    function init(){
      $("ul.gallery").galleria();
    }
    //]]>
  </script>

  <title>galleria.html</title>
</head>
<body>
<h1>Demo des Bildbetrachters Galleria</h1>

<ul class = "gallery">
  <li><img src = "images/pot.jpg" alt = "pot" /></li>
```

```
    <li><img src = "images/tree.jpg" alt = "tree"/></li>
    <li><img src = "images/hands.jpg" alt = "hands" /></li>
    <li><img src = "images/lake.jpg" alt = "lake"/></li>
</ul>

</body>
</html>
```

Die Verwendung von `galleria` ähnelt in vielen Dingen anderen Plugins. Fügen Sie die entsprechenden Skripte hinzu, schreiben Sie als Basis eine HTML-Seite und fügen Sie einen magischen jQuery-Knoten hinzu:

1. **Importieren Sie die Skripte.**

   Sie benötigen, wie immer, `jquery` und zusätzlich `jquery.galleria` und das CSS-Stylesheet `galleria.css`.

2. **Legen Sie eine Liste mit Bildern an.**

   Jedes Listenelement muss ein Bild sein.

3. **Fügen Sie der Liste den Knoten `galleria()` hinzu.**

   Mehr müssen Sie wirklich nicht tun.

4. **Spielen Sie mit den Einstellungsmöglichkeiten.**

   Schauen Sie sich die Dokumentation an, um weitere großartige Optionen kennenzulernen wie zum Beispiel die Verwendung benutzerdefinierter Miniaturbilder, das Festlegen eines eigenen Ausgabecontainers und das Ausführen von Rückruffunktionen bei der Auswahl eines Bildes durch einen Benutzer.

jmp3

Das Web ist zu einem gewaltigen Multimedia-Erlebnis geworden. Seit HTML 5 gibt es endlich ein Audio-Tag, das es Ihnen ermöglicht, Audio direkt in Ihre Webseite einzubinden. Nichtsdestotrotz ist das Hinzufügen von Audio und anderen Multimedia-Elementen eine recht komplexe Sache. Die meisten Seiten verwenden Plugin-Technologien (wie Flash oder einen der verschiedenen Mediaplayer). Das Plugin jmp3 (www.sean-o.com/jquery/jmp3) ist ein wunderbarer Kompromiss. Es verwendet eine sehr kleine Flash-Komponente (die vorinstalliert ist – Sie müssen nichts über Flash wissen), um eine Audiodatei zu laden und die Datei in Ihrer Seite abzuspielen.

Abbildung 15.10 zeigt eine Seite mit einer eingebetteten MP3-Datei.

Die MP3-Dateien werden wirklich von einem kleinen Flash-Programm abgespielt, das Sie konfigurieren können – Farben und Breite lassen sich einrichten, und Sie können festlegen, ob der Player eine Schaltfläche zum Herunterladen des Titels haben soll.

Abbildung 15.10: Diese Seite enthält einen attraktiven und funktionierenden MP3-Player.

Schauen Sie sich den Code an, um herauszufinden, wie das Plugin arbeitet:

```
<!DOCTYPE html PUBLIC "-//W3C//DTD XHTML 1.0 Strict//EN"
"http://www.w3.org/TR/xhtml1/DTD/xhtml1-strict.dtd">
<html lang="EN" dir="ltr" xmlns="http://www.w3.org/1999/xhtml">
<head>
  <meta http-equiv="content-type" content="text/xml;
        charset=iso-8859-1" />

  <script type = "text/javascript"
          src = "jquery-1.3.2.min.js"></script>
  <script type = "text/javascript"
          src = "jquery.jmp3.js"></script>
  <script type = "text/javascript">
   //<![CDATA[

    $(init);

    function init(){
      $("#song").jmp3();
         $("#external").jmp3({
             filepath: "http://www.aharrisbooks.net/jad/",
             backcolor: "000066",
             forecolor: "ffffff",
             showdownload: "true",
```

```
          width: 300
        });
  } // Ende init
  //]]>
  </script>

  <title>jmp3.html</title>
</head>
<body>
<h1>jmp3-Demo</h1>

<div>
  <h2 id = "song">Do You Know Him.mp3</h2>
  <p>
    Dieser Song ist von einem Freund geschrieben
    worden und wird von ihm gespielt   - Daniel Rassum.
    Er hat sich das Recht erworben, den Blues zu
    singen. Er singt vom harten Leben und von
    Erlösung. Wenn Sie diesen Titel mögen, sollten Sie
    sich unter <a href = "http://www.noisetrade.com/
    blog/index.php?p=316">www.noisetrade.com</a>
    mit dem Album beschäftigen. Dies ist eine so
    genannte "free trade"-Musiksite, auf der Sie das
    bezahlen, von dem Sie glauben, dass es ein fairer
    Preis für die Arbeit des Künstlers ist.
  </p>
  <h2>Externer Link</h2>
  <p id = "external">Do You Know Him.mp3</hp>

</div>

</body>
</html>
```

Der Einsatz von `jmp3` folgt einem bekannten Muster:

1. **Binden Sie alle benötigten Dateien ein.**

   jmp3 verwendet `jquery` und `jquery.jmp3`. Außerdem benötigt es im Arbeitsverzeichnis die (zum Plugin gehörende) Datei `singlemp3player.swf`. Am einfachsten ist es, wenn sich auch die MP3-Dateien im aktuellen Verzeichnis befinden, aber das ist nicht zwingend notwendig.

2. **Legen Sie Elemente an, die den Dateinamen enthalten.**

   Das Plugin verwendet den Text des Elements, um die Datei mit dem Musiktitel zu ermitteln. Der Knoten kann ausschließlich den Namen der MP3-Datei enthalten. Achten Sie auf eine geeignete Aktivierungsmethode.

3. **Wenden Sie die Methode `jmp3()` auf die entsprechenden Elemente an.**

   Wenden Sie die Methode `jmp3()` auf `jquery`-Knoten an, die die MP3-Datei enthalten. (Es ist ausgesprochen sinnvoll, diese Methode auf eine ganze Klasse anzuwenden, wobei der Dateiname durch den Inhalt des Elements und nicht durch einen jQuery-Parameter aufgefunden wird.)

4. **Fügen Sie gegebenenfalls weitere Parameter hinzu.**

   Sie können Parameter hinzufügen, indem Sie dem `jmp3()`-Aufruf ein JSON-Objekt hinzufügen.

5. **Ändern Sie die Farben.**

   Sie können Farben für den Vordergrund und für den Hintergrund festlegen (beachten Sie aber die nicht standardmäßige Syntax für die Farbgebung (`forecolor` statt `color` und kein #-Symbol bei Farbnummern).

6. **Legen Sie die Breite fest.**

   Sie können auch die Breite des Flash-Elements festlegen. Auch nicht standardmäßige Breiten enthalten einen Regler, über den der Benutzer einen bestimmten Teil des Musiktitels ansprechen kann.

7. **Geben Sie einen Dateipfad an.**

   Der Parameter `filepath` gibt Ihnen die Möglichkeit, eine Datei auf einem entfernten Server zu verknüpfen. Achten Sie darauf, dass Sie vom Eigentümer der Datei das Recht dazu bekommen. Wenn der Benutzer die Datei abspielt, beginnt der Flash-Player damit, die Datei fortlaufend herunterzuladen und wiederzugeben, sobald ihm ausreichendes Material zur Verfügung steht.

8. **Lassen Sie ein Herunterladen zu.**

   Die Funktion `showdownload` erlaubt Ihnen, dem Flash-Player ein kleines Widget hinzuzufügen. Wenn der Benutzer auf diese Schaltfläche klickt, erhält er die Möglichkeit, die MP3-Datei zu speichern.

Achten Sie auch hier darauf, dass Sie das Recht haben, die Datei weiterzugeben, bevor Sie diese Option verwenden.

(Mehr als) Zehn großartige Quellen 16

JavaScript und AJAX sind fabelhafte Werkzeuge, aber einer der interessantesten (und gleichzeitig frustrierendsten) Gesichtspunkte bei der Entwicklung für das Web ist, wie schnell sich alles ändert – und wie viel es zu lernen gibt. Hier kommt deshalb eine Liste mit mehr als zehn interessanten Quellen, die Sie unbedingt aufsuchen sollten. Die Empfehlungen hier beziehen sich zunächst auf englischsprachige Websites, was daran liegt, dass JavaScript (wie fast alle Programmiersprachen) auf dem Englischen basiert und der Autor Amerikaner ist. Aber ab der elften Position dieser Aufzählung gibt es ein paar deutschsprachige Empfehlungen, denn auch hierzulande gibt es eine reichhaltige Community, die sich mit JavaScript und AJAX beschäftigt.

jQuery-PHP-Bibliothek

http://jquery.hohli.com

Sie müssen sehr oft AJAX-Code in einer serverseitigen Sprache schreiben. Dabei handelt es sich oft um PHP. Diese Bibliothek erweitert PHP um ein `jquery`-Objekt. Sie können dann innerhalb von PHP eine Syntax im Stil von jQuery verwenden. Die Bibliothek schreibt automatisch den jQuery-Code und sendet ihn an Ihren Browser.

JSAN – JavaScript Archive Network

www.openjsan.org/index.html

Diese Fundgrube für JavaScript-Code bietet eine Bibliothek an, die das Importieren mehrerer Skripte erleichtert. Wenn Sie etwas in JavaScript ausprobieren wollen, sollten Sie hier vorbeischauen; vielleicht hat schon jemand eine Lösung für Ihr Problem gefunden. Wenn Sie auf einen neuen Trick gestoßen sind, veröffentlichen Sie ihn hier, um ihn mit der Community zu teilen.

W3Schools – Einheiten für ein Selbststudium und Beispiele

www.w3schools.com/default.asp

W3Schools ist zu einer Seite geworden, die aufgesucht wird, wenn es um das Selbststudium geht. Hier gibt es viele Informationen zu vielen Themen. Die Qualität der Beiträge variiert, aber die meisten sind recht gut. Beachten Sie, dass einige der Anleitungen veraltet sind. Im Laufe der Jahre haben sich Standards geändert, und es ist kaum möglich nachzuhalten, welche Einheiten Standards folgen, die vor Jahren galten, und welche aktuell sind. Trotzdem handelt es sich hierbei um eine Seite, die ein Lesezeichen wert ist. Falls Sie in diesem Buch etwas nicht finden, das Sie suchen, könnte es dort stehen.

Google AJAX APIs

http://code.google.com/apis/ajax

Google hat sich außerordentlich stark zu AJAX und der Open Source-Bewegung bekannt. Das Unternehmen hat viele unglaubliche APIs freigegeben, die Entwicklern den Zugriff auf leistungsfähige Google-Werkzeuge gewähren. Finden Sie heraus, wie Sie sich mit Google Maps, Google-Suchfunktionen, grafischen Werkzeugen und sogar mit Google Earth verbinden können.

Aflax

www.aflax.org

Dieses vielversprechende Flash/JavaScript-Projekt holt die Funktionalität von Flash in eine JavaScript-Umgebung.

MochiKit

http://mochikit.com

Eine komplette JavaScript-Bibliothek, die stark von Python beeinflusst wird: Unterstützung funktionaler Programmierung, vereinfachte Syntax und ein interaktiver Interpreter. Wenn Sie Python-Programmierer sind, werden Sie MochiKit lieben. Im anderen Fall sollten Sie es sich einmal anschauen, um herauszufinden, worum sich die ganze Aufregung dreht.

Dojo

www.dojotoolkit.org

Eine leistungsfähige Alternative zu jQuery. Dojo hat eine sehr starke Bibliothek für eine Benutzeroberfläche. Dojo-Widgets (*Dijits*) sind die Dojo-Antwort auf Objekte der Benutzeroberfläche. Zu den vielen leistungsstarken Dijits von Dojo gehören Werkzeuge für die Eingabe von Datum und Zeit, Datentabellen (die automatisch Daten von AJAX-Anfragen erhalten und eine HTML-Tabelle mit Leben erfüllen können) und Menüsysteme.

Ext JS

http://extjs.com/products/extjs

Wenn Sie den Möglichkeiten entwachsen sind, die jQuery bietet (was zwar schwer vorzustellen, aber dennoch möglich ist), könnte Ext JS Ihre Bedürfnisse erfüllen. Diese extrem leistungsfähige Sammlung von JavaScript/AJAX-Werkzeugen ist ein wenig komplizierter als jQuery, aber Sie können damit fast alles erledigen.

YUI

http://developer.yahoo.com/yui

Als Yahoo! AJAX-Anwendungen auf den neuesten Stand brachte, gab man dort gleich die eigene Entwicklungsbibliothek für Programmierer frei. Das Yahoo User Interface (YUI) ist ein unglaublich leistungsfähiges Werkzeug für Anwendungen, das gleichzeitig DOM, die Ereignisverwaltung und eine Vielzahl an Komponenten unterstützt.

DZone

www.dzone.com/links/index.html

Meine Favoriten bei dieser wirklich gut gemachten News-Site für Entwickler sind die *Reference Cards* (REFCARDZ). Auf der Site gibt es eine riesige Bibliothek mit Referenzkarten zu so gut wie allen Themen, die Entwickler interessieren könnten. Jede dieser »Karten« steht auch als kostenlos herunterladbare PDF-Datei zur Verfügung. (Ich bin es gewesen, der die XHTML-Karte geschrieben hat.)

AJAX-Community

www.ajax-community.de/

Bei der AJAX-Community handelt es sich um ein deutschsprachiges Forum, in dem Sie Fragen stellen können, Antworten erhalten, Beispielcodes finden und vieles mehr.

Dokuwelt.de

www.dokuwelt.de/tutorials_artikel.php?themenID=166&kategorieID=11

Links zu Tutorials, Artikeln, Vorträgen und Demos zu AJAX.

AJAX-Quellensammlung von DrWeb.de

www.drweb.de/magazin/ajax-quellensammlung/

Eine weitere umfangreiche Link-Sammlung zu Tutorials und so weiter, die mit AJAX zu tun haben.

JavaScript-Bibliothekensammlung von DrWeb.de

www.drweb.de/magazin/ajax-dhtml-und-javascript-bibliotheken-quellensammlung

Diese Sammlung auf der Website von DrWeb.de konzentriert sich auf JavaScript und was dazugehört.

JavaScript-Forum bei jswelt.de

www.jswelt.de/index.php

Ein deutschsprachiges Forum zu JavaScript. Bei jswelt.de gibt es noch eine Reihe anderer Foren, deren Besuch sich lohnt.

Stichwortverzeichnis

. (Identifizierer) 275

A

Ablesekennzeichen 62
accordion() 345
Accordion 316, 342
action 159, 366
ActiveX 250
addClass() 281
Aflax 420
AJAX 35
   Anfragen mit jQuery 281
   asynchron 254
   Begriff 245
   Bibliotheken 259
   Bibliotheken, Überblick 260
   CMS 283
   Daten senden 369
   Google APIs 420
   Quellensammlung 422
   Registerkarte 350
   Rückruffunktion 372
   Verbindungen herstellen 246
AJAX-Community 421
.ajax 371
alert() 54
Anführungszeichen 160
animate() 301
Animation 201
   Bildüberlagerung 224, 237
   jQuery 287
   verbessern 228
   Vorladen 228
   zeitabhängige 301
Anweisung
   break 86
   if 78
   if, Bedingungen 78
   if-else 80
   return 123
   var 56
   verschachtelte 87
append() 310
Aptana 41, 50
   Debug-Perspektive 110
   debuggen 109
   jQuery 263
Argument 123

Array
   anlegen 135
   Basisarray 128
   Datenliste 129
   Datenzugriff 129
   Definition 117
   for-Schleife 130
   images 230
   zweidimensionales 133
Attribut
   action 366
Ausdruck, regulärer *siehe* Regulärer Ausdruck
Ausgabe 57
   div 167

B

Bedingung 78
Benutzereingabe 56
Bewegung 201
   automatische 221
Bibliothek
   Dojo 420
   Ext JS 421
Bild, zusammengesetztes 231
Bildüberlagerung 224
bind() 336
Bluefish 40
Body 156
break 86
Breakpoint *siehe* Haltepunkt
Browser 43
   ältere 44
   andere 45
   Chrome 45
   Firefox 44
   Internet Explorer 6 44
   Internet Explorer 7 und später 44
   Opera 45
   Safari 45
   Testbrowser 51

C

Canvas 210
Chrome 45
clone() 311

CMS 283
Code debuggen 100
console 105
   Formatierungszeichen 107
console.log 106
CSS 35
   extern laden 204

D

Date Picker *siehe* Datumswähler
Daten
   dynamische 68
   Kategorien 68
Datenausgabe 57
datePicker() 354
datepicker() 353
Datum 353
Datumswähler 316, 353
Debuggen 38, 100, 109
   Firefox 103
   Internet Explorer 101
Debugger
   Aptana 109
   Firebug 115
   interaktiver 107
default 86
Dezimaltrennzeichen 68
   Umwandlung 68
dialog() 361
Dialogfeld 51
   benutzerdefiniertes 360
   modales 54
Dijit 420
div 167
document
   DOM 153
Document Object Model *siehe* DOM
Dojo 420
Dokuwelt.de 421
DOM 151
   document 153
   Eigenschaften ändern 153
   window 152
   window-Bestandteile 152
draggable() 322, 335
Drop-down-Liste 175
   auslesen 177
   Mehrfachauswahl 178

droppable() 335
Droppy 410
DZone 421

E

each() 382
editable 394
Editor 36
   Aptana 41
   auswählen 50
   Bluefish 40
   Editor/Notepad 36
   Emacs 39
   jEdit 41
   Nachteile 36
   Notepad++ 40
   TextEdit 37
   Verknüpfung von Ausgaben 58
   vi 39
   Voraussetzungen 38
   Word 36
   WYSIWYG 37
Eigenschaft
   Definition 138
   DOM 153
   keyCode 216
   value 164
Eingabe 56
   Drop-down-Liste 175
   korrigieren 71
   Listenfeld 175
Eingabeaufforderung
   prompt 56
Element
   ablegen 336
   ändern 303
   ausblenden 295
   auswählbares 357
   einblenden 295
   entfernen 313
   gleiten 294
   größenveränderbar 327
   klonen 337
   verschieben 296
else
   Klausel 81
else if 82
Emacs 39
Ereignis
   change 278
   click 278
   dblClick 278
   focus 278

   hover 278
   jQuery 276, 278
   keyDown 278
   mouseDown 278
   Schaltfläche 157
   select 278
Ereignisbehandlung
   einrichten 214
Ereignisfunktion 216
   gebundene 336
eval() 70
Ext JS 421

F

fadeIn() 295
fadeOut() 295
FCKedit 397
Fehler, logischer 104
Fehlersuche *siehe* Debuggen
Feld, ausgeblendetes 168
Filter 311
   weitere 314
Firebug 103, 115
   Konsole 105
   Lite 104
Firefox 44
   Entwicklungsumgebung 45
   Firebug 47
   HTML Validator 46
   Web-Developer-Symbolleiste 46
flot 403
for 91
   Array 130
Formular
   interaktives 372
   XHTML 162
Fortschrittsbalken 316
Frame 224
Freya 224
Funktion *siehe auch* Methode
   $() 269
   $(document).ready() 270
   .ajax 371
   boolesche 79
   console.log 106
   Daten übergeben 123
   Datenübergabe 120
   Definition 117
   Ereignisfunktion 216
   Ereignisfunktion, gebundene 336
   get() 371

   getAJAX 256
   getElementById() 164
   getJSON() 387
   Gültigkeitsbereich 125
   init() 204
   Initialisierungsfunktion 270
   json_encode() 384
   Klasse 142
   Lambda 278
   Math.ceil() 70
   Math.floor() 70
   Math.random() 73
   Math.round() 70
   parseFloat() 70
   parseInt() 70
   post() 371
   Rückruffunktion 293
   setInterval() 223
   toString() 70
   Umwandlung 69

G

galleria 413
get() 371
getAJAX 256
getElementById() 164
getElementsByName 189
getJSON() 384, 387
Gleiter *siehe* Schieberegler
Google AJAX APIs 420
Gültigkeitsbereich 125

H

Haltepunkt 107
   setzen 109
Header 156
hide() 294
HTML 34
   Framework 166
   Quellcode anzeigen 34
html() 269
HTTP
   Antwortcode 253
   readyState 257

I

Icon *siehe* Symbol
if 77
   Bedingungen 78
   Überblick 78
if-else 80

Stichwortverzeichnis

images
    Bilddaten 230
Index 62
indexOf() 62
indexOf(Teilzeichenkette) 65
Inhalt
    anzeigen 294
    verbergen 294
init() 204
Initialisierungsfunktion 270
Initialisierungswert 207
Integer 68
Interaktion 30
Internet Explorer 6 44
Internet Explorer 7 und später 44
Interpolation 368
IPWEditor 394

J

Java 35
JavaScript 35
    Bibliotheken 259
    Bibliotheken, Überblick 260
    Bibliothekensammlung 422
    Code einbetten 53
    Computer 35
    extern laden 204
    Forum 422
    reguläre Ausdrücke, Übersicht 194
    Voraussetzungen 22
jEdit 41
jmp3 415
jQuery 261
    ablegen 319
    AJAX-Anfragen 281
    Animation 287
    Anwendung schreiben 267
    Aptana 263
    Bibliothek herunterladen 322
    Datumswähler 353
    Dialogfeld, benutzerdefiniertes 360
    Droppy 410
    editable 394
    Element verschieben 296
    Elemente klonen 337
    Ereignisse 276, 278
    FCKedit 397
    Filter 311
    flot 403
    galleria 413
    getJSON() 384, 387
    Google-Import 262
    Größe anpassen 323
    Inhalt anzeigen 294
    Inhalt verbergen 294
    installieren 262
    jmp3 415
    jquery.cookies 401
    JSON auslesen 385
    Klasse ändern 279
    Klassen 329
    Knoten kopieren 311
    Knotenobjekt 269
    Objekt auswählen 275
    Objektstil ändern 275
    PHP-Bibliothek 419
    Plugins 393
    Schieberegler 355
    Seite zurücksetzen 313
    Stil 273
    Stile, abwechselnde 313
    Symbol 330
    Tablesorter 407
    Tag-Cloud 405
    Text
        hinzufügen 310
    Thema 318
    Thema hinzufügen 328
    ThemeRoller 316
    UI 315
    XML ändern 379
    ziehen 319
jQuery-Cookies 401
jquery.cookies 401
JSAN 419
JSON 144, 383
    Daten auslesen 385
    Datenablage 144
    Format 144
    Methoden 148

K

Kennwortfeld 168
keyCode 216
Klasse 142
    ändern 279
    Instanz anlegen 144
Klassenfunktion 142
Klausel
    default 86
    else 81
Knotenverkettung 300
Kommentar 54
    mehrzeilig 54
Konstante 206
Konstruktor 141
    Definition 142
Kontrollkästchen 183
    anlegen 184

L

Label 184
Lambda-Funktion 278
Leerzeichen 59
Liste, sortierbare 358
Listenfeld 175
    auslesen 177
Loop 91

M

match() 194
Math.ceil() 70
Math.floor() 70
Math.random() 73
Math.round() 70
Maus 218
Mehrfachauswahlen 178
Methode *siehe auch* Funktion 62
    accordion() 345
    addClass() 281
    alert() 54
    animate() 301
    append() 310
    bind() 336
    clone() 311
    datePicker() 354
    Definition 138
    dialog() 361
    draggable() 322, 335
    droppable() 335
    each() 382
    fadeIn() 295
    fadeOut() 295
    getJSON() 384
    hide() 294
    html() 269
    indexOf() 62
    indexOf(Teilzeichenkette) 65
    jmp3() 418
    moveSprite() 205
    Objekt 140
    open() 251
    prompt() 56
    remove() 314
    removeClass() 281
    resizable() 327

show() 294
slideDown() 295
slider() 356
slideToggle() 295
slideUp() 295
style() 275
substring() 62
substring(Anfang, Ende) 65
toggle() 294
toLowerCase() 62, 65
toUpperCase() 62, 65
wrap() 312
MochiKit 420
moveSprite() 205

N
new 144
Notepad++ 40

O
Objekt
   Basisobjekt 138
   document 153
   erstellen 138
   Merkmale 60
   Methoden 62
   Methoden hinzufügen 140
   wiederverwendbares 141
   window 152
Objektverkettung 297
Offset 235
onkeyup 374
onload 204
open() 251
Opera 45
Operator
   ++ 93
   −− 94
   überladener 69
   Vergleich 79
Optionsfeld 186

P
Parameter 63
parseFloat() 70
parseInt() 70
Parsen 193
PHP
   Bibliothek 419
   Einführung 364

json_encode() 384
print 368
   Variablen 368
   vereinfachen 376
Plugin
   Droppy 410
   editable 394
   FCKedit 397
   flot 403
   galleria 413
   IPWEditor 394
   jmp3 415
   jQuery 393
   jquery.cookies 401
   Tablesorter 407
   Tag-Cloud 405
post() 371
print
   Anweisung 368
Programm, Struktur 118
Programmierkonzept 205
Programmierung
   ereignisgesteuerte 162
   objektorientierte 60
   serverseitige 363
prompt 56
Prototyping 143

R
readyState 257
Referenz 164
Registerkarte 316, 346
   AJAX 350
Regulärer Ausdruck 189
   * 198
   + 198
   Operatoren 193 f.
   Parsen 193
   Punkt 197
   Satzzeichen 197
   Sonderzeichen 197
   speichern 199
   Übersicht 194
   wiederverwenden 199
   Wörter 198
   Zeichenklasse 197
   Zeichenwiederholung 198
   Zeichenzahl 198
   Ziffern 197
remove() 314
removeClass() 281
resizable() 327
return 123

Rollbalken 316
Rückruffunktion 272, 289
   AJAX 372
   arbeiten mit 293

S
Safari 45
Schaltflächenereignis 157
Schieberegler 316, 355
Schleife 91
   Array 130
   bösartige 98
   Endlosschleife 100
   fehlerhafte 98
   for 91
   rückwärts laufend 93
   while 96
   zählende 91
select 177
Selektor
   weitere 314
Semikolon 54
setInterval() 223
show() 294
slideDown() 295
slider() 356
slideToggle() 295
slideUp() 295
Sprite 201
   Zentrum berechnen 220
Stil
   abwechselnd zuweisen 313
   ändern 273
String 58, 60
   Länge 61
Struktur
   switch 85
style() 275
substring() 62
substring(Anfang, Ende) 65
switch 85
Symbol 330
Syntaxanalyse 193

T
Tab *siehe* Registerkarte
Tablesorter 407
Tag-Cloud 405
Tastatur, reagieren auf 215
Syntaxfehler entdecken 103
Tastatureingabe 211
Tastencode 217

Stichwortverzeichnis

Text
 ändern 62
 hinzufügen 310
Textbereich 168
TextEdit 37
Textfeld
 mehrzeiliges 168
 verarbeiten 164
Thema 318
 zuweisen 328
ThemeRoller 316, 321
this 141
Timer 221
toggle() 294
toggleClass() 281
toLowerCase() 62, 65
toString() 70
toUpperCase() 62, 65
Transition 289
Trickfilm 224

U
UI 315

V
value 164
var 56
Variable 54
 boolesche 79

Datentyp ändern 69
 erstellen 56
 globale 125, 205
 Gültigkeitsbereich 125
 lokale 125
 Merkmale 56
 PHP 368
 Typen 65
Vererbung 143
Vergleichsoperator 79
Verknüpfung 59
Verweis 164
vi 39
Vorladen 229

W
W3Schools 419
Wächtervariable 92
Web 2.0 260
Webseite, Code anzeigen 34
Wert, numerischer 66
while 96
Widget 260
window
 DOM 152
Word 36
wrap() 312
Wrapping 209
Würfel erstellen 74

X
XAMPP 364
XHTML 34
 Formuler erstellen 162
XML 376
 Bewertung 377
 Tag-Regeln 378
XMLHttpRequest
 Methoden 251
 Objekt erstellen 250
 Serververbindung öffnen 251

Y
YUI 421

Z
Zahl
 addieren 65
 addieren, Fehler 66
Zeile, neue 123
Ziehharmonika *siehe* Accordion
Zufallszahlen 73

427

Wissenshungrig?

Wollen Sie mehr über die Reihe **... für Dummies** erfahren?

Registrieren Sie sich auf www.fuer-dummies.de für unseren Newsletter und lassen Sie sich regelmäßig informieren. Wir langweilen Sie nicht mit Fach-Chinesisch, sondern bieten Ihnen eine humorvolle und verständliche Vermittlung von Wissenswertem.

Jetzt will ich's wissen!

Abonnieren Sie den kostenlosen
... *für Dummies*-Newsletter:

www.fuer-dummies.de

Entdecken Sie die Themenvielfalt der ... *für Dummies*-Welt:

- **Computer & Internet**
- **Business & Management**
- **Hobby & Sport**
- **Kunst, Kultur & Sprachen**
- **Naturwissenschaften & Gesundheit**

DAS RÜSTZEUG FÜR DEN PROGRAMMIERER

Android Apps Entwicklung für Dummies
ISBN 978-3-527-70732-4

C++ für Dummies
ISBN 978-3-527-70834-5

C für Dummies
ISBN 978-3-527-70647-1

iPhone Apps Entwicklung für Dummies
ISBN 978-3-527-70729-4

Java für Dummies
ISBN 978-3-527-70730-0

PHP für Dummies
ISBN 978-3-527-70564-1

SQL für Dummies
ISBN 978-3-527-70739-3

VBA für Dummies
ISBN 978-3-527-70381-4

TOLLE WEBSEITEN VON ANFANG AN RICHTIG PROGRAMMIEREN

HTML 4 für Dummies
ISBN 978-3-527-70498-9

Joomla! für Dummies
ISBN 978-3-527-70770-6

PHP für Dummies
ISBN 978-3-527-70564-1

Webdesign für Dummies
ISBN 978-3-527-70329-6

Webseiten für Dummies
ISBN 978-3-527-70667-9

COMPUTER-GRUNDLAGEN UND BETRIEBSSYSTEME

Computer für Senioren für Dummies
ISBN 978-3-527-70628-0

Computerlexikon für Dummies
ISBN 978-3-527-70609-9

Das große Computerbuch für Dummies
ISBN 978-3-527-70658-7

Internet für Senioren für Dummies
ISBN 978-3-527-70626-6

Linux für Dummies
ISBN 978-3-527-70649-5

Mac für Dummies
ISBN 978-3-527-70731-7

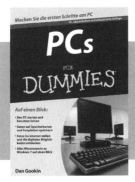

PCs für Dummies
ISBN 978-3-527-70584-9

SuSE Linux 10.x für Dummies
ISBN 978-3-527-70205-3

UNIX für Dummies
ISBN 978-3-527-70265-7

Windows Vista für Dummies,
Alles in einem Band
ISBN 978-3-527-70278-7

Windows XP für Dummies
ISBN 978-3-527-70264-0

Windows 7 für Dummies
ISBN 978-3-527-70572-6

Windows 7 für Dummies
Alles in einem Band
ISBN 978-3-527-70573-3

Windows 8 für Dummies
ISBN 978-3-527-70849-9

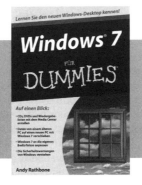

Nur kein Stress mit den »Pocketbüchern für Dummies«

ISBN 978-3-527-70467-5

ISBN 978-3-527-70454-5

Stress kann verschiedene Ursachen haben. Dieses Buch zeigt, wie man Stressauslöser erkennt und die Folgen von Stress gezielt bekämpft. Entspannungsübungen, Suggestion und Meditation sowie verschiedene Techniken der Stressbewältigung helfen, Stress vorzubeugen und ihm erfolgreich entgegenzuwirken.

Der Schreibtisch quillt über, Rechnungen stapeln sich und dann kommt schon der nächste wichtige Auftrag – mit diesem Buch sind solche Stressfaktoren bald vom Tisch. Sie erfahren, wie Sie mit To-do-Listen, Tagesplaner und der richtigen Organisation Ihre Termine, Meetings und Projekte ordnen und planen.

ISBN 978-3-527-70560-3

ISBN 978-3-527-70559-7

Papierberge auf dem Schreibtisch, Datenlawinen, die sich über die Festplatte gelegt haben und der Bericht, den der Chef sehen will, ist einfach nicht zu finden – wem dies bekannt vorkommt, der sollte zu diesem Buch greifen. Eileen Roth erklärt, wie man Akten und Daten mit System ordnet, auf dem Schreibtisch die Übersicht bewahrt und Papiere und Informationen effektiv verwaltet.

Wer möchte nicht ausgeglichen sein, in sich ruhen und Arbeit und Privatleben, Familie, Job und Hobbys unter einen Hut bringen? Dieses Pocketbuch hilft den Lesern, auch in der Hektik des Alltags ausgeglichen zu leben. Sie erfahren, wie sie ihre Lebensziele definieren, ihr Leben positiv verändern, es nach Umbrüchen ins Lot bringen und rundum zufrieden leben.